本书系在国家社科基金项目"金融监管独立性研究"(项目批准号：06CFX015)研究成果的基础上完善而成。

国际金融法论丛

金融监管治理

关于证券监管独立性的思考

洪艳蓉 著

Financial Regulatory Governance

Thinking on the Independence of Securities Regulation

图书在版编目(CIP)数据

金融监管治理:关于证券监管独立性的思考/洪艳蓉著.—北京:北京大学出版社,2017.9
(国际金融法论丛)
ISBN 978-7-301-28768-2

Ⅰ.①金… Ⅱ.①洪… Ⅲ.①金融监管—金融法—研究—中国 Ⅳ.①D922.280.4

中国版本图书馆 CIP 数据核字(2017)第 224346 号

书　　名	金融监管治理——关于证券监管独立性的思考 JINRONG JIANGUAN ZHILI
著作责任者	洪艳蓉　著
责任编辑	王　晶
标准书号	ISBN 978-7-301-28768-2
出版发行	北京大学出版社
地　　址	北京市海淀区成府路 205 号　100871
网　　址	http://www.pup.cn
电子信箱	law@pup.pku.edu.cn
新浪微博	@北京大学出版社　@北大出版社法律图书
电　　话	邮购部 62752015　发行部 62750672　编辑部 62752027
印　刷　者	三河市北燕印装有限公司
经　销　者	新华书店
	965 毫米×1300 毫米　16 开本　28.5 印张　466 千字 2017 年 9 月第 1 版　2017 年 9 月第 1 次印刷
定　　价	68.00 元

未经许可,不得以任何方式复制或抄袭本书之部分或全部内容。
版权所有,侵权必究
举报电话: 010-62752024　电子信箱: fd@pup.pku.edu.cn
图书如有印装质量问题,请与出版部联系,电话: 010-62756370

总　　序

一、法律方法与经济问题

本套专著有一个共同的特点,就是作者们不约而同地采用法律方法研究经济问题。过去我们在二十多年的时间内,多看到用经济学的方法分析法律问题。特别是国外法学界开展的轰轰烈烈的"法律的经济分析",已有若干部专著翻译成为中文。而现在,在中国的大学和研究机构里,法律研究工作者开始进入经济学、公共管理学和工商管理学的领域,用法律的方法来研究这些边缘领域的问题。

在社会科学几个相近的领域,例如经济学、公共管理学、工商管理学和社会学等领域,都有法律研究的论文和著作,这种跨学科的研究成果,也越来越多了。在中国政府将"依法治国"定为基本国策之后,采用法律的思维与方法分析目前的经济改革问题也非常有意义。其意义就在于,我们所说的"依法治国",不仅仅是表现在一个宏观的口号上,而是要将"依法治国"作为可以实际操作的、用来实际分析经济问题的、作为经济政策设计基础的法律方法。

全国人大常委和全国人大财经委员会委员、北大前校长吴树青老师曾经问我,依照《宪法》,"债转股"是否应该提交全国人大财经委员会讨论?我说需要研究一下法律,才能回答。此后,国务院关于《国有股减持与成立社保基金》的办法出台,又有人问我,这么大的财政支付转移,是否应该经过全国人大财经委员会开会讨论?我回答说,需要研究法律。直到我在写这个序的时候,相关的法律研究工作还在进行。我希望从法律制度变迁的角度和我国财经法制程序演进的过程中找出符合法律的答案。

不断遇到类似问题,使我开始研究与思考经济学家们提出的问题:"全国人大财经委员会的职权范围究竟是什么?""全国人大财经委员会对于国家重大财政支付转移是否有权审议?"从法律的角度来研究这些经济学问题,本身就构成了一个重要的法律制度程序化和司法化的法学课题。

二、经济学家敏感,法学家稳重

还记得有一次,一位金融业界人士对我说:"改革十多年来,讨论经济改革的问题,几乎都是经济学者的声音,这不奇怪。目前,讨论《证券法》或公司治理的问题,也几乎都是经济学者的声音,这也不奇怪。奇怪的是,所有这些问题的讨论中,几乎听不到法学家的声音!"说到这里,这位朋友几乎用质问的口气对我说,"你们法学家们关心什么?为什么听不到声音?你们都干什么去了?"

我一下子被他的语气盖住了!当时我想不出用什么简单办法向他来解释。尽管我不完全同意他的看法,因为这里可能有他个人信息渠道的问题,也可能有社会媒体关注的偏好问题,但还有可能是更深层的问题,例如,在改革过程中,许多法律制度和程序都尚未定型,如果采用法律的方法,可能会增加改革的成本,特别是时间方面的成本等。

本套专著的作者们都是研究法律的,他们也可以称为年轻的"法学家"了,因为,他们已经发表了相当一批研究成果,从事法学专业研究的时间几乎都在10年以上。他们长期研究的成果,似乎可以部分地回答前面那位朋友的问题了。法学家可能没有经济学家那样敏感,但是,法学家多数比较稳重。法学家的发言将影响经济政策与制度的设计,也影响经济操作与运行。经济发展要考虑效率,但是不能仅仅考虑效率,还要考虑到多数人的公平与程序的正义。我们的政府和社会可能都需要一段时间接受和适应法学家的分析方法和论证方法。

三、研究成果的意义

邀我写序的这套专著的作者们,经过三年多时间的专门研究,又经过一段时间的修改,才拿出这样厚重的成果来。我看到这些成果时,就像看到美国最高法院门前的铜铸灯柱底下基座的铜龟,给人以一种稳重、缓慢、深思熟虑的感觉。中国古代在比美国更早几千年的时候,政法合一的朝廷大殿,就有汉白玉雕刻的石龟。龟背上驮着记录历史的石碑,同样给人以庄严、持久、正义的印象。中外司法与法学研究在历史上流传至今,给人的形象方面的印象和感觉是非常类似的,这种感觉在今天还有。

在不太讲究政治经济学基本理念的时光中,又是在变动未定型的过渡时期,经济学家关于对策性的看法是敏捷和回应迅速的。在回应中有许多是充满了智慧的解决方案和温和的中庸选择。相比之下,法学领域的回应还显得少些,也慢一些。有一个可能的答案,也是从本套研究性专著中解读到的:经济学家们谈论的是"物"(商品与交易),法学家谈论的是"人"(权利与义务)。

现实情况也是如此。市场中的"物",无论是动产,还是不动产,几乎都成为商品,早已流通。现在,更加上升了一个台阶,市场将作为商品的物,进化到了证券化的虚拟资产的形态了。但是,法学这边的情况呢?《物权法》还在起草过程之中,能否在年内通过,目前还是一个未知数。但是,立法的稳重并不影响市场的发展,法学家们在实务性工作方面,特别在市场中的交易契约设计方面,已经在研究具体的问题,在这方面的成果,也已相当可观。

经济学家对问题的讨论,观点可以是多元化的,也有争论。但是,总的方法还是建立在一个统一的理论框架下和一致的假设前提下的。但是,法律则不同。法律天生就是对抗性的,生来就有正方与反方。抗辩是法律运作的方式,法律的逻辑和理念就是在这种对抗之中发展的。对抗性的法学,本身也导致了它的成果在外界人士看起来充满矛盾性和冲突性。甚至让他们感到,这群人搞的不是科学,而是一种抗辩的技术。

四、国际与国内金融法的融合

如果有人要我用一句话来表达什么是国际金融法,我就会说,它是一幅没有国界,只有金融中心与边缘关系的地图。如果说,国内金融法与国际金融法还有什么区别的话,那只是时间上的区别了,我国加入 WTO 后,区别将越来越缩小。

如果我们承认一美元在美国和在亚洲都等于一美元的话,国际金融的国界就越来越失去意义。而美元市场上中心与边缘的流通关系,就变得越来越有意义。任何国家国界之内的法律制度如果符合金融流通与发展规律的话,这个国家的经济与社会发展就会顺利,否则就曲折。荷兰的人口是俄罗斯人口的 10%,但是,荷兰的金融规模超过俄罗斯的规模。

英国人口6000万,是印度人口的6%,但是,伦敦金融市场的规模比印度大若干倍。这就是金融中心与边缘之间的关系之一。所以,区别国内与国际金融市场,在法律规则方面已经不如以往那样重要,重要的是发展中国家中的大国,如何抵御西方金融中心的垄断,将以美元为基础的金融中心从一极化发展为多极化。

具体到我国,研究国际金融法与国内金融法是不可分的,而且这个领域范围之广袤,课题之宏大,数据之丰富,关系之复杂,都是非常吸引人的。特别是年轻人。这个天文般宏伟的领域,特别适合青年人研究与学习。因为,在这个领域比其他法学领域出新成果的机会要更大,创新成果也相对较多。这套专著的出版,就是一个例证。

本来这套专著的作者们要我写个小序,他们的书稿引发了上面一些话语,我感到有些喧宾夺主了。我感谢作者们以加速折旧的生活方式,写出了这样多的研究成果。学者们的生活,分为两个阶段,在学习的时候,取之于社会;而做研究的时间,特别是出成果的时候,是学者用之于社会和回馈于人民。

愿这些专业研究对金融业内人士有所帮助,对金融体制改革有所贡献。

吴志攀　谨志

2004年6月28日

序

洪艳蓉老师的新作《金融治理研究——关于证券监管独立性的思考》即将出版,嘱我写序。

洪老师在北大法学院任教多年,她勤奋、敬业,教书极其认真负责,做研究极其扎实、规矩。同时,她还是金融法研究中心的重要骨干,做了很多协调、服务的工作,投入大量精力,做好了《金融法苑》的组稿、编辑。

《金融法苑》是我和白建军等几位老师于1998年创办的一本小刊物。虽然小,却已坚持了二十年。有好些金融法学者的"处女作",就发表在这里,还有不少业界人士,也比较看重这个平台,愿意把他们的经验写成学术文章与大家交流。而如果没有洪艳蓉老师坚持不懈的努力,《金融法苑》不会发展到今天。

这些年来,我给好多同事、学生的书写过序,支持他们的研究,帮助传播他们的观点,不管文章写得如何,心是诚的。这次洪老师找我写序时对我说,之前她出了好几本书,可都没好意思麻烦我,因为觉得我太忙了,这次希望我能帮忙。

我真的有些不好意思。越是帮我很多的人,却越容易被我忽略,包括家人,我亏欠得太多,只能在这里诚恳地表达歉意。

为了写序,我仔细读了洪老师这本书的电子版,她的主要观点是:监管的有效性,首先取决于监管者能不能自省,完善监管治理的基础就是要确立监管的独立性。这种独立性包括监管目标、手段以及监管部门预算和监督的独立性等。

这其实也是一本全面讲述金融监管历史和现状的书,对主要国家的情况都做了比较详细的介绍。洪老师把知识梳理得很清晰,系统性很强,这对于读者是很大的帮助。

我也想借这个机会谈一谈金融监管的独立性。

监管独立,应该是大的方向和原则,起码我们学法律的人是这样认识的。这种独立性,往往与程序的正义、结果的公平是正相关的。但是,空谈独立性并没有多大的意义,独立也不可能是绝对的,只能是相对的。这不仅是一个技术问题,还是一个制度问题,更可能是一个历史文化的问题。构建一套制度,不能仅靠抽象的理念,更要在复杂的经济社会文化土壤之上去反复斗争、反复妥协。

我很喜欢刘震云的小说《我不是潘金莲》,也喜欢冯小刚拍的同名电影。这个故事看起来很荒诞,但除去艺术的夸张之后,其内在的逻辑实实在在成立于我们的社会之中。在法学院的教科书上,"法"有很高的权威,但在现实生活中,有各种各样的"大道理""小道理"影响着法律的运行,还有各种各样没有道理可讲,但却让你感觉到"情有可原"的事情。

金融监管其实也一样,监管部门手里确实握有大权,但你要监管我,我未必服气,我还可以找法院,法院判的结果不满意,那我也不会善罢甘休,还可能去上访。用刘震云小说里的话说,有的事情看起来简单,但要"闹到了北京",那就是另外一回事情了。或者用电影里的镜头语言,李雪莲在老家的时候,画面是圆形的,一到北京,画面就变得方方正正了。照我的理解,导演是在很聪明地隐喻,北京的"规矩"和外地是不一样的。

所以,在当下的中国,要让监管更有效,不光是看大家思想是不是统一、理念是不是先进,也未必是看监管程序设计是否合理,还要看处理问题的结果是否灵活,是不是让群众满意。

这些年来,我国金融监管部门遇到了许多新问题,情况之复杂,或者可以用"举世罕见"来形容。这两年中国的股市,出现了多少戏剧化的场景,这背后又有多少曲折的故事!我不想举具体的例子,但我想,读者如果仔细读洪老师这本书,或能找到一些很好的解释,以及解决的方案。

我还想,能不能把洪老师用的"独立性"这个词换一下,比如换成"复杂性"?"复杂"这个词,态度上当然不鲜明,内涵上也很模糊。可一旦理解了这种"复杂",就能使我们的思考更符合现实。有很多中国特色的话语,看上去不够精确,谈不上是科学理论,总是"既要,又要"的中庸模式。但是,当我们亲临其境,面对和解决实际问题的时候,才能体会到其中的用心良苦。

  作为法学院的老师,我们的任务,就是要努力去发现和建立"真实世界的法学"。再一次感谢洪老师的付出与贡献,也祝愿读者能有比我更多的阅读收获。

吴志攀
2017 年 1 月 27 日

内容摘要

金融监管治理,是监管者自省其身,通过强化内部治理和激励约束,提高监管质量回应金融市场监管需求的举措。能否形成监管善治,直接关系监管有效性的实现,金融监管这一公共部门的治理,其基本原则和核心要求是监管独立性。这种监管独立性并不随着金融监管的产生而必然存在,晚近以来发生在新兴市场国家和发达资本主义国家的金融危机都揭示了因金融监管欠缺独立性而导致并恶化金融危机的问题。在对各金融子行业的监管上,伴随着资本市场直接融资功用的提升和人们对证券市场发生系统性危机的共识,证券监管治理的必要性日益突出,且堪当金融监管治理的样本。

所谓证券监管独立性,是指将证券监管的功能赋予特定的监管机构(部门)行使,任何人不得强迫或者干预其违背证券监管目标行事。对证券监管独立性的研究,需要回答为什么需要独立性,什么是独立性,如何实现独立性,如何运用独立性和如何制约独立性等一系列问题。本书以此为写作思路,层层递进,环环相扣,将证券监管独立性当作一个可以相对独立地实现的系统,通过阐述系统的基本要素、框架结构以及运作机制,完成整个论证过程。其主要内容安排如下:

一、金融监管治理、监管独立性与监管效用之间的逻辑关系

金融监管是弥补市场失灵,纠正信息不对称的必要措施。晚近以来的监管失败,促使监管者自省其身,提出金融监管治理理念和评估框架,借以改进监管效用,维护金融体系的稳定性,并产生积极的示范效应,以培育资本市场良好的治理文化,凸显一国金融监管的竞争力。

监管有效性取决于良好的监管治理,后者又需以监管独立性为前提和基础,动辄受到政治干预和被监管对象捕获的证券监管,只能造成监管宽容并诱发道德风险,在危机发生时更容易延误救援时机,造成灾难性的后果。1997年东南亚金融危机和2008年美国金融危机佐证了金融监管缺少独立性的危害。

政府代表公权力监管证券市场的历史,经历了从"必要论"到"有效论"的演变,晚近以来证券市场发生系统性风险的威胁和对证券市场更高效率的追求,促使提升证券监管有效性成为共识。独立的证券监管具有明确的监管目标,权威的监管机构法律地位、专业化的监管技术以及保有一致性与连续性的监管政策和措施,是证券监管得以发挥作用、保障监管有效性的必要条件。

二、证券监管独立性的内涵与基本要素

证券监管独立性,是指将证券监管的功能赋予特定的监管机构(部门)行使,任何人不得强迫或者干预其违背证券监管目标行事。证券监管作为公权力"必要的经济性规制"在证券领域的体现,不能是政治利益或者行业利益的代表,而应体现出公共事务的管理性和服务于公众利益的公益性。

从独立的性质看,证券监管独立性既包括证券监管目标的独立性,也包括为实现证券监管目标而应有的手段独立性。目标独立性并非指监管机构有权自由选择监管目标,而是指通过法律规定明确而独立的监管目标,要求监管机构对此负责,不得背离和随意更改。

从独立的对象看,证券监管独立性一方面包括相对独立于传统的行政体制(政府),免受政治利益集团的干预和政治周期的波动影响,造成监管宽容、监管政策的不稳定和不连续;另一方面包括独立于被监管对象,免受行业利益集团的捕获,成为一个竞争者打压另一个竞争者的工具,造成监管寻租并阻碍金融创新。

就内容而言,证券监管独立性包括四大要素:(1)独立的监管机构/部门,由具有独立法律地位的组织机构专门从事证券监管事务,而非纳入传统的行政体系,受制于科层结构;(2)独立的行业规则制定权(Regulatory Independence，又称立规独立性），即监管机构享有在授权范围内，为实现监管目标而自主制定"游戏规则"的权力；(3) 独立的行业监督权（Supervisory Independence，又称监督独立性），即监管机构在负责的事务领域内，为实现监管目标和实施所立规则，自主发起、组织和实施监督检查和惩戒措施的权力；(4) 独立的预算安排，即监管机构根据履行监管职责的需要自主决定预算来源、规模和用途，并获得实现的权力。监管独立性的四大要素相辅相成，相互促进，缺一不可。

监管独立性的内涵随时代发展而不断丰富。基于事务分权而将监管者掌握的部分公权力下放给行业自律组织行使或者外包给专业机构代为履行，不仅不损害监管独立性，反而有利于提高监管效率。基于金融系统稳定性目标而加强宏观、微观审慎监管的互动，增进证券监管部门与其他经济规制部门的协调，以及与各国金融监管者之间的协调，不仅不损害监管独立性，反而有助于提高金融系统的安全性。

三、证券监管独立性的实现机制与制度性保障

证券监管独立，是公共事务分权的必然结果，应当也可以通过制度安排保证这种独立性。定型的制度规则有助于形成良好的预期和约束，以最少成本实现尽可能大且而持久的效益。

确保监管的组织独立性要求：设立专门的机构/部门履行职责，通过法律规定赋予其明确的证券监管目标，明晰其与政府和其他监管机构的关系，使之具有专门负责证券监管崇高而明确的法律地位；监管机构的负责人和高管人员的任免公正，具有广泛而合理的代表性，实行错期替换，以避免因政治周期影响监管组织的连续性；监管机构人员依法履行监管职责应受到法律保护，非因渎职、失职或者违法行为不能免除其职务；监管机构内部事务相对自治等。

确保立规独立性要求：监管机构可以根据法律的明文规定或者授权，自主制定包括市场准入、持续监管、市场退出、信息披露及危机处理等方面的技术性监管规范；监管机构可以根据实现证券监管目标的需要适时调整、修订监管规范，但应保持监管政策的一致性、连贯性和稳定性，体现公平、公正和透明，并适时地听取被监管对象及其他利益相关者的反馈意见；监管政策应独立于宏观调控政策，但需要保持应对经济周期的理性和判断，制定有效的审慎监管规则以防治金融风险。

确保监督独立性要求：监管机构有权颁发市场准入执照，制裁违法违

规行为,进行日常审慎监管并与负责系统稳定性的部门协作处置行业风险/危机;监管机构有权在被监管机构触犯法律时及时采取制裁措施,而不是允许其继续违法或者不采取必要措施,以免造成监管宽容,酿成危机;为使监管机构有效执法,有必要赋予监管机构充分的执法权力,配置各种得当的执法措施/手段,并赋予监管机构一定的执法裁量权,以取得最佳的执法效果。

确保预算独立性要求:监管机构可以根据履行监管职责的需要自主决定预算来源、规模和用途,在"成本—效益"评估方法的约束下合法合理地使用预算经费;可以根据监管回应市场发展的需要提出预算增加预案并在说明合理性之后迅速获得支持,以确保实施有吸引力的薪酬聘用合格的职员投身监管事业;预算经费采取财政拨款,或者主要向被监管行业收费的方式,并不必然影响证券监管的独立性,关键是要有合理、透明和可问责的预算机制。

四、证券监管独立性的理性制衡与制度设计

证券监管机构享有过大的独立性,可能导致监管机构对被监管行业的过度监管,造成金融压抑并阻碍金融创新;也可能导致监管机构与传统政府部门或者被监管行业共谋,滋生监管宽容、监管寻租和道德风险,造成过度自由化,这二者都不利于证券监管效用的发挥。因此,金融监管治理在强调证券监管独立性的同时,也需要辅以制度化的监管问责安排,并予以严格执行。

对监管独立性进行约束,建立在分权制衡的宪政基础上,有制约的权力才可能是负责任且服务于公共利益的权力。作为对证券监管进行监管的有效举措,一方面是实施以权力制约权力的控权机制,即通过法律保留、行政部门的审计/监察以及法院的司法审查制约监管权力的扩张和滥用;另一方面是实施以权利制约权力的控权机制,即通过建立证券监管的正当法律程序要求(形成规范化、透明化和程序化的监管流程)、监管过程公开以及公众参与等制度制约监管权力的暗箱操作和自主权的滥用。

晚近以来,控权机制的发展趋势是逐渐从注重法院的司法实体审查,强调制约权力滥用、保护投资者合法权益的消极控权,向注重监管组织的正当法律程序,强调更好地运用权力服务于执法目标,提高执法效率和效用的积极控权转变。透明度、问责制和公众参与等外部制衡构成制约的鼎足之势。当然,要求监管机构及其从业人员具有良好的专业素养与职业操守,自负其责,权责利相一致,也应给予足够的重视并贯彻执行。

五、中国证券市场证券监管独立性检讨与完善途径

由政府主导形成的证券市场演进历程和"国有"资本长期一股独大的状况,促成了我国证券监管的"政策市"特征和证券监管者与被监管对象常常混为一体的利益纠葛。监管机构更多地承担了发展证券市场和为国企融资解困的任务,保护投资者合法权益的监管目标被退居其次,证券监管独立性在很大程度上有名无实。2015年6月底7月初发生的股灾,更深刻地揭示了证券监管失效的政治性根源。及时改善我国的金融监管治理,全面提高证券监管独立性并辅以有效的问责机制,已是刻不容缓。过去的"十二五"规划及当下的"十三五"规划对推进金融监管体制改革的高要求,依法行政、简政放权行政改革步伐的加快,以及我国融入世界经济秩序的愿景和《证券法》的重大修订契机,都为这一改革创造了有利条件。

在未来,为保障证券监管的独立性并对独立性进行必要而有效的制衡,应重点解决证监会事业单位属性与行使具有公权力干预市场属性的监管权的失调问题,树立其专业而权威的证券监管者地位;明确证监会肩负的证券监管目标的优先次序,将投资者保护目标放在履行证券监管职责的首要位置,妥善处理微观证券监管与宏观经济调控的关系,加强证券监管与负责金融稳定性的中国人民银行、其他经济规制部门、人民法院等司法部门以及海外主要金融监管机构的协调,实现有效的信息共享和执法协作,提高证券监管效率;强化证监会的内部治理和监管职能的去政治化/利益化,严格执行证监会人员聘用与到被监管对象任职的规定,避免出现监管"旋转门"效应,依法隔断被监管对象对监管者的利益输送,防范监管宽容、监管寻租和道德风险;授予证监会履行职责必需的"准司法权力"及一定的执法自由裁量权,确保可以实施富有吸引力的薪酬吸引专业人员参与证券监管,并为执法人员提供应有的法律保护,以提高监管的效用;逐步建立对证券监管的监督机制,引入"成本—效益"方法考核监管绩效,提高证券监管过程的规范化、程序化和透明度,加强公众参与证券监管规则制订的力度,建立证券监管机构及其从业人员的问责制,合理设计证券监管中的司法介入,在尊重证券监管独立性和专业性的同时保持司法对证券监管的必要制约,等等。

待时机成熟之时,可以效仿《银行业监督管理法》出台调整证券业监管的法律规范,通过专门立法的方式确定证券监管独立性的整体框架、具体保障措施和必要的监督制衡机制。

缩略语

缩略语/简称	英文全称	中文译文
ALJ	Administrative Law Judge	（美国SEC内设的）行政法官
APRA	Australian Prudential Regulation Authority	（澳大利亚）审慎监管局
ASIC	Australian Securities and Investments Commission	（澳大利亚）证券与投资委员会
CFR	the Council of Financial Regulators	（澳大利亚）金融监管者理事会
BaFin	Federal Financial Supervisory Authority	德国联邦金融监督管理局
Basel	Basel Committee on Banking Supervision	巴塞尔银行监管委员会
CFPB	Consumer Financial Protection Bureau	（美国）消费者金融保护局
FCA	Financial Conduct Authority	（英国）金融行为监管局
FCIM	The Financial Crisis Inquiry Commission	（美国）金融危机调查委员会
FCPB	Financial Consumer Protection Bureau	（韩国）金融消费者保护局
FSA	Financial Service Authority	（英国）金融服务局
日本FSA	(Japan) Financial Services Agency	（日本）金融厅
FSAP	Financial Sector Assessment Program	（IMF）金融部门稳定性评估规划
FSB	Financial Stability Board	金融稳定理事会
FSF	Financial Stability Forum	金融稳定论坛（已被FSB取代）
FSC	Financial Supervisory Commission	（韩国）金融监督委员会
新FSC	Financial Services Commission	（韩国）金融服务委员会

(续表)

缩略语/简称	英文全称	中文译文
FSOC	Financial Stability Oversight Council	(美国)金融稳定监督委员会
FSS	Financial Supervisory Service	(韩国)金融监督院
GAO	the General Accounting Office	(美国国会)总审计署
ICC	Interstate Commerce Commission	(美国)州际商务委员会
IMF	International Monetary Fund	国际货币基金组织
IOSCO	International Organization of Securities Commissions	国际证监会组织
OMB	Office of Management and Budget	(美国联邦)公共管理与预算局
PRA	Prudential Regulation Authority	(英国)审慎监管局
SEC	Securities and Exchange Commission	(美国)证券交易委员会
SESC	Securities and Exchange Surveillance Commission	(日本FSA下设的)证券交易监督委员会
SFC	Securities and Futures Commission	(韩国FSC内设的)证券期货委员会
SIB	Securities and Investments Board	(英国)证券投资委员会
WB	World Bank	世界银行
	Core Principles for Effective Banking Supervision	《有效银行监管的核心原则》
《2010年华尔街改革法》	The Dodd-Frank Wall Street Reform and Consumer Protection Act of 2010	《多德—弗兰克华尔街改革与消费者保护法》
FSMA	The Financial Services and Markets Act 2000	(英国)《2000年金融服务和市场法》
美国FSMA	The Financial Service Modernization Act of 1999	(美国)《1999年金融服务现代化法》
	Methodology for Assessing Implementation of the IOSCO Objectives and Principles of Securities Regulation	《〈IOSCO证券监管的目标与原则〉实施状况评估方法》
	Objectives and Principles of Securities Regulation	《证券监管的目标与原则》
	Good Practices for Financial Consumer Protection	《金融消费者保护的良好经验》

目　录

引　言 … 1
　一、危机之后的金融监管治理与独立性话题 … 3
　二、金融监管治理及独立性问题的研究状况与文献综述 … 16
　三、研究思路、主要内容与研究方法 … 29

第一章　作为监管效用基础的证券监管独立性 … 37
　第一节　证券监管的作用与监管治理 … 39
　　一、证券监管的界定与监管的兴起 … 39
　　二、证券监管的多样性及其监管治理的典型意义 … 53
　第二节　证券监管独立性与监管效用的必然联系 … 73
　　一、从"监管必要论"到"监管有效论"的演化 … 73
　　二、作为监管效用基础的证券监管独立性 … 80
　第三节　域外市场的证券监管治理及其独立性实践 … 91
　　一、证券监管治理及其独立性的国别（地区）实践 … 91
　　二、域外证券监管独立性治理的共性与趋势 … 107

第二章　证券监管独立性的理论框架 … 111
　第一节　发展中的证券监管独立性内涵 … 113
　　一、多视角下证券监管独立性的界定 … 113
　　二、监管独立性议题的历史性回顾与发展趋势 … 118
　第二节　证券监管独立性的基本要素 … 130
　　一、独立的证券监管组织 … 130
　　二、独立的证券监管立规权 … 135

三、独立的证券行业监督权　　143
　　四、独立的证券监管预算安排　　148
第三节　证券监管独立性的调和　　155
　　一、证券监管独立性的对内协调　　155
　　二、证券监管独立性的对外协调　　162

第三章　证券监管独立性的实现机制与制度保障　　171
第一节　证券监管目标的多元化与选择　　173
　　一、证券监管目标溯源与发展　　173
　　二、证券监管目标的政治化问题　　179
　　三、证券监管目标与监管主体的职能配置　　189
第二节　证券监管主体的组织形式与内部治理　　194
　　一、证券监管主体的组织形式之争　　194
　　二、证券监管主体的内部治理　　204
第三节　立规权独立性和监督权独立性的实现与互动　　211
　　一、行业立规权的合法性与独立性保障　　211
　　二、行业监督权的强制力量与独立性保障　　218
　　三、行业立规权与监督权的因应　　243
第四节　预算安排的合理化与独立性保障　　245
　　一、有限监管资源下的独立预算安排　　245
　　二、预算安排独立性的实现机制　　249

第四章　证券监管独立性的理性制衡与制度保障　　253
第一节　证券监管独立性过大的弊端　　255
　　一、表现之一：监管过度　　255
　　二、表现之二：监管宽容　　260
　　三、表现之三：监管协调失效　　264
第二节　证券监管独立性制衡的正当化　　265
　　一、证券监管独立性制衡的理性基础　　265
　　二、证券监管独立性制衡的演变与趋势　　272
第三节　制衡证券监管独立性的控权机制　　276
　　一、以权力制约权力的控权机制　　276
　　二、以权利制衡权力的控权机制　　280

第五章 中国证券监管独立性的检讨与制度完善   283

第一节 现状:中国证券市场的发展与证券监管机制   285
一、证券市场转型过程中的证券监管体制   285
二、金融混业经营趋势下的"一行三会"分业监管格局   327
三、金融对外开放背景下的证券监管国际合作与协调   343
四、简政放权潮流下的证券监管架构演化与改革   351

第二节 问题:从监管效用看中国证券监管的独立性   368
一、从国际组织的评估结果看我国金融监管治理的问题   368
二、批判视角下我国证券监管独立性的问题与缺陷   372
三、我国证券监管独立性不足的根源及其危害   393

第三节 出路:中国证券监管治理与独立性完善建议   395
一、构建证券监管治理中的独立与问责理念   395
二、完善我国证券监管独立性的合理化建议   396

结语 构建有效的证券监管独立与问责机制   401

参考文献   409

愿无岁月可回头,且以深情共白首
——写在成稿之时   427

引 言

一、危机之后的金融监管治理与独立性话题

(一) 金融监管治理及其独立性问题的兴起与国际趋势

自 19 世纪末工业革命以来,规制(regulation)[1]作为政府[2]干预经

---

[1] Regulation 的内涵,根据《布莱克法律词典》的解释,包含如下三层含义:(1) 通过规则或者限制实施的控制;(2) 内部规章(bylaw);(3) 由行政机构发布的,具有法律效力的正式规则或者命令。See Bryan A. Garner (editor in chief), *Black's Law Dictionary*, 10th Edition, Thomson Reuters 2014, p.1475.

根据《元照英美法词典》(薛波主编,潘汉典总审定,北京大学出版社 2014 年版,第 1171 页)的解释,包含如下三层含义:(1) 管理办法;规则;规章;条例广义上指任何规范行为的法律规定,狭义上通常指政府各部门根据法定权限所发布的各种从属性法律;(2) 管理;管制;规制;监管控制;(3) 内部章程;内部规章公司或社团等用以进行内部管理的规则或管理规定。

综上,regulation 作为名词,除内部规章这个含义外,主要指:(1) 行政机构发布的具有法律效力的规则和命令;(2) 根据这些规则或命令实施的控制。当 regulation 用作动词(regulate)时,主要指:(1) 制定规章、条例、规则等规范性文件的行为;(2) 根据这些规范性文件进行管理、控制的行为。如无特别说明,下文主要在这些意义上使用 regulation 及 regulate。

Regulation 的译法,国内常见的有"管制""规制"和"监管"等。使用习惯上,行政法学者和经济法学者在其研究中较常使用"规制"的译法;"管制"虽然也经常被使用,但主要用于指政府对市场的压抑和限制,凸显二者之间的对立关系。在晚近以来政府干预采取更理性的态度,倡导引入激励性、参与式、市场化手段解决市场失灵问题之后,"规制"的译法得到了更多的使用。"日本经济学家将这个词翻译为'规制',含义是以法律、法规、规章、政策等来约束和规范经济主体的行为,或者说有规定的管理或者有法律规范的制约。这种译法近来得到很多国内法律学者的认同和接受",参见国务院法制办审外事司在其整理的《经合组织成员国的公众咨询方式》一文中所附的"规制"内容。资料来源:http://www.chinalaw.gov.cn/article/jggz/ysyd/llyj/200903/20090300129176.shtml,最后访问时间 2017 年 1 月 20 日。"监管"的译法通常用于指政府对某一具体行业的干预,在金融业(包括银行业、证券业和保险业等子行业)及其相关研究中,更经常使用这一译法,典型的如我国三大金融监管机构在其机构名称中使用了"监管"一词,《中国人民银行法》《银行业监督管理法》《证券法》《保险法》等金融法律法规都使用了"监管"一词。

为契合金融业的现状,本文主要使用"监管"译法,但在论及一般性问题时,优先使用"规制"译法;同时在引用文献时,保留原文译法而不作统一调整。如无特别说明,本文同义使用"监管""规制""管制"三种译法。

[2] 一般地,政府具有政治统治、市场监管、社会管理和公共服务四项职能。一直以来,政府是管理社会公共事务的第一大公共部门。多元行政主体理论的创设和公共行政运动的兴起,打破了政府通过各级行政机关垄断公共事务管理的状况,赋予非传统政府行政部门分享公权力,参与公共事务管理的权力。在性质上,这类机构是有别于传统的政治或者民主责任体系内的行政机构的行政主体。

在广义上,"政府"也可以用来泛指相对于市场和私人自治,代表公共权力,履行公共事务管理职责的主体,而不限于兼具政治和行政内涵,狭义意义上的"政府"。行文中如无上下文语境或者特别说明,在谈及政府作为一种干预市场力量时,在广义意义上使用"政府"的词义,相当于公共权力的代名词;在谈及政府作为监管主体的一种类型时,则在狭义上使用"政府"的词义。

济的一种方式,正式进入大众的视野,开始与市场这一"看不见的手"一起影响社会、经济、文化等生活的方方面面。在经济领域,国家层面明确的规制起源于19世纪美国的发展阶段。1887年,美国国会设立了第一个现代规制机构——州际商务委员会(Interstate Commerce Commission,简称ICC),即标志着经济管制的开始。[1]一百多年来,尽管其中不乏"政府之手"与"市场之手"在经济发展和社会进步等领域错综复杂的纷争,但政府规制作为促进现代社会发展和维护秩序稳定的有效方式,不仅获得了理论支持和宪政上的合法性,也在世界各国(无论是资本主义国家还是社会主义国家)得到了普遍践行,并随着政府职能的扩大而不断增强,"监管型"国家取代过去的"自由放任模式"和"全能政府模式",正在成为现代国家的显著特点和政府行政的主流趋势。[2]

作为政府经济性规制领域的一个分支,金融监管[3]并不是什么新生事物。以证券业为例,美国在1929—1933年爆发严重的经济危机之后,其国会在联邦层面建立了统一的证券法体系及执行机制,证券交易委员会(Securities and Exchange Commission,简称SEC)作为这一构想的执行者于1934年应运而生,标志着集中统一的证券监管的出现。随着美国证券市场的强大及其在世界范围内的影响力,这种证券监管模式迅速地被其他国家奉为圭臬,广为仿效,成为政府干预证券市场最普遍的方式,并在历次的金融危机之后得到监管职能和职权的不断加强,被称为"危机

---

[1] 〔美〕丹尼尔·耶金、约瑟夫·斯坦尼斯罗:《制高点:重现现代世界的政府与市场之争》,段宏、邢玉春、赵青海译,外文出版社2000年版,第62页。
[2] 马英娟:《政府监管机构研究》,北京大学出版社2007年版,第1页。
[3] 广义上,金融监管包括宏观经济稳定层面中央银行的货币监管,也包括微观经济运行层面监管机构对各金融子行业(银行业、证券业、保险业等)的审慎监管,后者通常称为狭义上的金融监管,本书基于选题在此意义上使用"金融监管"。金融监管是证券监管的上位概念。

历史上,最早的金融监管是银行监管,而最早的银行监管又是货币监管。政府金融监管的广泛开展,与中央银行的产生和发展直接相关,中央银行制度的普遍确立是现代金融监管的缘起。参见白宏宇、张荔:《百年来的金融监管:理论演化、实践变迁及前景展望》,载《国际金融研究》2000年第1、2期。

尽管对各金融子行业的监管方式有所不同,但基于混业经营趋势下各金融子行业组成的金融体系对经济发展的重要作用,金融体系的内在脆弱性和金融监管的共同目标,以某一子行业为代表进行的金融监管/治理研究,其相关结论同样也可以适用于其他金融子行业,在混业监管的结构下则更为明显。本书选取证券监管为切入点,所做的监管独立性和监管治理研究,意义即在此。

引致"的金融市场监管体系。[1]

　　长期以来,由政府实施的金融监管被认为是弥补市场失灵、纠正信息不对称的必要措施,对于维护一国金融系统的稳定具有重大意义。在这种思维定式中,政府掌握完全信息,代表公众监管证券市场,维护公共利益的设想一直未曾受到严峻挑战。但是这一强调监管正当性、合法性、公益性的监管模式,在20世纪七八十年代之后逐渐出现了监管繁冗、效率低下、有违公平,乃至失灵的情形。证券市场不仅没有因为政府的介入监管提高了效率,反而爆发了几次不小的危机。在金融危机的触动下,加之西方国家经济在经历二战以来高速发展之后逐步呈现"滞涨"状态,以及这一阶段公共行政[2]运动的兴起,政府开始反思包括金融监管在内的政府规制的有效性问题,由此揭开了一场声势浩大、影响广泛的监管革命。[3]

　　考察监管改革的过程,从最初的放松政府对经济的诸多管制和减少管制过程中的繁琐文牍入手,但很快让位于监管改革理念,后者寄希望通过一系列一次性的改革举措使监管体系恢复到某种最优状态。然而,长期形成的监管路径依赖和错综复杂的经济关系很快就用事实证明,这种一劳永逸的做法并不存在,形成良好的监管需要打一场持久战。更重要的是,作为政府功能有机组成部分的监管每日发生,是一个持续不断的过程,因而需要在其中引入行之有效的监管管理方式,监管质量管理理念应运而生,借用私营部门管理产品质量的做法来提升政府监管的质量。不过,这种理念本身也存在缺陷,其只能被动地使监管符合某种"质量",却无法主动地创造更高质量的监管,而这恰恰是进入21世纪之后金融创新日新、不同市场竞争加剧且金融危机防治任务加重的时代背景所急需的。因此,在当今世界,监管治理(Regulatory Governance)理念已取代监管质量管理,成为主流,"监管治理史并不是连贯的政府战略史,而是在不同国

---

[1]　"危机引致"一词,借用自周子衡:《金融管制的确立及其变革》,上海三联书店、上海人民出版社2005年版。
[2]　公共行政是指那些不以营利为目的的,旨在有效地增进与公平地分配社会公共利益而进行的组织、管理与调控活动。其特征是:(1)公共行政以公共权力为基础;(2)公共行政所指向的是公共事务;(3)公共行政的目的是为了实现公共利益;(4)公共行政具有公开性和程序性;(5)公共行政具有服务性与非营利性。参见石佑启:《论公共行政与行政法学范式转换》,北京大学出版社2003年版,第18—22页。
[3]　参见国家行政学院国际合作交流部编译:《西方国家行政改革述评》,国家行政学院出版社1998年版。

家、产业和政策背景下,对不断变化的要求和机遇的应对过程"。[1]

所谓监管治理,是指有效地管理资源,制定、贯彻并实施健全的政策和规章的能力,这是实现授权目标的基本职责;公众和国家对这些相互作用的管理经济和社会的制度的重视程度,可保护监管机构免受行业捕获(Industry Capture)和政治干预;监管机构对于更广泛的目标和立法机构相关政策的重视程度。[2]这种从属于公共部门治理的监管治理,根植于更广泛的民主治理思想之上,在将监管治理纳入更广阔的治理议程的同时,也拓展了监管治理的范围,使之包含处理监管者与其他监管者、监管对象、利益相关者之间复杂的相互影响关系。

这种监管治理思想和理论作用于金融领域,也就形成了金融监管治理。围绕着如何提高金融监管的有效性以促进经济和社会发展的改革话题,监管者除了根据金融市场的特点改进监管方法,不断提高金融监管效率之外,一条新路径是将改革的目光收回到自己身上进行"内省"。主张从治理金融监管者自身入手,不仅是"工欲善其事必先利其器"的道理使然,而且金融监管者自身的良好治理,有助于其抵挡腐败的侵袭,树立权威,增强市场的信任感,更深远的意义在于,金融监管者的以身作则,可以产生示范效应,有助于其推动金融私营部门的良好治理,形成健康、积极的市场氛围和治理文化,这是其他监管方式所无法替代的。也因此,来自国际货币基金组织(International Monetary Fund,简称IMF)的一些专家早就警示,"如果监管机构在其自身的运作中不能实行良好治理原则的话,就会失去向被监管机构宣传良好公司治理所需要的信誉和道德权威,还会导致道德风险问题,助长市场中不良做法,最终加剧金融体系的危机。"[3]

"公共金融部门治理最重要的原则是保证金融监管的独立性,与之配

---

[1] 经济合作与发展组织编:《OECD国家的监管政策:从干预主义到监管治理》,陈伟译,法律出版社2006年版,第5页。

[2] Udaibir S. Das and Marc Quintyn, "Crisis Prevention and Crisis Management: The Role of Regulatory Governance", IMF Working Paper, WP/01/163, September 2002, pp. 7—8.

[3] Udaibir S Das and Marc Quintyn:《金融危机的防范与管理:监管治理的作用》,载[美]罗伯特·E.利坦、迈克尔·波默里诺、V.桑德拉加编:《金融部门的治理——公共部门和私营部门的作用》,陆符玲译,中国金融出版社2006年版,第143页。

套的适当的问责制安排"[1],"有效监管的根本前提是明确的目标、保证监管独立性和可靠性、保证监管机构拥有充分的资源和有效的执法权力"。[2]所谓金融监管独立性,概括而言,是指将金融监管的功能赋予特定的金融监管机构(部门)行使并使之对此负责,任何人不得强迫或者干预其违背金融监管目标行事。这种向内反观使监管者从本源上发现了决定金融监管效用的独立性问题,不仅不是过去以来一直被人们认为理所当然的客观存在,反而是经常面临挑战、攸关金融监管效用而必须予以充分保障的紧迫性重要议题。

借鉴西方金融监管模式的亚洲国家,尤其是东南亚的一些新兴国家,由于在未完全搭建好国内金融监管框架的情况下过早地实行金融自由化,随后遭受了1997年东南亚金融危机的袭击,并最终演化成亚洲金融危机,使本国的经济和社会发展遭到重大损失与严重打击。在这场危机中,金融监管未能发挥应有的效用,部分国家的金融监管(机构)受到政治干预或者行业捕获,导致该国过早地进入金融对外开放和金融自由化进程,一定程度上促成、扩大了东南亚金融危机的危害后果,也延缓了对陷入困境的金融机构的救治和经济的及时复苏。也因此,人们在危机之后开始冷静地思索金融监管(机构)独立性与金融监管效用的关系,这种普遍关注迅速上升为国际金融监管的重要议题。

对亚洲金融危机的反思,促使巴塞尔银行监管委员会(Basel Committee on Banking Supervision,简称 Basel)于1997年9月发布了《有效银行监管的核心原则》(Core Principles for Effective Banking Supervision)[3],并在第一条原则中明确指出监管机构应有运作上的独立性并占有充足的监管资源(possess operational independence and adequate resources),作为"有效银行监管的前提条件"。[4]随后的1998年9月,国际证监会组织(International Organization of Securities Commissions,简称

---

[1] Rober E. Litan, Michael Pomerleano and V. Sundararajan:《加强新兴市场金融部门的治理》,载[美]罗伯特·E.利坦、迈克尔·波默里诺、V.桑德拉拉加编:《金融部门的治理——公共部门和私营部门的作用》,陆符玲译,中国金融出版社2006年版,第9页。
[2] 尚福林主编:《证券市场监管体制比较研究》,中国金融出版社2006年版,绪论 第3页。
[3] 该文件历经1999、2006、2012年多次修改,目前适用的是2012年9月发布的版本,核心原则也从原来的25条拓展到29条。
[4] 2012年9月的《有效银行监管的核心原则》将这一内容调整到原则二"独立性、可问责性、向监管者提供资源和法律保护",在指明监管者应具有独立性的同时,强调了问责、透明度和良好治理的必要性。

IOSCO)发布了《证券监管的目标与原则》(Objectives and Principles of Securities Regulation)。在这个被奉为证券业监管纲领性和最佳实践(Best Practice)并应予以优先实施的文件中,IOSCO首当其冲地把监管机构的独立性(Independence)和问责性(Accountability)作为重要原则加以规定。[1] 1999年5月,由国际货币基金组织(IMF)和世界银行(World Bank,简称WB)联合推出的"金融部门稳定性评估规划"(Financial Sector Assessment Program,简称FSAP),旨在总结亚洲金融危机教训的基础上,面对联系日益密切的各国金融体系,加强IMF成员方金融脆弱性的评估和监测,以减少金融危机发生的可能性并推动成员方的金融改革和发展。根据FSAP,IMF成员方在进行本国或地区的金融监管治理评估时,应包括金融监管机构的独立性并予以充分重视。可见,在国际层面,将金融监管独立性纳入监管要素范畴,使之成为应有之意并给予充分重视,已是共识;同时,如何确保金融监管独立性及应如何评估其效用,正在成为金融监管领域新兴的关键问题。

由于1997年亚洲金融危机的影响,随后的金融监管改革和举措更多地围绕着发展中国家的金融监管效用(包括金融监管独立性)进行,发达资本主义国家金融监管体制的不足和弊端反而被隐蔽了。而且,随着此后许多国家/地区取消金融分业经营走向混业经营,在监管层面逐渐形成了以英国为代表的集中统一的金融监管体制[2]和以美国为代表,各行业金融监管机构并存且分工协作的碎片式(fragmental)"功能监管"(Functional Regulation)体制。此后,各国为加强本国金融市场的竞争力,纷纷采取更彻底的金融自由化和自律监管措施,使得全球范围内的金融自由化浪潮达到巅峰,发展中国家也在这种"华盛顿共识"之下学步发达国家,

---

[1] 参见该文件第2条,2008年美国次贷危机之后,IOSCO对文件进行了部分修改,最新版本是2017年5月发布的,但仍保留了该条款。2003年10月,IOSCO专门制订了《〈IOSCO证券监管的目标与原则〉实施状况评估方法》(Methodology for Assessing Implementation of the IOSCO Objectives and Principles of Securities Regulation),其中就有对这项原则进行评估的具体考虑因素和方法。

[2] 英国在2008年全球金融危机之后,已于2013年拆分其集中统一的金融监管体制(金融服务局,Financial Service Authority,英国FSA),回到"双峰"(Twin Peaks)模式,详见下文第一章第三节的内容。但作为曾经的集中统一监管体制的典型代表,而且世界范围内仍有日本、韩国、我国台湾地区等诸多国家和地区施行集中统一的监管体制,为此作为一种类型代表。

加快了自由化的脚步。[1]在金融一体化和自由化的推动下,人们似乎忘记了 1997 年亚洲金融危机的教训,而把经济复苏和更快发展的夙愿寄托于放松管制下市场的自我发展,更多地把精力放在金融监管与市场(行业自律)之间此消彼长关系的处理上,而放慢甚至是忽略了对金融监管本身,尤其是金融监管独立性的思考和改革。这种漠视最终带来 2007 年美国首先爆发次贷危机的破坏性后果,并导致了百年一遇的 2008 年全球金融危机,其负面影响至今未消。

正像《这次不一样:800 年金融荒唐史》的作者所指出的一样,"深入研究过去 800 年危机的细节和数据,我们得出这样的结论:最常谈到和最昂贵的投资建议就是'这次不一样'。这种建议之后常常伴随着大手大脚的冒险行动",但"情况从来都不是那样"[2],被发展中国家奉为圭臬的发达国家的金融监管模式,却诱发了比 1997 年亚洲金融危机更为剧烈,从虚拟经济到实体经济蔓延全球的经济危机。美国的金融危机调查委员会(The Financial Crisis Inquiry Commission,简称 FCIM)在《美国金融和经济危机原因》调查报告中明确地指出,引发 2008 年金融危机的主因是金融监管失效,如果监管得当,这场人为的危机本可以避免[3],在金融监管失效的诸多原因中赫然包括金融监管独立性和责任约束的缺失。也难怪,有学者质疑,"为什么美国有如此完善的证券法律体系,有如此严格的监管机构与丰富的监管经验,却毫无实际效果? 现有的法律与监管已不适应华尔街金融运行的模式了吗?"[4]危机反思之后是金融监管的改革。作为金融危机始发国的美国于 2010 年 7 月 21 日通过了《多德—弗兰克华尔街改革与消费者保护法》(The Dodd-Frank Wall Street Reform and Consumer Protection Act of 2010,简称《2010 年华尔街改革法》),采取了自 1933 年以来最大规模的金融监管改革,大力调整金融监管构架并增强金融监管部门的职权与责任,以更好地应对下一次危机和维护市场的安全稳定;美国之外的欧盟等国,也在欧盟层面和国内采取了应对的金融监管举措。美国和欧盟等国的监管改革举措,在认清危机发生原因、反思金

---

[1] 常云昆:《新自由主义的兴起与华盛顿共识的终结》,载《人文杂志》2004 年第 5 期。
[2] 〔美〕卡门·M. 莱因哈特、肯尼斯·罗格夫:《这次不一样:800 年金融荒唐史》,綦相、刘晓峰、刘丽娜译,机械工业出版社 2011 年版,前言。
[3] The Financial Crisis Inquiry Commission, "Final Report on the Causes of the Financial and Economic Crisis in the United States", January 2011, p. xvii.
[4] 吴志攀:《华尔街金融危机中的法律问题》,载《法学》2008 年第 12 期,第 32 页。

融监管失效的同时,都重新把目光放回到金融监管效用主题上,并侧重改进金融监管中宏观审慎监管与微观审慎监管的关系,金融监管独立性与监管合作的关系,金融监管独立性保障增强与监管效率、监管问责的关系,金融监管风险早期预警与风险共同处置的关系,金融监管规则、举措的出台与更多的公众知情权、参与权的关系等,赋予了金融监管独立性议题更为宏大和深远的时代含义,并借助其在国际金融监管的影响力,推动国际金融监管规则的同步化。金融监管独立性,这个曾被当作理所当然的存在并一度被忽略的主题,在2008年全球金融危机之后,再次成为各国金融监管中沉重却又必须沉着应对的问题,并引领着世界范围内的金融监管改革方向。

金融监管治理领域的独立性探索,始于对中央银行因主导货币政策而可能引发通货膨胀的担忧,因此自20世纪80年代末期开始,出现了一种世界性的以加强中央银行独立性为核心内容的中央银行制度改革的新趋向,并形成了丰富的理论研究成果。[1]经过三十多年的实践与理论研究,关于中央银行的独立性问题在国际层面已达成某种共识并受到普遍肯定。而在金融微观监管层面,对监管独立性问题的关注最早来自银行业。这主要是因为,除英美国家拥有发达的资本市场体系之外,大部分国家尤其是发展中国家多数拥有以银行为主的投融资体制,加之晚近以来所发生的都是发展中国家、转型经济体中以银行陷入困境为导火索的金融危机。然而,对银行业监管独立性的探讨,因为长期以来银行监管内嵌于中央银行的监管结构之内而有所特殊。[2]人们认为,由于这种监管结构设计,银行业监管可以借助中央银行独立性结构的加持而增强独立性,

---

[1] 参见吴昊:《中央银行独立性研究——发达国家的经验与中国的改革设想》,中国社会科学出版社2003年版,第96页及相关章节内容。
[2] 许多国家赋予中央银行同时履行监管银行业的职责,但不断有人质疑这种宏观监管与微观监管合一的结构可能影响中央银行执行货币政策的声誉并带来利益冲突,因此主张拆分二者的监管职能。这一主张在20世纪90年代以后逐步得到接受,加之为应对混业经营而形成的混业监管趋势,在当时掀起一股拆分中央银行货币政策职责和微观监管职责的热潮,并由此设立不少统一负责监管金融业的综合金融监管机构,典型的如英国、日本、韩国等,我国也在2003年从中国人民银行剥离银行业监管职责,设立中国银行业监督管理委员会(以下简称银监会)。但在2008年金融危机中,综合监管机构由于缺乏有效的救助资金和权限,暴露出独立于中央银行之外监管结构的重大缺陷,因此近来又出现了将金融审慎监管归回到中央银行结构的潮流,典型的如英国,其将单一监管机构FSA职能一拆为二,将负责履行金融审慎监管的审慎监管局(PRA)设置为英格兰银行的下属机构,详见下文第一章第三节的分析。

因而问题并不如预想中的紧迫和严重;而对银行的最后贷款人(Lender of Last Resort)等金融安全网的设置,也使得银行业危机往往得以及时救治,这在一定程度上削弱了对银行监管缺乏独立性的指责和进一步的改进。

与此同时,一个长期以来被忽视的却是证券业的金融监管治理问题。在2008年金融危机之前,人们很少认为证券业会发生系统性危机,或者认为证券业的危机根源最终也归于银行业,而对其重视程度不够。但2008年这一发端于美国发达资本市场的金融危机却让人们见证了证券业系统性危机的巨大破坏力。短时间内资产价格暴跌导致大量可交易金融资产价值大幅度缩水,资本市场流动性冻结带来的连锁反应,使高证券化率下的财富瞬间蒸发,集体看空市场涤荡了交易对手的出现,更使市场向下之势无可阻挡,很快这种证券业危机通过金融工具迅速蔓延到银行体系、金融体系和整个实体经济,其破坏力并不亚于一场银行业危机。而在理论上,资产价格波动、时间非一致性(time inconsistency)、政治商业周期理论等都被用于解释证券业发生系统性危机的可能性,人们更多地形成对证券业发生系统性危机的认识,开始重视这种系统性风险,并在金融体系内外寻求有效的防治途径。[1]"在治理范围上,证券监管者排在所有金融部门监管者的首位,其次是银行监管者。"[2]也因此,研究金融监管治理中日益被重视的证券监管治理,尤其是从证券监管独立性角度探讨实现监管有效性的必要性和保障机制,正当其时,也是本书选题的意义所在。

(二)中国语境下的金融监管治理议题及其改革迫切性

回到中国的情况。我国的证券监管法制和监管框架的设计深受发达资本市场所在国家,尤其是美国的影响,既制订了适用于全国、统一的《证券法》,也于1992年从中国人民银行(中央银行)剥离证券监管职能,设立中国证券监督管理委员会(以下简称证监会)作为隶属国务院的事业单位,专门负责证券市场的行政监管。与此同时,我国资本市场的发展具有

---

[1] See Steven L. Schwarcz, "Markets, Systemic Risk, and the Subprime Mortgage Crisis", DUKE Law School Research Paper No. 190, March 2008; Steven L. Schwarcz, "Systemic Risk", *Georgement Law Journal*, Vol. 97, November, 2008.

[2] Rober E. Litan, Michael Pomerleano and V. Sundararajan:《加强新兴市场金融部门的治理》,载〔美〕罗伯特·E. 利坦、迈克尔·波默里诺、V. 桑德拉拉加编:《金融部门的治理——公共部门和私营部门的作用》,陆符玲译,中国金融出版社2006年版,第10页。

"新兴加转型"的特点,不同于许多西方国家经历上百年自然演化而逐步建立发达资本市场的诱致性制度变迁过程。虽然我国现阶段已逐步实现从计划经济向市场经济的转变,并正在向全面建立市场经济法制体系和更开放的、融入世界经济秩序的金融体系方向转变,但这种转变过程既有着政府主导的强制性制度变迁的显著特点,又有着演化过程中需要时刻对抗长期计划经济和管制思维路径依赖的特色,是在思考我国证券监管问题时必须予以注意的"中国语境"。

如上所述,在以往历次国际金融危机中,我国都未直接受到冲击,但晚近以来由于世界经济一体化联系的加强,国内经济和社会发展仍然受到了1997年亚洲金融危机和2008年美国金融危机的严重影响;值得注意的是,当我国近年来逐步提升资本市场在发展国民经济中的地位并大力扶持其发展时,2015年6月底7月初发生了连续13个交易日内沪指暴跌近30%(约1600点),千余只股票跌幅超过40%的股灾[1],第一次使监管者和广大投资者切身感受到证券业系统性风险并不遥远,其造成的哀鸿遍野的财富折损更大大地挫伤了股票市场发展势头和投资信心。尽管证监会联合人民银行、银监会、财政部、公安部、国资委等各部委或表态或采用非常规手段救市,但对场外配资疏于监管和对利用股指做空警戒不足而埋下的风险隐患,为配合国家发展经济而大幅度放松管制,形成"人造牛市"[2]的政治化倾向[3],以及在证券市场陷入危情时缺乏有效应对举措的监管困局,都暴露出了我国证券监管缺乏应有的独立性这一内在缺陷和面临的巨大挑战。当股灾消停,要求改变我国证券市场的政策市特色,提升监管有效性并保障金融稳定的呼声日益高涨,我国的证券监管治理由此有了内在的需求和时代的紧迫性。

申言之,当海外各国和国际金融组织围绕金融监管有效性及其中的监管独立性进行讨论和改革时,基于以下几方面的原因,强化证券监管治理的问题意识和改革导向在我国当下,不但具有必要性,而且应尽快提上议事日程,采取积极行动:

---

[1] 新浪财经:《A股救市大讨论》,资料来源:http://finance.sina.com.cn/focus/agjs/,最后访问时间2015年7月20日。
[2] 刘胜军:《股灾大反思:过去、现在与未来》,载《金融时报》2015年7月13日,资料来源:http://www.rmlt.com.cn/2015/0713/394576.shtml,最后访问时间2017年1月15日。
[3] 安邦咨询公司:《中国股市政治化是危险迹象》,2015年7月3日,资料来源:http://help.3g.163.com/15/0703/07/ATJ5DO1H00964KC9.html,最后访问时间2017年1月10日。

(1) 1990年上海证券交易所的开业标志着我国中央集权下的统一资本市场的启动。二十多年来在我国金融市场体制从计划向市场转化的过程中,决策者更多地关注了政府与市场的关系问题,以证成证券监管的合法性并厘定证券监管的边界,证券监管的有效性被当作自然存在的前提得到默认。然而,长期以来中国股市被诟病为"政策市",证券市场的功能更多地服务于为大型国有企业融资解困,证券监管者担负着积极发展资本市场的政治任务,对广大投资者的保护明显不足。特别是近年来,上证指数从2007年10月的6124历史最高点跌至2008年10月底的1665历史新低点,经历了持续多年的低迷,这其中固然有受2008年全球金融危机影响的总体因素,但与监管者对证券市场过度管制,始终不能有效推进新股发行改革并改善资本市场投融资功能有着密切的关系,这种难以提振投资热情的状况,似乎与证监会出台的日益丰富的监管规则和频繁的监督检查和执法活动不甚相称。然而,注意到从2014年起股价开始上涨,进入2015年更是暴涨连连,上证指数曾于2015年6月12日攀高至5178点,却于13个交易日后的2015年7月3日跌至3629低点,短期内股指大幅上涨离不开证券监管者为配合国家经济改革的政策目标而有意为之的因素推动;而短期内股指的巨幅下跌,也与证券监管者过于注重"政策牛""改革牛"效果而忽视必要的风险审慎监管,更缺乏有效的风险防治举措脱离不了干系。

追根究底,股市背离市场发展规律的大起大落,以及由此引发的连锁反应,无不与证券监管者欠缺应有的独立性这一本源性问题密切相关。在经过二十多年的发展之后,证券监管的边界已日益清晰,证监会也为适应市场发展对自身内部结构和职能进行了必要的调整[1],当下有必要将证券监管工作的重心转移到证券监管的有效性尤其是证券监管独立性的建设上来。解决民众对证券市场的信心和构建证券市场的诚信文化这些重大问题,需要证券市场的综合治理,其中必然且首当其冲的是证券监管(机构)的公共治理,这不仅应是投资者保护工作的重心,也应是防范证券业系统性风险及维护整个金融体系稳定的重心。

(2) 以美国为首的金融监管模式在2008年金融危机中被检验部分

---

[1] 证监会:《关于调整发行监管部等9个部门主要职责的情况通报》,2014年4月11日,资料来源:http://www.csrc.gov.cn/pub/newsite/zjhxwfb/xwdd/201404/t20140411_246797.html,最后访问时间2017年1月10日。

失效,西方国家在危机之后进行了对包括证券监管在内的金融监管模式的反思并采取积极的改革措施。尽管我国并未因此发生金融危机,但如上所述,我国的证券监管体制实行的是"拿来主义",这套监管体制的内在缺陷依然存在,并可能随着我国金融混业经营趋势的到来而出现失效情形,重蹈海外金融危机的覆辙;而近期发生于资本市场的股灾,已经在警醒:即使由于市场的相对封闭性未必使我国经济受到外围金融危机的直接影响,但内生于资本市场的脆弱性也会酿就危机火种,对证券监管有效性提出同样的考验。因此,有必要未雨绸缪,对作为"舶来品"的证券监管模式进行全面理性的审查并思考我国需要怎样的证券监管独立性及如何构建的问题。

在过去的实践中,为应对2008年美国金融危机的影响,我国政府出台了4万亿元人民币(以下简称元)的经济刺激措施,金融监管部门在这一政策指导之下进行了积极配合,再次显示了金融监管与政府、政治的密切关系。尽管这种举措短期内有效熨平了金融危机对我国的消极影响,但也埋下了未来可能爆发金融危机的隐患;而2015年6月底至7月初发生的股灾,如上所述已有相关研究指出这一状况的出现与证券监管部门过度迎合政府发展经济政策目标,证券市场呈现政治化有截然不可分的关系。

在国际层面,1999年以来,国际货币基金组织和世界银行联合主导的"金融部门稳定性评估规划"(FSAP)已成为评估和加强监管部门良好治理的重要手段。2009年9月至2011年7月,国际货币基金组织与世界银行对我国开展了首次"金融部门评估规划"[1],其最终报告指出"中国的金融体系总体稳健,但面临的脆弱性正在逐步增加","需要进一步推动改革,以支持金融稳定,并促进强劲而平衡的增长"[2];而在针对证券业的评估中,国际货币基金组织的报告更进一步指出,尽管实践中证监会作为独立的监管机构进行运作,但其独立性并不彻底,在诸多方面仍有待进

---

[1] 参见《中国启动"金融部门评估规划"》,2010年9月10日,资料来源:中国人民银行网站 http://www.pbc.gov.cn/publish/jinrongwendingju/366/2010/20100910165739816211266/20100910165739816211266_.html,最后访问时间2016年11月3日。

[2] See "IMF Calls for Further Reforms in China's Financial System", available at http://www.imf.org/en/news/articles/2015/09/14/01/49/pr11409, last visited November 14, 2016.

一步的制度完善和改革。[1]为应对国内证券业领域可能潜在的风险和回应国际社会对我国金融监管能力的评估,特别是在经历史无前例的2015年夏季股灾之后,我国很有必要立足于强化证券监管能力的目标,从完善证券监管独立性等突破口入手,构建能够防范下一次证券市场巨幅波动甚至是金融危机的有效监管体制。

(3) 随着我国于2001年12月加入世界贸易组织(WTO),我国金融市场对外开放进程日益加快,随之而来的金融领域的竞争也日益激烈,其中就包括证券监管水平的竞争;而且,目前这一过程正伴随着我国利率市场化改革、人民币国际化进程以及我国融入世界经济秩序,构建大国崛起国际新秩序愿景的推进而不断加快步伐。

发达国家长期的资本市场经验表明,具有一个相对独立的金融监管机制(机构),是良好金融监管治理的应有之义,对于提高金融监管的有效性尤为关键,也是一国对世界范围内的闲置资金具有更高吸引力和能够提供更安全稳健的投融资环境的必备要求。与此同时,我国自2011年起开始实施"十二五"规划,完善金融调控机制、加强金融监管、加快多层次金融市场体系建设成为当下深化金融体制改革的重点工作,而从2016年起实行的"十三五"规划,延续之前的金融监管体制改革路线,对金融监管有效性和应对金融危机的能力提出了更高要求。[2]这些伟大目标的实现有赖于我国在考察和评估现有的证券监管独立性的基础上,准确把握我国证券市场、经济发展阶段等国情特点,深入研究证券监管独立性机理及其保障机制并加以充分运用,完善保障我国证券监管独立性的实现机制并建立有效的制衡机制。如此一来,我国的证券监管才能够防御下一次

---

[1] See: "People's Republic of China: Detailed Assessment Report: IOSCO Objectives and Principles of Securities Regulation", pp. 12-13, available at http://www.imf.org/external/pubs/cat/longres.aspx? sk=25830.0, last visited November 20, 2016.

[2] 2016年3月16日发布并实施的《中华人民共和国国民经济和社会发展第十三个五年规划纲要》在第十六章"加快金融体制改革"第三节"改革金融监管框架"规定:"加强金融宏观审慎管理制度建设,加强统筹协调,改革并完善适应现代金融市场发展的金融监管框架,明确监管职责和风险防范处置责任,构建货币政策与审慎管理相协调的金融管理体制。统筹监管系统重要性金融机构、金融控股公司和重要金融基础设施,统筹金融业综合统计,强化综合监管和功能监管。完善中央与地方金融管理体制。健全符合我国国情和国际标准的监管规则,建立针对各类投融资行为的功能监管和切实保护金融消费者合法权益的行为监管框架,实现金融风险监管全覆盖。完善国有金融资本管理制度。加强外汇储备经营管理,优化外汇储备运用。有效运用和发展金融风险管理工具,健全监测预警、压力测试、评估处置和市场稳定机制,防止发生系统性、区域性金融风险。"

金融危机的冲击,更可能提高我国证券市场的运作效率并促进多层次资本市场的早日形成,为经济稳定持续增长作出更多贡献。当然,这种致力于证券监管独立性的改革过程,也契合了当下我国正在进行的以提高行政效率为目标,推行政府绩效管理和行政问责制度的政府行政体制改革的客观要求。与此同时,伴随着《证券法》修改于 2013 年 10 月被列入第十二届全国人大常委会第一类[1]立法项目规划,2015 年 4 月已经进行了第一次《证券法》修改稿审议,推出对资本市场是重大利好的新《证券法》已指日可待,借此契机在法律层面完善我国证券监管治理,尤其是攸关监管有效性的独立性制度安排,必将更具时代意义并能产生深远的影响。

二、金融监管治理及独立性问题的研究状况与文献综述

(一)从监管经济学到监管治理的理念转变和研究状况

理论研究的推进,取决于社会经济生活实践的需要。现代国家在经历经济市场自由发展带来的失灵状况之后,逐步于 20 世纪建立系统的金融监管体系,其基础理念在于市场的不完备性需要代表公共利益的政府行使公权力进行干预,由此形成基于必要性的金融监管经济学理论。[2]从功能上看,既包括由中央银行负责制定和执行货币政策,并担当最后贷款人,承当起处置金融系统性风险的职责,也包括由微观金融监管机构负责监管各金融子行业的活动,确保金融市场有序竞争,并保护投资者的合法权益。在具体结构上,受到各国市场结构、法制传统、政府运作机制和政治体制等诸多方面的影响,而呈现异彩纷呈的组合。[3]但总体上,金融监管作为一个公权力介入市场经济自由运作体系,用于校正后者的失灵并使之运行于正常轨道之内的典范,起到了居功至伟、不可替代的作用。一百多年来,现代金融监管体系总体上运行良好,成效颇受肯定。

晚近以来,爆发间隔时间越来越短的几次地区性乃至全球性的金融危机,促使人们开始思考问题的真正根源及其相关金融监管体系应对危机的能力。而随着现代行政权的扩张,金融监管体系日益庞杂且程序繁冗,金融机构为履行合规要求所需担负的巨大成本,以及由此造成的活动低效率和对金融创新活动的遏制,也使人们开始考虑改变金融监管的官

---

[1] 指"条件比较成熟、任期内拟提请审议的法律草案"。
[2] 关于金融监管经济学理论的理论演化,参见下文第一章第二节的内容。
[3] 参见张荔:《发达国家金融监管比较研究》,中国金融出版社 2003 年版。

僚作风,使之可以向着更高效率、更好服务的方向发展。与此同时,受到现代民主宪政和公共行政多元化思想的影响,人们对公务分权、公共行政的实现方式,以及公众参与问责等治理基本问题有了更深入的了解和共识,也因此打开金融监管黑箱,将高高在上的监管者置于与被监管者一样的地位进行全面考察,从"监管必要论"转变为"监管有效论"[1],要求其接受效率约束和问责制衡,成为一种流行趋势。

在金融监管理论积淀的基础上,对金融监管运作效果的关注,促使人们借用经济生活中关于公司治理的理念和一般原理,提出了金融监管治理的概念及其改革问题。"金融监管治理就是为了实现监管预期目标,对实施监管的主体和客体进行一系列的制度安排。包括对金融监管机构的治理、监管者的激励和问责机制的设计、监管工具的选择等方面的内容。"[2]与过去假设金融监管者的理性,更主要地从完善监管方式入手改进金融监管不同,当下的金融监管治理,从回归金融监管者是"利他"和"自利"的综合体开始,由监管者自省其身,引入私营经济的管理方法并辅以民主宪政下的问责机制,打开监管"黑箱"恭迎公务分权链条上的相关主体和监管对面的利益相关者,注意构建与他们之间的互动关系,并将这一运作与制衡机制内化于整个金融监管过程,形成一个动态的治理模式,实现与经济发展和社会进步与时俱进的协调。

从海外来看,最早提出监管治理的是布莱恩·利维(Brian Levy)和巴勃罗·史必乐(Pablo Spiller),他们在《监管承诺的制度基础:电讯业监管的比较分析》[3]一文中区分了监管治理安排(Regulatory Governance Arrangement)与监管内容(Regulatory Content)的区别,把监管作为一个应涵盖监管治理和监管激励两方面制度设计的问题进行研究,不仅论述了出于保护投资者合法权益而有必要进行监管治理,更进一步提出应把监管治理纳入特定国家或者地区的政治、经济、法律和文化等制度禀赋大环境中进行设计,监管治理安排受制度禀赋影响而存在差异,是社会用来约束监管机构自由裁量权及解决约束冲突的机制。

---

[1] 关于从"监管必要论"到"监管有效论"的理论演化,参见下文第一章第二节的内容。
[2] 江曙霞、郑亚伍:《金融监管治理的激励机制研究》,载《厦门大学学报(哲学社会科学版)》2012年第3期。
[3] See: Brian Levy & Pablo Spiller, "The Institutional Foundations of Regulatory Commitment: A Comparative Analysis of Telecommunications Regulation", *Journal of Law, Economics and Organization*, Vol. 10, No. 2, 1994.

这之后,来自金融领域的专家学者开始探讨金融监管治理问题,提出了将金融监管者的独立性作为一个监管原则的观点。[1]而系统阐述金融监管治理问题的主要是来自国际货币基金组织的学者,其中知名的有马克·奎因(Marc Quintyn)、迈克尔·W.泰勒(Michael W. Taylor)、尤戴比尔·S.达斯(Udaibir S. Das)等人。例如,早在2002年3月,供职于国际货币基金组织的马克·奎因和迈克尔·W.泰勒就在一份名为《监管独立性和金融稳定性》的工作论文[2]中,指出监管机构的独立性对于保障金融稳定性的重要性,不亚于中央银行独立性对货币稳定的重要性,并构建了独立性的四大要素[3]及其有效运行的条件和安排。同年9月,尤戴比尔·S.达斯和马克·奎因在一份名为《金融危机的防范与管理:监管治理的作用》的工作论文[4]中,指出"金融体系的良好监管治理是实现和保持金融稳定的关键因素",并从提高监管治理质量角度,提出了监管机构独立于政治与行业的干预(独立性)、问责制、透明度和公允性作为良好监管治理的四个组成部分。同样来自国际货币基金组织的三位专家埃娃·希普克斯(Eva Hüpkes)、马克·奎因和迈克尔·W.泰勒在前期研究的基础上,意识到保障独立性只是良好监管治理的必要条件而非充分条件,因而需要辅以问责性进行制衡,于是在2005年3月的一篇名为《金融监管者的问责:理论与实践》的工作论文[5]中,肯定了问责具有提供公众监督、维持并提升合法性、提高机构治理和提升机构绩效的功用,并设计了适用于金融监管的问责机制。在完成对金融监管治理重要性和相关要素,尤其是独立性与问责性要素及实现框架的构建之后,运用这些理论进

---

[1] See: Lastra, Rosa Maria, *Central Banking and Banking Regulation*, Financial Markets Group, London: London School of Economics, 1996; Goodhart, Charles, ed., *The Emerging Framework of Financial Regulation*, Financial Markets Group, London: London School of Economics, Central Banking Publications Ltd., 1998.
[2] See: Marc Quintyn and Michael W. Taylor, "Regulatory and Supervisory Independence and Financial Stability", IMF Working Paper, WP/02/46, March 2002.
[3] 即组织独立性、立规独立性、监督独立性和预算独立性,关于监管独立性这四大要素的分析,参见下文第二章第二节的内容。
[4] See: Udaibir S. Das and Marc Quintyn, "Financial Crisis Prevention and Crisis Management—The Role of Regulatory Governance", IMF Working Paper, WP/02/163, September 2002.
[5] See: Eva Hüpkes, Marc Quintyn, and Michael Taylor, "The Accountability of Financial Sector Supervisors: Theory and Practice", IMF Working Paper, WP/05/51, March 2005. 该篇文章同名发表于 *European Business Law Review*, Vol. 16, 2005, pp. 1575—620.

行金融监管治理检验,评估监管质量的研究随即展开。典型的有尤戴比尔·S.达斯,马克·奎因和基纳·切纳德(Kina Chenard)在2004年5月所做的《监管治理事关金融系统稳定吗?一种实证分析》[1],马克·奎因,希尔维亚·拉米雷斯(Silvia Ramirez)和迈克尔·W.泰勒在2007年2月所做的《自由之畏:政治家与金融监管者的独立性与问责》[2],多纳托·马斯恰安达罗(Donato Masciandaro),马克·奎因和迈克尔·W.泰勒于2008年6月所做的《金融监管独立性和问责——探索决定因素》[3],以及史蒂文·塞利格(Steven Seelig)和艾丽西娅·诺沃阿(Alicia Novoa)于2009年7月所做的《金融监管者的治理实践》[4]等。这些研究用实证分析检验出金融监管治理与防范危机、维护金融稳定之间存在着正相关关系,同时揭示存在的主要问题,并提出进一步的改进建议。在2008年美国金融危机之后,诸多研究立足于反思这场危机的监管失败,抨击现有金融监管的制度性缺陷而提出建设性的改进措施,是金融监管治理的又一实战成果,其中詹姆斯·R.巴斯(James·R. Barth)、小杰勒德·卡普里奥(Gerard Caprio J.)和罗斯·列文(Ross Levine)三人合著并于2012年出版的《金融守护人:监管机构如何捍卫公众利益》(*Guardians of Finance*:*Making Regulators Work for Us*)[5]是引人瞩目的典型代表。在书中,作者痛陈这场危机中美国金融监管机制的系统性失灵,提出引入"人民卫士",对金融监管作出明确、专业和独立的评估,其唯一的职责就是获取信息,并站在公众——而不是金融业、监管机构或者政客的立场上对监管机制作出评估的建议,可谓振聋发聩!

---

[1] Udaibir S. Das, Marc Quintyn, and Kina Chenard, "Does Regulatory Governance Matter for Financial System Stability? An Empirical Analysis", IMF Working Paper, WP/04/89, May 2004.

[2] See: Marc Quintyn, Silvia Ramirez, and Michael W. Taylor, "The Fear of Freedom, Politicians and the Independence and Accountability of Financial Supervisors", IMF Working Paper, WP/07/25, February 2007.

[3] Donato Masciandaro, Marc Quintyn, and Michael Taylor, "Financial Supervisory Independence and Accountability —Exploring the Determinants", IMF Working Paper, WP/08/147, June 2008.

[4] See:Steven Seelig and Alicia Novoa, "Governance Practices at Financial Regulatory and Supervisory Agencies", IMF Working Paper, WP/09/135, July 2009.

[5] 国内已有中文译本,参见:[美]詹姆斯·R.巴斯、小杰勒德·卡普里奥、罗斯·列文:《金融守护人:监管机构如何捍卫公众利益》,杨农、钟帅、靳飞等译,生活·读书·新知三联书店2014年版。

这种从金融监管必要性到金融监管治理的理念更新和理论构建并未止于理论研究,相反,被包括欧美国家在内的许多发达资本市场所在国(其中最为典型的是经济合作组织——OECD 国家和美国[1])在它们 20 世纪 80 年代以来的行政改革中进行具体运用,并随着金融混业经营进程的推进、国家间金融竞争的加剧,以及 20 世纪 90 年代至今对抗金融危机的需要而不断强化。除了在国别层面的实践,在国际层面,通过巴塞尔银行监管委员会、国际证监会组织、国际货币基金组织以及世界银行等国际组织的努力,对金融监管治理这一问题不仅取得了国际共识,更成功地纳入"金融部门稳定性评估规划"(FSAP)的具体规范,成为指导一国金融监管的"最佳做法"指南,被用于评估世界各国和地区的金融监管质量,更广泛地在世界范围内发挥作用。

受到海外金融监管治理研究进展和国际金融组织倡导的"最佳做法"的影响,国内部分学者和监管部门的一些研究人员开始了对日益流行的金融监管治理和国际监管规则的介绍,探讨它们对中国的启发和借鉴意义。例如胡怀邦于 2005 年 2 月发表的《金融监管机构的良好治理:内控机制与外部环境》[2]、张晓朴和杜蕾娜 2005 年 4 月发表的《金融监管治理的定义、要素和评估》[3]、中国社会科学院金融研究所的李杨教授于 2005 年 10 月 21 日发表于《金融时报》的《完善监管机构的治理机制》、王国跃和杜征征于 2008 年发表的《金融监管治理进展研究》[4]、张玉喜于 2009 年发表的《金融监管治理:问题、机制与评估》[5]等。在这些基础性的介绍和问题的反思之外,也有部分研究者开始尝试实证研究,将金融监管治理的评估指标在中国语境下进行运用,或者尝试建构模型演练金融监管治理而形成系统性研究,例如赵峰、高明华于 2010 年发表的《金融监管治理的指标体系——因应国际经验》[6]、赵峰于 2012 年发表的《中国

---

[1] 有关 OECD 国家监管治理的具体实践,可参见经济合作与发展组织编:《OECD 国家的监管政策:从干预主义到监管治理》,陈伟译,法律出版社 2006 年版;王蕾:《经合组织国家监管治理理念及对我国的启示》,载《华东经济管理》2010 年第 2 期。有关美国的监管治理,下文正文将以之为主要论述对象,这里不再赘述。

[2] 胡怀邦:《金融监管机构的良好治理:内控机制与外部环境》,载《中国金融》2005 年第 2 期。

[3] 张晓朴、杜蕾娜:《金融监管治理的定义、要素和评估》,载《中国金融》2005 年第 4 期。

[4] 王国跃、杜征征:《金融监管治理进展研究》,载《中央财经大学学报》2008 年第 9 期。

[5] 张玉喜:《金融监管治理:问题、机制与评估》,载《上海金融》2009 年第 8 期。

[6] 赵峰、高明华:《金融监管治理的指标体系——因应国际经验》,载《改革》2010 年第 9 期。

证券监管治理的国际经验借鉴与评估体系重建》[1]、赵峰等人于2014年发表的《中国的金融监管治理有效吗——基于中国银行业的问卷调查》[2]，以及江曙霞于2012年发表的《金融监管治理的激励机制研究》[3]等，这些研究使金融监管问题的发现更真实，最终有利于促进解决方式更接地气和更为有效。

(二)证券监管独立性的研究脉络与文献综述

1. 证券监管独立性的选题与美式样本的共性

独立性是金融监管治理的基本要素和应有之义，无论是学者们关于金融监管治理的上述研究，还是国际金融组织对于金融监管治理的评估内容，独立性问题始终占据重要地位，也因此研究金融监管治理，有必要以独立性为抓手并始终紧紧围绕着这个中心。如上所述，独立性作为金融监管治理的一般性问题，是适用于宏观审慎监管和微观审慎监管的一项基本要求，但从发展历史来看，对于中央银行独立性的研究和实践，已有二十多年并逐步取得了共识，而在监管结构上曾内设于中央银行的银行监管，其独立性问题的解决也能从这种从属结构中获得某种程度的支持。

相反的，由于证券市场系统性危机被人们认识和重视才刚刚开始，由危机推动的证券监管治理研究和改革，相应地也处于起始阶段。尽管这种关注和研究没有像对银行业监管治理的研究那么丰富和充满了实证检验，但不可否认的是，加强证券业监管治理对维护金融系统稳定的重要性，强化证券监管独立性同样是提升证券业监管治理水平、确保证券监管质量的内在要求。在资本市场日益成为直接投融资的主要场所并对一国经济发展和构建国际金融秩序的重要性日益突出，加上由证券市场系统性风险引发的金融危机的影响日益不可小觑，基于这些因素的综合作用，关注并研究证券监管独立性问题正当其时。

尽管国际层面上对证券监管治理及其独立性的关注和研究，不过是近二三十年来的事，但关于设立独立监管机构(Independent Regulatory Agencies)并围绕其独立性而展开的论证，早在一百多年前的美国经济规

---

[1] 赵峰：《中国证券监管治理的国际经验借鉴与评估体系重建》，载《改革》2012年第7期。
[2] 赵峰、付韶军、杜雯翠：《中国的金融监管治理有效吗——基于中国银行业的问卷调查》，载《财贸经济》2014年第8期。
[3] 江曙霞、郑亚伍：《金融监管治理的激励机制研究》，载《厦门大学学报(哲学社会科学版)》2012年第3期。

制史上就已经出现，其所采用的是设立独立于传统政府行政机构的各类监管机构，根据法定的监管目标独立地行使包括制定规章、进行监督管理、执行处罚和裁决纠纷的综合型权力，被称为独立于立法、行政和司法之外的"第四部门"。[1] 尽管这种独立监管机构的出现，有美国本土的诸多原因，但晚近以来，随着人们跨越只能由传统政府行政机构作为唯一的公共事务执行主体的思想藩篱，以及行政主体多元化和公共行政的兴起，由独立于传统政府行政机构之外的专门机构，负责某一领域的监管事务，已逐渐被接受并日益成为一种流行趋势。

美国法下的独立监管机构的组建和运作，是三权分立体制下处理公共事务的一种特殊安排，其他国家可能没有采用三权分立，抑或实行的是君主立宪或者其他政治体制，但就设立专门机构对某类公共事务进行集中统一管理，其基于公务分权而独立和对授权需要予以必要制衡的原理却是共通的。也因此，各国因政治体制、法律传统和社会发展程度等的不同，在确保证券监管独立性上可能采取不同的结构安排，但都可在针对证券监管的授权与制衡层面展开讨论，分析其功用、实现机制和问责安排等各种攸关监管治理的具体问题，取长补短，相互促进，此即比较法上的功能主义，也是法律制度得以相互借鉴而长进的动力之源。

在监管独立性和设立独立监管机构方面，美国可谓先行一步。独立监管机构设立以来的一百多年时间里，这种基于公务分权而设立的专业性监管组织，经历了不同时代的证券监管和行政管理思潮、理念、实践的冲击和淬炼而在监管治理方面积淀深厚，其中的经验和得失，无疑是人类监管治理历史上的一笔宝贵财富，也是晚近以来国际上关于证券监管治理独立性的讨论所无法比拟的；同时，美国经历百年已发展出强大的资本市场，其证券监管机构的作用功不可没，作为一种监管模式而在世界范围内具有空前的影响力和示范效应（尽管 2008 年金融危机之后有所削弱）。也因此，下文的文献综述和正文的相关讨论，主要基于美国经验进行，并适当综合其他国家的情形和国际上的最新发展。

2. 以美国独立监管机构发展史为中心的文献考察

作为公权力干预经济的一种方式，独立监管机构最早产生于美国，及

---

[1] Edward H. Fleischman, "Toward Neutral Principles: the SEC's Discharge of Its Tri-Functional Administrative Responsibilities", *Catholic University Law Review*, Winter, 1993, pp. 251—252.

至1929—1933年经济大萧条之后实行罗斯福新政才在联邦层面建立了独立的证券监管机构——美国证券交易委员会（SEC），并逐步发展成为被世界许多国家效仿的金融监管模式。

从历史发展来看，有关证券监管独立性问题的研究，最早始于美国，并且很长一段时间主要是围绕独立监管机构（Independent Regulatory Agencies）或者独立机构（Independent Agencies）的问题而展开的。而有关证券领域的监管机构独立性及其监管独立性的研究在早期并未被单独列出，只是笼统地归入上述独立监管机构的问题进行研究，这种状况直到20世纪七八十年代随着金融市场对经济发展日益呈现出重要作用，以及晚近以来频繁爆发的金融危机的巨大破坏力引发人们对金融监管的高度关注才得以改变，并最终使得金融监管独立性问题在传统的产业监管独立性研究的基础上成为一个新兴且独立的研究领域。

回顾美国本土及海外其他国家关于独立监管机构及监管独立性的研究，文献浩如烟海，纷繁复杂，如果进行总结的话，大体可以用"两大学科体系、两个发展阶段、两条逻辑主线、两种研究方法、两个发展层面"进行概括，具体阐述如下：

（1）"两大学科体系"是指监管独立性研究的理论基础主要受到以下两大学科体系的影响：一是传统的产业规制经济学，及至后来发展起来的金融监管学；一是行政（法）学，乃至逐步发展起来的公共行政、公共管理、公共治理学。[1]这些学科体系或者从产业规制的视角或者从公共行政的视角，阐述了政府规制作为弥补市场失灵的有效手段而合法、合理存在的基础，阐述了政府规制在有限理性和部门利益的驱使下可能失灵或者被

---

[1] 公共行政学在一百多年的发展历程中经历过多次范式更迭演变，充满了管理主义与宪制（政治）主义谁占主导地位的争论，可以概括为传统公共行政、新公共行政、公共管理、公共治理四个阶段。参见〔美〕尼古拉斯·亨利：《公共行政与公共事务》（第十版），孙迎春译，中国人民大学出版社2011年版，"第2章 公共行政的百年发展与困境"，第28—47页。

在广义上，公共行政和公共管理二者是相等的，都可以理解为公共部门对公共事务所进行的管理活动（主要是包括政府公共管理），二者的外延是一致的。理论界倾向于把公共行政看成是政府为主体的管理活动（国内称为行政管理）。作为公众权力的执行者，政府公共部门在管理中体现其"公共性"是核心要素。公共管理的主体既包括政府，也包括其他公共机构，这里强调了政府的社会管理和公共服务职能，而弱化了政府的政治统治职能。公共管理更强调社会事务的管理、主体的多元化（社会性）和管理技术。虽然用语和出发角度不同，但二者在"公共性"内涵上却是统一的。参见王乐夫：《论公共行政与公共管理的区别与互动》，载《管理世界》2002年第12期。也因此，本文同义使用公共行政、公共管理，不作严格区分。

俘获的情况及应采取的措施,阐述了独立监管机构相对于传统行政部门的比较优势,以及在金融监管领域,这种独立监管机构存在的必要性等方面的问题,为监管独立性问题的研究提供了深厚且来源广泛的理论基础。在这些方面的经典著作不胜枚举,著名的如美国学者乔治·J.斯蒂格勒[1](George J. Stigler)的《产业组织与政府管制》(*The Citizen and the State*,1975;The Organization of Industry,1983)、艾尔弗雷德·E.卡恩(Alfred E. Kahn)的《规制经济学:原理与制度》(*The Economics of Regulation: Principles and Institutions*,1988)、丹尼尔·F.史普博(Daniel F. Spulber)的《管制与市场》(*Regulations and Markets*,1989)、马克·阿姆斯壮(Mark Arm Strong)等著的《规制改革:经济分析与英国经验》(*Regulatory Reform: Economic Analysis and British Experience*,1994)、日本学者植草益(うえくさます)的《微观规制经济学》[2],以及美国学者斯史蒂芬·布雷耶(Stephen Breyer)的《规制及其改革》(*Regulation and Its Reform*,1982)、英国学者安东尼·奥格斯(Anthony I. Ogus)的《规制:法律形式和经济理论》(*Regulation: Legal Form and Economic Theory*,1994)、托尼·普罗瑟(Tony Prosser)的《法律和监管者》(*Law and the Regulators*,1997),等等。

(2)"两个发展阶段"是指在监管独立性的研究上经历了早期有关独立监管机构法律地位及其职权的合法性研究,以及后期有关独立监管机构的监管效率、效用的研究。[3]在20世纪七八十年代之前,有关独立监管机构的研究主要集中在独立监管机构的法律地位、所行使职权的合宪性、使用司法审查对独立监管机构及其职权进行监督和制衡等方面的问题上,尤其是在20世纪三四十年代美国在联邦层面普遍设立独立监管机构,对经济生活的方方面面进行积极干预的时期,相关的研究兴盛一时。

---

[1] 《产业组织和政府管制》(上海三联书店1996年版,潘振民译)是根据施蒂格勒的两本著作——《公民与国家》(The Citizen and the State)和《产业组织》(The Organization of Industry)翻译出版的论文集。
[2] 更多的有关西方规制经济学的发展变迁,可参见张红凤:《规制经济学的变迁》,载《经济学动态》2005年第8期;张红凤:《西方规制经济学的变迁》,经济科学出版社2005年版。
[3] 有关美国独立监管机构的发展历史、在行政法上带来的冲击及其变革,可参见〔美〕肯尼思·F.沃伦:《政治体制中的行政法》(第三版),王丛虎、牛文展、任端平、宋凯利等译,中国人民大学出版社2005年版,第3章"行政权力的扩张及其对美国体制的冲击",第80—142页;Richard J. Pierce, Jr., *Administrative Law Treatise*, 4th ed., Volume I, Apsen Law & Business 2002, pp. 8—34.

著名的如曾任美国哈佛法学院院长和指导创立美国证券交易委员会的詹姆斯·兰迪斯 1938 年著述的《行政过程》、美国第一届总统行政管理委员会职员、研究独立管制委员会的先驱者罗伯特·E. 库斯曼(Robert E. Cusman)1941 年出版的《独立监管委员会》(*The Independent Regulatory Commissions*)等。监管机构的普遍存在带来了高成本、低效率、程序繁琐、方式僵硬、遏制竞争及监管捕获等问题,由此引发了社会各界对独立监管机构的质疑和批评。20 世纪七八十年代之后,伴随着放松管制,相关的监管改革接踵而来,通过分析独立监管机构存在监管失灵的原因,理论研究开始系统地探讨如何提高这类机构的监管能力和监管绩效,出现了许多杰出的研究成果。著名的如理查德·B. 斯图尔特(Richard B. Stewart)的《美国行政法的重构》(*The Reformation of American Administrative Law*,1975)、凯斯·R. 桑斯坦(Cass R. Sunstein)的《权力革命之后,重塑规制国》(*After the Rights Revolution: Reconceiving the Regulation State*,1990)、戴维·奥斯本(David Osborne)、特德·盖布勒(Ted Gaebler)的《改革政府:企业家精神如何改革着公共部门》(*Reinventing Government*,1992)、克里斯托弗·胡德(Christopher Hood)等人的《监管政府:节俭、优质与廉政体制设置》(*Regulation Inside Government: Waste Watchers, Quality Police and Sleaze-Busters*,1999)等。

(3)"两条逻辑主线"是指一条主线主要围绕着在美国联邦层面三权分立的国情下,独立监管机构作为"第四部门"所引发的关于这类机构的法律地位、功能、职权与监督制衡等具有美国特色的问题而展开的。在这条主线的引领下,有关这类机构的合宪性法律地位、这类机构与总统领导下的行政部门的区别与关系、这类机构被授予立规权、行政权和部分准司法权等综合权力的必要性及其制衡问题,始终是理论界和实务界关注的热点。许多研究主要围绕这些问题而展开,形成百家争鸣的盛况,历久不衰。著名的有彼得·P. 斯威尔(Peter P. Swire)于 1985 年发表在《耶鲁法律杂志》(*Yale Law Journal*)的《把独立机构并入行政部门》(Incorporation of Independent Agencies into the Executive Branch)、马歇尔·J. 布雷格(Marshall J. Breger)、盖理·J. 埃德勒斯(Gary J. Edles)于 2000 年发表在《行政法律评论》(*Administrative Law Review*)的《实践出真知:独立联邦机构的原理与运作》(Established by Practice: the Theory and Operation of Independent Federal Agencies),以及最初由美国行政法大家肯尼思·卡尔普·戴维斯(Kenneth Culp Davis)及其合作者小理查德·J. 皮尔斯（Richard J. Pierce, Jr）合作撰写，后由后者最新独立著述的《行政法论集》（Administrative Law Treatise, 4th ed.）[1]，该书第一卷第一章对美国独立监管机构发展历史以及所涉分权与制衡的讨论，等等。

另一条逻辑主线是围绕着独立监管机构作为监管组织形式的一般类型，其运作的机理、权限配置和独立性保障等具有普遍意义的问题而展开的。在这条主线的引领下，有关设立独立而统一的监管机构的利弊、独立性内涵与基本要素、独立监管机构与其他职能机构的分工协作、独立监管机构在正常情况与危急情形下的职责及相关的配套措施等问题得到了诸多深入和广泛的讨论，形成了关于监管独立性的一些普遍共识和基本操作规范，其研究成果也是成绩斐然，佳作频出。著名的有艾伦·B. 莫里森（Alan B. Morrison）在 1988 年发表于《杜克法律杂志》（Duke Law Journal）的《独立监管机构如何独立》（How Independent are Independent Regulatory Agencies）、奥拉娜·L. 彼得斯（Aulana L. Peters）在 1988 年发表于《杜克法律杂志》的《独立机构：政府的灾难抑或救赎》（Independent Agencies: Government's Scourge or Salvation）、理查德·H. 费尔德（Richard H. Pildes）在 2009 年发表于《纽约大学法律与商业期刊》的《分权、独立机构和金融监管：以萨班斯法案为例》（Separation of Powers, Independent Agencies, and Financial Regulation: the Case of the Sarbances-Oxley Act）、尼迪·达特拉（Kirti Datla）、理查德·L. 里夫斯（Richard L. Revesz）在 2013 年发表于《康奈尔法律评论》（Cornell Law Review）的《解构独立机构（和执行机构）》（Deconstructing Independent Agencies (and Executive Agencies)），等等。

（4）"两种研究方法"是指在监管独立性问题的研究上，除了采用规范分析的研究方法之外，随着实证主义和实证分析工具的日益丰富和成熟，实证分析的研究方法也被广为运用。在早期和上述有关独立监管机构的研究中，主要基于独立机构设立的国会授权性规定和运作中的专门立法，结合立法背景、立法技术和法律解释，从规范的内容入手进行研究，逐步确立有关独立监管机构及监管独立性的概念、设立原则、运作规则和操作流程等完整的学科理论体系，奠定了指导实务操作和检验实践效果

---

[1] Richard J. Pierce, Jr., *Administrative Law Treatise*, 4th ed., Volume I, Apsen Law & Business 2002.

的标杆。而随着实践中独立监管机构的普遍设立和历经岁月积累的经验和记录的增加,实证研究逐步具备条件,这种研究通过数据分析、案例分析、历时性的资料回溯等方法揭示了独立监管机构运作中存在的问题和需要继续完善的地方。在这种研究方法之下,不少行业的独立监管机构成为研究对象,在金融监管领域首推美国证券交易委员会(SEC),并由此产生了许多优秀的研究成果。著名的有爱德华·L. 弗莱希曼(Edward L. Fleischman)在1993年发表的《走向中立原则:SEC 履行三重行政职责》(Toward Neutral Principles: the SEC's Discharge of Its Tri-Functional Administrative Responsibilities)、詹姆士·D. 考克斯(James D. Cox)、兰德尔·S. 托马斯(Randall S. Thomas)等于2003年发表的《证券交易委员会执法的启示:一种实证调查》(SEC Enforcement Heuristics: an Empirical Inquiry)、A. C. 普利查德(A. C. Pritchard)在2005年发表的《SEC 70周年:退休之年?》(The SEC at 70: Time for Retirement?),等多篇文章。

(5)"两个发展层面"是指监管独立性问题的研究最初主要是因应实践,在设立独立监管机构的国家,例如美国、英国等国的国内层面进行研究。这种研究,结合本国的国情和不同阶段的发展需要进行理论争鸣,在契合本国特殊需求的同时也逐步搭建了有关独立监管机构及监管独立性的基本理论体系,其研究成果自始至终占据主流,并深刻影响国内的立法与实践。例如,1988年的一期《杜克法律杂志》就专门刊登了美国第十九次行政法律问题年会有关"独立机构的独立性"专题讨论会(Symposium: the Independence of Independent Agencies)上的相关研讨论文,并产生了深远的影响。除了这种国内的研究之外,随着世界经济一体化进程的加快和各国经济联系的普遍增强,特别是地区性金融危机和全球性金融危机的爆发,使得国际层面开始关注各国金融监管水平对金融安全和系统稳定性的影响,由此提出了金融监管治理问题并引发在国际层面探讨独立监管机构及其监管独立性问题的热潮。这股潮流主要是由一些地区性/国际性的经济组织或国际金融监管组织倡导或进行的,之后再借助其制定指引全球金融监管规则的地位影响到各国的监管实践,一些研究成果已经成为国际上备受重视的监管规则,例如经济合作与发展组织(OECD)2003年出版的《OECD 国家的监管政策:从干预主义到监管治理》(Regulation Policies in OECD Countries: From the Intervention to the Regulatory Governance)、上文所述的 IOSCO 的《证券监管的目标与原则》、IMF 的金融监管评估规划（FSAP）等。此外，这些组织内部的相关部门及研究人员以工作论文的方式，站在宏观、系统和全局性的高度深入阐述了金融领域独立监管机构的利弊、独立性含义与制度性保障、独立监管机构与宏观调控机构、其他职能机构的关系、监管独立性与金融稳定性的关系等方面的问题，在金融监管治理的范畴内拓展了独立监管机构和金融监管独立性的研究视野和理论高度，产生了良好的影响。著名的有国际货币基金组织的研究人员 2002 年 3 月发布的工作论文《监管独立性与金融稳定性》(Regulatory and Supervisory Independence and Financial Stability)、2005 年 3 月发布的工作论文《金融监管者的问责：原则与实践》(The Accountability of Financial Sector Supervisors: Principles and Practice)，以及上文"（一）从金融监管经济学到金融监管治理的理念转变和研究状况"中关于金融监管治理部分的其他文献，等等。

从国内的研究来看，受到我国 20 世纪 90 年代之后才开始启动资本市场和逐步加快对外开放、对内改革步伐的影响，总体上我国对政府规制经济问题的研究起步较晚，在很长一段时间内，有关独立监管机构的研究几乎处于空白，更不用说在金融领域对中国证监会从独立监管机构及监管独立性的视角进行研究。概括而言，国内的部分行政学、行政法学者较早地注意到美国等西方国家 20 世纪 80 年代以来国家行政的最新潮流及在行政（法）学上发生的与传统行政（法）学的变化，因而一方面陆续将上文提到的西方主要的政府规制巨著翻译成中文，介绍给国内的理论界和读者；另一方面结合自己的观察和研究，撰写了一些介绍性的书籍与论文，比较知名的有毛寿龙、李梅、陈幽泓 1998 年著的《西方政府的治道变革》，宋世明 1999 年著的《美国行政改革研究》，以及周汉华 2007 年著的《政府监管与行政法》，由江必新主编、从 2009 年起连续出版的《行政规制论丛》对规制问题的系列关注等。近年来开始有学者专门针对政府监管机构，运用行政法的研究方法系统研究了这一类机构的相关问题，知名的有马英娟 2007 年著的《政府监管机构研究》，可以算是国内较系统研究独立规制机构及其监管与制衡问题的专著、以及作者根据论文专著所做的一些系列研究，例如其 2007 年 2 月发表于《浙江学刊》的《监管机构与行政组织法——关于监管机构设立根据及建制理念的思考》，邢鸿飞、徐金海 2008 年发表于《行政法学研究》的《论独立规制机构：制度成因与法理要件》等。

而从经济学、经济法学的角度来看，尽管金融学界领先于法学界，在金融监管理论潮流把握上较接近国际发展趋势,但目前两个领域还都欠缺对这方面应有的和足够的关注。经济学界除了翻译上文所述的一些规制经济学的经典著作之外,针对国内的系统性研究才刚刚起步。知名的有王俊豪所著的《政府管制经济学导论——基本原理及其在政府管制实践中的应用》,该书由商务印书馆在2001年出版,并于2003年荣获"孙冶方经济学奖"。近年来一些针对行业独立监管机构的研究也逐步呈现,但主要还是运用规制理论进行的分析,从独立性与问责性角度对金融领域的监管者所作的分析比较鲜见。就法学研究而言,行政法领域,正像宋功德博士在《论经济行政法的制度结构》(2003年)一书中所总结的,"卓有成效的经济行政法研究似乎尚未充分展开",没有生成系统的金融行政法学。而经济法领域,一方面,大量的金融监管著述侧重于介绍发达国家的金融监管经验,分析混业经营和金融开放背景下的金融监管框架,阐述金融行政监管与行业自律监管的关系,以及解决具体的金融监管问题,较少将研究视角回归到金融监管及其相应的监管机构自身的研究之上;另一方面,有关独立性的研究,还主要聚焦于中央银行的独立性和司法独立性之上,例如吴昊2003年著的《中央银行独立性研究:发达国家的经验与中国的改革设想》、周仲飞2005年发表于《政治与法律》的《论中央银行独立性的法律保障》等。针对证监会的独立性研究虽然开始出现,但还是只鳞片爪,未见系统性的研究成果,比较知名的有前证监会主席高西庆2002年发表于《中国法学》的《论证券监管权:中国证券监管权的依法行使及其机制性制约》、邓可祝、庾宗利2009年发表于《行政与法》的《我国证监会法律地位研究——兼论我国独立管制机构问题》、王建文2009年发表于《法学杂志》的《中国证监会的主体属性与职能定位:解读与反思》、李东方教授2017年发表于《政法论坛》的《证券监管机构及其监管权的独立性研究——兼论中国证券监管机构的法律变革》,等等。总体而言,决定金融监管效用的独立性问题,在国内一直被默认为理所当然的前提,可以说仍属于一个学术空白。海外研究的发达状况,对比国内研究的重视度不足及刚刚起步,如果投射到国内金融监管改革要求和构建更安全稳健的资本市场发展目标上,则能显著地揭示本书的研究意义和紧迫性。

三、研究思路、主要内容与研究方法

独立性是金融监管治理的内在要求,证券监管领域的独立性研究,不可避免要回答为什么需要独立性,什么是独立性,如何实现独立性,如何运用独立性和如何制约独立性等一系列问题。本书以此为写作思路，层层递进，环环相扣。在回答为什么需要独立性时，主要运用正反论证和演绎推理的方法，分析证券监管独立性与监管效用的必然联系。在回答什么是独立性以及如何保障和制约独立性时，主要运用比较研究和归纳分析的方法，通过借鉴发达资本市场国家的经验，总结出证券监管独立性的理论框架。在回答如何运用独立性时，主要运用历史分析、实证（案例）分析以及演绎分析方法，对照上述理论框架，通过对中国证券监管历史的回顾与现状评价，提出未来完善中国证券监管独立性的建议。总体上，本书将证券监管独立性当作一个可以相对独立实现的系统，通过阐述系统的基本要素、框架结构以及运作机制，完成整个论证过程。

本书的主要内容安排如下：

引言和第一章，金融监管治理、监管独立性与监管效用之间的逻辑关系。

金融监管是弥补市场失灵，纠正信息不对称的必要措施。晚近以来的监管失败，促使监管者自省其身，提出金融监管治理理念和评估框架，借以改进监管效用，维护金融体系的稳定性，并产生积极的示范效应，以培育资本市场良好的治理文化，凸显一国金融监管竞争力。

监管有效性取决于良好的监管治理，后者又需以监管独立性为前提和基础，动辄受到政治干预和被监管对象捕获的证券监管，只能造成监管宽容并诱发道德风险，在危机发生时更容易延误救援时机，造成灾难性的后果。1997年东南亚金融危机和2008年美国金融危机佐证了金融监管缺少独立性的危害。

政府代表公权力监管证券市场的历史，经历了从"必要论"到"有效论"的演变，晚近以来证券市场系统性风险的威胁和对证券市场效率的追求，促使提升证券监管有效性成为共识。独立的证券监管具有明确的监管目标，权威的监管机构法律地位、专业化的监管技术以及监管政策和措施的一致性和连续性，是证券监管得以发挥作用，保障监管有效性的必要条件。

第二章，证券监管独立性的内涵与基本要素。

证券监管独立性，是指将证券监管的功能赋予特定的监管机构（部门）行使，任何人不得强迫或者干预其违背证券监管目标行事。证券监管作为公权力"必要的经济性规制"在证券领域的体现，不能是政治利益或者行业利益的代表，而应体现出公共事务的管理性和服务于公众利益的公益性。

从独立的性质看,证券监管独立性既包括证券监管目标的独立性,也包括为实现证券监管目标而应有的手段独立性。目标独立性并非指监管机构有权自由选择监管目标,而是指通过法律规定明确而独立的监管目标,要求监管机构对此负责,不得背离和随意更改。

从独立的对象看,证券监管独立性一方面包括相对独立于传统的行政体制(政府),免受政治利益集团的干预和政治周期的波动影响,造成监管宽容、监管政策的不稳定和不连续;另一方面包括独立于被监管对象,免受行业利益集团的捕获,成为一个竞争者打压另一个竞争者的工具,造成监管寻租并阻碍金融创新。

就内容而言,证券监管独立性包括四大要素:(1) 独立的监管机构/部门,由具有独立法律地位的组织机构专门从事证券监管事务,而非纳入传统的行政体系,受制于科层结构;(2) 独立的行业规则制定权(Regulatory Independence,又称立规独立性),即监管机构享有在授权范围内,为实现监管目标而自主制定"游戏规则"的权力;(3) 独立的行业监督权(Supervisory Independence,又称监督独立性),即监管机构在负责的事务领域内,为实现监管目标和实施所立规则,自主发起、组织和实施监督检查和惩戒措施的权力;(4) 独立的预算安排,即监管机构根据履行监管职责的需要自主决定预算来源、规模和用途,并获得实现的权力。监管独立性的四大要素相辅相成,相互促进,缺一不可。

监管独立性的内涵随时代发展而不断丰富。基于事务分权而将监管者掌握的部分公权力下放给行业自律组织行使或者外包给专业机构代为履行,不仅不损害监管独立性,反而有利于提高监管效率。基于金融系统稳定性目标而加强宏观、微观审慎监管的互动,增进证券监管部门与其他经济规制部门的协调,以及与各国金融监管者之间的协调,不仅不损害监管独立性,反而有助于提高金融系统的安全性。

第三章,证券监管独立性的实现机制与制度性保障。

证券监管独立,是公共事务分权的必然结果,应当也可以通过制度安排保证这种独立性。定型的制度规则有助于形成良好的预期和约束,以最少成本实现尽可能大而持久的效益。

确保监管的组织独立性要求:设立专门的机构/部门履行职责,通过法律规定赋予其明确的证券监管目标,明晰其与政府和其他监管机构的关系,使之具有专门负责证券监管崇高而明确的法律地位;监管机构的负责人和高管人员的任免公正,具有广泛而合理的代表性,实行错期替换,以避免因政治周期影响监管组织的连续性;监管机构人员依法履行监管职责应受到法律保护,非因渎职、失职或者违法行为不能免除其职务;监管机构内部事务相对自治等。

确保立规独立性要求:监管机构可以根据法律的明文规定或者授权,自主制定包括市场准入、持续监管、市场退出、信息披露及危机处理等方面的技术性监管规范;监管机构可以根据实现证券监管目标的需要适时调整、修订监管规范,但应保持监管政策的一致性、连贯性和稳定性,体现公平、公正和透明,并适时地听取被监管对象及其他利益相关者的反馈意见;监管政策应独立于宏观调控政策,但需要保持应对经济周期的理性和判断,制定有效的审慎监管规则以防治金融风险。

确保监督独立性要求:监管机构有权颁发市场准入执照,制裁违法违规行为,进行日常审慎监管并与负责系统稳定性的部门协作处置行业风险/危机;监管机构有权在被监管机构触犯法律时及时采取制裁措施,而不是允许其继续违法或者不采取必要措施,以免造成监管宽容,酿成危机;为使监管机构有效执法,有必要赋予监管机构充分的执法权力,配置各种得当的执法措施/手段,并赋予监管机构一定的执法裁量权,以取得最佳的执法效果。

确保预算独立性要求:监管机构可以根据履行监管职责的需要自主决定预算来源、规模和用途,在"成本—效益"评估方法的约束下合法合理地使用预算经费;可以根据监管回应市场发展的需要提出预算增加预案并在说明合理性之后迅速获得支持,以确保实施有吸引力的薪酬聘用合格的职员投身监管事业;预算经费采取财政拨款,或者主要向被监管行业收费的方式,并不必然影响证券监管的独立性,关键是要有合理、透明和可问责的预算机制。

第四章,证券监管独立性的理性制衡与制度设计。

证券监管机构享有过大的独立性,可能导致监管机构对被监管行业的过度监管,造成金融压抑并阻碍金融创新;也可能导致监管机构与传统政府部门或者被监管行业共谋,滋生监管宽容、监管寻租和道德风险,造成过度自由化,这二者都不利于证券监管效用的发挥。因此,金融监管治理在强调证券监管独立性的同时,也需要辅以制度化的监管问责安排,并予以严格执行。

对监管独立性进行约束,建立在分权制衡的宪政基础上,有制约的权力才可能是负责任且服务于公共利益的权力。作为对证券监管进行监管的有效举措，一方面是实施以权力制约权力的控权机制，即通过法律保留、行政部门的审计/监察以及法院的司法审查制约监管权力的扩张和滥用；另一方面是实施以权利制约权力的控权机制，即通过建立证券监管的正当法律程序要求（形成规范化、透明化和程序化的监管流程）、监管过程公开以及公众参与等制度制约监管权力的暗箱操作和自主权的滥用。

晚近以来，控权机制的发展趋势是逐渐从注重法院的司法实体审查，强调制约权力滥用、保护投资者合法权益的消极控权，向注重监管组织的正当法律程序，强调更好地运用权力服务于执法目标，提高执法效率和效用的积极控权转变。透明度、问责制和公众参与等外部制衡构成制约的鼎足之势。当然，要求监管机构及其从业人员具有良好的专业素养与职业操守，自负其责，权责利相一致，也应给予足够的重视并贯彻执行。

第五章，中国证券市场证券监管独立性检讨与完善途径。

由政府主导形成的证券市场演进历程和"国有"资本长期一股独大的状况，促成了我国证券监管的"政策市"特征和证券监管者与被监管对象常常混为一体的利益纠葛。监管机构更多地承担了发展证券市场和为国企融资解困的任务，保护投资者合法权益的监管目标被退居其次，证券监管独立性在很大程度上有名无实，2015年6月底7月初发生的股灾，更深刻地揭示了证券监管失效的政治性根源。及时改善我国的金融监管治理，全面提高证券监管独立性并辅以有效的问责机制，已是刻不容缓。过去的"十二五"规划及当下的"十三五"规划对推进金融监管体制改革的高要求，依法行政、简政放权行政改革步伐的加快，以及我国融入世界经济秩序的愿景和《证券法》的重大修订契机，都为这一改革创造了有利条件。

在未来，为保障证券监管的独立性并对独立性进行必要而有效的制衡，应重点解决证监会事业单位属性与行使具有公权力干预市场属性的监管权的失调问题，树立其专业而权威的证券监管者地位；明确证监会肩负的证券监管目标的优先次序，将投资者保护目标放在履行证券监管职责的首要位置，妥善处理微观证券监管与宏观经济调控的关系，加强证券监管与负责金融稳定性的中国人民银行、其他经济规制部门、人民法院等司法部门以及海外主要金融监管机构的协调，实现有效的信息共享和执法协作，提高证券监管效率；强化证监会的内部治理和监管职能的去政治化/利益化，严格执行证监会人员聘用与到被监管对象任职的规定，避免出现监管"旋转门"效应，依法隔断被监管对象对监管者的利益输送，防范监管宽容、监管寻租和道德风险;授予证监会履行职责必需的"准司法权力"及一定的执法自由裁量权,确保可以实施富有吸引力的薪酬吸引专业人员参与证券监管,并为执法人员提供应有的法律保护,以提高监管的效用;逐步建立对证券监管的监督机制,引入"成本—效益"方法考核监管绩效,提高证券监管过程的规范化、程序化和透明度,加强公众参与证券监管规则制订的力度,建立证券监管机构及其从业人员的问责制,合理设计证券监管中的司法介入,在尊重证券监管独立性和专业性的同时保持司法对证券监管的必要制约,等等。

待时机成熟之时,可以效仿《银行业监督管理法》出台调整证券业监管的法律规范,通过专门立法的方式确定证券监管独立性的整体框架、具体保障措施和必要的监督制衡机制。

本书的主要观点和创新有:

1. 首次从金融学、公共管理学、行政法学和经济法学相交叉的角度,较为系统地论证金融监管治理及其独立性问题,在建立金融监管治理与监管效用逻辑联系的基础上,强调了监管治理中监管独立性的前提和基础性意义,认为只有在此基础上才能构建有效的金融监管体系,并选取证券监管领域作为典型样本进行研究,弥补了学术研究空白。

2. 证券监管独立性既包括独立于传统的政府行政部门,又包括独立于被监管的业界,需要如上所述的各项制度予以保障。我国由政府主导形成的证券市场演进历程和"国有"资本长期一股独大的状况,形成了我国证券监管的"政策市"特征和证券监管者与被监管对象常常混为一体的利益纠葛。因此,证券监管独立性的实现需要明确并严格执行投资者保护这一证券监管首要目标,破除证券监管政治化倾向并斩断通过"旋转门"进行的监管机构与被监管对象的利益关系,强化证券监管内部治理,依法行政。

3. 证券监管的失灵带来对监管独立性的反思,但过度的独立性也会酿造恶果,因此需要如上所述的各项制度予以制约。在中国不存在类似美国的三权分立制衡机制,目前的监管机构设置从属于国务院,缺乏强有力的问责制度安排。因此,未来需要明确证券监管机构的监管职责及其先后次序,增强其履行职责的透明度和程序性规范,增加公众参与证券监管规则的制定过程,系统地拓展制衡证券监管机构履行职责的约束途径,并完善相关的约束性规则的内容。当然,除了制度方面的完善之外,目前更重要的是如何使这些体现最佳实践的规则得到真正执行,对证券监管机构形成有效的激励约束。

4. 无论是证券监管独立性的实现还是制约机制,都应该是紧随资本市场发展变化的动态机制。在借鉴一般性制度设计的基础上,应该根据国家金融环境和监管改革的趋势,与时俱进地丰富完善证券监管独立性与问责性的内涵,更应该根据中国的国情进行具体调整,建立"活"的监管独立性框架。特别是2015年的股灾反映出证券监管机构缺乏采取紧急措施的权限,在应对证券市场系统性危机上缺乏与中央银行及相关监管机构的沟通机制和协调措施,应借目前对《证券法》进行重大修订的契机给予补充完善,以建设一个独立、强大、负责的证券监管者,服务于我国资本市场的健康发展。

第一章 作为监管效用基础的证券监管独立性

第一节 证券监管的作用与监管治理

一、证券监管的界定与监管的兴起

（一）一般意义上的"监管"

"监管"一词由英文"regulation"翻译而来，在中文里经常译成"管制""规制""控制""制约""规管"等，经济学研究中较常使用的是"管制""规制"和"监管"的译法，法学研究中较常使用的是"规制""监管"，金融法学中更多地采用"监管"一词。基于词源的同一，本书不严格区分这些译法，而作为同义使用。[1]

证券市场监管的研究与西方产业规制研究有着密切的历史渊源和联系。尽管政府对经济的干预和控制，和人类的存在一样久远，起源于与人们交换相关的正式的或非正式的规则[2]，但真正形成系统性的研究，则是20世纪70年代之后一些学者运用经济学方法分析普遍存在的政府管制经济现象才开始的，在这些研究的基础上逐渐形成规制经济学这一门相对独立的学科，并发展成为经济学的主要分支。[3]

按照规制经济学经典作家的看法，规制通常用于描述政府对经济生活的干预。例如，诺贝尔经济学奖得主斯蒂格勒在其开创性的论文《经济规制原理》(the Theory of Economic Regulation)中指出，管制作为一项规则(rule)，是国家强制权的运用，是应利益集团的要求为实现其利益而设计和实施的[4]，斯蒂格勒在1981年将管制的范围拓展到所有公共—私人关系之中，其理论偏重于管制起源的探究。日本著名经济学家植树益教授在其名著《微观规制经济学》一书中指出，通常意义上的规制，是指依据一定的规则对构成特定社会的个人和构成特定经济的经济主体的活动进行限制的行为。与"私人规制"相对的"公的规制"，是在以市场机制

---

[1] 关于 Regulation 译法和用法更详细的讨论，参见前文"引言"第3页注[1]的内容。
[2] R.B. Ekelund, Jr., *The Foundations of Regulation Economics*, Vol. 1, Edward Elgar Publishing Limited,1998, Cheltenham, *UK-Northampton*, MA, USA, pxi. 转引自张红凤：《规制经济学的变迁》，载《经济学动态》2005年第8期。
[3] 张红凤：《西方规制经济学的变迁》，经济科学出版社2005年版，第12页。
[4] G.J. Stigler, "The Theory of Economic Regulation", *Bell Journal of Economics and Management Science*, Vol.2, No.1, 1971, pp.3—4.

为基础的经济体制条件下,以矫正、改善市场失灵为目的,政府干预和干涉经济主体活动的行为。[1]在该书中,作者排除了宏观调控领域的内容,将研究范围限于微观领域的公共规制,在该主题下进一步区分间接规制和直接规制,并将主要篇幅放在直接规制,包括经济性规制和社会性规制的分析上[2],其研究偏重于通过具体事例分析微观领域下的政府管制方式与内容。颇有影响的美国经济学家丹尼尔·F. 史普博则在综合前人经济学、法学和政治科学中管制定义研究的基础上,提出一个兼顾行政和市场两方面的综合性管制定义。他指出,管制是由行政机构制定并执行的直接干预市场配置或间接改变企业和消费者的供需决策的一般规则或特殊行为;管制的过程是由被管制市场中的消费者和企业,消费者偏好和企业技术,可利用的战略以及规则组合来界定的一种博弈。[3]显然,规制经济学下的监管,在"市场—政府"两极模式下,强调了政府的监管主体地位,监管权限的国家强制性,监管手段的微观直接干预和监管过程的动态博弈。

受规制经济学研究的影响,《新帕尔格雷夫经济学大词典》将管制界定为"尤其在美国,指的是政府为控制企业的价格,销售和生产决策而采取的各种行动,政府公开宣布这些行动是要努力制止不充分重视'社会利益'的私人决策。其法律基础由允许政府授予或规定公司服务权利的各种法规组成。"[4]而在法学领域,谈到监管也往往指的是政府监管,例如《布莱克法律词典》,尽管将"regulation"定义为"通过规则或限制实施的控制",但在"regulatory agency"(监管机构)词条上却是将其界定为"官方机构,特别是在政府体系内,授权贯彻执行特定法律的机构",并等同于政

---

[1] 〔日〕植草益:《微观规制经济学》,朱绍文、胡欣欣等译校,中国发展出版社1992年版,第1、19页。

[2] 根据植草益教授的界定,间接规制不直接介入经济主体的决策,仅对阻碍市场机制发挥职能的行为加以规制,是一类以依照反垄断法、商法、民法等制约不公平竞争为目的的规制;直接规制具有依据由政府认可和许可的法律手段直接介入经济主体决策的特点。经济性规制是针对一些具有自然垄断性或存在信息偏在的产业,对其"参与""退出""价格""投资"等所进行的规制;社会性规制主要是针对外部性和有害物品等,为防止公害、保护环境、确保公众安全所作的规制。参见〔日〕植草益:《微观规制经济学》,朱绍文、胡欣欣等译校,中国发展出版社1992年版,第19—25页。

[3] 〔美〕丹尼尔·F. 史普博:《管制与市场》,余晖、何帆、钱家骏、周维富译,上海三联出版社、上海人民出版社1999年版,第45—47页。

[4] 〔英〕约翰·伊特韦尔,墨里·米尔盖特,彼得·纽曼编:《新帕尔格雷夫经济学大辞典》,陈岱孙主编译,经济科学出版社1992年版,第137页。

府机构(government agency)、行政机构(administrative agency)和公共机构(public agency)这些术语。[1]

尽管传统规制经济学的影响极为广泛,但关于规制的界定也并非始终铁板一块或静止不前,该领域的一些学者或不同学科的研究者对此都有发展性的看法。例如,在作为西方国家20世纪80年代以来行政管理体制改革运动(新公共管理)基础的公共选择理论看来,政府并不是非市场决策的唯一有效主体,政府的管理本身存在失灵,当"公共行政的中心问题被看作是提供公共利益和公共服务时,除了扩充和完善官僚机构外,其他组织形式也许可以提供所有这些功能"。[2]而在行政法学上,"平衡论"的兴起,一方面肯定了授予行政机关必要权力并维持其有效行使,以实现公共利益目的的必要;另一方面强调了公民对公共事务的参与和对行政权力行使的监督。当然,个体从政府手中夺回的准公共物品供给权(提供对市场的监管可以看作是一种准公共物品),自己也不可能分散行使,还必须把它交给另外一个代表不同个体的"第三部门"或"非政府组织"来行使。[3]这样,为弥补市场失灵和政府失灵,具有监管比较优势的第三部门成为"市场—政府"二级构造下的中间一元(级),行政法学范式由此发生转变。可见,在公共管理理论看来,公共管理主体的多元化更能有效地促进公共利益的实现,各种管理主体权限的正当化既可以来自授权也可以来自组织成员的权力让渡,公共管理的过程是一个公共权力社会化分权与权力制衡的过程。

正如学者邓正来批评中国法学受"西方现代性范式"的支配,一直在"向西方寻求经验和知识的支援",用西方的范式"界定和评价中国的现状、建构和规划中国发展的现代化目标及其实现的道路"[4]的那样,监管问题研究上的这种"西学东效"尤其明显。例如,尽管"许多学者在规制研究方面已取得了丰硕的研究成果,然而目前主要的研究尚未脱离对西方规制经济学的重述和借鉴阶段。……综上所述,国内目前尚缺少在西方

---

[1] Bryan A. Garner (editor in chief), *Black's Law Dictionary*, 10th Edition, Thomson Reuters 2014, pp.1475, 75.
[2] David Miller edited, *The Blackwell Encyclopedia of Political Thought*, Basil Blackwell ltd., 1987, "public administration".
[3] 刘大洪、李华振:《政府失灵语境下的第三部门研究》,载《法学评论》2005年第6期。
[4] 邓正来:《中国法学向何处去(中)——建构"中国法律理想图景"时代的论纲》,载《政法论坛》2005年第2期。

规制动态变迁的框架下对规制经济的变迁进行深入研究。特别是,目前尚未构建一部独立的根植于我国市场经济的规制经济学来指导我们的规制实践"。[1]而在行政法研究领域,以行政机关作为行使公共行政职能唯一主体的"行政机关范式"长期占据着主导地位,"公共行政属国家专有职能"成为必然的逻辑假设。[2]当然,晚近以来,上述西方规制经济学和公共管理等理论的发展也深刻地影响到国内的相应研究,二者在学术发展脉络上保持着较高的一致性,这从近年来公共管理教育的兴旺和学界对公共行政、行政主体多元化的探讨[3]就可见一斑。可以说,在国内研究层面上,"监管"的含义也已得到相应的拓展。

(二)证券市场的"监管"

顺应市场自然演变规律,西方发达国家对历经岁月形成的由自律组织担纲的证券市场管理,有着很高的认同和评价,其权力正当性和管理的专业化能力历来鲜有遭受理论质疑;对于政府干预证券市场的行动,尽管实证上由证券市场危机而引入,但西方社会对政府干预市场保持高度警惕的传统,促使这种监管作为政府与市场关系的典型而备受理论研究的关注,其监管的正当性、有效性、具体的监管内容与方法等诸多方面,往往成为学者们百谈不厌的主题。也因此,通常西方理论研究中的证券市场监管(securities regulation),大多指的是掌握公权力的政府对证券市场的监管,例如美国证券法的经典教材往往以此命名[4],所谈的内容主要是SEC 的监管,自律组织的监管要么未列入其中,要么仅简单提及。

从理论研究的历史来看,在证券行业未演化成一个重要的独立行业之前,规制经济学指导着证券市场的监管研究。尽管证券行业作为一个竞争性行业,许多时候并未成为以关注自然垄断经济为主的规制经济学

---

[1] 张红凤:《西方规制经济学的变迁》,经济科学出版社 2005 年版,第 12 页。
[2] 沈岿:《重构行政主体范式的尝试》,载《法律科学》2000 年第 6 期。
[3] 例如郭道晖:《权力的多元化与社会化》,载《法学研究》2001 年第 1 期;黎军:《行政分权与行政主体多元化》,载《深圳大学学报(人文社科版)》2002 年第 19 卷;石佑启:《论公共行政之发展与行政主体多元化》,载《法学评论》2003 年第 4 期;薛刚凌主编:《行政主体的理论与实践——以公共行政改革为视角》,中国方正出版社 2009 年版;张康之、张乾友等:《公共行政的概念》,中国社会科学出版社 2013 年版,等等。
[4] 例如 David L. Ratner & Thomas Lee Hazen, *Securities Regulation: Cases and Materials*, 4th ed., West Publishing Co., 1991;Louis Loss & Joel Seligman, *Fundamentals of Securities Regulation*, 5th ed., Aspen Publishers, 2004;Alan R. Palmiter, *Securities Regulation*, 3rd ed., Aspen Publishers 2005.

的直接分析对象,但证券行业作为一个典型的信息偏在(不对称)市场,还是可以套用规制经济学中关于政府规制的供给与需求、成本与效益、内容与方法的分析[1],有不少学者以规制经济学理论为指导,检验了实践中政府对证券市场监管的效果,并提出了相应的建议。[2]

与西方规制经济学对国内规制研究的影响一样,国外证券市场监管偏指政府监管并注重具体监管内容和方式研究的取向也移植到了国内的研究领域。只不过一个迥异的背景是,西方证券市场发达国家因历史形成的自律监管在国内并不存在,而对于一个尝试在经济转型阶段建立证券市场的国家而言,如何尽快地学习到先进的政府市场监管经验,构建起有效的政府行政监管框架,才是当务之急。

在将证券市场监管锁定于政府监管的思维下,国内的研究者主要借用规制经济学的理论分析这类监管的正当性,并侧重从具体业务操作的角度阐述证券监管。例如,洪伟力在其博士论文专著《证券监管:理论与实践》中将"证券监管"定义为"以矫正和改善证券市场内在的问题(广义的'市场失灵')为目的,政府及其监管部门通过法律、经济、行政等手段对参与证券市场各类活动的各类主体的行为所进行的干预、管制和引导"[3],并以证券市场失灵理论解说政府监管的必要性。再如,周子衡博士在其专著《金融管制的确立及其变革》中借用管制经济学的需求与供给理论分析政府的金融管制及其均衡[4],等等。尽管洪伟力博士主张证券市场上的政府干预具有全方位性和多层次性,应赋予证券监管宏观和微观层面的广泛内涵(实践中也确实如此),但作为专业化程度很高的部门法研究,中外学者往往对此未一网打尽,而将重点放在政府对证券市场的微观监管(即具体的机构和业务监管)方面。从国内较早的《证券法律制度研究》(杨志华,1995年)到21世纪之初的《证券监管法律制度研究》

---

[1] 陈振明主编:《政治的经济学分析——新政治经济学导论》,中国人民大学出版社2003年版,第269—274页。
[2] 参见张慧莲:《证券监管的经济学分析》,中国金融出版社2005年版,第五章"证券监管的效果和激励"中关于新股发行监管、信息披露监管和内幕交易监管的分析,第107—139页。
[3] 洪伟力:《证券监管:理论与实践》,上海财经大学出版社2000年版,第4页。
[4] 周子衡:《金融管制的确立及其变革》,上海三联书店、上海人民出版社2005年版,第Ⅳ部分。

(李东方,2002年),再到2012年的《证券市场有效监管的制度选择——以转轨时期我国证券监管制度为基础的研究》(郑彧,2012年)等专著,都体现了以具体业务监管为主线安排写作内容的研究风格。值得注意的是,西方证券市场发达国家因将证券市场监管权的监督纳入到统一的行政正当程序和司法审查体系中,往往在其证券监管研究中未安排专门的探讨内容,而国内在移植西学的研究模式时因受制于市场发展阶段的研究需求和法制状况,也很少对政府监管证券市场的监督问题进行探讨。可见,国内对证券市场监管的研究与界定,主要是以政府监管为核心,以分析政府对证券市场的微观干预为主的。

基于中国现阶段的国情和本书的立意,以下行文将证券市场上的监管主要定位为公权力对证券市场基于公共利益而进行的微观干预。这一干预的主体,从历史演变和现实状况来看,最多和最典型的是由履行政治统治职责的政府(通过其行政机关)充当的,但注意到在公共管理运动的影响下,出现了分享这一公权力,参与公共事务管理的其他公共组织(行政主体)。也因此,为了更准确描述监管主体的状况并与自律监管相区别,本书将习惯上使用的"政府监管",拓展成内涵和外延都更丰富的"行政监管",赋予证券监管在公共管理层面的更深含义,使之得以反映现代社会公务分权和行政主体多元化的时代特点。这种作用于证券领域,本质上属于行政监管的政府监管,不仅包含有权力行使的正当性、主动性和公共性等行政性权力的特征,也包含基于在经济领域更多地偏重经济规制和因证券市场本身要求的更具协调性和与宏观调控等力量更多互动的特色,以及包含在现代监管型国家发展趋势之下,对这种监管进行必要监督和权力制衡的内涵。

(三)证券市场的重要性与监管推动力

1. 证券市场的重要地位与特殊性

今天,人们不再对种类繁多、虚拟无形的"证券"大惊小怪,也不再为交易所电子显示屏上瞬息变换、红绿错杂的证券行情茫然无措;相反,人们早已习惯以证券形态储备财富,在银行储蓄之外,参与证券投资谋求个人财富的增长。正像台湾学者史尚宽先生所指出的,"将一切财货使之证券化,而谋求资本之流通,为现代经济生活之趋势,从而关于有价证券之法律关系,占有重要之地位"[1],人们正向一个"证券化"社会迈进。[2]

　　金融这一虚拟经济形态与实体经济关系的演化,及至金融体系内银行业和证券业的相生互动,经历了漫长而曲折的历史过程。有学者研究指出,从原初人们使用天然金银作为商品交易的一般等价物,到今天通过电子交易系统轻松地完成支付结算,金融形态的演变经历了货币化金融形态、信用化金融形态、证券化金融形态和虚拟化金融形态四个阶段,各个阶段不是完全分割和历史替代的,在不同国家或地区,以及同一国家的不同时期,都可能呈现多种金融形态的混合状态。[3]尽管1970年之前,金融体系是被忽略的,实体经济占据着经济生活的主导地位[4],但随着科技进步和金融创新的发展,在20世纪60年代证券"民主化"运动的推波助澜下,金融迅速地渗透到经济生活的各个领域,成为当下经济活动的重心。

　　证券市场是金融高级形态中金融市场的主要组成部分,其重要地位的形成是一个实践性的过程。根据学者们的历史考察研究,"在金融转型的初级阶段,金融体系以银行为主;在金融转型的高级阶段,非银行金融机构与金融市场地位及作用加强"。[5]就个人而言,在资本市场发达国家,证券类资产(包括股票、债券和基金等)已经取代存款和实物资产,成

---

[1] 史尚宽:《有价证券之研究》,载郑玉波主编:《民法债权论文选辑(下)》,台湾五南图书出版公司1984年版,第1262—1363页。
[2] 朱焕强:《"证券化"社会》,载《法人》2005年第10期。
[3] 曾康霖主著:《金融经济学》,西南财经大学出版社2002年版,第303—333页。货币化金融形态下,金融机构刚刚萌芽,金融市场尚不存在,金融的主体主要是货币,客体主要是商品交易行为和内源积累行为,金融通过货币交易功能发挥作用,对经济的影响很小;信用化金融形态下,银行金融机构发展成熟,金融市场相对落后,金融的主体主要是中央银行和商业银行,客体主要是各经济单位的储蓄和投资行为,金融通过银行信用机制或货币政策发挥作用,对经济开始产生一定的主导影响;证券化金融形态下,以证券市场为主的金融市场发达,金融创新活动蓬勃发展,金融的主体除商业银行外,更主要的是金融市场和金融家,客体除原来的储蓄和实业投资之外,主要是金融资产的选择行为,实际资源的配置深受其影响,金融成为经济发展的主要动力;虚拟化金融形态是证券化金融形态的高级发展阶段,在这种金融形态下,金融工具种类丰富,衍生金融市场发达,金融渗透到经济生活的各个方面,金融产业成为经济的先导、主导产业,但对经济的致命性破坏也随之加大。
[4] 郭竞成:《西方金融转型研究的研讨与综合》,载《经济社会体制比较》2005年第1期。
[5] 同上书,第129页。

为家庭财产的主要组成部分。[1]证券市场丰富多样的金融产品和灵活便捷的风险管理方式,不仅被看作是社会成员分享经济增长成果、增进个人财富的有效途径,还被提升到可以为人类追求自由发展和实现自身价值拓展更大空间的高度。[2]就企业而言,股份制的发明和证券交易所的设立,曾在历史上使企业摆脱了家族式的封闭管理和漫长的资本原始积累束缚,为铁路建设、运河开通等大型工程的完成立下汗马功劳。今天,发达的证券市场和发展迅速的金融创新,不仅使企业可以在银行严格的信贷条件之外获得丰沛的长期经营资金,更为那些具有发展潜力的新生企业或难以满足银行信贷要求的企业,提供了便利的外源性融资途径。毋庸置疑,证券市场已成为关系现代企业生存的资金生命线。而社会财富证券化比重的日渐提高,金融产业对经济引导作用趋势的增强以及金融危机在全球范围内的"多米诺"骨牌式的传染可能性,早就使政府深刻地感受到"金融体系的运作对经济增长和经济稳定有着主要的影响"。[3]晚近以来,各国根据本国金融发展状况,在强调发展证券市场作为国家综合竞争力重要内容的同时,纷纷加强对金融风险、金融危机的防范和处置,就是一个明证。

无疑,证券市场上至国家,下至个人的利益牵涉[4],奠定了其自身公

---

[1] 例如,近三十年来,美、英、德、日等国家庭金融资产构成中,存款的比重不断下降,保险、共同基金和养老基金等金融商品的比重急剧上升,加上股票资产的比重,往往超过了50%。参见郭翠荣:《发达国家金融倾斜研究》,中国金融出版社2005年版,第98—103页。

[2] 曾康霖主编:《金融经济学》,西南财经大学出版社2002年版,绪言,第1页。

[3] Alain de Serres, Shuji Kobayakawa, Torsten Sløk and Laura Vartia, "Regulation of Financial Systems and Economic Growth", p. 5, Economics Department Working Papers No. 506,02-Aug-2006,ECO/WKP(2006)34, available at http:// www.oecd.org/eco/Working_Papers, last visited August 20, 2006.

[4] 尽管我国证券市场还处于初级发展阶段,住户存款截至2015年12月底仍占金融机构各项存款来源的39.5%,仍是居民财富的主要形式,但受近年来股市回暖和互联网金融理财等的影响,正在出现居民存款搬家的现象。据统计,截至2015年12月底,期末股票有效账户数已达21477.57万户,参与证券交易的绝大多数是中小投资者,且个人投资者在证券市场的入市资金持续上升,受访者的平均账户资产量从2013年的49.4万元上升到2014年的52.1万元,受访者股票投资占家庭总投资额的比例约为29%。这种从间接投资转向直接投资趋势的形成和以中小投资者为主的投资结构,使得证券市场价格的波动和市场稳定性程度,直接攸关广大民众的家庭财富,证券市场问题的处理与社会稳定的关系日益密切。可以说,不仅在资本市场发达国家,而且在金融转型国家,证券市场都具有明显的公共性。

以上数据,参见中国人民银行的《2015年金融统计数据报告》、证监会2015年12月的统计数据、深圳证券交易所的《2014年个人投资者状况调查报告》、西南财经大学中国家庭金融调查与研究中心的《2015年中国家庭金融调查报告》等。

共领域的属性。尽管从古到今,公共利益始终是一个难以清晰界定并赋予稳定内涵的词语[1],但几乎没有人会否定证券市场是一个承载公共利益而需要进行管理的领域。恩格斯早就在《家庭、私有制和国家的起源》这部巨著中指出,管理是所有社会存在的必要条件之一。在现代社会中,我们的生活几乎全部依赖于他人所提供的服务,证券市场领域尤其如此。"在享有自治权的情况下,将个人的一部分权利转移给行会的自律行为,意味着人们认识到维护和开发个人最大福利的办法是把他人生决策的极大一部分交给社会制度去实行,所谓'将欲取之,必先予之',这其中就蕴涵着哈耶克以'人类合作的拓展秩序'概括的资本主义的实质精神。"[2]

对证券市场进行管理的必要性,国内外已有诸多研究进行了深刻的论述,例如借用市场失灵理论阐述政府监管的必要性[3],通过考察晚近以来的金融危机而把监管的必要建立在金融脆弱性之上的理论[4],试图通过各种理论解释金融市场的运行而策应以不同的监管举措[5],以及晚近以来将"时间非一致性"(time inconsistency)理论用于解释证券市场危机的形成,进而寻求建立监管政策的可信度,等等。本书着眼于证券市场监管独立性的法律分析,因此相当大程度上是把证券市场的监管必要这一经济命题作为潜在的前提,在承认监管必要性的基础上考察为实现监管目标而如何进行监管机构及其监管权独立性的设计与运作。上文关于证券市场重要性的分析,与其看作是对证券市场监管必要性的补充论证,不如看作是在突出证券市场作为一个公共管理领域的本质属性。对这种

---

[1] 张千帆:《"公共利益"的构成——对行政法的目标以及"平衡"的意义之探讨》,载《比较法研究》2005年第5期。作者认为公共利益一般被用来泛指某些影响所有人并受到普遍承认的利益,公共利益和个人利益并不是在本质上完全不同的两个概念,公共利益应该是个体利益的某个函数,即社会各成员的个体利益之和。
[2] 汪丁丁:《论公民社会与资本主义的实质》,摘选自汪丁丁:《经济发展与制度创新》,上海人民出版社1995年版。
[3] 例如,洪伟力:《证券监管:理论与实践》,上海财经大学出版社2000年版,第二章第三节"证券市场失灵和证券监管的必要性",第35—47页。
[4] 例如,周子衡:《金融管制的确立及其变革》,上海三联书店、上海人民出版社2005年版,第八章第一节"金融管制需求的微观经济根源:金融脆弱性",第296—314页。
[5] 参见[德]卡塔琳娜·皮斯托:《金融监管的理论基础》,载吴敬琏主编:《比较》总第75辑,2014年第6期,中信出版社2014年版。在文中,作者介绍并比较了解释金融市场运行的有效市场假说、不完善知识经济学、金融不稳定假说和金融货币说,指出监管思路直接来源于这些理论,唯有对现行金融体制下的经济运作机制有了深刻了解,方能制定正确有效的改革方案。

属性的充分认识和高度强调,将有助于从更广泛的视角和更稳固的正当性层面考察证券监管的独立性问题。当然,不应忘记的是,监管的有效性,不但取决于在追求监管目标实现上是否确保了监管的独立性并发挥了监管主体的优势,而且也取决于监管是否契合了被监管对象——证券市场体系——本身的特殊性,并建立起彼此互动的密切联系。基于此,下文对证券市场体系的特殊性做一个简要分析。

诚如美国学者雷蒙德·W.戈德史密斯(Raymond W. Goldsmith)在其著作《金融结构与发展》(Financial Structure and Development)所指出的,金融体系构成可以分解为金融工具、金融机构、金融市场和金融制度四个部分。被纳入虚拟经济范畴的金融[1],既是一个完全建立在信息消费之上的信息产业,又是一个以提供金融产品为主的服务行业。

从作为金融体系最为活跃也最为基础的金融工具(或称金融产品、金融资产)来看。首先,各种金融工具的创设都具有虚拟性,并不凝结差别性的人类劳动。金融工具从产生开始,就朝着虚拟化的方向前进,现代科技的发展和登记结算系统的完善,进一步降低了无纸化发行的成本,使金融工具更凸显为一种价值符号。但金融工具的虚拟性并非是虚无性,事实上,"证券将抽象意义上的不同质财产转化成具体的可度量的标准化市场交易对象",代表着对实体资源的某种权益,已成为实体资源的一种重要存在形式,并"通过资本的价值形态与实物形态的相对分离,以虚拟资本的运动引导实物资产的配置,实现全社会范围内的资源聚敛、配置和转移"[2],也因此,有学者主张用"权益经济"的表述来替代更容易引起误解的金融为"虚拟经济"的说法。[3]其次,金融工具的创设和交易建立在信用基础之上,是一种为卖而买(并非用于实际消费),具有显著"交易性"特点的商品。尽管金融工具的价格与实体资源相关,但在很大程度上却取决于一定时期内人们的心理预期(影子财富),正如斯坦利·费希尔和鲁

---

[1] 目前学术界对虚拟经济并无达成统一的界定,金融是否为与实体经济相对的虚拟经济,也有学者提出反对意见。但主流观点认为,虚拟经济是指由虚拟资本以金融系统为主要依托的循环活动有关的经济活动,简单地说就是直接以钱生钱的活动;虚拟经济的本质特征是资本以脱离实物经济的价值形态独立运动;虚拟经济是一个涵盖金融业的概念。参见陈淮:《关于虚拟经济的若干断想》,载《金融研究》2000年第2期;王爱俭:《关于虚拟经济几个重要问题的探讨》,载《财贸经济》2001年第5期;北京大学中国经济研究中心宏观组:《金融不是虚拟经济》,载《经济社会体制比较》2002年第1期。

[2] 祁光华:《证券监管的行政学分析》,中国大地出版社2004版,第76—77页。

[3] 曾康霖:《虚拟企业、虚拟经济辨析》,载《经济学动态》2000年第2期。

迪格·唐布什所指出的,在股市上真正起作用的并非人们对企业投资前景的信息,而只是他们对股票在下一期出售时能卖多高价钱的短期考虑。此时投资者受投机幻觉的支配。"投机幻觉迟早是要破灭的,但不利用这一幻觉似乎又是愚蠢的"。[1]最后,虚拟化的金融工具借助现代发达的交易系统,可以摆脱实体资源交易的时空制约和交割限制,实现简便、快速的全天候连续交易。当然,这种高效率的交易,同时存在为人们带来天堂与地狱般截然相反的财富增减效果的可能性,正是这一点充分展现了金融产品远高于其他商品的风险所在。

从作为金融体系中介服务提供者的投资类金融机构[2]来看,首先,这类金融机构属于典型的"四两拨千斤"企业,相比动辄上亿甚至千百亿的业务经营规模,其自身十几亿元的注册资本金/净资本微不足道。这类金融机构掌管的大量资金或者来自外部融资或者属于"代客理财"的信托/委托资产。尽管其所持有的证券类资产通常具有良好的变现性,但在危机发生时金融资产可能出现大幅度贬值或者陷入市场流动性冻结而缺乏交易对手,从而限制或减损其偿付能力而损害客户/投资者利益。因此,强调审慎经营并建立安全的客户资产管理机制,是降低这类采用高负债财务杠杆运作的金融中介业务风险的有效方式。其次,这类金融中介机构的业务活动主要是以各种金融工具为载体,以金融市场为中心并围绕金融工具的发行和流通而进行的,是一类不参与实业经营,以提供金融服务为主业的组织形式。相比一般企业,金融工具的上述风险,以及企业自身的高负债财务运作特点,都加剧了这类金融中介机构的业务风险程度;而且,这种危险的破坏性会因金融在经济生活中的主导地位而大幅度扩散、传染。最后,现代金融创新、金融工程技术的发展,使这类金融机构的业务具有高度的专业性和复杂性,即使是专业人士也难以做到一通百通,更不用说是不具备专业技能的普通投资者。因此,这类金融机构在业务经营上,通常需要及时、如实地对外公布和传递信息,并遵循公平、公正

---

[1] 〔美〕斯坦利·费希尔、鲁迪格·唐布什:《经济学》,庄巨忠等译,中国财政经济出版社1989年版,上册,第693—698页。
[2] 根据金融中介机构从事的主要业务的性质和金融活动中所起的**具体作用**,可以将金融中介机构分为融资类金融中介机构、投资类金融中介机构、保障类金融中介机构和信息咨询服务类金融机构。投资类金融中介主要有投资银行、证券公司、基金管理公司等,是为企业在一级证券市场的融资和投资者在二级证券市场上的投资提供中介服务的金融机构。参见王广谦主编:《金融中介学》,高等教育出版社2003年版,第90—91页。

和公开的"三公"原则处理与客户/投资者的关系。

从金融市场和金融制度来看。在现代技术革命的推动下,证券市场正在从一个有形的、物理的、地域的、分割的、具有时段性和时差性的市场,逐步向一个虚拟无形,全球统一,并可全天候实时互动的庞大金融网络迈进。这个日渐一体化的市场在大大加速经济资源优化配置的同时,也明显蕴藏着金融风险迅速蔓延至全球的可能。令人讶异的是,这个瞬息可以进行亿万财富交易的市场,"没有携带着要发送的证书匆忙奔跑的信使",唯一有形的只是"数据库中成百上千的数据的传递","证券,就其本身,仅是等待被处理的纯粹信息",也难怪有研究指出,"信息技术的演变将会决定未来世界金融市场的结构","证券监管根本就是信息监管"。[1]要想建立一个强大的证券市场,需要"法定的和市场的制度所组成的复杂网络来确保少数股东:(1)获得公司商业价值的充分信息,和(2)确信公司经理人和控股股东不会诈取他们投资的大部分或全部价值"。[2]不过,这些围绕着信息披露和打击证券欺诈而建立起来的金融制度,会因国家的管辖权问题而无法联合成大一统的金融制度体系,也会受制于金融制度的地方性特征和历史性依赖而参差不齐。尽管国际上为金融制度的协调和统一已经和正在进行诸多努力,但金融制度的一体化进程仍然"任重道远"。[3]应该注意,这种日渐一体化的金融市场和一时难以统一的金融制度之间的背离,不但可能减损跨境资源配置的效率,而且也可能造成对跨境金融违法犯罪的打击不力。诸如上述的基于证券市场特殊性而滋生的种种问题,都是在进行证券监管独立性问题分析时需要进行充分考虑,并在现有制度约束条件下寻求最有效方式予以解决的。

2. 证券市场监管的推动力量

美国经济学家乔治·J. 斯蒂格勒在分析管制问题时曾指出,某些市

---

[1] Joseph A. Grundfest, "The Future of United States Securities Regulation in an Age of Technological Uncertainty", December 2000, available at http://papers.ssrn.com/paper.taf? abstract_id=253763, last visited June 12, 2016, pp. 7, 1, 9.

[2] Bernard S. Black, "The Legal and Institutional Preconditions for Strong Securities Markets", *UCLA Law Review*, Vol. 48, 2001, p. 781.

[3] See Hal S. Scott, "An Overview of International Finance: Law and Regulation", December 15, 2005, in Andrew T. Guzman & Alan O. Sykes eds., *Handbook of International Economic Law*, Edward Elgar Publishing, 2006.

场确实需要管制,但最终在多大程度上实施管制则取决于市场参加者相互牵制的力量。[1] 历史长河中证券市场监管的形成及力量的强化,是一个综合诸多考量因素,合力而成的实践性命题,理解这种监管格局与体制,需要有历史的和发展的眼光。

实证研究表明,证券市场监管缘起于市场的崩溃(crash),几乎每一次市场崩溃之后都能迅速导致新监管的推出。虽然新技术的变化会影响证券市场结构,但未必带来监管框架的调整。"简而言之,是崩溃。所有英国18世纪的监管,甚至是所有18世纪被提议监管,都是在持续的价格下跌之后马上推出的。"[2] 而近现代以来,证券市场最为发达的美国,在20世纪30年代经济大萧条之后,短短几年间就建立起庞大而统一的联邦证券法体系[3];在21世纪初遭遇安然、世通等公司的证券欺诈和财务造假丑闻引发投资者动摇对资本市场信心时,则迅速推出内容广泛而监管标准相当严格的《萨班斯—奥克斯利法案》(Sarbanes-Oxley Act);以及在2007年爆发次级抵押贷款危机,并演化成危害全球的金融危机,使金融和实体经济遭受严重损失之后,整合相关监管部门的力量迅速推出被称为半个世纪以来改革力度最大的《2010年华尔街改革法》,等等。这些无疑是对"危机引致"[4] 的金融监管拓展论断又一次生动的历史佐证。当然,已有学者注意到证券市场监管问题上的一个有趣现象。通常认为,证券监管会带来成本而阻碍发行人融资。因此,当市场价格上涨时,监管理应更严格,因为发行人负担得起监管的成本,但实践与此相反,此时监管反而放松了;当市场价格下跌时,发行人因投资者撤离市场而发生筹资困难,此时监管理应放松以减少发行人的负担,但实践常常与此相反,证

---

[1] 张荔:《发达国家金融监管比较研究》,中国金融出版社2003年版,第16页。
[2] Stuart Banner, "What Causes New Securities Regulation? 300 Years of Evidence", *Washington University Law Quarterly*, Vol. 75, Summer, 1997, p. 850.
[3] 目前,美国联邦证券法体系主要由《1933年证券法》《1934年证券交易法》《1935年公用控股公司法》《1939年信托契约法》《1940年投资公司法》《1940年投资顾问法》《2002年萨班斯—奥克斯利法》《2010年多德—弗兰克华尔街改革与消费者保护法》《2012年工业初创企业推动法》(JOBS法)等十余件法律组成。
[4] 此处借用了周子衡博士在《金融管制的确立及其变革》(上海三联书店、上海人民出版社2005年版)一书中对金融市场管制体系产生原因的概括。

券监管比之前更为严格。[1]理解实践与理论推演背离的关键在于,是投资者的信心提供了证券市场得以建立的基础[2],市场行情不好时强化监管,可以打消投资者对市场完整性(Integrity)[3]的质疑和担忧,帮助发行人和金融中介重新赢得投资者的信赖而获得融资机会,事实上是减少了他们的成本而非增加了负担。也难怪有学者一针见血地指出,投资者面对不好的市场可以一走了之,反倒是发行人对监管有着第一位的需求。[4]

晚近以来,信息和通信技术的发展促进了证券发行、交易和登记结算的无纸化,加快了全球证券市场的一体化进程。在市场开放和经济自由化的推动下,不同国家的证券市场日益在各个层面展开争夺金融服务使用者(包括发行人、投资者等)的竞争。如果说危机引致下的证券市场监管的强化,其监管目标正如在1998年国际证监会组织(IOSCO)发布的《证券监管的目标与原则》所宣示的那样,是保护投资者,确保市场公平、有效和透明及减少系统性风险,那么作为对市场趋同和经济资源争夺战的反应,近年来证券市场监管拓展的推动力很大程度上体现为市场之间的显性竞争,证券市场监管在保持上述监管主功能的基础上已发展出提高一国/地区证券市场竞争力的补充目标。围绕这一后发目标而形成的监管制度竞争,正日益成为监管,更直接的是通过独立监管机构行使的监管权在证券市场正常秩序下发展的主要态势。这一发展脉象已在主要的资本市场发达国家有所体现。例如,美国一直坚持执行本国公认会计准则(GAAP),在安然公司等会计造假丑闻之后,由SEC于2003年7月25

---

[1] Tamar Frankel, "Regulation and Investors' Trust in the Securities Markets", *Brooklyn Law Review*, Vol. 68, Winter, 2002, p.440.针对这种情况,晚近以来已有人提出逆周期金融监管,并付诸实施。"逆周期监管的基本理念是根据经济周期的转变,对处于不同阶段经济周期的证券公司采取差异化的监管方式和监管标准,以减少顺周期性对金融体系的冲击,熨平经济周期,维护金融市场的可持续发展"。参见王擎、李云亮:《证券业逆周期监管实证研究》,载《宏观经济研究》2014年第6期;黄溪、周琼、周华:《逆周期监管理论的最新进展与启示》,载《证券市场导报》2012年第3期。

[2] Lynn A. Stout, "The Investor Confidence Game", *Brooklyn Law Review*, Vol. 68, Winter, 2002, p. 408.

[3] 市场完整性是指无论在时间、空间上都不存在包括信息在内的所有要素的分割,投资者无论在何地所面临的市场都是同质的,这是一个公平市场所应具有的特征。参见屠光绍主编:《市场监管:构架与前景》,上海人民出版社2000年版,第29页。

[4] Tamar Frankel, "Regulation and Investors' Trust in the Securities Markets", *Brooklyn Law Review*, Vol. 68, Winter, 2002, pp.441—42.

日发布相应的研究报告,迅速而巧妙地将"以原则为基础"的会计准则调整为"目标导向"的,并通过一系列改进措施加以落实,从而修正传统会计准则的过度灵活,增加可操作性,以充分应对采用以"规则为基础"的国际会计准则(IFRS)作为 GAAP 的欧盟等主要资本主义国家[1]证券市场的竞争。[2]再如,英国根据《2000 年金融服务和市场法》(the Financial Services and Markets Act 2000,简称 FSMA)确立了统一的金融监管机构——金融服务局(Financial Service Authority,简称 FSA)[3]的法定目标与运作结构,在其中特别申明了 FSA 应当注意到促进创新的可取性、金融服务与市场的国际化特征以及保持英国竞争力的需要,之后英国FSA 在其监管目标清单中添加了一条"鼓励金融服务产业内的竞争"的条款。[4]日本统一的金融监管者——日本金融监管厅(Financial Service Agency,简称日本 FSA)在其成立之后,于 2004 年 12 月发布一项未来金融改革的纲要,其核心内容便是通过完善各种措施,建立一个便利、多样化、国际化,具有价格优势和可信度的金融体系和充满吸引力的市场,推动日本成为一个金融服务大国(Financial Services Nation)。

二、证券监管的多样性及其监管治理的典型意义

(一) 多元化的证券监管回应

1. 政治与行政的区分与密切联系

所谓政治,是在共同体中并为共同体的利益而作出决策和将其付诸实施的活动[5],包含决策和执行的过程。在现代世界中,国家具有最高权威,是政治活动的主要活动领域,"政治"意味着参与国事、指导国家、确定国家活动的方式、任务和内容,其核心是国家政权,掌握国家政权的目的是为了实现某一共同体对国家的统治。在这个政治过程中,政府充当

---

[1] 欧盟要求所有公众公司自 2005 年 1 月 1 日起采用 IFRS 编制合并财务报表;俄罗斯、澳大利亚和新西兰分别强制报告主体从 2004 年、2005 年和 2007 年起采用 IFRS。
[2] 参见方红星:《制度竞争、路径依赖与财务报告架构的演化》,载《会计研究》2004 年第 1 期。
[3] 英国在 2008 年全球金融危机之后,已于 2013 年拆分 FSA,回到双峰(Twin-peaks)模式,详见下文第一章第三节的内容。
[4] [英]约瑟夫·J. 诺顿:《全球金融改革视角下的单一监管者模式:对英国 FSA 经验的评判性重估》,廖凡译,载《北大法律评论》第 7 卷第 2 辑,北京大学出版社 2006 年版,第 554、565 页。
[5] [英]戴维·米勒、韦农·波格丹诺编:《布莱克韦尔政治学百科全书》,邓正来等译,中国政法大学出版社 1992 年版,第 583 页。

权力代理人的角色,负责对国家事务的执行。

行政(Administration)一词,系行政管理的简称,通常又称为公共行政(Public Administration)。其词源自拉丁文 administrare,意即执行或管理。人类的群居和社会性,使得从政府组织,到私人团体,再到家庭生活,都存在着各种可以称之为"行政"的管理活动。广义上,将行政理解为组织的一种职能,任何组织(包括国家)要存在和发展,都必须有相应的机构和人员行使执行和管理(行政职能)。[1]"总的来说,在古代希腊、罗马时期,行政主要是被作为从事执行的职务或职位来加以认识的,在很多情况下,就是执行官的意思。到了罗马后期以及中世纪,逐渐出现了把行政作为一种权力来认识的倾向。"[2]而"汉语中'行政'的原来含义包括了现在的政治、行政、立法、司法等权力,泛指一切权力。这与专制中国的体制是符合的,行政与政治不分,也与立法、司法混合在一起,诸众种含义集中在一起,名曰'行政'"。[3]

行政在漫长的历史过程中,始终作为政治的执行功能的一部分,依附于政治活动。直到中世纪,"司法"与"行政"都是十分相似甚至相同的执行法律的活动或行为,而完成将行政作为国家权力结构中的一项专门权力予以区分,特别是将行政权作为与立法权、司法权相平行的权力进行看待,则是近代启蒙思想家的功绩。"通过一种行政机构而不是司法的程序来实施法律,是关于行政功能的现代观点,它直到 18 世纪孟德斯鸠和布莱克斯通提出了政府职能的三分法——立法、行政和司法职能时,才完全形成。"[4]现代意义上的行政,是国家权力分立的产物,主要指除立法、司法之外的管理国家事务的行为,而不再仅仅局限于执行国家意志本身。

1887 年,美国学者托马斯·伍德罗·威尔逊(Thomas Woodrow Wilson)在《政治科学季刊》(Political Science Quarterly)发表了著名的《行政学研究》(the Study of Administration)一文,提出政治—行政二分法并据此将行政学作为一门独立学科从政治学中分离出来,成为行政学发展早期最重要的理论。他认为,行政虽与政治密切相关,却不同于政

---

[1] 姜明安主编:《行政法与行政诉讼法》,北京大学出版社、高等教育出版社 1999 年版,第 1 页。
[2] 张康之、张乾友等:《公共行政的概念》,中国社会科学出版社 2013 年版,第 28 页。
[3] 何勤华等:《法律名词的起源(上)》,北京大学出版社 2009 年版,第 302 页。
[4] 〔英〕戴维·米勒、韦农·波格丹诺编:《布莱克韦尔政治学百科全书》,邓正来等译,中国政法大学出版社 1992 年版,第 696 页。

治。"行政管理的领域是一种事务性的领域,它与政治领域的那种混乱和冲突相距甚远。……行政管理作为政治生活的一个组成部分,仅在这一点上与企业办公室所采用的工作方法是社会生活的一部分以及机器是制造品的一部分是一样的。但是行政管理却同时又大大高出于纯粹技术细节的那种单调内容之上,其事实根据就在于通过它的较高原则,它与政治智慧所派生的经久不衰的原理以及政治进步所具有的永恒真理是直接相关联的。""行政管理的问题并不是政治问题,虽然行政管理的任务是由政治加以确定的,但政治却无需自找麻烦地去操纵行政管理机构。"

之后,美国学者弗兰克·J.古德诺(Frank J. Goodnow)在威尔逊研究的基础上对政治—行政二分法进行系统而全面的阐述,于1900年写就了《政治与行政——一个对政府的研究》一书。他在该书"国家的主要功能"一章中明确地指出,在所有的政府体制中都存在两种主要的或基本的政府功能,即国家意志的表达功能和国家意志的执行功能,分别称为"政治"与"行政",但机构之间的分工不可能像政府两种功能之间的划分那样清楚。"这不仅因为政府的权力的行使无法明确地分配,而且还因为随着政府体制的发展,政府的这两种主要功能趋向于分化成一些次要的和从属的功能。""以执行国家意志为主要功能的政府机关,经常地,事实上是通常地,又被赋予表达国家意志的具体细节的职责,尽管这些国家意志的具体细节在表达时,必须合乎由主要职责在于表达国家意志的机构所制定的一般原则。""另一方面,以表达国家意志为主要职责的机关,即立法机关,通常又有权用某种方式控制以执行国家意志为主要职责的机关对国家意志的执行"。也因此,"分权原则的极端形式不能作为任何具体政治组织的基础。因为这一原则要求存在分立的政府机构,每个机构只限于行使一种被分开了的政府功能。然而,实际政治的需求却要求国家意志的表达与执行之间协调一致","如果从迄今人们认为的广义上去使用'政治'和'行政'这两个词的话,政治必须对行政有一定的控制"。[1]古德诺在承继威尔逊关于政治—行政分权的基础上,更进一步分析了政府功能分权与机构分权之间的非一一对应关系,并基于实际政治中政治功能与行政功能不可分离且需要协调一致的需求,而指出政治对行政要有一定的控制,直接和强有力地推动了行政学的发展。"此后,威尔逊和古诺德

---

[1] 〔美〕弗兰克·J.古德诺:《政治与行政——一个对政府的研究》,王元译,复旦大学出版社2011年版,第9—11,14—15页。

共同确立的政治行政二分的思想和马克斯·韦伯(Max Weber)的官僚制理论[1]共同构筑了公共行政的经典理论框架。"[2]

然而,在政治—行政二分法带领下蓬勃发展的行政学在20世纪30年代末受到了挑战。美国在1929—1933年经济大萧条之后采取的带有强烈凯恩斯主义色彩的政府干预市场举措,使人们意识到政治与行政并不能以任何疏远的方式分离,相反,表现中立的"行政"决策,往往带有很强烈的政治偏好和回报。到20世纪中期,曾经作为公共行政支柱之一的政治与行政二分法被该学科领域富有创意的知识分子所摒弃,行政学重新回到政治科学的怀抱。[3]此后,尽管公共行政学的发展经历过在宪政主义和管理主义之间的摇摆,却始终未再脱离政治学,政治学最终为公共行政的发展提供了基础价值。特别是戴维·H.罗森布鲁姆及其他两位合作者于1986年出版了《公共行政学:管理、政治和法律的途径》一书,在强调公共行政具有区别于私营部门行政的"公共性"的基础上,提出从管理途径、政治途径及法律途径多视角地研究公共行政[4],指出这三种研究途径并不是相互独立、互不干涉的,而应找到一种方式将政治、管理和法律三种途径加以整合,从而建立了多元公共行政观,密切了公共行政与政治、管理、法律之间的关系,使之更适应现实社会生活的需要。

---

[1] 韦伯认为,"官僚制"作为一种理想的行政组织形式,具有以下基本特征:(1)合理的分工;(2)层级节制的权利体系;(3)依照规章办事的运作机制;(4)形式正规的决策文书;(5)组织管理的非人格化;(6)适应工作需要的专业培训机制;(7)合理合法的人事行政制度。他指出这种官僚制具有严密性、合理性、稳定性和普适性的优越性,却也存在压抑人的积极性和创新精神,只会使人机械地例行公事,成为一种附庸品的弱点。参见丁煌:《西方行政学理论概要》(第二版),中国人民大学出版社2011年版,第28—30页。

[2] 汪大海编著:《西方公共管理名著导读》,中国人民大学出版社2011年版,第9页。

[3] 〔美〕尼古拉斯·亨利:《公共行政与公共事务》(第十版),孙迎春译,中国人民大学出版社2011年版,第35页。

[4] 公共行政的"公共性"体现在:(1)公共行政以宪法为基础;(2)公共行政必须服务于公共利益;(3)公共行政较少受制于市场力量;(4)公共行政基于公众的信任来代表主权运作。公共行政学的三种途径分别强调了不同价值:(1)管理途径包括传统管理途径和新公共管理途径,前者强调效率、效能、经济价值,后者看重"成本—效益"、顾客回应性;(2)政治途径则追求代表性、回应性及责任性价值;(3)法律途径则以法治、平等保护、公平、正当法律程序和实质权利为最高价值。参见〔美〕戴维·H.罗森布鲁姆、罗伯特·S.克拉夫丘克、德博拉·戈德曼·罗森布鲁姆:《公共行政学:管理、政治和法律的途径》(第五版),张成福等译,中国人民大学出版社2002年版;David H. Rosenbloom, Robert S. Kravchuck, Richard M. Clerkin, *Public Administration: Understanding Management, Politics, and Law in the Public Sector*,中国人民大学出版社2013年影印版。

基于上述关于政治与行政关系的分析,以及对行政法学发展的回顾,本书主要探讨的是公共行政(Public Administration),而非私行政(Private Administration),这是证券监管的价值定性。根据石佑启教授的总结,公共行政是指那些不以营利为目的的,旨在有效地增进与公平地分配社会公共利益而进行的组织、管理与调控活动。其特征是:(1) 公共行政以公共权力为基础;(2) 公共行政所指向的是公共事务;(3) 公共行政的目的是为了实现公共利益;(4) 公共行政具有公开性和程序性;(5) 公共行政具有服务性与非营利性。[1]

2. 日益占据主导地位的行政监管

证券市场是一个需要管理的公共领域,但管理服务的提供,好比日本学者盐野宏所指出的,"……在法律上并不是当然地决定了的。具体而言,某种服务,是应该由国家提供,或是应该由地方公共团体提供,还是应该由私人企业提供,并没有当然地决定"。[2] 从历史进程来看,证券市场经历了自律监管到行政监管的演化,至今两种监管仍然相生共存,但其作用大小已发生变化。

"自我管理(或称自律管理)之所以在证券市场管理中占重要一席,相当程度上是西方证券市场发展的历史结果。在市场出现到政府全面介入前的历史演变中,自我管理成为市场管理的主要形式。"[3] 例如,英国在1997年设立 FSA 之前的几个世纪,主要依靠证券交易所这类市场自律组织进行证券监管;而美国,在 20 世纪 30 年代建立联邦证券法体系并于1934年设立 SEC 之前,"证券交易所基本保持着自律,几乎没有受到(政府)监管"。[4] 而且,即使在 SEC 成立之后的 35 年时间里(20 世纪 70 年代之前),SEC 也只是发挥"阳光监管者"(Sunlight Regulator)的作用,执行强制的披露要求和反欺诈条款,对于市场结构和市场交易活动,尤其是市场投机活动的监管,主要还是倚靠具有专业化优势而又相当主动的证券交易所和全国证券商协会等自律组织,由他们充当"市场监管者"

---

[1] 参见石佑启:《论公共行政与行政法学范式转换》,北京大学出版社 2003 年版,第 18—22 页。
[2] [日]盐野宏:《行政法》,杨建顺译,法律出版社 1999 年版,第 586 页。
[3] 洪伟力:《证券监管:理论与实践》,上海财经大学出版社 2000 年版,第 13 页。
[4] Howell E. Jackson & Edward L. Symons, Jr.:《金融监管》,吴志攀等译,中国政法大学出版社 2003 年版,第 723 页。

(Market Regulator)。[1]

不过,这种自律监管主导的模式在晚近以来受到证券市场国际化趋势以及金融产业边界日益模糊的影响,开始显得力不从心;而且,自律组织基于行业利益的限制竞争行为和一些组织成员的丑闻[2],很大程度上直接损害了自律监管的公正性和可信度。另外,证券交易所晚近以来的非互助化(demutualization)潮流也在一定程度上带来自律监管与商业化经营目标之间的冲突。[3]如此种种缘由促使国家层面重新思考监管框架的恰当性并作出因应性调整。其中最明显的莫过于英国,从原来典型的自律性监管彻底转型到制度性监管,回收几大自律组织的权限建立单一集中的监管机构——FSA,而因伦敦证券交易所改为商业性公司,其一直行使的上市审查权从2000年5月1日起也已移至FSA。[4]美国在20世纪70年代之后也逐步落实、拓展了SEC的市场监管功能,并于1975年修改《1934年证券交易法》,要求所有自律组织制定的新规则都必须经SEC批准才能实施。此后,尽管出于危机处置和提升市场竞争力的需要,SEC和自律组织的权力都不断地获得扩张,但总体上SEC的监管占据制度和实践上的主导地位,自律组织不仅成为SEC的监管对象,其市场监管活动也被纳入SEC的有效监督当中。[5]

如果说在监管道路上,证券市场发达国家遵循市场诱致性制度变迁

---

[1] Walter Werner, "The SEC as a Market Regulator", *Virginia Law Review*, Vol. 70, May, 1984, pp. 783,775.

[2] 典型的如纽约证券交易所1975年之前对固定佣金费率的维持、限制会员的对外交易等,以及前纽约证券交易所主席的贪污案。参见〔美〕乔尔·塞利格曼:《华尔街变迁史——证券交易委员会及现代公司融资制度的演化进程》(修订版),田风辉译,经济科学出版社2004年版。

[3] 非互助化是指传统交易所为使交易所出资者、交易所设施使用者与交易所决策者身份分离、交易所所有权、经营权与交易权分离,改变自己互助性会员制(membership)治理结构,使传统交易所成为营利性股份有限公司乃至上市公司的结构重组与制度安排。由于这种非互助化,可能造成交易所要监管自己或自己的母公司,需要与自己或自己的母公司谈判它们在自己市场上市的条件,由此产生利益冲突,交易所很难对自己或自己的母公司履行监管职责。参见于绪刚:《交易所非互助化及其对自律的影响》,北京大学出版社2001年版。

[4] "The Transfer of the Listing Authority to the FSA", available at http://www.fsa.gov.uk/pubs/cp/cp37.pdf, last visited March 20, 2016. 2013年以后FSA的拆分及其结构调整,详见本章第三节的分析。

[5] 例如,SEC有权对自律组织颁布的任何规则进行修订、补充和废止,并可根据自己的判断,要求自律组织制定新的规章。

的发展规律,往往尊重并首要发挥自律组织的监管作用,在其受到冲击和挑战的情况下才逐步建立以国家强制力为后盾的行政监管,整体的监管走向是从自律监管向行政监管的适度收拢,那么对于新兴市场国家而言,很大程度上则是一种市场的强制性制度变迁过程,其监管一开始主要是由政府代表公权力对市场活动全面而强大地介入,自律组织的作用几乎微乎其微。不过,伴随着市场经济体制改革进程和受政府干预经济方式转换的影响,这些国家也在逐步重视和发挥自律组织的监管作用,其证券监管走向可以表述为从行政监管向自律监管的适度回归。两类证券市场的监管发展脉络尽管不尽相同,但似乎都在向一个共同的中心迈进,那就是在充分发挥市场和自律组织辅助监管功能的大背景下,将证券监管权集中授权给专门的监管机构统一行使并确保其在行使证券监管过程中的独立性与权力制衡,因地制宜地构建监管效用最大化的监管框架。这种监管框架的趋同和日益占据主导地位,既是各国经历漫长的证券市场监管探索必然的殊途同归,很大程度上也是 20 世纪 80 年代以来在世界范围内兴起的监管型政府和公共管理思潮与实践影响下的一个缩影。

诚如德国社会学家卢曼(N. Luhmann)指出的,在社会进化过程中,借助于系统环境和平等的结合,遵循有限可能性原则,只有分割、分层和功能分化三种分化方式发展起来,而其中功能分化是社会进化的最新产物。[1]对证券市场的监管,充分体现着功能性分化,其"各域是在彼此之间的相互作用下发展(和改变其本质)的,并非出自理性的筹划,而是社会进化的产物"[2],且都存在着坚实的正当性基础。目前在世界范围内,公权力(其典型代表是政府)参与证券市场监管已成为普遍现象。即使是历来重视市场作用而对公权力干预保持高度警惕的美国,"在所有对经济活动的公共管制中,最受赞扬的也许要数 SEC"。[3]许多实证经验表明,公权力介入监管是建立一个充分而有效的证券市场监管机制不可分割的基础性组成部分。

代表公权力介入市场的行政监管的形成与发展,不仅取决于证券市

---

[1] 谢立忠主编:《西方社会学名著提要》,江西人民出版社 1998 年版,第 484—488 页。
[2] 李亚平、于海选编:《第三域的兴起——西方志愿工作及志愿工作组织理论论文》,复旦大学出版社 1998 年版,第 87 页。
[3] George J. Stigler, "Public regulation of Securities Market", *Journal of Business of the University of Chicago*, Vol. 37, No. 2, April 1964, p. 117;中文译文见〔美〕乔治·J. 斯蒂格勒著:《产业组织和政府管制》,潘振民译,上海三联书店 1989 年版,第 179—209 页。

场需要公权力适度干预的客观需要,也受益于这类监管在克服市场失灵、增强市场竞争力等方面所具有的优势。晚近以来,随着人们对公共行政研究的深入和多元行政主体理论的发展,能够行使公共权力、履行捍卫公共利益职责的主体,已经从传统上的被认为理所当然的政府行政机关发展到各类被授权行使公共权力的独立组织,后者构成了现代多元化行政主体的一类重要类型。[1]尽管行使监管权的主体是否隶属于传统的政府行政体系已经出现分化,但这类承载行政监管使命的主体,其所行使的权力在一般意义上仍属于行政权,也因此相应地具有行政权的一般优势。[2]以下选取政府这一传统而典型的行政监管主体,将之运用于证券领域,深入分析这种公权力介入市场自治而形成的监管优势:

(1) 政府通常具有较高的权威和公信力,以其内设的行政机构充当监管主体,更容易树立监管威望,获得市场认同,有效地建立并维持投资者对资本市场的信心,这一点在市场初级发展阶段或者市场陷入危机时效果最为显著。

(2) 政府通常被认为是公共利益的最佳代表,在一般情况下,行政监管者被认为代表最普遍的证券市场公共利益,完全致力于追求证券市场监管的最高目标。这种公共服务性和目标唯一性,可以有效避免因存在"搭便车"心理而使监管落空的状况,也可以大幅度减少自律监管组织在目标多元化下的自利行为,抑制行业垄断或者限制竞争的倾向,提供给投资者更多的保障。

(3) 通常,行政权力具有普遍性、至上性和排他性,辅以国家武力为后盾,具有良好的强制性。因此,相比自律监管主体,行政监管者的监管具有广泛性和刚性,监管手段丰富,如此不仅可以迅速地建立监管框架,维持一个有效、统一的且具有完整性(Integrity)的证券市场,而且能够公正、严厉地打击各类证券违法犯罪行为,建立一个公平有序的证券市场。

(4) 政府拥有丰富的公共资源,各职能部门之间通常有着良好的沟通。行政监管者可以借助这种优势,便利地对相关监管事项进行必要的部门沟通,安排全局协调与合作,尤其是在证券市场面临紧急事件或出现

---

[1] 关于多元行政监管主体及其模式的分析,参见本章第一节二(一)3."建立在公务分权基础上的行政监管主体类型"的分析。

[2] 随着现代监管理论的发展,证券监管权虽然根源于行政权,但已超越行政权的范畴。越来越多的研究更倾向于把这种权力视为基于保护公共利益,对证券市场一定公共事务进行管理的公共权力。文中的论述综合了这种行政权的本源特点和发展趋势。

危机时,可以及时调动公共资源予以处理,降低公共利益损失。

(5)通常,行政监管者也要遵循依法行政、政务公开的要求,也因此政府对证券市场的监管往往具有较高的法定性、程序性和透明度,监管相对人可以获得较为充分的权利救济并对政府的滥权可以实行一定的监督。

3. 建立在公务分权基础上的行政监管主体类型

行政作为国家职能之一,是一种依法行使公共权力,组织管理国家和社会事务的活动。"进行行政活动的目的是维护政治统治和公共利益……政治性、强制性、公益性和服务性就构成了行政所具有的基本特征","'行政'的政治性与公共性(或社会性)是统一的"。[1]从上述关于政治与行政二者关系的阐述中,可以归结出,行政可能无法脱离政治的基础价值而存在,却始终以公共性为标杆,二者在公共利益中得到统一。

行政作为国家行使公权力管理和干预社会生活的一种功能,随着近代以来经济和社会生活的快速发展分化出日益丰富和复杂的各项次级或从属的功能。如何将这些行政功能分配给相应的机构行使,抑或应建立怎样的权力行使体系,虽然可能受到一国政治体制、法制传统和社会治理习惯等多种因素的影响而不尽相同,但毋庸置疑地都承认了公务管理的差异性、专业性和特殊性,并由此开启对公务分权的探索。"公务分权是将需要一定独立性的行政事务从国家、地方团体的一般行政任务中分离出来,成立专门的公法营造物法人或者身份团体(行业性公法社团)来承担"[2],也因此在理论和法律制度层面上映射出多元化的行政主体,一如学者们的研究指出的,"在西方国家,行政主体是一种法律制度,是地方分权或者公务分权的法律技术"。[3]

证券监管是国家动用公权力干预证券市场,以弥补市场失灵、维护金融稳定的一种行政治理方式。作为行政在证券领域进行管理和服务的一种职能,这一职权在国家权力体系结构中应分配给谁行使,各国在历史进程中结合本国国情和法制传统等因素探索出了各有特色的道路。如果从掌握证券监管权的主体的性质出发,以该主体在国家权力体系中的地

---

[1] 郑传坤:《关于"行政"概念的再探讨》,载应松年、马怀德主编:《当代中国行政法的源流——王名扬教授九十华诞贺寿文集》,中国法制出版社2006年版,第184、185页。
[2] 周佑勇主编:《行政法专论》,中国人民大学出版社2010年版,第190页。
[3] 应松年、薛刚凌:《行政组织法研究》,法律出版社2002年版,第40页。

位为视角,可以将公务分权基础上的证券监管机构的类型区分为如下两类:

第一类:在传统政府行政部门之外,以独立监管委员会或局属(independent regulatory commission or agency)等机构形式出现的一类行政组织。

这类可称之为"监管机构"模式的组织,由身处传统的承担政治或者民主责任这一体系之外的机构实施控制[1],也即独立于传统的政府行政部门,享有法律赋予的高度独立性;同时,为履行其监管职责的需要,往往还同时享有准立法权(委任立法)、行政权和准司法权。

晚近以来,在证券监管等这类行政事务管理上呈现出行政机关"法人化"和"独立化"的趋势,一个重要原因是"由政府来处理的问题越来越复杂和具有专业技术性,这使得立法者倾向于将大量的权力委托给那些被认为在特定的政治领域具有专业知识的行政人员"[2]。如果更深入地探求其中的缘由,那么正如学者的研究所指出的,"西方国家的'分权主体模式'的行政主体理论是以行政民主化、地方分权和公务分权为基础的,有着明确的宪法规范支持和深厚的社会自治基础"[3]。

由于各国政体和法制传统不一,这类有别于传统行政部门的独立机构,其法律性质和在一国权力体系中的地位,又呈现出多种样态:

(1)以实行三权分立的美国为代表,在传统的这一权力构建之外组建独立的"第四部门",以独立监管机构(independent regulatory agency)的形式出现,高度独立于以总统为代表的传统行政机构[4],但在性质上

---

[1] 〔英〕卡罗尔·哈洛、理查德·罗林斯:《法律与行政》(下卷),杨伟东、李凌波、石红心、晏坤译,商务印刷馆 2004 年版,第 557 页。
[2] 〔美〕特里·L.库珀:《行政伦理学:实现行政责任的途径》(第四版),张秀琴译,音正权校,中国人民大学出版社 2001 年版,第 43 页。
[3] 章剑生:《现代行政法基本理论》(第二版),法律出版社 2014 年版,第 190 页。
[4] 在美国,除了联邦政府中的内阁部(Cabinet Department,直接对总统负责,并负责履行政府职能)是主要的行政组织之外,还存在着如下各种独立机构:(1)部内的独立机构,不能完全摆脱部长的影响,但法律赋予其很大的独立性,在一定范围内可以单独地决定政策;(2)隶属于总统的独立机构,这类机构对部完全独立,但隶属于总统领导的行政部门;(3)独立监管机构,这类机构完全独立于总统,法律往往规定它们同时行使立法权、行政权和司法权,但这种独立主要是对总统而言,在受国会和法院控制方面,它们与其他行政机关没有区别。为确保它们履行职责,法律往往规定它们可以同时行使立法权、行政权和司法权,但这些权力的行使,如无法律特别规定,应符合联邦程序法的规定。参见王名扬著:《美国行政法(上)》(第二版),中国法制出版社 2005 年版,第 171—172、176、180 页。

属于联邦行政系统,被作为联邦行政机构(administrative agency)看待。在美国,这一负责监管证券行业的独立监管机构是证券交易委员会(SEC)。

(2) 以实行议会内阁制的英国为代表,根据议会立法设立履行特定监管职责的非政府部门公共机构(no-government public body)。设立这类公共机构的做法在英国19世纪早期以前就已经司空见惯,但在19世纪中叶之后为更具规模和具有服务一致性的大部模式所取代。及至20世纪80—90年代,这种部外公共组织形式因适应英国放松管制的行政改革需要而重新复活并广为流行。[1]追根究底,部外公共机构存在的理由,一是比政府部门管理更富有效率和灵活性,二是授权给公共机构这一自治机构以减少政府实施直接的政治控制或者干预的领域。[2]在证券领域,英国于1985年设立证券投资委员会(Securities and Investments Board,简称SIB),并根据《1986年金融服务法》(the Financial Services Act 1986)授权SIB监管证券与投资业。1997年,英国整合SIB及其他金融子行业监管机构的职能,合并成立集中统一行使金融监管权的金融服务局(Financial Service Authority,简称FSA),之后根据《2000年金融服务和市场法》(FSMA),将金融服务局改造成新的金融服务局(FSA)[3],建立"制定法规范的单一监管机构"(statutory single regulator)。FSA作为法定公共机构,独立于英国中央政府部门,其理事会成员由财政部任命而非经选举产生;与此同时,FSA要向财政部提交年度报告并最终向议会负责。

(3) 以受三权分立思想影响但并未在政治实践中真正建立三权分立机制的大陆法系国家为代表,在这类有着公法、私法区分传统,行政法理论源远流长的国家,负责某一类行政事务监管的专门机构常被称为"公务法人",在法律性质上属于行政主体的一种类型,其上位概念是"公法人"。"国家和地方团体认为某种公务的管理需要一定程度的独立性和灵活性,由行政机关直接管理不妥当时,可以把管理公务的机构创设成为一个法人,增加管理机构的自主能力。这种法人称为公务法人,是近代行政管理

---

[1] 参见周佑勇主编:《行政法专论》,中国人民大学出版社2010年版,第196页。
[2] 张越编著:《英国行政法》,中国政法大学出版社2004年版,第442—443页。
[3] 2013年FSA的职能被拆分成给两个机构行使,重回双峰模式,详见本章第三节的内容。

的一种法律技术。"[1]这种将特定的、相对独立的行政公务从国家和地方团体的一般行政职能中分离出来,交由特定的法律人格来行使,并由其独立承担法律责任的做法,产生了一种新类型的行政主体,在大陆法系国家略有差异的法制传统下,形成了"法国的公务法人、日本的行政法人、德国的人事团体、公共设施以及我国台湾行政法中的身份团体、公法财团、公共机构等"。[2]在证券监管领域设立的这类行政主体,根据相关法律或者授权行使职权,承担职责,并受该国/地区对行政主体制约机制的约束。[3]

第二类:未存在明显的公务分权,而是将具体行政事务统一交给政府行政部门进行管理,可以称之为"行政部门"模式。换言之,在这一模式下,公共规制属于中央或者地方政府的直接责任,规制机构内设于政府行政部门[4],深受后者影响,向其负责并汇报工作。随着晚近以来行政权的扩张,这类规制机构在执行法律,行使行政管理权的同时,往往也被授予一定的委任立法权,并拥有一定的行政裁决权(准司法权)。

之所以存在如此的行政机构设置,很大一部分原因是认为,"对社会公共事务进行管理的职能仅属于国家所有,即'公共行政'局限于'国家行政',国家行政机关(或者行政机构)是唯一的行政组织"。[5]因而没有基于专业化、独立性需求而进行公务分权,建立免受传统政府行政部门干预或影响的公共机构。

我国的情况,大体属于这一类型。在我国,负责监管证券市场的证监会是国务院直属正部级事业单位,附属于国务院并向其汇报工作,其主席、副主席和主席助理等主要管理人员由国务院任命。与直接采用行政机构监管证券市场的做法不同,我国是将证券监管权授予具有事业单位属性的证监会行使。在我国,"事业单位"(public institutions)根据《事业单位登记管理暂行条例》(2004 年修订)第 2 条的规定,是指"国家为了社会公益目的,由国家机关举办或者其他组织利用国有资产举办的,从事教

---

[1] 王名扬:《法国行政法》,中国政法大学出版社 1989 年版,第 481 页。
[2] 李昕:《中外行政主体理论之比较分析》,载《行政法学研究》1999 年第 1 期。
[3] 具体的一些资本市场相对发达的大陆法系国家证券监管机构的情况,参见本章第三节的内容。
[4] 〔英〕卡罗尔·哈洛、理查德·罗林斯:《法律与行政》(下卷),杨伟东、李凌波、石红心、晏坤译,商务印书馆 2004 年版,第 557 页。
[5] 任进:《行政组织法教程》,中国人民大学出版社 2011 年版,第 4 页。

育、科技、文化、卫生等活动的社会服务组织",提供的大多是给付行政、服务行政,而非规制行政、干预行政的内容。我国采用事业单位性质的机构行使行政监管职权,可谓是一种行政管理上的创新和过渡时期的变通做法。但是根据国务院办公厅2011年7月24日发布的《关于事业单位分类的意见》以及《关于承担行政职能事业单位改革的意见》的相关规定,承担行政职能的事业单位指"承担行政决策、行政执行、行政监督等职能的事业单位",在未来的改革中,"这类单位逐步将行政职能划归行政机构,或转为行政机构。今后,不再批准设立承担行政职能的事业单位"。

(二) 证券监管作为监管治理样本的典型意义

1. 证券监管作为微观金融监管与宏观金融监管之间的联系与区别

证券监管与对其他金融子行业(例如银行业、保险业)[1]的监管,同属于微观金融监管,与宏观金融监管(中央银行通过货币政策制定与执行及其他调控措施干预宏观经济的活动)相对应,共同构成广义意义的金融监管。晚近以来,随着人们对金融危机认识的加深和提升一国金融竞争力需求的日益迫切,微观金融监管与宏观金融监管之间的关系正变得更为密切,二者相互影响,互相作用。一方面,正像巴塞尔委员会在《有效银行监管的核心原则》、国际证监会组织在《证券监管的目标与原则》,以及其他国际金融组织共同倡导的金融监管"最佳实践"中所提出的,有效微观金融监管的先决条件都是存在稳健且可持续的宏观经济政策(其中包含宏观金融监管),而且当金融子行业出现危机预警或者陷入危机时,也只有借助宏观金融监管(例如央行的最后贷款人制度)的力量,才能及时防止危机的扩散,处置风险并帮助金融和经济恢复元气。另一方面,只有微观金融监管运作良好,才能更好地全面贯彻、实施金融宏观调控的意图,达臻预期目标,共同服务于经济增长。

尽管微观金融监管与宏观金融监管二者相互影响,互相作用,但在监管上还是存在着一些差异,主要是:

(1) 在监管目标上。尽管中央银行施行货币政策的中期目标、操作

---

[1] 尽管我国《证券法》第6条规定,"证券业和银行业、信托业、保险业实行分业经营、分业管理,证券公司与银行、信托、保险业机构分别设立。国家另有规定的除外",但从海外发达资本市场国家的立法和实践来看,信托是开展金融业务的一种方式而非独立的金融子行业,我国目前也越来越多地用信托来构建各类金融法律关系。笔者赞同这一观点,因此未将信托业作为某一金融子行业列入。

目标不一,但其最终目标往往是保护币值稳定或者反通胀这一单一目标。[1]而金融监管常常担负多重监管目标,这些目标本身可能存在冲突或者需要在某种程度上进行协调。例如,国际证监会组织发布的《证券监管的目标与原则》就规定,证券监管有如下三重监管目标,即保护投资者,确保市场公平、有效和透明,以及减少系统性风险,证券监管者可能需要与其他(金融)监管者合作来实现这些目标。而且,中央银行的这一单一货币政策目标明确具体,便于考察货币政策实施的效果;而证券监管的这些目标却规定得比较原则、笼统,没有具体的操作标准,实践中也不便于对监管是否达到了这些目标进行有效考核。

(2)在监管透明度上,中央银行实施货币政策时,往往需要尽可能地公开透明,以便及时地增强市场信心,避免诱发道德风险或者监管套利。而证券监管,在不同事项上可能对透明度的要求不一,需要考虑在公共利益和金融稳定之间维持平衡。[2]例如在证券公开发行上,需要尽可能地提升市场透明度,促进市场交易并防止内幕交易等各种违法违规行为的发生;而在打击违法违规时,则需要适当地保守秘密,以免走漏风声,影响查处效果,但"证券监管者一般会公布调查和制裁的结果以警示某些机构或资管计划的客户"[3];在处理证券市场危急情况时,有时也不宜过早公开信息,以免引起更多的恐慌,造成不可逆转的局势。

(3)在监管向谁负责的问题上。中央银行的法律地位和监管目标往往由法律预先予以明确规定,因此在制定和执行货币政策过程中,只需按相关规定对需要达到的目标负责即可。而证券监管,可能存在多重委托人的情况。一方面监管者要向授权者负责,另一方面证券市场活动关系被监管者和广大民众的利益,在晚近以来的民主运动和大众参与潮流下,证券监管需要同时向被监管者和市场中的投资者负责。

(4)在拥有的监管权限、手段及其作用上。随着经济情况日益复杂和维护宏观经济稳定的需要,中央银行可能开发出包括利率、存款准备

---

[1] 参见中国人民银行金融研究所《货币政策有效性研究》课题组:《战后西方国家货币政策目标比较》,载《金融研究》2007年第6期;王国刚:《中国货币政策目标的实现机理分析:2001—2010》,载《经济研究》2012年第12期。

[2] Eva Hüpkes, Marc Quintyn, and Michael Taylor, "The Accountability of Financial Sector Supervisors: Theory and Practice", IMF Working Paper, WP/05/51, March 2005, p. 12.

[3] Udaibir S. Das and Marc Quintyn, "Crisis Prevention and Crisis Management: The Role of Regulatory Governance", IMF Working Paper, WP/01/163, September 2002, p. 23.

金、公开市场操作等在内的多样化的货币政策工具并根据经济实况加以综合运用,但显然这些货币政策的运用具有阶段性而非永久性,可能无法形成对中央银行下一步举措的准确预判;加之这些货币政策工具并非直接针对某个具体机构和个人,因而未必有个案指导意义。而证券监管者为了监管市场和有效地查处违法违规行为,可能拥有包括调查权、裁决权和处罚权等更为广泛和直接作用于市场参与者的监管权限和手段,这便于监管者对违法违规的被监管对象和个人采取行动,也会通过监管者长期的执法活动形成系统性的共识,对市场行为形成有效指引或产生足够的威慑作用。

(5) 在听取外部建议问题上。来自外部的声音,有可能是专家提供的专业智识,也有可能是民主政治背景下形成的民意。对中央银行的监管而言,虽然货币政策的制定和执行离不开专业知识的支持,但作为国家进行宏观经济调控的途径,中央银行的货币政策更多地涉及价值判断,受到政治压力下的民意驱使。换言之,"在宏观经济政策的制定过程中,虽然专业知识非常重要,但是有些权衡取舍(比如通货膨胀与增长之间的取舍)却涉及价值判断","中央银行更多地代表全体国民的利益,并能对各方产生影响。中央银行应将专业判断与一些价值判断结合起来"。[1] 而证券领域作为一个需要高度专业管理技术的领域,更倚重监管的专家技术,而且为公平起见以确保市场完整性,监管者应该围绕监管目标行事,不能完全听任所谓的"民意"妄为。

2. 证券监管与银行等金融子行业监管的联系与区别

晚近以来,随着海外主要资本市场所在国纷纷取消分业经营限制,加之金融创新带来的跨市场联系加强,银行、证券、保险市场之间的界限日益模糊,混业经营正在成为一种经济常态。

与金融市场的这种混业经营常态相适应,各国纷纷调整监管框架,或者成立集中统一的金融监管机构(单一金融监管体制),将对各个子行业的监管交由内部化的监管子部门执行;或者虽保留原来的分业监管格局,但建立以"行为"而非"主体"为标准的"功能监管"(Functional Regulation)机制。与此同时,随着晚近以来全球经济一体化和资本市场联动性的加强,金融危机的跨市场和跨地区传染变得更快速和更广泛,导致世界

---

[1] 〔美〕约瑟夫·斯蒂格利茨:《〈斯蒂格利茨经济学文集〉第六卷(下)发展与发展政策》,纪沫、仝冰、海荣译,陈雨露校,中国金融出版社2007年版,第361页。

主要金融市场所在国借助金融稳定理事会（Financial Stability Board，简称 FSB）[1]这个平台，在维护金融稳定的大议题下统筹考虑包括银行业、证券业在内全行业的金融风险与审慎监管问题，更在国际货币基金组织等国际主要金融机构的共同推动下，形成金融监管"最佳实践"指引，并借助对各国的"金融部门评估规划"（FSAP）而予以推广，从而带来各国在混业经营的大金融概念下监管理念、目标、监管重点和主要监管手段的日益趋同。当然，各国为发展本国金融市场，增强其在国际上的投融资吸引力而形成的金融监管竞争压力，也促使各国监管者对先进的监管技术和经验竞相模仿，跟进实施，这在客观上也大大提升了金融混业经营下各子行业之间监管的联系和监管共性。

在肯定金融子行业之间的界限正在变得模糊而对它们的监管日趋具有共性的基础上，还要看到在对各金融子行业的监管上仍然存在着一些差别。这种差别主要是由于其行业特征和面临的主要风险存在差异造成的。[2]限于篇幅，下文选取证券监管（监管代表直接融资的证券业）与银行监管（监管代表间接融资的银行业）进行比较，主要剖析二者在监管上的侧重点和差异性。

（1）监管先决条件的影响上。商业银行长期以来为经济活动提供主要信贷来源并作为全社会的支付结算中心，是中央银行传导货币政策的主要抓手，因而商业银行的稳健与否更易受到宏观经济调控的影响，也更看重操作系统等金融基础设施的安全，这两点在银行监管的先决条件上得到了更多强调。而证券业尽管也受宏观经济调控的影响，却可以运用金融工具通过市场分散和管理风险，减少波动；与此同时，证券公开交易的匿名性、无纸化和连续交易的特点，以及后一交易以前一交易为基础且在正常情况下不得撤销的强制性，都对交易和登记结算系统等金融基础设施的安全提出很高的要求，因此在证券监管的先决条件中这一事项受到重点关注。

（2）监管目标上。银行监管的目标主要是保护提供资金来源的存款人的合法权益，监督为间接融资提供信用，充当信用当事人的银行的稳健

---

[1] FSB 的前身是 1999 年由七个发达国家（G7）设立的金融稳定论坛（Financial Stability Forum，简称 FSF），2009 年 4 月在伦敦举行的 20 国集团（G20）金融峰会决定，将 FSB 的成员扩展到包括中国在内的所有 G20 成员国，并更改名称为金融 FSB。
[2] 张晓红：《银行证券保险业监管比较》，载《山西高等学校社会科学学报》2012 年第 9 期。

经营,以及防范银行发生挤兑事件,维护金融安全,与商业银行的高杠杆业务经营特点相契合。而证券监管的目标除了同样是保护投资者信心,以便利融资,以及防范系统性风险,维护市场稳定之外,还有一项重要目标是维护市场的公平、有序和透明。这主要是因为证券市场存在更突出的信息不对称问题,在一级市场发行、二级市场交易及相关活动中,都需要借助金融中介的服务,为此证券监管需要大力提高市场透明度并打击相关的违法违规行为,要求金融中介公平地对待所有投资者,避免机构之间的恶性竞争,维护市场秩序。

(3) 监管透明度上。人们常因恐慌造成对商业银行的挤兑,导致处于良好状况的其他银行可能受此影响而陷入流动性危机,因此监管者对银行的审慎监管和救济措施并不总是公开,以免使问题复杂化而减损救济的有效性[1],甚至适得其反。而证券监管的透明度,如上一部分所言,存在着在不同阶段、对不同事项的公开与否及公开程度的选择。

(4) 监管权限上。与银行业间接融资的属性相契合,银行监管的重心在于充当信用中介的商业银行的稳健经营,因而其监管对象主要限于商业银行,所拥有的监管权限及采用的监管手段也主要围绕商业银行而展开,较少涉及其他主体。而证券监管者的监管权限如上所述,则更为广泛、全面且具有强制性。这主要是因为资本市场是一个更为开放的市场,参与者众多且发挥的作用不尽一致,有关侵害或危险可能来自四面八方,监管者需要武装到牙齿的权限才能更有效地打击各种违法违规行为。

(5) 监管方法上。基于商业银行的高杠杆经营,始终存在"短存长贷"的流动性风险这种内在脆弱性,以及意识到随着商业银行作为全社会信用和支付结算中心地位的日隆,由此导致的系统性风险常使经济陷入瘫痪,为此在国际层面上很早就由巴塞尔委员会主导,建立了以资本充足率为基础,对商业银行全面的风险审慎性监管要求,并在 2008 年全球金融危机之后,辅之以逆周期审慎监管。与商业银行的这种高杠杆、间接融资的经营模式不同,证券业金融机构虽然也提供金融产品/服务,但主要是直接融资中的辅助服务或是代管客户资产或是自营业务,因此其风险更多的是利用信息不对称挪用客户资产/资金的风险、业务经营行为的规范和风险内控问题,证券监管者更多的是关注市场透明度、行为准则和风

---

[1] Udaibir S. Das and Marc Quintyn, "Crisis Prevention and Crisis Management: The Role of Regulatory Governance", IMF Working Paper, WP/01/163, September 2002, p. 23.

险管理,对证券业金融机构的净资本管理虽已实施,但往往还不是普遍的强制性管理要求。当然,2015年6月底在我国发生的股灾,暴露出了资本市场流动性冻结可能呈现的系统性风险,也因此引发了对证券业金融机构监管的新思考,但目前尚未有定论。

(6)系统性风险防治上。基于商业银行的内在脆弱性及其在现代经济生活中的重要地位,作为对银行危机的回应和维护金融秩序稳定的需要,许多国家通常建立包括存款保险制度、中央银行最后贷款人制度在内的金融安全网[1],可以在商业银行陷入流动性危机时启动存款保险制度,保护小额存款人的权益,以免发生银行挤兑风潮,同时可以根据危机状况动用中央银行提供的再贷款等各种金融工具注入流动性,帮助银行度过危机。而在证券业,最主要的是针对证券公司可能挪用客户资产/资金的风险,建立证券投资者保护基金一类的救济机制。[2]过去以来,主要的金融危机大多祸起商业银行,并藉由银行系统传导到整个金融体系、经济体系,人们对证券市场是否会发生系统性风险并危及整个金融市场和经济发展,未有更深的认识和共识,也因此通常没有针对证券市场系统性危机建立与中央银行或财政救助之间的有效联系和快速救助路径。这也导致在美国2008年金融危机中,当华尔街五大投行陷入严重危机时,SEC作为证券监管者束手无措,只能采用由银行予以收购或者转型为银行控股公司的方式,才能启用银行系统的金融安全网机制,也即由美联储向它们提供应急资金等流动性救助,帮助摆脱危机。我国2015年6月底发生的股灾,很大程度上展示了证券市场确实存在着资产价格连续无量跌停,市场流动性快速冻结,在高杠杆配资的复合背景下引发证券市场系统性风险的可能性,但与此同时,负责监管证券市场的证监会在面对危机时,明显缺乏应有的救市资金来源途径和有效的应急举措,暴露出防范和处置证券市场系统性危机措施的薄弱,也反证了在世界范围内,对证券市场系统性危机防治机制的探索,才刚刚起步。

---

[1] 参见刘仁伍、吴竞择编译:《金融监管、存款保险与金融稳定》,中国金融出版社2005年版,第163—172页。我国也于2015年5月1日起开始实施《存款保险条例》,中国人民银行随后发布《关于存款保险制度实施有关事项的通知》(银发[2015]47号),指导实施这一制度。
[2] 参见洪艳蓉:《证券投资者保护基金的功与运作机制——基于比较法的制度完善》,载《河北法学》2007年第3期,第89—104页。我国于2005年7月1日起开始实施《证券投资者保护基金管理办法》,并于同年8月30日成立证券投资者保护基金公司,负责予以实施。

3. 证券监管作为监管治理样本的典型性

金融监管治理,是晚近以来监管者自省其身,受私人领域公司治理理念和做法启发,通过强化内部治理和激励约束,提高监管治理回应金融市场监管需求的举措。从需求上看,整个针对金融市场的监管,都有必要进行反思和治理,以提高监管质量。但正如上述,在广义监管框架之下,有中央银行的宏观审慎监管与各金融监管机构的微观审慎监管之分,针对不同的金融子行业,也存在不同的微观金融监管机构或者部门。在各种因素的作用下,这些具体监管领域的金融监管治理进程和研究并不同步。基于以下几方面的考虑,有必要强化对证券监管治理的研究,并把它作为监管治理的一个典型样本。

其一,从证券监管作为金融监管类型之一的共性与特性来说。如上所述,证券监管作为金融监管的一个子系统,在回应金融市场混业经营趋势和金融市场一体化速度加快的大时代背景下,既与中央银行的宏观审慎监管存在紧密的联系,也与并行的银行业监管、保险业监管有密不可分的关联,呈现出不少金融监管的共性。也因此,对于以证券监管为代表的金融监管治理及其独立性的研究,在一般意义上同样适用于广义的金融监管治理。而针对证券监管不同于其他监管类型的特殊性进行的监管治理,不仅不会侵蚀金融监管治理的一般性基础,反而能够丰富和深化对金融监管治理的认识和个性研究,拓展提升金融监管质量的空间,有益无害。

其二,从证券市场地位的上升和人们对证券市场系统性危机的认识程度来说。如上所述,晚近以来资本市场助力经济发展力量的增长和人们财富证券化率的大幅度提高,正在使人们逐步从只关注银行系统,转移到同时重视银行信贷市场和资本市场在经济发展中的作用,甚至在金融自由化和竞争加剧的趋势下,更为看重通过资本市场所能实现的融通国际闲置资金的能力。但与此同时,人们对证券市场可能发生系统性危机的认识却未与此同步。

过去以来,影响较为广泛的金融危机主要是银行危机,"尽管主权债务危机或恶性通货膨胀在当前的许多发达经济体都已经成为历史,但到目前为止它们仍无法摆脱银行危机的阴影。实际上,自19世纪初以来一直到2008年,你方唱罢我登场的银行危机剧目一直在发达国家不断上演"。[1]当然,晚近以来对不少发展中国家而言,银行系统性危机是他们过早实行金融自由化后首当其冲遭到重创的领域。也因此,人们对银行危机并不陌生,甚至在国际层面达成了广泛的共识,巴塞尔委员会的设立及其主导的银行资本充足率协议、有效银行监管的核心原则等国际惯例,就是这种危机认同和治理危机共识的体现。但与此同时,证券市场还鲜有发生影响类似银行危机那样广泛的系统性危机。尽管理论上如引言中所述,资产价格波动、时间非一致性(time inconsistency)、政治商业周期理论等都被用于解释证券业发生系统性危机的可能性,开启了对证券市场发生系统性危机的可能性和危机传导机理的探索,但实践中这种共识尚未形成,即使是对美国2008年金融危机原因的分析,人们仍将导火索归罪于次级抵押贷款,并把传导因素归结于银行滥用特殊目的载体(Special Purpose Vehicle,简称SPV)进行"短资长用"的表外融资,通过场外衍生品工具缓释资本、过度承担风险所致,而非证券市场本身在自由化浪潮下的内在脆弱性。

也因此,包括发达资本市场所在国在内,并未建立起有效的应对证券市场系统性危机的监管举措,更缺乏从金融监管治理层面对证券监管机制进行全面反思的思想意识和一致行动。然而,证券市场的系统性危机并不会因为人们的忽视而消遁无形,"某个监管机构一次犯错不会导致危机的爆发,相反,正是由于很多监管机构多次犯错,才使得问题变得积重难返,直到事态发展到无可挽回的地步"[2]。对于这种制度性的缺陷,也只有从金融监管治理的高度予以解决,才能提高证券监管的水平,使之得以从容应对下一个证券市场系统性风险的冲击。

其三,从对金融监管治理及其独立性的研究与实践来说。如引言所述,自20世纪80年代末期以来,以加强独立性为核心内容的中央银行制度改革已成为一种流行趋势,中央银行的金融监管治理及其独立性问题不仅在国际层面达成了共识,而且为许多国家所接受与实践,迄今已有三十多年的历史。而关于银行监管的治理及其独立性问题,受到银行危机引发的监管改革驱动的影响,以及银行监管机构曾长期与担当中央银行

---

[1] 〔美〕卡门·M.莱因哈特、肯尼斯·罗格夫:《这次不一样:800年金融荒唐史》,綦相、刘晓峰、刘丽娜译,机械工业出版社2011年版,第130页。
[2] 〔美〕詹姆斯·R.巴斯、小杰勒德·卡普里奥、罗斯·列文:《金融守护人:监管机构如何捍卫公众利益》,杨农、钟帅、靳飞等译,生活·读书·新知三联书店2014年版,第248页。

职责的监管机构合二为一办公或者作为下属机构,可以从中获得独立性加持的缘故。虽然金融监管治理是 21 世纪初才提出的新思维,但对于银行监管治理及其独立性的研究却已陆续展开并有了不少实证分析,而证券领域的监管治理及其独立性问题,因其上文所述的独特性,未必能够完全借用关于中央银行独立性研究和实践已取得的成果(包括类似银行监管的路径依赖型的借用),同时也因缺乏足够的系统性危机推动因素而还属于处女地。然而,基于上述关于证券市场与其他金融市场的关联性,以及证券监管作为完整地对抗系统性危机的金融监管体系的一部分,对证券监管的治理及其独立性研究不仅必要,而且日益显得急迫。总之,基于证券监管与其他金融监管的关联性、互动性、独特性、重要性和空白度,需要开始启动并强化证券监管治理及其独立性的研究,这种探索对于健全、完善金融监管治理及其独立性研究,是不可或缺的。

第二节 证券监管独立性与监管效用的必然联系

一、从"监管必要论"到"监管有效论"的演化

当证券行业在 20 世纪 70 年代之后成长为一个重要的行业并经历多次金融危机的洗礼之后,理论上和实践中已无多少人质疑公权力干预证券市场,实施监管的必要性,而 80 年代之后包括金融脆弱性、金融危机理论等诸多理论的提出,使监管研究从更贴近证券市场自身特性的层面进行。为应对证券市场的复杂情况,实践中公共机构作为监管者[1]对证券市场的监管权限不断扩张,反映在研究领域,如何保证政府监管证券市场的有效性并预防权力滥用成为分析的重点;而受晚近以来证券市场一体化融合趋势加强的影响,怎样协调各国政府之间的监管权限,尤其是在 2008 年金融危机之后如何强化各国金融监管者的合作及其对危机的协同预警与处置,形成全球范围内的有效监管凸显为理论和实践的重大课题。这种对政府监管市场研究从合法性、正当性论证转向有效性分析的探索,事实上也是 20 世纪 80 年代以来西方国家掀起的行政改革,促使国家机器的运作机制向注重"经济性、效率性和效益性"的所谓 3E(Econo-

---

[1] 如第一节所述,存在多样化的行政监管者,为便于叙述,下文以"政府"作为公权力和行政监管者的代表进行分析。

my, Efficiency and Effectiveness)标准的监管型国家转变、向更符合实质正义的监管治理秩序迈进的要求在证券领域的反映。这些异彩纷呈、卓有成效的研究成果,反过来不断地影响和指导着实践中的证券市场监管的制度安排。

正如上述,政府对证券市场实施的监管,在证券业未获得充分发展及证券市场未成为影响经济的重要因素之前,是被笼统地视为政府干预经济的一种表现,纳入规制的产业经济学、规制的政治经济学中进行研究的。传统经济学,主要关注私人在市场活动中的纯粹经济行为,侧重研究稀缺资源的有效配置,政府干预市场,形成公共决策的政治过程,未能成为主流经济学的讨论范畴;而作为政治学、行政学的研究对象,政府对市场进行干预的主题,也往往偏重于从团体、集体的角度探讨政府权限的公益性、正义性和公平性,很少关注这种权力的个体和经济因素。这种单一学科研究的局限,在 20 世纪 60 年代末 70 年代初被一些新兴的研究学派/理论所打破,其中对政府监管权研究作出卓越贡献的,当属规制经济学和公共选择经济学。[1]

规制经济学以政府干预市场为研究对象,围绕"市场失灵与政府的矫正措施""检验规制政策的效果""寻求规制政策的政治原因"和"规制中的激励问题"四个主题,在传统"公共利益规制"理论的基础上引入经济学的供求分析方法,逐步形成"利益集团规制"理论、"激励性规制"理论和"规制框架下的竞争"理论等系统化成果[2],在 20 世纪 70 年代之后发展成为独立的经济学分支学科,完成了从"监管必要论"向"监管有效论"的华丽转身,使证券监管理论更贴近实践并在更大程度上对实践产生影响。

而公共选择理论"将四十多年来人们用来检验市场经济缺陷和不足的方法,完全不变地用来研究国家(政府)和公共经济的一切部门",其研究视野下的"市场失灵与政府失灵""政府扩张与治理"和"政府干预与寻租行为"等主题,运用个人主义的经济学分析方法(其基本出发点是"经济人"假设和经济学的交换范式),更为贴近现实地分析了政府干预市场的原因、干预的成败与改进措施。公共选择理论自布坎南和塔洛克等人创

---

[1] 规制经济学和公共选择理论被看作是 20 世纪六七十年代兴起的新政治经济学的主要流派。参见陈振明主编:《政治的经济学分析——新政治经济学导论》,中国人民大学出版社 2003 年版,第 17—29 页。

[2] 下文有关这些理论的介绍,主要参考张红凤:《规制经济学的变迁》,载《经济学动态》2005 年第 8 期;张红凤:《西方规制经济学的变迁》,经济科学出版社 2005 年版。

立以来,已成为晚近兴起的"新政治经济学"思潮中最具影响力的理论之一。当然,应注意的是,规制经济学与公共选择经济学,只是从不同角度对政府干预市场这个研究主题的区分,很多时候,"管制的经济理论可被视为广义的公共选择理论的一部分"。[1]下文对这些理论研究进行简要的介绍和评论,以便为本书的主题提供广阔而坚实的理论基础。

(一) 公共利益规制理论

"政府干预"的观点,在凯恩斯时代起就已被广大经济学者所津津乐道,但"公共利益规制理论"这一术语,却是芝加哥学派于20世纪70年代初期在创立规制经济理论的过程中才被明确提出来。当该学派的重要人物波斯纳在1974年总结传统的政府规制理论并给贴上"公共利益"标签,以区别本学派的利益集团规制理论时[2],经济学家们普遍接受了他的提法。

在公共利益规制理论看来,市场存在着垄断、公共物品、信息不对称和负外部性等失灵状况,需要某种外部干预予以纠正,以实现经济体系的稳定高效运行和社会资源的有效配置。"市场可能失败的论调广泛地被认为是为了政治和政府干预作辩护的证据"[3],政府被推选为实现公共利益的唯一代表,成为提供这种具有公共物品属性干预的最佳人选,并且,通过政府的规制,可以有效地解决市场失灵问题。可以说,"公共利益理论是一'安逸舒适的理论',指出规制的设计与运作是为了追求集体目标"[4],提高社会福利水平。

这一以市场失灵和福利经济学为基础的理论,虽然详尽地解说了市场失灵是进行规制(监管)的动因,指出政府提供规制的公共利益目标追求和规制医治市场失灵的有效性,但从规范层面来看,什么是公共利益,却一直争论不休而没有明确界定的领域;而且,政府如何将公共利益的追求转化为规制的立法或者执法行动,在理论中也未得到充分的阐述。而另一方面,政府是否必然地始终代表公共利益,在纠正市场失灵的动因之

---

[1] 洪伟力:《证券监管:理论与实践》,上海财经大学出版社2000年版,第34页。
[2] Michael Hantke-Domas, "The Public Interest Theory of Regulation: Not-Existence or Misinterpretation?", *European Journal of Law and Economics* 15(2), 2003, p.165.
[3] [美]詹姆斯·M. 布坎南:《自由、市场和国家》,平新乔、莫扶民译,北京经济学院出版社1988年版,第13页。
[4] [英]卡罗尔·哈洛、理查德·罗林斯:《法律与行政》(下卷),杨伟东、李凌波、石红心、晏坤译,商务印刷馆2004年版,第560页。

外,还有无存在其他可能的规制原因;而且,在政府同样无法获得充分信息并要为规制付出成本的情况下,其规制能否真正有效地达至目标,申言之,是否仅仅通过规制就能解决所有的市场失灵问题,等等这些疑问都无法在实证层面得到满意的答案。

(二)利益集团规制理论

正像阿玛蒂亚·森所指出的,"每种派别的长处和局限,在很大程度上可以通过考察其信息基础的范围和限制来理解"[1],公共利益规制理论过于完美的假设和一厢情愿的推理,暴露出理论脱离现实的局限性,也因此,作为对这种占据传统规制经济学主流的理论的扬弃,芝加哥学派首先提出"利益集团规制理论",并在此基础上发展出多种理论分支。[2]

在利益集团规制理论看来,市场失灵仍然是进行规制的动因,但已不是唯一的原因,政府成为具有自利动机的"经济人",经济学上的供求分析方法开始被用来分析政府的行为,从早期理论认为政府的规制是应产业对规制的需求或者随时间的推移规制机构逐步被产业所控制而产生的,到后来认为政府的规制是一种创租行动,在利益集团的相互竞争中相机抉择规制的提供,再到后来认为政府的规制更多和更典型的应是一种抽租行动,政府作为具有自身利益需求的独立行为人,可以通过和利益集团的博弈最大化自身利益,从而突破公共利益规制理论固守政府只为公共利益存在的超然假设,使规制本身到规制的变迁,都被纳入可以进行供求分析和施加影响的经济系统内生变量之中,更为贴近现实地解说了政府提供规制的原因。基于这些研究成果,利益集团规制理论有力地揭示了政府规制存在失灵的状况,认为应该放松政府规制,重返市场,发挥竞争机制的作用。

不过,利益集团规制理论虽然通过实证研究取得对政府规制动因的进一步认识,但似乎又走向另一种极端——认为政府是为利益集团服务或倾向于自利的。首先,注意到在规制实践中,"就单项政府管制而言,既可能出自公共利益,也可能出自利益集团的利益,但就政府管制整体而言,政府管制既非全然出自公共利益,也非全然出自利益集团的利

---

[1] [印度]阿玛蒂亚·森:《以自由看待发展》,任赜、于真译,中国人民大学出版社2002年版,第三章。

[2] 这些理论分支包括规制俘获理论、规制经济理论、新规制经济理论和内生规制变迁理论等。参见张红凤:《规制经济学的变迁》,载《经济学动态》2005年第8期。

益"[1],这种将政府从纯粹"道德人"塑造为纯粹"经济人"的理论显然很难用于解释普遍现象。第二,利益集团规制理论不是从否定公共利益规制理论关于政府掌握完全信息和规制无成本的假设出发,而是从政府规制的自利性动机证明政府失灵的存在而片面主张放松规制,这种论证带有一定的局限性。因为一方面,"如果政府为矫正市场失灵而进行的干预导致公共行政的失败和寻租行为,那么,解决办法是改革公共行政,而不是返回市场"[2],而另一方面,"我们有关市场局限的清单,旨在澄清市场制度的特征,而不是想完成一种亚里士多德、罗斯金、马克思所做的判断那样的评判。我们想以简明的形态说明的,并不是市场的弱点,而是市场的不可能性"。[3]客观而言,规制并非一无是处或可有可无,市场本身存在信息不对称的状况不能完全自我解决问题,也会面临法律本身的不完备状况,不能被动地靠个体向法院寻求救济这种私人执法完全解决问题,诸如此类的问题都需要引入规制予以解决。正视市场失灵和政府失灵的存在,其有效的解决方式不是以一种手段替代另一种手段,而应是多种手段的综合运用。

(三)激励性规制理论

公共利益规制理论和利益集团规制理论的共同特点是都未对政府掌握完全信息和规制无成本的假设予以否定,这种局限致使前者无法充分地证明政府规制市场失灵的有效性,后者不能有力地解释利益集团如何俘获政府出台利己的规制。可以说,"不完全信息和不完全市场作为市场失灵的一个来源在公共部门里是普遍存在的"[4],也因此,构建一个在实践中具有普适性的规制理论,不能忽视对信息对称性的思考。作为对上述理论缺陷的批判,产生了激励性规制理论。

激励性规制理论考虑了规制过程中的信息不对称情形,将政府的规制纳入委托—代理理论的框架下进行分析,由此,规制经济学的研究重心从政府为什么规制向如何进行规制转化。从目前的研究来看,激励性规

---

[1] 曹国安、田旭:《政府管制的历史研究述评》,载《经济学动态》2006年第1期。
[2] Gibson H. & E. Tsakalotos, "The Scope and Limits of Liberalization in Developing Countries: a Critical Survey", *Journal of Developing Studies*, Vol. 30, 1994, pp. 578—628.
[3] 〔美〕查尔斯·林德布洛姆:《政治与市场:世界的政治—经济制度》,王逸舟译,上海三联书店1996年版。
[4] 〔美〕约瑟夫·E.斯蒂格利茨等著,〔荷〕阿诺德·赫特杰主编:《政府为什么干预经济——政府在市场经济中的角色》,郑秉文译,中国物资出版社1998年版,第79页。

制理论还处于蓬勃发展之中,其主要理论贡献在于:首先,承认"信息的对称性对规制结果的影响很大,信息能否被操纵以服务于特定利益集团的利益,是规制俘获是否发生的关键性因素"[1],关注规制双方的信息优劣势,倡导在规制过程中引入对被规制企业的激励,降低信息不对称而产生的逆向选择和道德风险问题,提高规制效果;其次,引入政治学的规制体系非整体观(Disaggregated View),打开规制供给方这个"黑箱"(Black Box),将其分解成国会和规制机构两层,认为既存在规制机构与受规制企业的委托—代理关系,也存在作为政治委托人的国会与规制机构之间的委托—代理关系,承认规制者可能被受规制企业或者其他利益集团所俘获而与之合谋,从而形成三层科层(Three-tier Hierarchy)的委托代理结构,在更复杂的框架下讨论规制激励机制的设计。

激励性规制理论引入信息不对称假设,不仅克服了传统规制理论的局限,使规制经济学纳入到西方主流经济学之中,而且,其基于细分规制提供方而设计的激励性规制方案,因更贴近现实而可以直接运用于实践,某种程度上化解了传统规制经济学的发展危机并提高了理论的实践应用几率。但处于发展中的激励性规制理论,如果要使影响更为深远,显然还需要在以下几个方面做更进一步的研究:一是,尽管规制供给方已被多层化,但作为被规制的相对方仍然是单一的整体,打开这个"黑箱"探讨其如何形成寻求规制的行动很有必要。二是,目前的理论只对规制供给者进行简单的二级分层,但实践中可能存在更多的层级划分或影响因子,并且每一层级可能同时充当多种角色,只有对这种更复杂的委托代理关系进行分析,才能进一步提升理论的应用价值。三是,委托—代理理论有着自身适用的条件,例如由委托人承担代理人行为后果和代理人有权选择是否接受委托,但在规制情况下,却是受规制企业被强制接受规制并自己承担规制后果,显然,需要修正一般的委托—代理分析方法而不能全然借用。四是,目前激励性规制模型都假设规制供给方是处于信息劣势的一方,但实践中规制方往往比受规制方掌握更多的信息却是一个不争的事实,如何解释委托人信息优于代理人信息的这个问题,应该是激励性规制理论未来的一个研究方向。

(四)规制框架下的竞争理论

当上述理论在关注政府为什么规制和如何进行规制问题上大做文章

---

[1] 杜传忠:《政府规制俘获理论的最新发展》,载《经济学动态》2005年第11期。

时,同时期兴起的规制框架下的竞争理论,则另辟蹊径,遵循"检验规制政策的效果,并试图回答政府的干预是否有效"的研究主题,提出在原来受规制领域引入各种形式的市场竞争替代规制的主张。作为与公共利益规制理论相对立的规制替代理论,这一理论某种程度上为20世纪70、80年代以来西方发达国家的放松管制运动做了理论上的适当准备,并在晚近以来一直保持理论的发展,成为规制经济学中一个相对活跃的领域。

规制框架下的竞争理论主张者在经由实证检验证明规制无效率的基础上,提出以市场竞争替代规制的主张。其所提供的市场替代方式多种多样,例如,主张在特许经营权授予上让多家企业同时进行事前竞争而降低价格的特许经营权竞标理论,主张建立一个进入和退出自由而无成本的市场,通过创造潜在的竞争者优化配置经济资源的可竞争市场理论。除了这些适用于市场的间接竞争措施之外,该理论还进一步提出了让原来的被规制企业直接进行竞争而替代规制的措施,例如,引入"影子企业"(shadow firm)作为衡量标准,促使被规制企业以之参照进行竞争的标尺竞争理论;直接允许被规制企业之间进行竞争的直接竞争理论等。

无疑,规制框架下的竞争理论从另一个视角强调了市场的重要性,其关于竞争方式的研究提供了如何实现社会福利最大化的有益途径,但这种从实证研究中受益,在理论上相对完美的理论也同样遭到实践的挑战——不能仅以市场竞争完全取代规制。从西方发达国家在放松管制之后又加强监管的趋势来看,有效的市场竞争应在保持一定的规制之下进行,过度的市场准入自由可能导致浪费经济资源的恶果;而新兴市场国家在未建立相应的规制框架下过早地放松管制,带来的是20世纪90年代席卷许多国家的金融危机教训。因此,从总体上看,在许多领域,尤其是像金融这样关系经济安全和国民经济发展的重要领域,并不能一味地强调市场对规制的替代作用,竞争很大程度上应在适度的规制框架下进行,否则将可能造成过度竞争或因不良竞争而致经济效益受损。

(五)公共选择理论的一点补充

如上所述,公共选择理论可以视作规制经济理论的上位理论,既存在与后者对同一问题的类似研究,又在分析视角上不仅仅局限于政府与市场的关系,而是将规制作为一种公共物品,在不同的主体之间进行分配。与规制经济理论强调通过放松管制和对被规制企业引入激励以解决政府规制失灵问题不同,公共选择理论更多地关注政府本身的改革问题。这其中包括:一方面通过宪政改革,建立一套政府行使权力的宪政规则,以便有效约束政府权力和制约政府活动的无效率扩张,这构成了宪政经济学的主要思路;另一方面将市场竞争方法引入政府规制这一公共领域,包括打破公共物品的供给垄断,由多个机构进行竞争性供给或将其交给非政府机构提供;约束政府的经费来源和使用并建立相应的激励机制,使其树立适当的规制成本与效益观念,避免权力无限扩张和权力滥用下的资源浪费。

英国福利经济学家格拉夫曾指出"检验实证经济学中的一种正常途径是检验它的结论,而检验一种福利命题的正常途径是检验它的假设"。[1]总结而言,尽管上述规制经济学和公共选择理论中的规范和实证学派都未必完美,但这些理论将经济学方法论引入规制这个公共决策领域,在将政府作为经济个体进行行为考察的基础上促进传统经济学和政治学的整合,开拓了政府干预市场行为研究的新视野并丰富了相应的干预思路与方式。

二、作为监管效用基础的证券监管独立性

(一)证券监管有效性与监管治理的决定性作用

当监管从"必要性"转到"有效性"时,证券监管就不仅仅只是一种需要,而是必须在更高层面满足市场对监管的要求,创造更多的经济和社会效益。一种值得注意的历史现象是,监管者可能对金融危机的发生难辞其咎,却往往在处置危机的管理过程和后续的监管改革中扩张了职权,提升了地位,然而当下一次危机来临时,监管者仍然失之应对策略,金融危机照旧无可逃遁。这种监管者不断扩权与防治危机功能屡屡失效的悖论周而复始,屡见不鲜。问题的根源在于,人们为应对危急情况而采取的种种改革措施,往往隐含着归罪于市场而监管者鞭长莫及的假设,因而妄图通过强化监管者的武装解决未来的危机问题。这种治标之策的导向,将问题放在市场本身而非掌管大权的监管者本身,因而无法从根本上解决基于监管带来的制度性缺陷。事实上,"如果监管机构在其自身运作中不能实行良好治理原则的话,就会失去向被监管机构宣传良好公司治理所需要的信誉和道德威信,还会导致道德风险问题,助长市场中不良做法,

---

[1] 转引自厉以宁、吴易风、李懿:《西方福利经济学述评》,商务印书馆1984年版,第17页。

最终加剧金融体系的危机"[1]，这才是问题的关键。

"监管的历史就是国家—经济关系和制度变化的历史"，"经济、政治和知识的力量结合在一起塑造了主要的监管提议"。[2]将目光收回到监管者身上，系统解决监管制度性缺陷的金融监管治理理念及其相应的改革举措应运而生，"在治理范围上，证券监管者排在所有金融部门监管者的首位"[3]，对证券领域监管者的内省式综合治理，成为其输出有效监管的根本保障。

（二）有效证券监管需要独立性的理论解释

就证券监管治理而言，独立性是其中最为基础和核心的问题。"金融监管机构的有效性是一个世界性的话题。有效性取决于本文所论述的独立性和问责制两方面因素"。[4]换言之，良好的独立性是证券监管治理不可或缺，并起决定性作用的因素，也因此成为保障监管效用的基础。

所谓证券监管独立性，是指将证券监管的功能赋予特定的监管机构（部门）行使，任何人不得强迫或干预其违背证券监管目标行事。"通过授予监管机构以公正的独立性，以防止来自政治和被监管机构双方的影响，可以实现最佳的监管治理，这是在世界范围内日益增长的共识。"[5]至少有以下两种理论，可以用来解释为确保监管有效而需要证券监管具备独立性的原因。

1. "时间非一致性"（time inconsistency）理论

第一种解释是运用"时间非一致性"理论，从证券监管的技术运作层面进行的分析。如果一项政策在制定初期符合最优原则，但在政策实施过程中即使没有出现新的情况，这项政策也已不是最优，因此需要进行政策调整，随之带来对政策的信任问题，这就是在制定政策时通常会遇到的

---

[1] Udaibir S. Das and Marc Quintyn, "Crisis Prevention and Crisis Management: The Role of Regulatory Governance", IMF Working Paper, WP/01/163, September 2002, p. 5.

[2] 〔美〕马克·艾伦·艾斯纳:《规制政治的转轨》（第二版），尹灿译，钱俞均校，中国人民大学出版社2015年版，第253、254页。

[3] 〔美〕罗伯特·E.利坦、迈克尔·波默里诺、V.桑德拉拉加编:《金融部门的治理——公共部门和私营部门的作用》，陆符玲译，中国金融出版社2006年版，第10页。

[4] Jeffrey Carmichael:《公共部门的治理与金融监管》，载〔美〕罗伯特·E.利坦、迈克尔·波默里诺、V.桑德拉拉加编:《金融部门的治理——公共部门和私营部门的作用》，陆符玲译，中国金融出版社2006年版，第134页。

[5] Udaibir S. Das and Marc Quintyn, "Crisis Prevention and Crisis Management: The Role of Regulatory Governance", IMF Working Paper, WP/01/163, September 2002, pp. 8—9.

"时间非一致性"问题。

"时间非一致性"理论最早于 1977 年由挪威经济学家芬恩·基德兰德(Finn Kydland)和美国经济学家爱德华·普雷斯科特(Edward Prescott)联合提出,二者凭借这一理论获得了 2004 年诺贝尔经济学奖。他们认为,由于政策在时间上的不一致性(动态不一致性)造成政府政策目标无法实现,也即由于政策缺乏可信性而导致政策实施的实际效果未能达到最初的政策目标,从而无法实现资源的最优配置。因此,如果能够通过某种制度安排来强化政府政策的可信性,那么就可以实现一定的帕累托改进,解决问题。理论研究通常认为,事前的制度安排主要有:(1)强化政策制定者的行动准则,使其无法或没有动力去制定相机抉择的经济政策;(2)加强政策制定者的独立性;(3)建立良好的声誉;(4)委托其他个体来制定政策。[1]

自该理论创设并经后人研究,将之扩散到货币政策领域以来,"'时间非一致性'理论已经成为当前支持中央银行独立性观点中最重要的一种理论"。[2] 证券监管与中央银行的监管同属于大金融监管体系中的有机组成部分,证券监管者同样需要制定政策规范市场发展,其所出台的各项监管举措对证券市场有着显著的影响。如果允许证券监管动辄受到肩负政治目标/责任的政府的干预或影响,势必影响市场对监管政策的信任度,引发证券市场的非正常波动。也因此,为维护证券市场的稳健运行,需要采用克服监管政策"时间一致性"问题的对策,其中已被中央银行证明行之有效的是"加强政策制定者的独立性",相对应的即增强证券监管者的独立性。当然,其他事前安排也并非毫无用武之地,事实上这些对策正被综合运用来缓解政策制定的"时间一致性"问题,以便提高监管的有效性,例如强调决策过程的透明度和程序化、增强公众对决策过程的参与、建立对监管者的绩效考核和问责机制,以及将部分监管权限授予行业自律组织行使,等等。后文将对这些举措做进一步的分析。

2. 政治商业周期(political business cycles)理论

第二种解释是运用"政治商业周期"理论,从证券监管的政治运作层

---

[1] 参见:何德旭、王朝阳、应寅锋:《时间一致性问题和真实经济周期》,载《南方周末》2004 年 10 月 21 日,资料来源:http://www.southcn.com/weekend/economic/200410210100.htm,最后访问时间 2015 年 6 月 10 日。
[2] 吴昊:《中央银行独立性研究——发达国家的经验与中国的改革设想》,中国社会科学出版社 2003 年版,第 133 页。

面进行的分析。所谓政治商业周期,是指由政治过程引发的周期性经济波动,主流的理论最早由诺德豪斯(W. D. Nordhaus)于 1975 年进行了开创性的研究,随后又有多位知名经济学家跟进,形成了较为完整的理论体系。[1]这一理论以公共选择为基础,讨论了政府、政治对经济周期的影响,不同于传统的从私人活动角度分析经济周期性波动的原因。目前在西方国家,这一理论主要包括两个重要的分支,一个是机会主义模型,一个是党派模型。前者侧重分析多党制下不同政党为谋求连任,争取最大数量选票的策略性政策选择,会引发宏观经济的周期性波动,强调了选举和支持率的作用,但忽略政党的意识形态/政治目标的影响;后者侧重分析政党各有不同的意识形态(是不同选民的政治代理人)且首要任务是坚持信仰,需要通过执政活动予以发扬,也即政府的首要目标是实现执政党的意识形态,为获得满意的选票(争取中位数选民而非最大数量的选票)以顺利当选而采取的策略性政策选择,也会引发宏观经济的周期性波动,强调了政府、政治目标的作用。

政治商业周期理论揭示了政党为在选举中获胜或谋求连任而在决定政策方面都存在着短视的倾向,为此应将制定某一领域政策的权限交由独立于政治且更有长远视野的机构行使,以免经济受此影响发生周期性波动。运用于证券领域,则为了保持证券市场的稳定发展,应由相对独立于政治、不受政党更替或者意识形态影响的机构来制定监管政策。

当然,一些学者注意到了,这一缘起于西方国家的理论,主要是基于其多党政治并通过民主政治过程的约束形成相关政策的现实状况,而对于那些实行一党制,也不存在类似西方的选举制度的国家,应结合本国国情借鉴"政治—商业周期"理论的分析思路,避免盲目套用西式模型。[2]换言之,以我国为例,我国实施的是中国共产党领导下的一党执政、多党参政的政治体制,政治体制与经济体制在大部分时间是合二为一的。在从计划经济向市场经济转型的过程中,政府主导了市场和经济的发展。应讨论的问题是,政府对发展市场的经济推动,与经济增长自然规律之间如何协调的问题,也即为避免"人造市场"过度背离价值规律而带来经济

---

[1] 参见文建东:《政治经济周期理论的研究进展》,载《经济学动态》1998 年第 10 期;刘蕾、汪雁:《西方政治经济周期理论的演进及新进展》,载《经济理论与经济管理》2011 年第 10 期。
[2] 参见王成兰、郭春甫:《中西"政治—经济周期"理论发展历程与比较分析》,载《世界经济与政治论坛》2006 年第 1 期。

波动,损害发展目标,应该在多大程度上以及如何将关系市场发展的监管政策授权给相对独立于政治的机构行使。后文将在第五章做进一步的分析。

(三) 证券监管具备独立性与否的利弊分析

1. 证券监管具备独立性的比较优势

从美国最早在1929—1933年经济危机之后建立对证券市场的统一监管及至今天,世界范围内主要资本市场所在国家/地区普遍建立了对证券业的行政监管,其发展史屈指一算已有八十多年。作为公权力介入经济生活、干预市场的一种方式,证券监管体现了以政府为主要代表的公权力干预的一般性特征,是政府经济性规制的重要表现形式之一,同时证券监管也兼顾证券市场作为不同于实体经济的虚拟经济以及在现代社会中证券市场日益占据重要地位的情况,呈现出与政府其他经济性规制不同的特色。

过去半个多世纪以来,证券监管作为公权力干预在证券领域的延伸,其必要性和正当性获得了社会的普遍认同。尽管取得了早期的成功,但其源自政府干预血脉而烙上的官僚主义色彩,在长期的监管文化沉淀中却越来越彰显其与市场现代化的格格不入。"很长一段时期中,官僚主义的模式的确起过作用,而这不是因为它办事有效率,而是因为它解决了人们希望解决的基本问题。"[1]如果回想世界范围内一些国家设立证券监管的背景和过程,就可以更好地理解在很长一段时间之内,政府代表公权力对证券市场进行监管能够获得广泛支持而未遭受效用攻击的现象。

从最早设立集中统一证券监管的美国来看。这套联邦层面上的监管体制是为应对1929—1933年经济危机中证券市场的崩溃而建立的。此前由各州独立进行监管而在联邦层面采取自由放任态的做法,导致人们在经济危机中遭受了巨额损失,人们对危机过度反应的结果是放弃前期的"夜警"政府而任由政府动用干预之手,由上而下指挥控制完成紧急情况下诸多事情的处理,也因此危机的爆发往往成为政府加强监管的动因,情况的危急不但常常盖过对政府监管是否促成危机的思考及追责的动力,而且还使政府在危机的处置中获得赞许并由此增强了监管权力,痼疾未除又添新病,不断累积政府监管的问题和延误改革时机,最终在更短周

---

[1] 〔美〕戴维·奥斯本、特德·盖布勒:《改革政府:企业家精神如何改革着公共部门》,周敦仁等译,上海译文出版社2006年版,第12页。

期和更严酷的金融危机灾难下导致关于政府监管有效性问题的总爆发。

而从效仿发达国家逐步建立监管体制的新兴国家来看,这类国家在进行市场化改革之前,实行的是政府对经济高度集中的管制和对经济资源的指令性调配,在历史形成的政府力图控制一切的努力中,市场更习惯于按照政府指令行事,即使是建立了相应的监管组织和运作机制,其本质还是政府命令和官僚体制的。当然,"官僚主义制度利用其层次系统的权威和功能的专门化,使大规模的复杂任务得以有效地完成",但与此同时"官僚主义的政府由于不衡量效果,也就很少取得效果"[1],在这些国家早期发展资本市场而需要政府扶持和培育的阶段,政府干预的正当性不言而喻,而从计划手段向监管手段的转化已被视为很大的进步,市场发展的路径依赖和人们思维的渐进性,更容易在较长时间里支持政府的监管而不是声讨政府监管的效率。

然而,无论是发达资本主义国家还是新兴国家的政府对证券市场的监管,从历史长河来看,都是在工业时代发展起具有官僚主义色彩的体制结构。当环境发生新变化后,不管这种体制曾经发挥或者起过什么重大作用,当它面向未来一个全新的环境时,这套体制是越来越让我们失望了。就像桑斯坦教授所指出的,政府规制失灵和规制国悖论已在大范围内普遍存在,解决这些问题不是简单地放弃政府规制,回归自由放任,相反应该是对政府规制进行改革,从规制本身寻找原因[2];而另一位规制名家布雷耶则更早地在其巨著《规制及其改革》一书中总结了晚近以来人们对规制的批评,"一些批评者强调规制的巨大成本。……第二,同时也是更重要的是,批评者指责说这些巨额的花费并没有带来多大的收益。……第三,批评者也抱怨规制程序不公平并且可操作性不强。……第四,有人批评规制过程在根本上是不民主并且缺乏正当性。……最后,有人说规制过程的效果是不可预见的,甚至是随意的。规制的过程可能被一个竞争者用来损害另一个竞争者"[3],从而提出了改革政府规制,使

---

[1] 〔美〕戴维·奥斯本、特德·盖布勒:《改革政府:企业家精神如何改革着公共部门》,周敦仁等译,上海译文出版社 2006 年版,第 10 页、第 97 页。
[2] 〔美〕凯斯·R.桑斯坦:《权利革命之后:重塑规制国》,钟瑞华译,中国人民大学出版社 2008 年版,第 6—7 页。
[3] 〔美〕史蒂芬·布雷耶:《规制及其改革》,李洪雷、宋华琳、苏苗罕、钟瑞华译,北京大学出版社 2008 年版。

之可以遵循既定的监管进路[1],实现监管工具与监管问题相匹配,从而提高监管效用的观点。

相比过去证券监管萌发的时代,当代证券市场已发生翻天覆地的变化。从有形的证券交易物理场所到无形的、借助电子化、可以二十四小时运转并连通全球资本市场的虚拟交易所;从纸质的、必须依靠人工进行后台登记的证券,到采用电子化,不再具有纸质载体,可以通过中央登记结算系统进行托管、登记和结算的无纸化证券及种类繁多的金融衍生品;从穿着红马甲,依靠个人充当的证券经纪商的手势报价进行证券买卖的交易模式,到可以身处世界各地,借助电话、网络终端通过光缆直接下单买卖的现代化交易模式。证券市场近半个世纪以来借助现代高科技和信息革命发生的巨大变化,使人们在获得更充分的信息和更便捷的证券交易条件的同时,也面临更多的金融风险,多种风险因同时积聚而发生系统性风险,演化成全球性金融危机的可能性大为升高。上述客观环境和人们参与资本市场状况的变化需要证券监管及时作出应对,在证券发行、交易和结算的过程中同时辅以投资者保护和市场公平秩序的维护,对金融风险能够进行早期预警和事前防范,而不是事后救助,在危机处理过程中能够共享信息,及时采取必要的措施,以较少的社会代价制约危机的蔓延,维护金融稳定和经济安全。这种基于环境变化和经济发展而萌发的内在需求,不仅仅是要求有一个合法化、正当化的证券监管,更重要的是需要一个具有监管效率,讲究监管效用的监管体制。

监管模式对监管效率有重要影响,但只是决定监管质量的第二层次的因素。有效监管的根本前提是明确的目标、保证监管独立性和可靠性、保证监管机构拥有充分的资源和有效的执法权力。[2]如果监管目标要得到有效实现,就需要一种不受政治和行政干预、不受被监管企业和其他利益集团影响的独立性。[3]监管独立性作为医治官僚主义之下的证券监管体制拖沓、繁冗、缺乏效率顽疾的灵丹妙药,应得到充分重视并被视为监管有效性的必要条件和基础。有学者经过对包括美国、英国、法国、德国、澳大利亚、日本等发达资本主义国家和韩国、新加坡、印度、巴西、南非、中

---

[1] 即"决定监管目标→检查实现目标的可选择方法→选择最好的监管方法"。
[2] 尚福林主编:《证券市场监管体制比较研究》,中国金融出版社 2006 年版,绪论,第 3 页。
[3] 经济合作与发展组织编:《OECD 国家的监管政策:从干预主义到监管治理》,陈伟译,法律出版社 2006 年版,第 4 页。

国香港等新兴市场国家/地区在内的43个国家/地区相关数据的分析,得出了如下的结论:"金融监管独立性程度对金融体系的稳定性有着统计上显著的正向影响,即一个国家/地区的金融监管独立性程度越高,那么该国/地区金融体系的稳定性相应也越高";"无论以'管理成本'为考察对象,还是以'银行净利差'为考察对象,金融监管独立性程度均对金融体系的效率性有着统计上显著的正向影响,即一个国家/地区的金融监管独立性程度越高,那么该国/地区金融体系的效率性相应的也越高"。[1]

相比传统的带有官僚主义色彩的监管体制,强调独立性的证券监管,至少在以下几个方面具有显著的比较优势,从而可以确保监管效用的实现:

其一,监管独立性使得监管目标更为明确具体,系统设计和实施以特定公共利益为目标的监管政策和任务能够得到合理、稳定的安排和持续的承继。这一方面给予资本市场上所有的参与者可信的承诺,确保符合资本市场自身利益的目标诉求不受政治家们短期竞选目标和政治任期的影响,摆脱政治因素或个人好恶的左右,实现"行政"与"政治"的适度分离,确保证券监管带给资本市场参与者最大福利;另一方面,有助于维持资本市场发展所需的稳定的政策环境,避免因为突发的政治因素或者其他社会领域的重大事件影响或扭曲资本市场的发展规范,确保资本市场可以遵循内在发展规律契合本国国情地得到有效发展,而不是处于金融压抑或者金融大跃进的非正常状态,最终以牺牲社会财富或效率的方式解决问题。

其二,监管独立性使得监管可以摆脱政治家或者受监管行业/企业的捕获,避免成为利益集团实现其目标的工具。证券监管通过独立性保持其中立地位,可以更好地服务于法律规定的监管目标,可以通过其公正、正直的执法形象,博取公众对参与资本市场活动的信心,可以提升一国资本市场相较其他国家/地区市场的竞争力,获得更多宝贵的市场资金的流入和更活跃的市场交易量,从而提升整个资本市场运作的效率,为社会带来更大福利。

其三,监管独立性使得监管以一种专业化与权威性的方式呈现和运作,用有效率的讲求实际的方式来管理传统的行政机构,通过赋予监管机构以企业家精神重塑监管机构本身的精神气质和威望,推进监管效用的

---

[1] 参见马勇:《监管独立性、金融稳定性与金融效率》,载《国际金融研究》2010年第11期。

实现。这种不同于固定僵化的官僚管理体系的新组织及其运作机制,既能以其相对优厚的薪水、富有荣誉感的工作职责和良好的管理体系吸引有志于公共事务服务的优秀人才加盟并留住人才,又能借鉴企业发展过程中行之有效的管理经验、方法和手段运用于监管事务,使监管趋于专业化和人性化,在体现监管灵活性的同时提升监管效率。

其四,监管独立性同时配置的问责性制度安排,可以约束监管者在更好的责任范围内履行法定职责,基于资本市场公共利益行事,更重要的是在现代面对高速发展的资本市场而显得捉襟见肘的有限监管资源背景下,使监管者基于"成本—效益"的评估采取必要的监管措施,虑及绩效而展开监管,而不是浪费公共资源,不计成本地进行监管,甚至助纣为虐,带来不必要的监管及过度管制。被界定为产出与成本之比的效率,要求成本和生产即使不是管理的唯一目标也是管理的首要目标,这种挑战在于,要把工作组织和构造得便于使成本最小化并且使产出最大化。[1]至少,辅以问责制的管理系统能够恰当地控制和解释资金的使用情况,在合理控制监管成本的同时也能激发监管者的积极性而使其监管能力得到最大程度的发挥。

最后,监管独立性晚近以来所要求的监管过程公开透明及公众参与,可以通过打开监管"黑箱"增强受监管对象及其他资本市场参与者对监管过程的监督和信任,提升其日后遵循监管决定和服从监管的程度;与此同时,就像罗伊·亚当斯所指出的,"仅有效率是不够的",要使组织中的人们具有"一种体面并且有尊严的生活方式,就需要一些参与的方法";爱德华·劳勒也指出:"参与之所以可以增强动机,是因为它可以使人们认识所期待的东西并且可以帮助人们理解绩效与结果之间的关系。"[2]通过公众参与的金融监管实现了监管者与被监管者之间利益的协同,使得证券市场可以在和谐、合作的氛围下获得可持续的发展,大大减少摩擦与矛盾冲突,以及由此损失的监管成本和社会福祉。

在国际货币基金组织看来,监管独立是影响监管有效性最主要的因素之一[3];而不少基于实践的理论研究也表明:独立的证券监管机构及

---

[1] [美]珍妮特·V.登哈特、罗伯特·B.登哈特:《新公共服务:服务,而不是掌舵》,丁煌译,中国人民大学出版社2004年版,第157页。
[2] 转引自同上书,第161页。
[3] Steven Seelig and Alicia Novoa, "Governance Practices at Financial Regulatory and Supervisory Agencies", IMF Working Paper, WP/09/135, July 2009, p.10.

其监管，更利于吸引专业人士参与技术性很强的证券执法，保持连续性。况且投资者背景复杂，一旦将证券活动与政党竞选等政治相挂钩，势必引发市场频繁波动，不利于保护中小投资者利益和维护金融稳定，也不利于执法机构秉持中立，严格执法。[1]总之，相比传统的基于官僚体制而建立的证券监管，奠基在独立性基础上的证券监管具有监管技术优势、政治优势和管理优势，这种基于独立性所具有的权威性、专业化、一致性和连续性，是确保证券监管效用的必要条件，也应当被作为证券监管发挥效用的前提。

2. 证券监管缺失独立性的危机教训

回顾过去一个世纪以来的资本市场的发展，金融危机时有发生并因此造成的巨大的经济和社会福利损失。深究这些危机发生的根源，固然与经济发展周期和经济结构自身的缺陷有着密切的关系，但监管因失效而导致未能在事前防范危机，在危机发生之前有效地进行预警，以及在危机发生之后及时地采取救援措施，已被认为是危机发生、发展乃至危害进一步扩大不可否认的帮凶。这其中，金融监管缺失独立性正是导致监管失效的主因。在晚近以来影响最大的两场金融危机中，一场是主要发生于新兴发展中国家的1997年亚洲金融危机，一场是主要发生于发达资本主义国家的2007年美国次贷危机引起的世界性的金融危机，进一步得到了验证。

从20世纪90年代中后期在各大洲发展中国家发生的系统性危机来看，"监管过程中的政治干预、监管不严和监管体制的不完善都被认为是加剧系统性危机的深度和广度的重要因素"[2]，监管当局缺乏对抗或者隔离政治影响的独立性难辞其咎。薄弱而无效的监管规则——通常是由于政治家们阻挠采取更强有力的监管规则——（造成）薄弱而分散的监管，以及政治力量对监管过程的干预，从而导致监管宽容，已经被引述为导致在危机的酝酿过程中银行的削弱、对危机严重性认识的滞后，以及延

---

[1] Aulana L. Peters, "Independent Agencies: Government's Scourge or Salvation", *Duke Law Journal*, April, 1988, pp. 291—92.

[2] Udaibir S. Das and Marc Quintyn, "Crisis Prevention and Crisis Management: The Role of Regulatory Governance", IMF Working Paper, WP/01/163, September 2002, p. 5.

误官方及时采取相应有效干预措施的主要因素。[1]例如,在1997年危机发生之前,韩国的专业银行和非银行金融机构受到经济金融部门的直接监管,这一监管通常被认为很是薄弱,且为监管套利及过度承担风险创造了条件,特别是在商业银行的信托业务和商人银行业务中更是如此,而这正是导致1997年危机的推动因素。而且,监管者有权力取消资本金要求,这就导致广泛的监管宽容并使规则的实施更为不透明,最终诱发了危机。再如印度尼西亚,在哈比担任印尼总统期间,金融部门行动委员会(Financial Sector Action Committee,简称FSAC)由一些经济部门的部长组成并由协调部长担任主席,对印尼银行重组局(Indonesia Bank Restructuring Agency,简称IBRA)的活动进行了诸多干扰及干预,其中就包括阻止银行的再融资计划向被认为是"中国人的"银行倾斜,从而损害银行重组的可信度,特别是损害了公平待遇要求,因此延误了救助银行的时机而扩大了金融危机的后果。

而从21世纪的第一场金融危机,即缘起于美国2007年的次贷危机并迅速向主要资本市场所在国蔓延,最后演化成百年一遇的2008年全球金融危机、经济危机来看,在其中也渗透着政治干预和被监管行业捕获的金融监管者,而使金融监管丧失独立性,造成金融危机的身影。就像美国的金融危机调查委员会(FCIM)在《美国金融和经济危机原因》调查报告中明确指出的,引发2008年金融危机的主因是金融监管失效,如果监管得当,这场人为的危机本可以避免。[2]

回看2007年次贷危机之前的美国监管环境。为贯彻落实政府推行的"居者有其屋"的社会福利政策,从放贷机构到资本市场融资,包括SEC及相关的信贷机构监管者都大开方便之门,借助资产证券化技术将向不合格的借款人发放的次级贷款证券化成复杂的金融产品销售给资本市场上的投资者,埋下了风险隐患。为增强美国资本市场的竞争力,提高大型投资银行参与国际竞争的实力并维护其高额的金融利润,SEC对符合条件的大型投资银行,即始终保持临时净资本不低于50亿美元和净资本不低于5亿美元,有着强大的内部风险管理要求的投资银行,其中包括深陷

---

[1] See Marc Quintyn and Michael W. Taylor, "Regulatory and Supervisory Independence and Financial Stability", IMF Working Paper, WP/02/46, March 2002. 以下有关韩国和印尼在1997年东南亚金融危机中因监管缺乏独立性而失败的案例也来自此文。

[2] "The Financial Crisis Inquiry Commission", Final Report on the Causes of the Financial and Economic Crisis in the United States, January 2011, p. xvii.

次贷危机而最终覆灭的华尔街五大投行,豁免适用长期以来实行的静态意义上的净资本要求[1],允许其采用内部数学建模方法,包括风险价值模型(value-at-risk models)和情景分析法(scenario analysis)评估业务风险并计提相应的风险资本,条件是这类大型投资银行自愿接受SEC对其控股公司的监管。实践中,"承担此项监管任务的审慎监管与风险分析办公室只有13名职员;对每个庞大的合并监管对象,只有3位职员组成的小组负责监管;监管计划直至2005年才出台,具体监管工作缺乏领导,人员职责不清;而且,对已发现的问题麻痹大意"[2],SEC实际上并未尽到应有的监管职责。在次贷证券化中,华尔街五大投资银行纷纷成为这项规则的受益者,不仅可以利用其内部数理模型动态估算并计提最经济的资本,而且利用因此节约的资本把公司的负债杠杆倍率从原来的不得高于15倍放大到平均25倍以上,在放大金融风险的同时,也因其本身作为系统重要性金融机构的地位使日后的风险瞬间演化成系统性风险。在危机发生之后,面对雷曼兄弟公司的困境,SEC作为监管者,因其本身缺乏有效的救助资金,以及因为金融业界人员之间的恩怨纠纷,导致未能在早期采取必要和及时的金融救助措施,错过了在最有利时间防范金融风险进一步扩大的时机,最终不仅使雷曼兄弟这存续一百多年的投资银行走向了寻求破产保护的不归路,而且也引发了之后一系列的后果,使金融风险像发生"多米诺骨牌"效应一样迅速蔓延,最终爆发了次贷危机。

第三节 域外市场的证券监管治理及其独立性实践

一、证券监管治理及其独立性的国别(地区)实践

(一)国别(地区)选择及其考察要点

从世界范围来看,主要成熟证券市场所在国家,例如美国、英国、德国、日本及澳大利亚等国都较早地建立了证券监管制度,而一些新兴证券

---

[1] 在传统的净资本规则下,投资银行被要求始终维持不低于25万美元的净资本,并且其总负债不得超过净资本的15倍。See: SEC, Rule15c3-1, Net Capital Requirements for Brokers or Dealers. SEC的这项可选择性净资本规则于2004年6月开始实施,但因存在诸如次贷危机中的问题而于2008年9月26日被宣布取消。
[2] 张子学:《美国证监会监管失败的教训与启示》,载张育军、徐明主编:《证券法苑》(2009)第1卷,法律出版社2009年版,第116页。

市场[1]所在国和地区,尤其是亚洲的一些国家和地区,在从计划经济向市场经济转变的过程中,也效仿发达国家的做法,改变之前直接由传统政府行政机构/部门干预市场的做法,建立了相应的行使证券市场监管权的职能部门/机构。注意到,20 世纪 80、90 年代以来,始于美国 30 年代的金融业分业经营限制因经济发展和社会进步的需要不断地受到冲击,终于在 20 世纪末得到彻底废除,成熟证券市场所在国家和新兴市场经济体国家也纷纷废除了分业经营的限制,实行混业经营,与这种金融改革实践相适应,在金融监管机制上也作出了相应的调整,形成了以英国为代表的集中统一的金融监管机构(单一监管体制)和以美国为代表整合分部门监管机构而形成的功能监管构架。与此同时,随着多层次资本市场的发展,金融产品日益多元化和复杂化,金融风险随之复杂多变,投资者权益因市场违法违规行为受到的影响越来越大,特别是 2008 年金融危机中投资者因遭受重创而信心大为受损,更激发了普遍的投资者保护监管需求;与此同时,监管者也意识到,需要大力加强对投资者的事前风险防范教育,才能使之提升自我保护能力,令投资者保护工作起到事半功倍的效果。为此,许多国家在强化对资本市场必要监管的同时纷纷加强对金融消费者(包括证券投资者、银行客户、保险人等)的法律保护和教育工作,设立专司金融消费者保护的部门或机构亦成为晚近以来金融监管领域的一大特色。

　　基于本书研究的需要并限于篇幅,下文简要介绍一些国家和地区的证券监管实践情况[2],选择这些对象时主要考虑如下几项因素:(1)证券市场的发达程度,涵盖了成熟证券市场和新兴证券市场两大类型,并根据深圳证券交易所选取的国家/地区类别[3]挑选了两类市场中的典型代表,主要成熟市场所在国家选取了美国、英国、澳大利亚和日本;主要新兴

---

[1] 新兴市场(Emerging Markets)是相对于成熟市场(Developed Markets)的一个概念。一般而言,如果一个国家或地区的人均国民生产总值(GNP)没有达到世界银行划定的高收入国家水平(2015 年的标准是人均国民总收入 GNI 水平在 12736 美元以上),那么这个国家或地区的证券市场就是新兴市场。

[2] 相关金融监管情况的介绍主要参考了张荔:《发达国家金融监管比较研究》,中国金融出版社 2003 年版;尚福林主编《证券市场监管体制比较研究》,中国金融出版社 2006 年版;台湾证券交易所:《世界主要证券市场相关制度》,2014、2015 年研究报告;以及相关国家/地区的监管部门/机构的官方网站资料。

[3] 具体的国别/地区,参见深圳证券交易所主编的各期《证券市场导报》杂志所附的每月数据,其中包括"世界主要成熟证券市场数据"和"世界主要新兴证券市场数据"。

市场选取了韩国、我国台湾地区。(2)法系传统,主要考虑一国/地区属于英美法系或大陆法系,其法律制度对投资者保护方式、水平以及行政法理论可能存在不同,因而带来迥异的结构。例如,根据 LLSV 的研究,通常认为英美法系的法律制度更有利于保护投资者,因而发展出了更发达的资本市场;而如上所述,大陆法系国家存在公法人制度,证券监管机构的组建往往充分利用了这一行政主体形式,但美国则采用独立规制机构形式。英美法系国家主要选取了美国、英国和澳大利亚,大陆法系国家或受此传统影响的地区,主要选取了德国、日本、韩国和我国台湾地区。(3)政体及民主制度方式,主要基于是否存在公务分权,以及民主制度下对行政权的授予、行使和制衡等的影响可能不同的考虑。例如,实行总统制的国家,存在典型的立法、行政和司法三权分立,国会/议会虽然享有立法、监督政府和决定财政预算等权力,却没有组织政府的权力,总统只对选民负责;在议会内阁制下,虽也有非严格意义上的三权分立并存在权力制衡,但立法、行政二合一,政府(内阁)一般由议会中占多数席位的政党或政党联盟来组织,政府对议会负责,议会至上。实行总统制共和制的国家,选取了美国、韩国为代表;实行议会制君主立宪制的国家,选取了英国、澳大利亚、日本;实行议会制共和制的国家,选取了德国。综合上述因素,同时也考虑了监管传承与借鉴、地缘等因素,以下的国别/地区介绍,主要选取了美国、英国、德国、澳大利亚、日本、韩国和我国台湾地区。我国大陆地区所在的证券市场属于新兴市场,在法制传统上深受大陆法系国家的影响,在民主制度上我国实行的是人民代表大会制度,国家行政机关由人民代表大会产生,对它负责,受它监督,不同于西方的民主宪政制度。后文将在第五章对我国的证券监管机制进行分析,这里不再赘述。

对上述国家/地区证券监管治理的介绍,主要围绕着独立性与问责制进行。国际证监会组织制定的《证券监管的目标与原则》将监管者在行使其职权时应具有运作上的独立性和可问责性,作为与监管者有关的一项原则(第二条原则),可见独立性与可问责性对于确保监管者实施有效证券监管的重大意义。"监管机构的制度设计的一些关键问题决定了监管机构的独立性和问责制,这些关键问题包括:(1)监管机构的法定性质以及与政府和立法机构的关系;(2)监管机构管理委员会的组织结构;(3)董事会成员的任命和撤职机制;(4)对忠于职守的职员的法律保障;(5)对政府、立法机构和其他利益相关人等的问责制机制;(6)内部管理制度;处理上诉和争端的机制;(7)政府可以否决监管机构有关政策或执行的重大事项的条件。"[1]限于篇幅,且考虑到下文各章会有更具体的分析,这里仅就相关事项,以及与独立性有关的其他事项(例如对监管职权的再次分工)等进行简单介绍。2008年金融危机之后,如有涉及该国/地区的证券监管治理改革,一并予以介绍。

(二)各国和地区的制度设计与改革

1. 美国的制度设计与改革

美国负责监管证券市场的是证券交易委员会(SEC),其历史可回溯到20世纪30年代。1929—1933年美国经济危机过后,国会为重建证券市场并恢复投资者信心,改变了证券业依靠行业自律和在州层面实施监管的传统,在联邦层面建立证券监管体制,并根据《1934年证券交易法》设立SEC,由其负责监管证券市场。

目前,SEC主要负责监管公众公司、证券交易商及其从业人员、投资公司、投资顾问、证券自律组织(例如证券交易所、证券行业协会)、证券清算组织和其他一些组织[2]等,执行包括《1933年证券法》《1934年证券交易法》《1935年公用控股公司法》《1939年信托契约法》《1940年投资公司法》《1940年投资顾问法》《2002年萨班斯—奥克斯利法》《2010年多德—弗兰克华尔街改革与消费者保护法》《2012年工业初创企业推动法》(Jumpstart Our Business Startups Act,简称JOBS法)等十余件法律所构成的联邦证券法律体系,其执法目标是保护投资者,维护一个公平、有序而有效的证券市场,以便利资本的形成。

20世纪90年代以来,随着世界范围内金融自由化进程的加快,为保持美国资本市场的竞争力,国会通过《1999年金融服务现代化法》(the Financial Service Modernization Act of 1999,简称美国FSMA)取消了自1933年以来的金融业分业限制,实行混业经营。但与其他国家为应对混业经营而建立集中统一的监管机构不同,美国在《1999年金融服务现代化法》(美国FSMA)中提出了功能监管的操作框架,即在联邦层面仍按不

---

[1] Jeffrey Carmichael:《公共部门的治理与金融部门》,载〔美〕罗伯特·E.利坦、迈克尔·波默里诺、V.桑德拉拉加编:《金融部门的治理——公共部门和私营部门的作用》,陆符玲译,中国金融出版社2006年版,第130页。

[2] 例如,根据2006年的《信用评级机构改革法》,SEC获得了注册和监管评级机构的权力;根据2002年的《萨班斯—奥克斯法》,SEC获得了对新成立的负责制定会计准则标准的公众公司会计监督委员会(PCAOB)的监管权。

同金融行业设置监管机构,保留原有的银行业、证券业、保险业等的监管机构和体系不变,但需按照功能监管的要求——其遵循的原则是相似的功能应当受到相同的监管,而不管履行这种功能的是何种性质的机构[1]——进行监管分工和协作。因此,混业经营的到来,不仅未影响SEC原有的监管权限,反而使其获得了对其他金融机构从事证券业务的监管权。

在性质上,SEC是根据国会通过的法律依法设立的独立监管机构,独立于总统领导下的传统行政部门,其职权来自法律的委任授权(delegated authority),需要严格遵守"法律保留"和"正当程序"的要求,否则将面临"越权无效"的后果;此外,SEC还要接受国会的其他控权约束和法院对其作出的行政行为的司法审查。在组织形式上,SEC采用委员会制,5名组成委员均由总统提名,经参议会同意后任命,任期5年且任期交错(每年都有一名委员任期届满)。委员应全职服务,不得兼职,且不得有超过3名委员来自同一政党或代表其他政府单位的利益。除非因国会弹劾,SEC的委员不受免职。SEC实行独立的财政预算,每年预算编制经隶属总统的联邦公共管理与预算局(Office of Management and Budget,简称OMB)审核同意后由总统提交国会审议,之后再由国会进行拨款。

作为证券业的监管者,SEC履行本行业的大部分监管职责。[2]为保障SEC有效地履行职能,应对复杂的市场状况,国会授予SEC广泛的规则制定权,允许其以规则(rule)、条例(regulation)、表格(form)等正式制度和释令(release)、不行动函(no-action letter)、观点(opinion)等非正式制度形式解释适用证券法。其次,赋予SEC充分的行政权,由其履行证券注册登记、证券行业和市场监管等行政管理职责,并负责查处和追诉各种违法行为。最后,授予SEC行使部分准司法权,允许其内设的行政法

---

[1] 功能监管概念出现于20世纪80年代早期的美国,并在美国多次金融改革法案中得到运用。参见杨勇:《金融集团法律问题研究》,北京大学出版社2004年版,第190—191页。
[2] 通常认为监管者的职责主要包括:(1)金融机构的审慎监管以维护市场信心;(2)市场行为监管以保护投资者和消费者权益;(3)竞争行为监管以维护市场的公正、有序和透明;(4)维护金融系统稳定并遏制金融系统性风险。除(4)项职责由美联储和新设立的金融稳定监督委员会(FSOC)负责之外,SEC履行前三项职责。另外,美国因历史原因,存在着一个负责监管包括商品期货和金融期货在内的所有期货交易和相应期货交易市场的商品期货交易委员会(CFTC)。一直以来,SEC与CFTC存在着权之争,尤其是晚近以来金融创新使衍生产品属于证券或期货的界限日益模糊之后更甚。

官(Administrative Law Judge)[1]通过行政审裁程序(Administrative Proceeding)主持审理违法违规案件并制裁当事人。基于上述独立地位和综合权力,SEC通常被称为独立于立法、行政和司法机构之外的联邦"第四部门"。[2]

2008年金融危机之后,美国通过《2010年华尔街改革法》,对现有的金融监管职责分工进行调整并新设了一些金融监管机构。主要是:(1)授权联邦储备委员会负责监管大型金融集团,并有权对陷入困境而未得到救助的大型金融机构进行接管和分拆,以应对"大而不倒"问题。(2)设立金融稳定监督委员会(Financial Stability Oversight Council,简称FSOC),由财政部、美联储、证券交易委员会、货币监理署(OCC)、联邦存款保险机构(FDIC)等主要金融监管机构的负责人及其他5名无投票权成员共计15名人员组成,由财政部长担任主席,主要负责识别威胁美国金融稳定的系统性风险,对其作出反应并进行监管协调。为助其履行职责,《2010年华尔街改革法》授予它广泛的信息收集权,包括可向联邦金融监管当局和州的金融监管当局收集所有信息,以及银行控股公司和非银行金融公司所有信息。(3)在美联储之内设立一个消费者金融保护局(Consumer Financial Protection Bureau,简称CFPB),整合之前分别由美联储、货币监理署、联邦存款保险机构等银行业监管机构执行的消费者金融保护职责并加以强化,拥有包括规则制定、从事检查、实施罚款等在内的权力,从增强透明度、简单化、公平性和可得性四个方面进行消费者保护改革[3],确保消费者在抵押贷款、信用卡和其他消费金融商品方面取得所需的正确而清楚的信息,避免隐藏费用、滥用掠夺性条款和欺诈的发生。尽管消费者金融保护局设于美联储之内,却是由独立的局长领导。局长由总统任命,经参议院确认后生效,任期5年,对总统直接负责。而且,其预算独立,用美联储的盈余来支付。上述机构的设置,可能削减或影响SEC在某些方面的职能,也可能带来新的职能交叉或冲突,这些问题有望在美国奉行的功能监管原则下得到良好的协调及

---

[1] 其选拔和任用由隶属国会的行政法官人事办公室负责,具有相当的独立性。
[2] Edward H. Fleischman, "Toward Neutral Principles: the SEC's Discharge of Its Tri-Functional Administrative Responsibilities", *Catholic University Law Review*, Winter, 1993, pp. 251—252.
[3] 参见李靖:《我国台湾地区金融消费者保护制度的最新发展及启示》,载《政治与法律》2011年第12期。

解决。

值得注意的是,在美国,金融消费者与投资者的概念并不同一,尽管成立了消费者金融保护局,专司消费者参与消费金融产品的保护问题,但SEC仍然保留了对证券市场投资者的保护职责,并在2008年金融危机之后在原有投资者保护机制上有所增强。[1] 一些改变主要包括:(1) 设立了投资者教育和宣传办公室(Office of Investor Education and Advocacy),以强化对投资者的教育,提升其明智投资并避免欺诈,增强自我保护的能力,起到事先预防的作用。(2) 根据《2010年华尔街改革法》第911条的规定,设立了投资者咨询委员会(Investor Advisory Committee),用于就SEC在履行职责过程中如何保护投资者相关事项建言献策,其所提供的调查结果和建议将会得到SEC的重视和考虑。(3) 于2014年2月24日设立了投资者代言人办公室(Office of the Investor Advocate),致力于在证券监管规则和活动中为投资代言发声,包括委派专员援助个人投资者解决其与SEC或自律监管组织之间的问题,研究投资者的行为以帮助制定更合理的有利于投资者且不增加行业成本的监管规则,为投资者咨询委员会提供工作人员和实际运作支持,以协助其工作,等等。在法律地位上,投资者代言人办公室具有很高的独立性,尽管要向SEC主席汇报工作,但其报告却可未经SEC的委员们或职员的审查或评论而直接呈递国会,以此保障其实现上述职能。

2. 英国的制度设计与改革

英国是最早实行金融爆炸,推进金融混业经营的国家,自1986年通过《金融服务法》推进混业经营以来,这一过程始终在进行之中。为适应金融混业经营和市场发展的需要,英国从1997年开始对其金融监管体制进行全面改革,调整并合并原有的多家自律监管机构,组成单一的金融监管机构——金融服务局(FSA),1998年英格兰银行将银行监管职责移交给FSA。2001年,FSA根据《2000年金融服务和市场法》(Financial Services and Markets Act 2000,简称FSMA)的规定,正式行使其对金融业的监管权,成为英国境内统一负责所有金融活动监管的监管者。为保

---

[1]《2010年华尔街改革法》第9章为"投资者保护与证券监管改进",第10章为"消费者金融保护局",两章并列,实际上是区分了"投资者"与"金融消费者"的概念,前者主要适用于证券领域,后者主要适用于银行业领域,鲜明地反映了美国根深蒂固的金融分业监管格局。参见廖凡:《金融消费者的概念和范围:一个比较法的视角》,载《环球法律评论》2012年第4期。

护消费者,英国根据《2000年金融服务和市场法》设立了独立于FSA的金融申诉专员服务(Financial Ombudsman Service)制度,专门成立金融申诉专员服务有限公司(Financial Ombudsman Service Limited)进行运作,用于践行"为消费者提供适当保护,促进公众对金融制度的了解,维护公众对金融制度的信心"的核心价值目标。与此同时,根据《2000年金融服务和市场法》还设立了金融服务与市场特别法庭(Financial Services and Markets Tribunal)这一独立的中立性机构,用来处理发生在FSA与被监管对象之间且经双方协商难以解决的争议或问题。

在性质上,FSA是根据《2000年金融服务和市场法》设立的法定公共机构,独立于英国中央政府部门,属于独立的非政府部门公共机构,其理事会成员由财政部任命而非经选举产生;与此同时,FSA要向财政部提交年度报告并最终向议会负责,也要就其监管行为接受司法审查。FSA的运营经费主要向被监管事业及机构(包括证券交易所、结算机构等)收取,而非来自于政府预算。

根据《2000年金融服务和市场法》,FSA的法定监管目标,包括:(1)市场信心——维持对英国金融体系的信心;(2)金融稳定性——致力于保护和提高英国金融体系的稳定性;(3)消费者保护——确保消费者获得适当水平的保护;(4)减少金融犯罪——最大限度地减少被监管对象用于金融犯罪目的的可能性。在执行监管目标时,FSA要遵守所谓的一系列"良好监管原则"(principles of good regulation),包括:(1)最经济和最有效地使用其监管资源;(2)明确被监管机构管理层的责任;(3)保持适度的监管负担和管制;(4)促进金融创新;(5)高度重视金融服务业的国际化特征,确保英国的竞争地位;(6)促进竞争,而不是不必要地影响竞争;(7)提高公众对金融事务及其金融体系的认识和理解。为确保FSA能够实现上述目标,《2000年金融服务和市场法》授予FSA大量监管权限,包括对市场组织的授权、负责制定法令及相关指引、监督市场及执行法令规范、查处市场违法违规行为并给予惩处,包括起诉洗钱及内幕交易者等。[1]

2008年金融危机之后,英国有感于国内金融监管整体框架所涉的英

---

[1] 值得注意的是,在伦敦证券交易所上市后,为避免利益冲突,FSA于2000年5月1日承接了原本授权给交易所行使的上市审核权。

格兰银行、财政部和 FSA 三足鼎立[1],未能充分致力于推进审慎监管,有效衡量整体市场风险状况,同时财政部门对系统性风险所造成的损害,也未能及时提出有效的解决方案,因此决定自 2010 年 6 月起对这一监管框架进行彻底改革。随后,英国通过《2012 年金融服务法》(Financial Services Act 2012),对《1998 年英格兰银行法》《2000 年金融服务和市场法》及《2009 年银行业法》等法律进行修改,重构监管框架,主要的调整包括:(1)英格兰银行内新设金融政策委员会(Financial Policy Committee,简称 FPC),由其负责掌握总体的审慎政策工具(例如资本要求、杠杆限制、信贷控制措施、准备金要求等),找出金融系统潜在的问题并采取行动,并对 FSA 拆分后的两大监管机构享有指示权和建议权。(2)采用英国经济学家迈克尔·W. 泰勒(Michael W. Taylor)提出的"双峰"(Twin Peaks)理论[2],拆分 FSA 职能,将其负责履行的金融监管职能分别转移给两个独立的监管机构——审慎监管局(Prudential Regulation Authority,简称 PRA)和金融行为监管局(Financial Conduct Authority,简称 FCA)——行使,建立全新的监管格局。

审慎监管局(PRA)是英格兰银行下属的独立子公司(individual firm),在性质上属于英国的公共监管机构(public regulatory body),主要依靠向被监管对象收取费用支撑其完成监管目标。虽然与 FPC 同在英格兰银行体系内,但与 FPC 侧重总体审慎监管不同,PRA 主要制定重要的审慎规范,并执行对金融业的日常审慎监管,其监管对象包括信贷机构、保险机构、重要的投资公司等。

金融行为监管局(FCA)主要负责制定标准规范金融服务业,并执行对金融行为和消费者保护方面的具体监管,其监管对象包括零售、批发行

---

[1] 英格兰银行、财政部和 FSA 之间签订有《谅解备忘录》,在其中规定三家机构的合作与分工体系,在 2013 年实行新的监管框架之前,英格兰银行负责货币政策执行和金融市场稳定性监管,FSA 全面负责金融市场的监管,财政部虽然不负责具体监管事务,也没有任何业务相关的责任,但保留了作为一个权力主体的资格,其职责主要在于确保 FSA 履行职责,对 FSA 进行控制和监督,并负责向议会报告。
[2] 20 世纪 90 年代英国经济学家泰勒提出著名的"双峰"理论。该理论指出,金融监管存在两个并行的目标,一是审慎监管,二是保护消费者权利。前者旨在维护金融机构的稳健经营和金融体系的稳定,防止发生系统性危机或金融市场崩溃;后者则是通过对金融机构经营行为的监管,防止和减少消费者受到欺诈和其他不公平的待遇。政府部门应根据监管目标的不同设立两个监管机构,行使专业化监管职能。See: Michael W. Taylor, "Twin Peaks: A Regulatory Structure for the New Century", No. 20, *Centre for the Study of Financial Innovation*, December, 1995.

为、金融市场及其相关的金融工具,同时也负责 PRA 监管对象外的其他公司的审慎监管。[1] FCA 出台任何一项具体的商业行为监管法规前,需要咨询 PRA 的意见,PRA 如果认为该项规则会对金融稳定带来负面影响,有权予以否决。同时,为增进监管协调性,PRA 和 FCA 之间通过签署监管合作备忘录的方式,分享所辖监管事项下的信息与资料。注意到,基于行政与司法分立原则,司法部另行成立经济犯罪司(Economic Crime Agency),负责打击经济犯罪。FCA 是一个性质与 FSA、PRA 一样的公共监管机构,不属于英国政府机构,但其理事会(The Board)成员由财政部进行任命。理事会负责引导和管理 FCA 的工作,通过再授权给下设的审计委员会、外部风险和战略委员会、监督委员会等几个委员会履行监管职责。在问责上,FCA 需要每年向财政部提交年度报告,再由财政部将报告交给国会,由国会审查 FCA 的表现是否有违其法定监管目标,并审查 FCA 如何处理主要的监管事务,也即 FCA 通过财政部最终向国会负责。不过在经费来源上,FCA 完全靠向被监管对象收费支撑其日常运营,没有接受来自国家的任何资金资助。

2013 年 4 月 1 日,《2012 年金融服务法》正式实施,上述监管框架也随之投入正式运作。英国一改多年以来的单一金融监管模式,形成了具有强大个体及总体审慎监管职能的中央银行,与主导单一监管金融行为与消费者保护的金融行为监管局并驾齐驱的监管新格局,从此进入"双峰"监管时代。

3. 德国的制度设计与改革

作为老牌的资本主义国家,德国的证券市场在欧洲一直占据重要地位,其金融市场未像其他国家一样经历从分业经营到混业经营的演化,而是一直以来实行混业经营,金融机构可以根据自身需求依法开展相关金融业务,而不必担心分业限制。

2002 年 4 月,德国政府通过一项金融监管机构合并法,把原来分别负责监管银行业、保险业和证券业的三个主管机构合并成一个全新的金融监管机构——德国联邦金融监督管理局(BaFin)。BaFin 作为德国境内一个集中统一的金融监管机构,负责对整个金融市场包括银行、证券期货交易、基金管理以及保险等所有金融机构及金融活动实施兼容性的统

---

[1] 凡符合条件的对象,例如重要的投资公司,需要同时接受 PRA 的审慎监管和 FCA 的行为监管;非符合条件的,可根据要求选择接受 PRA 或 FCA 一方的监管。

一监管,独立履行金融市场监管、客户保护和流动性监管的全面职能,其监管目标是确保德国金融市场的正常运行、稳定性和市场完整性(integrity)。在具体职责上,一是参与相关法律、政策的制定,向联邦财政部提出金融监管的法律建议;二是负责市场准入,对境内新成立的金融机构及其增设机构进行资格审查,并发放经营许可证;三是检查金融机构的日常经营,对金融机构风险大的经营环节等进行审查,这种审查一般在委托社会审计机构所做的审计基础上进行。BaFin 根据审查结果,可直接对发现的违规行为采取处罚措施,例如罚款、撤销任职资格、吊销营业执照等。

在性质上,BaFin 是具有法定身份的公法法人(pubic-law institution),运营经费来自于向被监管机构的收费和捐款,因而独立于德国联邦财政预算,支出仅接受联邦审计院的审计监督。但 BaFin 作为联邦行政系统的组成部分,受到联邦财政部的监督,后者要为 BaFin 的活动负政治上的责任,包括:(1)提名主席。根据法律规定,BaFin 的主席、副主席由联邦财政部提名,内阁审定,联邦总理任命。(2)从法律和技术层面监督 BaFin 运行并为其履行职责提供建议。BaFin 内设有行政理事会(the Administrative Council),由包含联邦财政部、中央银行和其他监管部门在内的 21 名代表组成,其中 5 名来自联邦财政部,并由其人员担任主席。行政理事会负责监督 BaFin 的管理活动,建议其如何履行监管职责,并决定 BaFin 的预算。(3)提法规议案。由于 BaFin 无权制定监管法规,只能通过联邦财政部向议会提交法规议案。而与此同时,承担维护金融系统性安全的德意志联邦银行(中央银行)也在一定程度上参与到金融监管中,与 BaFin 有所合作和互动,包括:(1)通过检测金融机构的风险并对其进行审计的方式。根据法律,德意志联邦银行是全国唯一有权对金融机构行使统计权力的机构,BaFin 因监管所需的必要信息,需要(也可以)从德意志联邦银行那获取。(2)派人员参加 BaFin 的行政理事会,发挥相应的业务监督和指导作用。(3)中央银行与 BaFin 还共享信息、技术、工作人员和行政管理资源等。

4. 澳大利亚的制度设计与改革

澳大利亚的金融体制是在效仿英国金融体制的基础上逐步发展起来的,20 世纪 90 年代之后澳大利亚顺应国际发展潮流,开始进行金融改革,在逐步实现金融自由化(混业经营)的同时也改变原来以金融机构为导向的监管框架。1998 年 7 月 1 日,澳大利亚根据《1998 澳大利亚审慎监管局法》(The Australian Prudential Regulation Authority Act 1998)[1]设立审慎监管局(Australian Prudential Regulation Authority,简称APRA)集中统一负责包括银行、储蓄机构、建筑协会、保险和养老金等机构的审慎监管。APRA的职责是设立和执行金融机构的审慎标准,以确保被监管对象作出的金融承诺能在稳定、有效的金融竞争市场中得以兑现。APRA由不少于3个且不多于5个的成员组成,至少有3个成员必须是全职的,由总督进行任命。成员应具备与APRA的职能相关的知识或经验,且该成员不能同时在APRA的监管对象兼职。如果该成员在非APRA监管对象的机构任职,那么只有在总理认为他不会因为兼职的利益冲突而阻止其正常履职时才能予以任命。成员只有在到APRA监管对象兼职、陷入破产境地或者非因正当理由不能履行职责时,才能被免职。在性质上,APRA虽以法人团体(body corporate)形式设立,却被依法要求作为联邦政府机构(listed entity)看待,其运营资金除了接受联邦财政拨款之外,主要来自其所监管的机构。APRA每年要向总理提交年度报告,其监管行为也要受到公众的监督。

与许多国家由金融监管部门统一负责金融消费者保护不同,澳大利亚受到"双峰"理论的影响,在APRA之外于1989年设立澳大利亚证券与投资委员会(Australian Securities and Investments Commission,简称ASIC),由其负责金融投资者与消费者的保护职能以及规范市场竞争行为。目前,ASIC根据《2001年澳大利亚证券与投资委员会法》(Australian Securities and Investments Commission Act 2001)[2]进行运作,负责监管金融业的新技术和由此引发的消费者保护问题的处理,通过贯彻和执行银行法、公司法、保险合同法等来防范市场的不正当行为,以维护市场诚信;通过确保市场合理、有序、透明来提升公众对市场效率和公平的信心。在性质上,ASIC虽是以法人团体(body corporate)形式设立,但依法被要求作为一个独立的联邦政府机构看待。委员会由5名全职的委员组成,他们由总理提名,总督进行任命,总理提名委员时应依据他们在商业、管理、金融、会计等方面的知识或经验判断其是否适格。ASIC的运营经费主要来自联邦预算,每年需要向国会提交年度报告。

澳大利亚在构建"双峰监管"架构的同时,也加强了监管机构之间的

---

[1] 该法已历经多次修订,最新的一次修订是2016年3月10日。
[2] 该法已历经多次修订,最新的一次修订是2016年11月12日。

协调[1]，并于1998年建立了它们之间的协调机构——金融监管者理事会(the Council of Financial Regulators，简称CFR)，CFR虽然不是一个法定监管机构，也不享有监管方面的职权，却可促进监管者之间的交流协作，并通过向政府建议等方式，致力于提高监管的效力和有效性，以及金融系统稳定性的目标。CFR最初的成员只包括澳大利亚联邦储备银行(中央银行)、APRA和ASIC，由联邦储备银行行长担任理事会主席，财政部于2003年加入，使其可以在更高和更广泛的层面探讨金融系统性安全问题。2008年美国金融危机全面爆发后，CFR于同年9月发布一份联合谅解备忘录(MOU)，旨在放开监管者之间的信息交流并强化沟通，共同应对危及澳大利亚金融系统稳定性的潜在威胁。

为顺应2008年金融危机之后世界范围内兴起的投资者保护潮流，ASIC于2008年7月批准成立金融申诉专员服务机构(the Financial Ombudsman Service，简称FOS)这一独立的金融争议解决机构，整合之前分散的金融消费者纠纷处理机制，为各个金融领域的消费者提供集中统一的、免费、公正的金融消费争议解决服务。FOS提供的争议解决程序是一种与法院判决替代性争议解决程序，可以使消费者与作为FOS成员的金融机构之间发生的纠纷通过协商解决而无须诉诸法庭。

5. 日本的制度设计与改革

日本在金融改革进程和监管体制上也效仿了英国的做法，在20世纪90年代中后期开始推行金融自由化、实行混业经营之后，其金融监管体制逐渐走向集中统一的监管模式。目前，由根据《金融厅设置法》于2000年设立的金融厅(Financial Services Agency，简称日本FSA)统一负责银行业、证券业、保险业的监管，其职责主要包括维护金融系统的稳定，保护存款人、保险投保人及证券投资人权益，审核及检查金融机构、监督证券交易，以维护金融的正常发展。在日本FSA的内部设有证券交易监督委员会(Securities and Exchange Surveillance Commission，简称SESC)，独立地负责监管证券业，维护资本市场完整性和保护证券投资者。

在组织上，日本FSA属于政府内阁府的一个外部机构(external organ)，受到内阁府的监督。日本内阁总理大臣委任的金融大臣和副大臣是日本FSA的最高负责人。日本银行(中央银行)主要负责独立执行货

---

[1] 参见邓睿：《澳大利亚金融监管协调机制研究》，载《吉林工程技术师范学院学报》2013年第11期。

币政策,为共享信息,减少被监管机构负担,促进有效监管,日本 FSA 与日本银行经常交换信息,联系紧密,并通过协商机制协调对同一金融机构的现场检查和监督事宜。与此同时,日本财务省(即之前的大藏省)下设的金融系统稳定部(the Financial System Stabilization Division)则负责处置失败的金融机构和有关金融风险管理的政策制定与执行事务。

在金融消费者保护上,日本没有在 2008 年金融危机之后专门成立新的保护机构,而是充分利用现有的机制,引入诉讼替代性纠纷解决机制(Alternative Dispute Resolution,简称 ADR),创新性地建立了相应的金融申诉专员服务(the Financial Ombudsman Service)——指定纠纷解决机构制度,也即由监管者事先指定并监督纠纷解决机构,之后由金融机构与指定的纠纷解决机构签订"同意实施程序基本合同",消费者在纠纷发生后可向指定的纠纷解决机构提出解决纠纷的申请,由后者的纠纷解决委员会实施解决纠纷的程序并提出和解方案,金融机构最终通过和解方式解决纠纷。[1]这种机制充分利用行业解决解决机制的优势,确保纠纷解决的中立性、公正性、实效性,构建金融领域一体化处理投诉、解决纠纷的体系框架,有助于提高金融消费者对金融服务和金融市场的信赖度。

与世界主要发达国家纷纷推出各种金融监管改革方案相比,日本并没有采取大的金融监管调整措施,而是基本维持了原来的体制。这一方面是基于之前泡沫经济崩溃以及亚洲金融危机的教训,日本的金融机构增强了控制风险的意识,受到 2008 年危机的影响总体比较小;二是在亚洲金融危机之后,日本对陷入困境的金融机构进行了重组,使之得到一定程度的发展壮大;三是之前的金融改革已使日本建立了完善的金融法制和全面的监管体制,在金融危机中没有暴露出致命的缺陷,因而未必需要进行重大调整。[2]

6. 韩国的制度设计与改革

韩国证券市场的改革和相关金融监管机制的设置,深受西方发达资本市场国家及日本做法的影响。在 1997 年亚洲金融危机之后,韩国加快了金融改革及相关金融监管体制的调整。为回应金融混业经营,1998 年

---

[1] 参见杨东:《日本金融 ADR 制度的创新及其对我国的借鉴》,载《法律科学》2013 年第 3 期。
[2] 参见宣晓影、全先银:《日本金融监管体制对全球金融危机的反应及原因》,载《中国金融》2009 年第 17 期。

韩国成立了直属国务院的金融监督委员会(Financial Supervisory Commission,简称 FSC),由其负责实施对资本市场和金融机构的集中统一监管;为更有效率地监管证券与期货市场,在 FSC 下还设立了证券期货委员会(Securities and Futures Commission,简称 SFC)。在性质上,FSC 是独立的政府机构,其委员会由 1 名主席和 8 名委员组成;SFC 是 FSC 内的委员会,主席由 FSC 的副主任委员兼任;由于 FSC 的主要功能重在政策形成和监管规则制订上,韩国为此根据《金融监督委员会法》于 1999 年设立了金融监督院(Financial Supervisory Service,简称 FSS)。FSS 是由各金融机构共同出资兴办的民间公益性组织,作为 FSC 的业务执行机构,其职能是依照 FSC 的指令,负责实现具体的金融监督和检查活动。韩国银行作为中央银行隶属财政部,具有相对的独立性,负责制定和执行货币政策,但与此同时它与 FSC 的整个金融监管机制也建立了一定的协调机制;韩国银行有权要求 FSC 提供金融机构的经营资料;在法定范围内,可以要求与 FSC 共同调查金融机构;并根据调查结果要求 FSS 制裁违规的金融机构。

2008 年美国金融危机之后,韩国的金融监管框架进行了调整:2008 年 2 月 29 日,FSC 吸收财政部金融政策局(Financial Policy Bureau)的金融政策制定职能,改组成金融服务委员会(Financial Services Commission,简称新 FSC),专门负责金融政策制定、金融机构与金融市场监管、反洗钱等。同时,原来的韩国金融智库(Korea Financial Intelligence Unit)和公共基金监督委员会(Public Funds Oversight Committee)也被纳入新 FSC,分别负责反洗钱和金融反恐,以及管理金融重建的公共基金。注意到,为消除 2008 年金融危机的影响,更好地在复杂的金融环境下保护消费者的合法权益,韩国于 2012 年 7 月审议通过了《金融监督委员会设置法》修正案,在 FSS 内设立"金融消费者保护局"(Financial Consumer Protection Bureau,简称 FCPB)以通过增设专门机构的方式强化金融监督院履行保护金融消费者的职责。

7. 我国台湾地区的制度设计与改革

我国台湾地区在 2001 年通过台湾"金融控股公司法",改变分业经营状况,实行金融业的混业经营以后,在金融监管体制上于 2004 年 7 月根据"行政院金融监督委员会组织法"新设"金融监督管理委员会",整合原"财政部""金融局""保险司"及"证券暨期货管理委员会"的监管职权,集中至"金融监督管理委员会"进行统一行使,建立了单一的金融监管体制。

2012年7月1日,台湾地区实施新的"金融监督管理委员会组织法",取代旧法,规范调整"金融监督管理委员会"的行为。"金融监督管理委员会"下设有"证券期货局",专门用于办理证券、期货市场及证券、期货业的监督、管理及其政策、法令的拟定、规划、执行等业务。

根据"金融监督管理委员会组织法","金融监督管理委员会"虽是"行政院"所设的委员会,但其依法独立行使职权,不受政治左右,履行金融监管立法、市场准入管理、金融市场监督、金融消费者保护、违法违规行为处罚的职责;2011年1月1日,"中央存款保险公司"移交"金融监督管理委员会"管理;根据"金融监督管理委员会组织法","金融监督管理委员会"内部设有"金融监督管理基金",用于管理政府预算拨款、向受监管机构收取的规费等各项收入,基金可支持"金融监督管理委员会"的运作。

2003年1月1日,台湾地区开始实施"证券投资人及期货交易人保护法"[1],并据此设立了由"金融监督管理委员会"监管的财团法人——"证券投资人及期货交易人保护中心",通过向台湾证券交易所、台湾期货交易所、柜台买卖中心、各证券商和期货商等证券市场相关机构请求捐助的方式,筹集保护基金,用于处理证券商或期货商因财务困难无法履约,偿付投资人或期货交易人的问题,并借助保护中心为投资人或期货交易人提供咨询、申诉、买卖有价证券或期货交易民事纠纷的调解、代为提起证券集团诉讼或仲裁并支付必要的费用等,为证券投资人和期货交易人提供有效的保护。

2008年金融危机过后,台湾地区为更好地保护金融消费者的权益并快速有效地处理金融消费争议,于2011年6月通过并于12月31日开始实施"金融消费者保护法"。根据该法,台湾地区由"金融监督管理委员会"出资设立了"金融消费评议中心"这一财团法人机构。当接受银行、保险、证券、期货等金融服务业提供的商品或服务的金融消费者与金融服务业者之间发生民事争议时(特别是属于非上述"证券投资人及期货交易人保护中心"所管辖的争议时),可向金融服务机构申诉,仍然不能得到满意回应时,可向"金融消费评议中心"申请评议,由后者向金融消费者提供公平合理、迅速有效的诉讼外解决纠纷的替代性途径,以增进金融消费者对市场的信心并促进金融市场健康发展。

---

[1] 该法已历经修订,最新的一次修订是2015年2月4日。

二、域外证券监管独立性治理的共性与趋势

不同于政府对一般产业,尤其是具有垄断属性产业的监管范式[1],政府代表公共权力介入金融市场,其所制定和执行的金融监管政策往往结合证券行业的竞争性和特殊性展开,并通常授权一个公共部门履行监管职责。从上述发达证券市场和新兴证券市场所在国家/地区的监管实践来看,晚近以来,这类行政性监管体制具有如下的共性并正在呈现某种发展趋势:

其一,证券监管的必要性已成共识,如何提升监管有效性成为各国更关心的议题,监管治理正在成为一种流行趋势。应对金融危机的经验教训已使各国意识到单靠市场自治或者行业自律独臂难支,也因此纷纷建立运用公权力干预本国资本市场的监管机制。而晚近以来通过金融市场争夺全球金融资源竞争的加剧,也使各国纷纷将提升监管实力作为加分项目给予高度重视,监管从"必要论"自然过渡到"有效论"追求上,要求日益高涨。与此相适应,在处理危机和提升监管实力上,不仅仅是传统的放松管制、拓展监管者的权力或补充其监管手段,而是开始注重监管自身的治理,通过自省其身,发现本源性和制度性问题而给予系统化解决,从而构建一个能够充分契合证券市场发展和竞争需求的监管体制。

其二,在锁定证券监管有效性目标,并运用监管治理整体改造的理念影响下,强调了监管独立性作为决定性因素的地位,并为此通过立法和各种措施予以保障:(1)通过法律规定或授权的方式,将证券市场的监管权授予某一机构集中行使;(2)在组织结构上,为确保其发挥职能,大多采用独立的机构模式[2],并往往具有良好的独立性,以隔离政治和行业的干预,而不论这一机构是位列传统的政府组织构架之内抑或采取与政府机构并行的公共组织形式;(3)监管机构往往由法律授予其制定证券行

---

[1] 参见〔美〕理查德·吉尔伯特:《产业监管的范式及其政治经济学》,余江整理,载吴敬琏主编:《比较》第 13 辑,中信出版社 2004 年版,第 68—71 页。作者将监管政策总结为七种形式,(1)公有化;(2)专营权的竞标;(3)以成本为基础的监管;(4)基准比较监管模式;(5)激励监管模式;(6)反垄断;(7)分拆和有选择性的放松管制。

[2] 国际货币基金组织 2007 年对占其成员国数量 56% 的 103 个成员国的调查中,揭示了大部分国家采用在政府体系内设立独立的监管组织,并由法律保障它们的独立性,全权负责金融监管事项的调查结论。See: Steven Seelig and Alicia Novoa, "Governance Practices at Financial Regulatory and Supervisory Agencies", IMF Working Paper, WP/09/135, July 2009, p. 7.

业规则和监管各类证券活动的权限,有些监管机构甚至能够直接处罚被监管对象或者被授权行使准司法裁决权,拥有广泛的权限和强大的执法举措;(4)监管机构往往采取理事会或委员会的形式,其负责人及组成成员的任命主要考虑他们在证券监管方面的知识、能力或经验,体现了监管倚重专业性和技术性的进步思维,且除非存在正当理由,其任职往往受到法律的有效保护;(5)在监管部门运作上给予机构运作经费的必要保障,要么纳入财政预算,要么允许其向被监管对象收费自给自足,避免受经费掣肘;等等。

其三,证券监管独立性与问责相生共存,不管证券监管者采用是否纳入传统政府行政机构的组织形式,建立适当问责享有独立性的监管者的必要性不可否认。解决监管监管者的问题,不但是一个已经被意识到的问题,而且被纳入到整个行政系统的问责机制之中。问责不仅仅是监管者享有独立性的必要制衡,也能因此为独立性提供合法性、正当性依据[1],并敦促其发挥最大效用。尽管各国的问责机制受政治体制、法制传统等因素的影响各不相同,但大都考虑了在现代公共管理背景下问责的现代化形式,除了传统的要求监管者向授予权力者(例如国会、议会)负责以及接受司法系统的必要审查之外,有关透明度、制定政策与开展监管活动的正当程序,"成本—效益"评估,乃至公众的参与,都在逐渐成为对监管者行使职权时的必然要求。这也是人们在监管实践中不断积累的经验和认识,在割断"政治"与"行政"的联系之后,享有独立性的监管机构存在着被利益集团俘虏的自然倾向,"因为正式的独立,将使其与选举体系绝缘,它们的无能不被人们注意。它们唯一可以依靠的支持力量就是那些国会命令它们监管的利益"[2],也因此有必要对监管机构与被监管对象的密切联系予以关注并避免因此危及独立性本身。

其四,2008年金融危机之后,防范系统性风险,维护金融稳定和保护金融消费者,以提升投资信心成为两大主题,也是监管面临的迫切需要解决的问题,也因此在监管治理上,除了收回过度放松的监管权限,补充监管手段的不足或强化其力度之外,更重要的是对监管者所担负的监管职

---

[1] Richard Pratt and Alexander Berg, "Governance of Securities Regulators: A Framework, The World Bank Policy Research", Working Paper 6800, March 2014, p.2.

[2] 〔美〕马克·艾伦·艾斯纳:《规制政治的转轨》(第二版),尹灿译,钱俞均校,中国人民大学出版社2015年版,第140页。

责进行适度分割及府际协调,完成治理层面的调整。

在金融稳定性方面,探索建立监管者担负的审慎监管职能与中央银行维护金融稳定职能之间更紧密的联系,以便能够及时发现危机预警并在危险萌发之时调度足够的国家资源予以救助。极端的方式是类似英国的做法,拆分 FSA 的审慎监管职责给新设的机构(PRA)行使,并将该机构置于中央银行体系之内,并保持其与负责金融行为监管的监管者(FCA)之间的密切联系,以防范出台不审慎的业务规则;更为缓和的做法是类似美国的,在保留原有监管格局的基础上,建立金融稳定监督委员会(FSOC),主要负责识别威胁美国金融稳定的系统性风险,对其作出反应并进行监管协调,并将对"大而不倒"问题的处理集中到美联储,既加强了不同监管机构之间的信息共享,也集中强化了处理问题机构和危机的监管者的权责,有助于提高监管效果。

金融消费者保护方面,在承认危机中对投资者保护不足以致酿造恶果的教训基础上重申了保护投资者的重要意义,并着力探索能够为投资者提供价廉质优、高效便捷的保护途径。有感于保护投资者的目标常在金融监管竞争中让位于发展市场的政治性需求,为投资者选派其单独的代言人成为必要,目前的一个发展趋势是适当剥离监管者的金融消费者保护职能,交由专门设立的金融消费者保护局或类似机构行使,并通过授予该机构适当的职权,以便能够真正发挥作用。而在事后救济上,往往设立便于投资者申诉、求助的金融纠纷解决机构或申诉专员服务制度,以便及时调处纠纷,为投资者节约救济成本的同时促进金融交易的正常进行,保护投资者合法权益并维护市场秩序。

面对上述域外国家和地区的金融监管治理变革,有学者认为,独立机构监管模式由于在金融危机中暴露出种种问题,"2008 年至今,域外金融监管体制由原来的独立机构监管模式逐步演化为'金融监管机构提供及时支持、专业建议,政府部门最终决定'模式",也即呈现"由维持机构独立性向深化政府参与的变革趋势"。[1] 笔者对此不敢苟同。从上述改革的内容来看,主要是监管者承担多重监管目标而难以在受政治和商业影响下优先执行保护投资者目标并严格执行审慎标准所致,其所反映的正是缺失独立性,而并非因为独立性而导致的危机,改革的做法不过是对监管

---

[1] 杨光:《后金融危机时代域外金融金融监管体制的变革及启示》,载《国际经济合作》2014 年第 6 期。

者所担负的多重监管职能进行分割和重组,通过设立单独的机构承担单项的监管目标,其基本原理仍然是立足于独立监管机构所具有的独立性和专业化优势。如此,反而是独立性机构的勃兴而非衰退,是在更广阔的视野上丰富了对独立性和可问责性的理解。而将审慎监管职能附属于中央银行职能之下,中央银行的独立性仍然存在,职能调整所改变的是建立审慎监管与金融稳定之间的信息共享和处置手段联系,而非使审慎监管回到负有政治责任的传统政府体系中。当然,从最终意义上看,政府是危机的最后责任者,有义务予以最后的救助,但这不等于取消在最后手段之前通过中央银行所建立起来的显性"金融安全网",这一制度性安排所能发挥的应对风险和巩固信心的作用无可替代,也是防范道德风险所必需的。

第二章 证券监管独立性的理论框架

第一节 发展中的证券监管独立性内涵

一、多视角下证券监管独立性的界定

(一)起源于独立监管机构的监管独立性议题

从经济发展史来看,经济规制伴随着资本主义的深化而产生和发展。在资本主义自由时期,主要实行市场的自我约束和调控,政府只是充当消极的"夜警"作用;当进入资本主义垄断阶段,规制作为治疗市场信息不对称、自然垄断等市场调控"失灵"的方式得到逐步的运用,并随着政府提供市场管理、社会公共服务职能的增加而不断增强。尽管"规制作为公法的手段而非公法的目的,是在原则和技术层面上都有范围非常广泛的选择这种情形所催生的产物",但"规制在今天已是政府实现政策目标的主要工具之一,这集中体现于'规制国'的兴起"。[1]

公共规制的必要性一旦建立,关注的焦点就转向最有效的组织和实施规制的机构性安排。最早的经济规制起源于美国在19世纪末开始的对社会经济生活的干预,工业革命(1760—1820)之后在铁路业带动下迅速发展的美国工商业,使美国民众的经济生活水平在获得巨大提高和丰富的同时,也带来不断增多且日益复杂化的商贸纠纷,以及恶劣程度与日俱增的价格欺诈、不正当竞争及滥用垄断地位的负面事件,传统上政府采取自由放任态度,主要通过法院诉讼进行事后救济来解决问题的方法几乎处于瘫痪状态,改革刻不容缓。由于铁路四通八达、横贯数州,各州政府基于主权只能监管本州事务而无法将监管之手延伸至其他州,联邦层面的监管实有必要,最终由美国国会于1887年通过《州际商务法》,创设了第一个独立的联邦监管机构——州际商务委员会(ICC)。

虽然当时州际商务委员会的命令只有在自愿服从时才发生效力,其有限的职能与权限也难以与今天"武装到牙齿"的独立监管机构相比,但它却开创了政府作为公权力代表规制经济、社会生活的一种新模式,即以独立监管机构的组织形式("监管机构"模式)替代传统官僚体制下的政府

---

[1] 〔英〕卡罗尔·哈洛、理查德·罗林斯:《法律与行政》(下卷),杨伟东、李凌波、石红心、晏坤译,商务印刷馆2004年版,第557、662页。

行政部门("行政部门"模式)对经济及社会事务进行干预。[1]监管机构独立于选举产生,独立于背负政治责任的政府部门,通常被认为是它们的优点所在;而且"之所以要建立它们,是因为国会觉得,自己无能力处理按照公共利益来实施专门法律时所需要的复杂考虑和技术要求"[2],独立监管机构由此具有的独立性、专业化和灵活性等优点得到肯定,并成为日后建立类似机构的蓝本。

  回到证券监管领域,世界范围内最早对证券市场进行政府集中统一监管的国家是美国,其在 1929—1933 年经济危机之后,为恢复投资者的信心并稳定市场,采取了政府全面干预经济的做法,在联邦层面创立了美国证券交易委员会(SEC)。[3]在参与起草《1933 年证券法》,为筹备证券交易委员会付出巨大心血,且在行政管理领域著述颇丰而影响深远的詹姆斯·兰迪斯看来,"在处理现代事务的过程中,一个简单的三权分立制度存在着不足之处",只有像独立监管机构这样的行政代理机构才能够"保证这个国家的经济运行过程顺利进行"[4],实际上国家需要政府的第四个分支(指立法、行政、司法三大分支之外。——笔者注),即表现为各种独立监管委员会的"行政分支"。它将是"半立法、半行政和半司法的",并将确保立法的执行。[5]这一写于政府规制全盛时期,热情洋溢而充满

---

[1] 关于两种模式的区分,参见第一章第一节二(一)"3. 建立在公务分权基础上的行政监管主体类型"的分析。在世界范围内,美国可能未必是第一个将公共事务职能交由相对独立的机构执行的国家。早在 19 世纪早期以前,英国就曾流行过这一做法,但到 19 世纪下半叶开始,这种独立的组织形式的运用就逐渐地被大部制模式所取代。这是因为可以更好地保证政治控制的部长责任制已被广泛接受,将公共权力授予中央政府部具有更强的宪法优势;同时大部制也更便于协调并提高公共服务提供的一致性。参见周佑勇主编:《行政法专论》,中国人民大学出版社 2010 年版,第 190 页。但注意到在 20 世纪 80 年代的行政改革中,这种独立的监管组织因适应现实需要又重获新生;而诞生于美国的独立监管机构模式,也因其资本市场发展独占鳌头而作为成功经验的一部分被广为借鉴,产生广泛而持久的影响,早于美国的英国的做法反而不被人们所熟知。

[2] 〔美〕施密特、谢利、巴迪斯:《美国政府与政治》,梅然译,北京大学出版社 2005 年版,第 302 页。

[3] "The Investor's Advocate: How the SEC Protects Investors, Maintains Market Integrity, and Facilitates Capital Formation", at https://www.sec.gov/about/whatwedo.shtml, last visited November 20, 2016.

[4] 〔美〕乔尔·塞利格曼:《华尔街变迁史——证券交易委员会及现代公司融资制度的演化进程(修订版)》,田风辉译,经济科学出版社 2004 年版,第 61 页。

[5] 〔美〕丹尼尔·耶金、约瑟夫·斯坦尼斯罗:《制高点:重现代世界的政府与市场之争》,段宏、邢玉春、赵青海译,外文出版社 2000 年版,第 71 页。

行政管理哲思的话语,道出了独立监管机构存在的必要性和优势所在。之后,美国证券交易委员会通过证券监管,既有效落实了联邦证券法保护投资者的规定,促进美国证券市场的繁荣,又成功地在投资者心中树立起高效的金融监管者形象,成为政府对所有经济活动的公共管制中最受赞扬的那一部分。[1]

回溯美国历史,独立监管机构从1887年早已存在,并不属于新鲜事物,在1929—1933年的经济危机之后,国会采取独立监管机构模式设立美国证券交易委员会,不过是沿用了被经验所证明的,独立机构更有利于保障执法专业性、持续性和裁决独立性、公正性的制度原理。[2]也因为在证券交易委员会监管之下的美国证券市场日后的成功,使得独立机构与证券监管相结合,赋予证券监管相应独立性的组织模式为越来越多的成熟市场国家和新兴市场国家所借鉴,成为当今重要的证券监管模式。在这个意义上,可以说证券监管的独立性起源于独立监管机构,并与这种独立的行政代理机构有着密不可分的联系。

(二)证券监管独立性的内涵

证券监管,是政府基于公共利益对金融市场的一种必要干预,在公共管理学看来这属于一种公共行政权。如上所述,证券监管独立性一开始就与独立监管机构相连,产生于美国20世纪30年代的政府规制兴盛时期,因此探讨证券监管独立性的内涵,有必要先探求独立监管机构的缘起与含义。

在美国经济发展史上,虽然第一个独立的联邦监管机构成立于1887年,但独立监管机构(Independent Regulatory Agencies)的概念最早却来自于美国最高法院在1935年对Humphrey's Executor v. United States[3]一案的判决。在该案中,法院首次探讨了美国联邦贸易委员会(the Federal Trade Commission)具有不同于受总统控制的行政部门的特殊性,即其本质上是非政治性的,并在功能上具有准司法(quasi-judicial)和准立法(quasi-legislative)的属性,以便更好地捍卫其独立于政治控制的独立性。美国证券交易委员会作为与联邦贸易委员会相类似的一类联

---

[1] George Stigler, "Public Regulation of Securities Market", *Journal of Business of the University of Chicago*, April 1964, p.117.
[2] 洪艳蓉:《美国证券交易委员会行政执法机制研究:"独立"、"高效"与"负责"》,载《比较法研究》2009年第1期。
[3] 295 U. S. 602, May 1, 1935 Argued, May 27, 1935 Decided.

邦监管机构,其证券监管独立性的内涵承继于此,并延续至今。

所谓独立(Independent),根据布莱克法律词典(*Black's Law Dictionary*)的解释,是指"(1)没有受到他人的控制或者影响;(2)没有与其他实体有联系;(3)不依靠或者取决于其他事情";所谓的独立机构(Independent Agency)或独立监管机构(Independent Regulatory Agency),是指"官方机构,特别是在政府体系内,授权贯彻执行特定法律的机构"。[1] 在联邦立法中,美国使用了"独立监管机构"一词,并通过列举与概括的方式界定了独立监管机构在美国所包含的对象,包括美联储、商品期货交易委员会、联邦存款保险公司、联邦贸易委员会、证券交易委员会、消费者金融保护局、货币监理署等十几个现有的独立监管机构和其他被立法认定为联邦独立监管机构的类似机构。[2] 而在国际金融组织——国际货币基金看来,"金融监管者的独立性是影响监管有效性的最主要因素之一",为此"独立性被界定为监管机构可以不受政治或者商业干预而运作的能力"。[3] 在著名的经济学家米尔顿·弗里德曼看来,"独立一词通常被理解为将特殊的功能赋予特定的机构",而"这种独立的含义并不会成为独立的合意性问题的分歧之源",因为"在任何一种官僚政治中,将特殊的功能赋予特定的机构都是非常可取的"。[4] 也因此,不宜简单地将"独立性"仅仅理解为在组织形式上设立了独立部门这一基础性保障,换言之,传统政府部门内的"独立"可能只是长期以来行之有效的一种职能分工的做法,还未真正揭示独立监管机构作为一种挑战传统治理秩序和管理方式创新的价值,也就未能触及"独立性"的真正内涵。从1934年美国设立证券交易委员会以来半个多世纪,证券监管实践以及证券监管理论、立法获得了极大地丰富与拓展,可谓为清晰界定证券监管独立性的内涵提供了丰富的素材,也奠定了更坚实的基础,可以从中去挖掘更具本质含义的"独立性"!

证券监管独立性,尽管作为一个至今仍在不断发展和丰富的概念,却有着最为基本的内涵,回到独立监管机构设立之初这一本源上,这种独立

---

[1] Bryan A. Garner(editor in chief),*Black's Law Dictionary*,10th Edition,Thomson Reuters 2014,pp. 887,888,75.

[2] 44 U.S.C. § 3502(5).

[3] Steven Seelig and Alicia Novoa,"Governance Practices at Financial Regulatory and Supervisory Agencies",IMF Working Paper,WP/09/135,July 2009,p.10.

[4] 参见[美]米尔顿·弗里德曼:《弗里德曼文萃》,高榣、范恒山译,北京经济学院出版社1991年版,第551—571页。

性是指将特定的监管目标授予某一监管机构/部门独自行使,不受政治或者行业干预的自主性;具体到证券监管独立性,是指将证券监管的功能赋予特定的监管机构(部门)行使,任何人不得强迫或者干预其违背证券监管目标行事的自主性。申言之:

从独立性的性质来看,其本质属于监管机构的自治权。这里包含着几层含义:(1)行使监管权的主体本身的独立性,其具有明确的法律地位和保障,在特定的监管目标之下实现自我管理和自我约束,不受干预和侵害;(2)监管目标的独立性,应注意的是目标独立性并非指监管机构有权自由选择或者确定哪些监管目标,而主要指通过法律规定或者授权者设定明确的监管目标,交由监管机构履行,也即监管机构具有特定化的、明确的监管目标并需要对此负责,不得随意更改,更不能背离该监管目标行事;(3)为实现监管目标而拥有的手段的独立性,是指监管机构为实现法律规定的监管目标而自主制定监管政策和采取监管措施,包括但不限于自我判断、决策、裁量和实施的自主性。

也可以从另一个角度理解独立性的性质,大体包含以下三个方面:(1)政治独立性,主要指监管机构应远离政治的干预及其各种影响,不屈从于实现短期政治利益或者因政治周期而改变其所信奉的监管目标,使监管政策出现非预期的波动或者不稳定。独立监管机构不应成为政客或者政治利益集团实现利己目标的工具。(2)法律独立性,主要指监管机构应享有法律明确规定或者予以保障的法律主体资格和相应的行政利益。"行政利益是指社会利益共同体在公共行政方面所享有的权利和利益,包括一定范围内的自主管理权。"监管机构可以倚重这种法律保障,行使权力,主张权利,依法履行职责,对抗干涉与侵害,并可寻求相应的法律保护。"强调行政利益的目的是通过其内部民主、理性、公正、高效的管理和构建外部平等、有序的竞争秩序来谋求社会利益共同体的发展,进而满足社会利益共同体成员的需要。"[1](3)经济独立性,主要指监管机构可以根据履行职责的需要自主、合理地决定预算的来源、规模和用途,并获得有效落实。监管机构不受困于经费短缺,不因经费不足而背负监管不力的责难,也不因经费而屈从某一特定目标或者与特定利益相交换,成为

---

[1] 薛刚凌主编:《行政主体的理论与实践——以公共行政改革为视角》,中国方正出版社2009年版;张康之、张乾友等:《公共行政的概念》,中国社会科学出版社2013年版,"多元化背景下行政主体之建构(代序)",第3页。

被"经费"绑架的行使公权力者。

从独立性的对象来看。就像 W. Smith 在 1997 年所指出的,监管独立性一般而言意味着监管者和监管机构与操作者、消费者、私人利益方和政治当局保持着正常的关系(arm's-length relationship)[1];而在 Alan B. Morrison 看来,独立性更通常地指将特定的职能与政治干预相隔离。[2] 申言之,监管独立性从独立的对象来看,至少:(1) 相对独立于政治、政党、以及背负政治责任/民选责任的政府的干预,避免受政治利益集团的影响以及政治周期产生的波动影响,造成监管宽容、监管政策的不稳定和不连续;(2) 相对独立于被监管对象,避免受到行业利益集团的捕获,成为一个竞争者打压另一个竞争者的工具,造成监管寻租并阻碍金融创新。证券监管作为政府必要的规制在证券领域的体现,不能是政治利益或行业利益的代表,而应体现出其公共事务的管理性和服务于公众利益的公益性。这种相对于政治和行业的独立性,能够确保监管机构所制定的监管政策得到一致的适用,并达致法律所制定的监管目标。

二、监管独立性议题的历史性回顾与发展趋势

从 1887 年美国设立第一个独立的联邦监管机构——州际商务委员会(ICC)开始至今,独立监管机构的存在已有百年历史。这一特殊类型的监管组织,不仅在发源地美国境内获得极大的发展,成为公共权力规制社会及经济生活的主要方式,而且还作为一种规制的成功经验[3],被英

---

[1] Quoted from Mark A. Jamison, "Leadership and the Independent Regulator", World Bank Policy Research Working Paper 3620, June 2005, p. 3.
[2] Alan B. Morrison, "How Independent are Independent Regulatory Agencies", 1988 *Duke Law Journal*, p. 253.
[3] 当然这一监管模式并非没有受到批评,事实上自 SEC 诞生以来,始终伴随着批评之声,最近一次大规模的批评来自于对 SEC 在 2008 年金融危机之前所作所为的反思,并提出了改革建议。See: Norman S. Poser, "Why the SEC Failed: Regulators Against Regulation", *Brooklyn Journal of Corporate, Financial & Commercial Law*, Vol. 3, 289 (2009); Jill E. Fisch, "Top Cop or Regulatory Flop? The SEC at 75", *Virginia Law Review*, Vol. 95, 785 (2009); etc.

尽管 SEC 对市场监管存在失败之处,在处理金融危机时也未尽如人意,但从总体上看,SEC 作为独立监管者掌管证券市场监管八十多年的历史无疑是成功的。美国 2008 年之后通过《2010 年华尔街改革法》进行的监管改革,虽然对金融监管职权做了些许调整,但并未真正合并或者拆分 SEC,可谓是对这种经验的肯定,也因此未动摇 SEC 的监管独立性基础。

国、欧盟国家、日本、澳大利亚等发达资本主义国家效仿,也为新加坡、韩国、印度尼西亚、我国台湾地区等新兴市场所在国家/地区所借鉴,是当今世界范围内占据主流的规制主体组织形式和规制方式。

在百余年的发展历程中,与独立监管机构相伴相随的监管独立性议题,始终备受关注,并不断地在各界的挑战、冲击和质疑中获得新的内涵和发展。就时间阶段而言,在20世纪80年代之前,除英国存在少许的独立监管机构之外,独立监管机构还只是美国这一发源国特有并盛行的现象[1];就监管模式的地域而言,独立监管机构起源于20世纪30年代的美国,这一经验及至80年代之后才逐步为美国之外的其他国家和地区所借鉴。证券监管作为政府规制经济的一种类型,有其自身的特殊性,但也刻上了同时期独立监管机构的烙印。为此,下文主要以独立监管机构及其独立性为主线进行分析,必要时再对证券监管独立性予以解说。总体而言,百余年的独立监管机构及其独立性议题,大体围绕着以下几条主线进行,其论争过程及结果不断推动着独立监管机构在实践和理论研究上获得更大发展。

(一) 基于宪政理论对独立监管机构合法性展开的论争

从一百多年前美国国会在联邦层面设立第一个独立监管机构(ICC)以来,有关独立监管机构合宪性(the constitutional legitimacy of independent regulatory agencies)的争论就延续至今。[2]独立监管机构被视为一种"奇怪的创新"(peculiar creations),他们认为独立监管机构只是融合了立法、行政和司法三大部门职能的奇怪混合物,而不是什么创新,这违反了宪法规定的三权分立原则。而在没有明文宪法(例如英国),或者没有实行类似美国那样明显的三权分立政治体制的国家,这一问题更直接地以独立监管机构是否合法的行使出现。

长期以来,在自由经济思想的主导下,市场自治已是根深蒂固的共识,独立监管机构横空出世的干预,尽管有应对危机的一时之需,但作为常规机制,显得不合时宜。更何况,独立监管机构往往拥有涵盖准立法、行政和准司法的权限,超过一般行政机构的职权,不仅仅是作为法律的执行者。"因为虽然行政人员是执行者,可以进行管理,但在某种意义上他

---

[1] 马英娟:《政府监管机构研究》,北京大学出版社2007年版,第46—63页。
[2] Aulana L. Peters, "Independent Agencies: Government's Scourge or Salvation", *Duke Law Journal*, April 1988, p.286.

们同样可以行使制定规则的权力来立法,然后行使裁决权来裁判他们自己制定的规章的合理性。对公众来说,这代表了一种丑陋、令人生厌恶的独裁权力。"[1]对权力被共享的质疑,以及对独立监管机构综合运用所掌握的多种权力干预市场的恐惧和抗拒,带来对这种独立监管机构本身是否具备合法性的质疑。以下以美国为例进行介绍,不仅因其实行典型的三权分立,这种论争更为彻底和激烈;而且,即使是在独立监管机构合宪性地位被确认多年以后,质疑它的声音仍未消弭,特别是在2008年金融危机之后,美国财政部一度提出包括合并SEC在内的监管改革蓝图[2]时更为激烈。而在其他国家,尽管也存在对独立监管机构合法性的质疑,但在论争中为适应现代国家的需要,常常将这类机构作为公共机构或者公法人纳入他们的行政系统而获得相应的合法性,因而总体上争议不如美国如此激烈而持久。"棘轮效应(ratchet effect)意味着,在经济危机结束之后,政府作用又开始长期扩张,只不过是在新的、更高的基础上进行而已","即使对很多政策表示不满的批评家们也承认,争论不再集聚于消除新政项目,而是讨论,如何使这些项目在混合经济中更好地发挥作用。"[3]经久不息的争论,很大程度上反映了人们在政府干预理想模式与现实运用之间的纠结,但也恰恰是这种永不停歇的质疑,通过对抗的方式不断地推动了独立监管机构理论与实践的向前发展和完善。

早在1887年州际商务委员会(ICC)成立之初,就有法律学者质疑独立监管机构是违宪的,因为它们违反了三权分立原则并构成了不合法的行政授权。[4]这种对独立监管机构合宪性的质疑,主要通过法院的司法审查进行。在早期的Myers v. United States(1926)[5]一案中,总统享有的对行政长官的免职权延伸到了独立监管机构的职员身上,独立监管机构并未获得所谓的"独立性",其合宪性地位仍处于摇摆不定之中,也因此影响了独立监管机构在实践中发挥作用。

---

[1] 〔美〕肯尼思·F.沃伦:《政治体制中的行政法》(第三版),王丛虎、牛文展、任端平、宋凯利等译,中国人民大学出版社2005年版,第65页。

[2] "United States Dept of the Treasury, Blueprint for a Modernized Financial Regulatory Structure", March 2008, at http://www.treasury.gov/press-center/press-releases/Documents/Blueprint.pdf, last visited April 20, 2015.

[3] 〔美〕普莱斯·费希拜克等:《美国经济史新论:政府与经济》,张燕、郭晨、白玲等译,李鹏飞校,中信出版社2013年版,第384页。

[4] Aulana L. Peters, "Independent Agencies: Government's Scourge or Salvation", *Duke Law Journal*, April 1988, p. 290.

[5] 272 U.S. 52 (1926).

探究国会之所以要将行政权授予独立监管机构而不是政府行政部门（executive agencies），最本源的可能是政府治理之下的社会随着时间推移而发展且变得更加多样化和复杂，而这需要执行监管的机构更具有专业性和灵活性，这是传统官僚体制下的行政机构往往不具备，也因此无法胜任的。"由政府来处理的问题越来越复杂和具有专业技术性，这使得立法者倾向于将大量的权力委托给那些被认为在特定的政治领域具有专业知识的行政人员。"[1]在20世纪30—40年代经济危机之后的新政时期、社会在二战之后进入恢复和稳定增长时期，以及60—70年代伴随经济增长带来的政府社会服务职能增加的时期，这种经济和社会治理的多样化和复杂化，需要专家型的监管机构遵循既定的目标和行政程序，掌握准立法、行政和准司法三项综合权力进行处理，国会与最高法院在采取独立监管机构进行社会治理的观点上达成了一致。当然，另一方面，影响国会作出决定的最大因素是，国会认为独立机构更可能接受国会成员所表达的偏好[2]，因而把独立监管机构作为政治上制约政府权力日益膨胀的控权设计。表现在对独立机构合宪性的司法审查上，便是在1935年的Humphrey's Executor v. United States[3]一案中，最高法院首次探讨了独立监管机构与行政部门的区别，并对这些区别予以认同，确认其独立性；进而在1957年的Wiener v. United States[4]一案中，最高法院认定总统对独立监管机构委员行使免职权的无效，最终确立了这类监管机构的独立性。[5]

然而，有关独立监管机构的合宪性在20世纪80年代里根政府时期烽烟再起，其政治斗争的根源是里根政府致力于推行放松监管，而独立监管机构却成为实现政府计划最大的障碍[6]，因此有必要通过发起对监管机构合宪性的质疑，将这类独立监管机构纳入政府行政部门，统一受总统控制。然而，这种基于政治利益的质疑并未取得胜利，在1988年的Mor-

---

[1] 〔美〕特里·L.库珀：《行政伦理学：实现行政责任的途径》（第四版），张秀琴译，音正权校，中国人民大学出版社2001年版，第43页。
[2] Richard J. Pierce, Jr., *Administrative Law Treatise*, 4th ed., Vol. I, Apsen Law & Business 2002, p.66.
[3] 295 U.S. 602(1935).
[4] 357 U.S. 349 (1957).
[5] See William H. Hardie III, "The Independent Agency after Bowsher v. Synar-Alive And Kicking", *Vanderbilt Law Review*, Vol.40, May 1987, pp.909—15.
[6] Kevin M. Stack, "Obama's Equivocal Defense of Agency Independence", *Constitutional Commentary*, Vol.26, 2009—2010, p.595.

rison v. Olson[1]一案中,最高法院的裁决否决了关于独立监管机构违反三权分立原则并因此侵害行政部门职权的质疑,使得关于独立监管机构合宪性的争议再次归于平息。[2]

美国在 2008 年金融危机之后,尽管未再兴起针对独立监管机构作为一种监管类型的底线挑战,但也有学者经过分析,认为并无什么特质足以标明独立性,因而反对独立监管机构与行政机构的两分法,主张所有的机构都应被视为行政的(executive)并落在独立性从多到少的光谱上,受到总统的控制。[3]在实践层面,2013 年 6 月召开的美国行政会议(Administrative Conference of the United States)年会,接受了要求独立监管机构遵守"成本—效益"分析的建议[4],三位参议员为此还提出了一个议案。[5]目前,围绕着类似 SEC 的独立监管机构是否要严格适用总统颁发的第 12866 号、13563 号行政命令(Executive Order),在起草规章时进行监管影响的"成本—效益"分析并在正式发布前向联邦公共管理与预算局(OMB)下设的信息和监管事务办公室(the Office of Information and Regulatory Affairs)提交所有草案规则的问题,各方正展开热烈的讨论[6],未有

---

[1] 108 S. Ct. 2597(1988).
[2] Aulana L. Peters, "Independent Agencies: Government's Scourge or Salvation", *Duke Law Journal*, April 1988, p. 292.
[3] See Kirti Datla and Richard L. "Revesz, Deconstructing Independent Agencies (and Executive Agencies)", *Cornell Law Review*, Vol. 98, May 2013, p. 769.
[4] Administrative Conference Recommendation 2013-2, Benefit-Cost Analysis at Independent Regulatory Agencies, Adopted June 13, 2013, Federal Register/Vol. 78, No. 132/Wednesday, July 10, 2013/Notices.
[5] Sen. Rob Portman, Sen. Mark Warner and Sen. Susan Collins, Independent Agency Regulatory Analysis Act of 2015.
[6] See Bruce Kraus and Connor Raso, "Rational Boundaries for SEC Cost-Benefit Analysis", *Yale Journal on Regulation*, Vol. 30, Summer 2013, pp. 289—342; John C. Coates, IV, "Towards Better Cost-Benefit Analysis:An Essay on Regulatory Management", July 14. 2014, at http://papers. ssrn. com/sol3/papers. cfm? abstract_id=2471682, last visted April 20,2015; John C. Coates IV, "Cost-Benefit Analysis of Financial Regulation: Case Studies and Implications", *Yale Law Journal*, 2014—2015 Vol. 124, 4, January-February 2015, pp. 882—1345; Cass R. Sunstein, "Financial Regulation and Cost-Benefit Analysis", *Yale Law Journal*, Vol. 124, 263 (2015), http://www. yalelawjournal. org/forum /financial-regulation-and-cost-benefit-analysis;

Jerry Ellig & Hester Peirce, "SEC Regulatory Analysis: a Long Way to Go and a Short Time to Get There", *Brooklyn Journal of Corporate, Financial & Commercial Law*, Vol. 8, Spring, 2014.

定论。

回顾独立监管机构百余年的发展史,不难发现,独立性是监管政策赖以制订的复杂政治环境中的诸多因素之一。当国会强势时,它可以通过创设独立机构在监管型国家中打上它自己的烙印,而当权力平衡改变之后,独立机构这一结构模式就无法阻止行政部门的施压,甚至是取消的威胁。[1]当然,从实用的角度来看,对于金融、能源、电信、安全等这些社会中的重要领域,排除受政治周期影响且背负政治责任的总统命令的干预,通过服务公共利益而进行监管,还是很有必要的。尽管有关其合宪性的争议并不会因最高法院曾经的司法审查结论而终止,但从独立监管机构设立至今,其在全世界范围内的普及和日益兴盛来看,实用主义的观点得到了更多肯定和认同,也因此,独立监管机构被视为独立于立法、行政和司法机构之外的联邦"第四部门"得到确认与尊重。[2]

(二)基于结构—功能理论对独立监管机构可问责性展开的论争

与合宪性论争始终伴随独立监管机构的成长不同,基于结构—功能理论而对独立监管机构提出问责性论争却始于20世纪70年代中后期,并在80年代达到了高潮。

分析这一论争产生的原因,与当时的社会背景有着密切的关系。20世纪70年代之后,美国国会已设立了数十个独立监管机构处理经济和社会性事务,呈现出国会制约政府权力扩张的有利态势,但实践中这类机构设置过多,普遍出现了成本高、效率低、程序繁琐、方式僵硬等问题,引发了公众对独立监管机构的质疑,当然也招致了自由主义改革者和知识分子的越来越多的批评。[3]在美国之外的其他国家同样也面临着传统行政管理体制繁冗而带来的改革问题,例如英国,在经历70年代末80年代初的经济停滞之后,新上台的保守党政府(时任的为撒切尔首相)希望改革传统中央政府体制庞大而僵化死板的等级结构,提高公共行政的效率与

---

[1] See Susan Bartlett Foote, "Independent Agencies under Attack: A Skeptical View of the Importance of the Debate", *Duke Law Journal*, April 1988, P. 235.
[2] See Edward H. Fleischman, "Toward Neutral Principles: the SEC's Discharge of Its Tri-Functional Administrative Responsibilities", *Catholic University Law Review*, Winter, 1993, pp. 251—52.
[3] 参见马英娟:《政府监管机构研究》,北京大学出版社2007年版,第53页。

灵活性,以此激活经济,适应经济和社会的高速发展需求。[1]

这个时期,有关政府监管与公共行政理论的新发展为改革提供了肥沃的土壤。其中,曾获得诺贝尔经济学奖的斯蒂格勒在1971年提出了监管捕获理论,首次提出并深入探讨了政府监管因受到利益集团捕获而可能出现监管失灵的问题,引起了人们对过去以来一直认为政府为公共利益行事假定的反思。而正如上述,在这一理论之后,作为与传统的公共利益规制理论相对立的规制替代理论,提出以市场竞争替代规制的主张并一直保持理论的持续发展,在某种程度上为西方国家20世纪70年代末80年代初的放松管制运动做了理论上的适当准备。同一时期,新公共管理运动兴起,其以反思建立在韦伯官僚组织理论上的传统行政管理体制为起点,建立在规制经济学和公共选择经济学基础之上的诸多论断[2],带给了公共行政颠覆性的变革:在监管理念上认为政府不应是唯一的权力主体和中心,第三部门或个人等社会力量基于公共利益和共同体的内在需求可参与公共行政,推动简政放权和独立监管机构的普及化;在监管目的上认为政府职能不是管制而是以投资者为"顾客"提供服务,应把有限的精力和宝贵的资源用于重要决策,将具体繁琐的行政执行事务委托给更具优势的市场主体;在监管思路上以企业家精神重塑政府,推广公共行政的民营化并引入市场化管理方法,促使个体更多地参与公共事务管理,在保留传统行政管理正当性的同时,强调目标管理、质量管理和成本效益指标衡量的重要性。[3]

在上述社会背景和经济、公共管理理论的共同作用下,世界范围内于20世纪70年代末80年代初掀起了一股行政改革潮流,并形成了三种类型的改革:"一是地处北大西洋和南太平洋的英国、美国、加拿大、澳大利

---

[1] 参见〔英〕温森特·怀特:《欧洲公共行政现代化:英国的个案分析》,载国家行政学院国际合作交流部编译:《西方国家行政改革述评》,国家行政学院出版社1998年版,第233—249页。

[2] 参见《西方国家行政改革述评》,国家行政学院国家合作交流部编译,国家行政学院出版社1998年版。经济合作与发展组织:《分散化的公共治理:代理机构、权力主体和其他政府实体》,国家发展和改革委员会事业单位改革研究课题组译,中信出版社2004年版;〔美〕戴维·奥斯本、特德·盖布勒:《改革政府:企业家精神如何改革着公共部门》,周敦仁等译,上海译文出版社2006年版;经济合作与发展组织编:《OECD国家的监管政策:从干预主义到监管治理》,陈伟译,法律出版社2006年版等。

[3] 参见洪艳蓉:《公共管理视野下的证券投资者保护》,载《厦门大学学报(哲社版)》2015年第3期。

亚和新西兰在不同程度上推行新的'公共管理'的改革。其中,英国、澳大利亚和新西兰堪称系统化的改革,美国属于渐进主义(Incremental approach)的改革,加拿大居于二者之间","二是欧洲大陆的法国、德国、荷兰、瑞典实行连续或不连续性的渐进主义改革,它们也都受到新公共管理的影响","三是南欧的半岛国家意大利、希腊为争取行政合法性或强调制度化的改革"。[1]

在美国,这一改革政府及其规制的变革,在里根总统上台及执政期间(1981—1989)成为政府的主要工作,此后历届政府逐步督促和完善,并延续至今,就连奥巴马总统(2009—2017)在2008年金融危机过后,也通过发布一个行政命令[2],要求独立监管机构通过"提高公众参与""简化和协调监管规则""对规则进行回溯分析"等构建流线型监管(Streamlining Regulation),以提高监管的效率。

在质疑独立监管机构功能的人看来,独立监管机构没有从政府的任一分支部门中获得明确的权力,它们在政治上是不用负责的,因此容易导致监管缺乏效率并受到外部操纵。本质上,独立监管机构在组织上是功能失调的。[3]为了改变独立监管机构作为"无脑的第四政府部门"(a headless fourth branch of the government)的状况,各方开始了强化独立监管机构职能和监督的工作,在强调独立监管机构要为国会或者立法所规定的监管目标负责的基础上,一系列传统的被用于约束政府行政部门的方法被用于构建独立监管机构的问责制,例如来自国会的预算与财务审核控制、总统的独立监管机构委员提名权、正当程序要求以及必要的司法审查等;而随着约束机制的创新,一些市场化的激励约束手段也逐渐被引入政府规制活动中,从过去的制约监管机构滥权的消极控权,逐步转变到要求监管机构提高效率,更好地服务社会的积极控权转化,倡导以企业家精神改革政府的建议得到了政府的肯定和实施,例如基于"成本—效益"的绩效方法,以及公众参与和规制过程公开等方法,都得到了广泛而有效的运用。

---

[1] 《西方国家行政改革述评》,国家行政学院国家合作交流部编译,国家行政学院出版社1998年版,第3—4页。
[2] Executive Order 13579,July 11,2011.
[3] Susan Bartlett Foote, "Independent Agencies under Attack:A Skeptical View of the Importance of the Debate", *Duke Law Journal*, April 1988, p.223.

（三）基于金融安全理论对独立监管机构协调性展开的论争

与长期存在的质疑独立监管机构合宪性地位和20世纪80年代质疑独立监管机构效率引发问责机制改革不同，对独立监管机构与其他行使公共权力的机构协调性的质疑，却是晚近以来几次金融危机的结果。

在1997年发生亚洲金融危机之时，已经出现了部分亚洲国家负责金融监管的独立监管机构因受到政治干预和行业捕获丧失独立性，不能及时协调相关部门防范和处置风险，最终爆发金融危机并延误危机处理的问题，从而引起经济学界、所在国政府和包括国际货币基金组织等在内的国际金融组织的注意。而于2007年发生的美国次贷危机，最后泛化成危害全球的经济危机。与过去危机主要发生在发展中国家或者新兴市场国家不同，这次危机发生在被认为具有良好金融监管模式，且为许多后继国家所借鉴的发达资本市场所在国，不仅危机的破坏性空前绝后，而且危机的根源主要在于金融监管的失效。深究造成这种监管失效的原因，其中之一便是基于功能监管分工的美国证券交易委员会及其他各领域的金融监管者，未能在日常金融监管过程中实现有效的信息共享和监管密切合作，在发生危机之前不能综观全局发出风险预警；而在危机发生之初，未能与负责金融系统性安全的监管机构进行有效沟通并及时取得援助，救助陷入困境的金融机构，最终导致风险蔓延，诱发系统性危机。远在千里之外却也深受2008年美国金融危机之害的英国，其负责金融监管的单一监管机构FSA，同样也出现了在危机发生之前不能从多个渠道获取金融机构的全面、有效信息而实行审慎监管并提高风险预警，以及在危机发生时未能及时调动经济资源救助受困金融机构，从而不能有效防止危机影响进一步扩大的问题。

在对金融危机发生根源的反思中，独立监管机构过分独立而欠缺必要的协调性由此引起人们的关注和质疑，并被纳入金融监管改革的议程中。在美国，这一改革独立监管机构的行动已经开始，2010年7月美国通过被认为改革力度最大的《2010年华尔街改革法》，成立了金融稳定监督委员会和专门负责消费者保护的金融消费者保护局，包括美国证券交易委员会在内的各行业监管者被要求加强与上述机构的联系。就像Joel Seligman所指出的，《2010年华尔街改革法》的实施意味着美国金融监管进入了一个新时期，在这个时期监管部门和机构与白宫、国会彼此之间的独立性将会减少，因为当强调把金融稳定和减少风险作为首要目标时，这一新的立法会更多地强调监管合作，实质性地减少监管空隙和疏忽，采取更有效的监管工具优化早期预警和提高对迅速发展的危机的快速反应。[1]而在英国,作为对金融监管应对危机失效的反思,英国在2013年正式拆分其金融服务局(FSA),将其审慎监管功能划归在英格兰银行下设的审慎监管局(PRA),加强金融行业的微观审慎监管与宏观审慎性监管、金融稳定性之间的联系;同时,将其金融消费者保护职能划归新设立的金融行为准则局(FCA)负责,回到金融监管的双峰模式,使传统上负责多项监管职能的独立监管机构的功能和结构再次发生变化。当然,这种变革的效果如何还有待时间检验,但因传统上的独立监管机构欠缺协调性而需要进行调整,这不仅构成了新的独立监管机构独立性议题,而且正在世界范围内引起重视和应对的思考。

(四)基于投资者保护理论对独立监管机构目标多元性展开的论争

投资者提供了资本市场的资金来源,是资本市场最主要的参与者,对投资者提供行之有效的保护,维护其投资信心,是资本市场得以实现资金融通、价格发现和资源优化配置等多种功能的基础,也是资本市场得以做大做强的根本。为此,国际证监会组织(IOSCO)于1998年制定《证券监管的目标与原则》时,就把"保护投资者"列为证券监管的第一目标。这一国际证券监管的良好实践同时也被各国写入证券法等主要资本市场法律制度中,成为指导证券监管的重要准则。2008年金融危机之后,世界银行系统总结各国和主要国际(金融)组织关于消费者保护的经验教训和建议,于2010年8月最终完成一份名为《金融消费者保护的良好经验》(Good Practices for Financial Consumer Protection)的文件,"利用世界银行金融消费者保护的国家经验以及依靠被实践证明运行良好的国际方式,展现了一个监管者可以努力加强金融服务领域的消费者保护的实用方法"[2],旨在对世界各国通过金融监管和金融教育两条途径提高金融消费者保护水平提供指引、参照和评估。可以说,保护证券投资者的重要性,已在世界范围内形成共识并普遍地成为一国证券监管的目标或要求。然而,关于证券投资者保护的一个现实问题是,尽管对投资者的保护被列为首当其冲的监管目标,但在日常监管和金融危机中,却屡屡发生监管者

---

[1] Joel Seligman, "Key Implications of the Dodd-Frank Act for Independent Regulatory Agencies", *Washington University Law Review*, Vol. 89, November 1, 2011, p. 6.

[2] 世界银行:《金融消费者保护的良好经验》,中国人民银行金融消费者权益保护局译,中国金融出版社2013年版,第4页。

为发展市场或者偏重行业利益保护而牺牲投资者保护的情况,历次金融危机更是以极大地损害投资者的合法权益收场,这种结果往往导致投资者在危机之后人面积逃离市场,给资本市场发展造成二次重创。面对制度规定与实际履行之间的背离,应如何由监管者保护投资者的论争由此展开。

通常,法律将保护投资者,规范金融机构行为以维护市场竞争秩序,对金融机构进行审慎监管以维护系统性安全的职能,统一授权给同一个监管者行使,由此形成证券监管者背负保护投资者、维护市场秩序和减少系统性风险多重监管目标的状态。这些监管目标在大多数情况下相生共存,可以相互促进,但在某些情况下却可能产生冲突,需要监管者在履行职责时作出优先次序选择。例如,为发展市场需要,监管者需要放松对金融机构的行为监管,而这可能客观上弱化投资者在与金融机构的交易中所处的地位和受到的保护;再如,监管者如果过度强化对金融机构的审慎监管,可能减少金融市场中消费者可能获得的信贷额度和金融产品的多样性,而如果弱化对金融机构的审慎监管,又会加剧系统性风险,最终损害投资者的个体利益。值得注意的是,金融机构作为一个利益群体,往往存在着结盟的共同体或者行业协会,可以作为行业利益的代言人,在监管机构拟对其制订相关政策或者采取监管举措时进行沟通,协商并主张权益等;类似的,系统性风险攸关金融稳定与经济发展,是作为最后责任承担者的政府最为关心的问题,也因此往往在金融机构的审慎监管问题上,存在着来自国家/政府/中央银行层面的代言人,可以就此与监管机构进行沟通并促进相关举措的推出及落实。而与此不同的是,投资者虽然也是监管者保护的对象,但往往是个体而分散的(即使是机构投资者,也未必结盟成某一利益团体),在维护个体权益时可谓是单兵作战,存在着显著的集体行动困境。换言之,尽管投资者人数众多且有着强烈的权益保护需求,但其在利益层面的表达和权益的维护上却不存在一个所谓的代言人,也因此无法就自身需求类似上述金融机构或者中央银行等负有宏观审慎监管职责的主体那样与监管者进行沟通、必要时向监管者施压,甚至主张权益。因此,当监管者面临监管目标冲突,或者在执行监管目标的优先次序选择上时,往往是将投资者保护这一监管目标作垫后处理的。"大部分监管者都有主要和次要任务,他们更倾向于解决主要目标的冲突"[1],分散的投资者难以形成对监管的合力且影响力滞后,其保护往往成为监管者在目标冲突时先牺牲的对象。

正是基于上述认识并重申投资者保护对发展一个强大的资本市场的作用,2008年金融危机之后,各国金融监管改革的一个重要趋势便是增强对金融消费者(包括证券投资者在内)的保护。一个解决思路是为过去没有代言人的投资者寻求一个制度上可靠,功能强大的代言人,专门负责金融消费者的保护事宜。"鉴于上述原因,我们提出成立新机构的设想,以改善制定、解释、执行、调整监管政策的体系,作为公众在金融政策和金融监管领域的卫士,我们称其为'人民卫士'。"[2]由此带来对监管者承担的包括投资者保护在内的多重监管目标的拆分或者转移,并在实际中形成了两套做法和两个阶段的安排。

一些国家注意到难以兼顾所有监管目标,拆分监管职能并采用"双峰"监管结构。典型如澳大利亚1998年设立审慎监管局(APRA)负责审慎监管金融机构,并设立证券与投资委员会(ASIC)负责金融投资者保护和规范市场竞争,这在很大程度上助其躲过了2008年金融危机。诞生"双峰"理论的英国,吸取监管失败教训,2013年将单一的金融服务局(FSA)拆分为审慎监管局(PRA)和金融行为监管局(FCA),前者负责审慎监管金融机构,保障金融系统稳定;后者负责监管金融服务行为和金融工具,保护金融消费者,走上根据监管目标设立专门监管机构的道路。未能拆分监管机构的一些国家,通过设立监管上投资者的专门代言人,即成立专门的投资者保护机构回应监管目标。具有示范性的是美国通过《2010年华尔街改革法》设立消费者金融保护局(CFPA),平行于各金融监管机构,负责统一执行分布于不同联邦机构的金融消费者保护职能,并授予其制定规则、检查、罚款等实权。由此世界范围内兴起成立专门投资者保护机构的浪潮,但其机构建制和权力配置未必如美国那样武装到牙齿。

金融危机治理,带来在监管前端设立专门的投资者保护机构并强化

---

[1] Larry D. Wall and Robert A. Eisenbeis, "Financial Regulatory Structure and the Resolution of Conflicting Goals", Federal Reserve Bank of Atlantam Working Paper 99—12, September 1999, p.4.

[2] 〔美〕詹姆斯·R.巴斯、小杰勒德·卡普里奥、罗斯·列文:《金融守护人:监管机构如何捍卫公众利益》,杨农、钟帅、靳飞等译,生活·读书·新知三联书店2014年版,第258—259页。

其专项职能,也带来在监管后端(投资者受损或发生纠纷时)建立独立而专业化的救济机制。[1] 其尝试行政性或民间性皆有,如:英国、澳大利亚设立的"金融申诉专员"(FOS);日本创设的用于解决金融纠纷的诉讼替代性纠纷解决机制(ADR);我国台湾地区设立的"金融消费评议中心"(FOI);韩国在金融监督院(FSS)内设立的"金融消费者保护局"(FCPB)。这些专门组织的共同点在于为投资者提供简便、快捷而廉价的事后救济,疏导矛盾,尽快恢复其对资本市场的信心。

第二节 证券监管独立性的基本要素

一、独立的证券监管组织

(一)需要独立监管组织的理由

所谓独立的监管组织,抑或监管组织的独立性,是指监管组织作为一个机构独立于传统政府行政部门(executive agencies)和立法分支部门,以及独立于被监管行业及相关利益群体的一种状况。

美国最初设立证券监管时,即采取了独立监管机构——证券交易委员会——的形式,而之后随着美国监管模式在世界范围内的推广,许多国家也陆续采用独立的证券监管机构形式行使监管权。根据经济合作组织(OECD)秘书处2005年的调查结果,OECD成员国经济性规制机构的设立模式大体有四种:(1)内阁部门(Ministerial department),即中央政府的组成部分,不享有独立的法人地位;以内阁部长为首长或者直接向内阁部长报告工作;以税收收入为代表性和主要的经费来源,属于公共服务部门的组成部分;在执行某些规制职能方面享有法定的独立地位,并具有一定的行政自主权。(2)内阁机构(Ministerial agency),属于执行机构,与中央政府保持适当的距离,可能有独立的预算及自主性安排,也可能没有;可以隶属不同的法律架构(可能不适用于公共服务规制);享有一定的权力,但其权力最终要服从于部长或者受到部长控制;(3)独立咨询机构(Independent advisory body),其有权就特定规章和产业状况向政府、立法者和公司提供官方的专家性建议,也可以出版其建议,但范围可能会有

---

[1] 参见洪艳蓉:《公共管理视野下的证券投资者保护》,载《厦门大学学报(哲社版)》2015年第3期。

所变化;(4)独立监管机构(Independent regulatory authority),指承担特定产业规制职能的公共机构,实行自治管理,它们的预算可能在一个部门之下,但是机构的活动不受政治或者行政的干预,或者干预仅限于提供总体建议而不是对特定情形进行干预;这些机构通常享有广泛的权力。[1]综合这些类型,可以将规制机构的设置模式归为三类,即(1)与传统行政部门合并型的监管机构;(2)隶属于传统行政部门的监管机构;(3)独立于传统行政部门的监管机构。[2]从主要发达市场和新兴市场证券监管机构的组织形式来看,大都采用了设置独立监管机构负责这一领域相关监管事务的做法。[3]尽管规制机构模式的设置受到诸多因素的影响,但从世界范围来看,独立监管机构仍然占据主流,尤其是在金融和电信规制领域,更是呈现出独立监管机构一枝独秀的状况。[4]

从组织形态上看,将金融领域的管理这一特定公务事项授权给某一组织行使,是一项公务分权的行政管理技术,"在任何一种官僚政治中,将特殊的功能赋予特定的机构都是非常可取的"[5],这种组织形式上的独立并不是区分独立监管机构从属于传统行政管理抑或现代公共行政的主要特质,更重要的是基于这种组织形式独立所具有的不受法定之外的干涉,并享有一定程度自治权的权力与控权机制的安排,才是关键所在。关于独立监管机构的类型及其作为行政监管主体的法律地位的分析,参见第一章第一节二(一)3."建立在公务分权基础上的行政监管主体类型"的内容,此处不赘。

一种现象的存在,必然有其合理的理由,独立监管机构在金融领域的独领风骚,既有历史积淀的原因,也有独立监管机构应对证券市场状况具有突出优势的因素。总结而言,通过独立监管机构对市场进行监管,其理由主要有:

---

[1] See Stéphane Jacobzone, "Independent Regulatory Authorities in OECD Countries: an Overview", in OECD Proceedings of an Expert Meeting in London(Designing Independent And Accountable Regulatory Authorities For High Quality Regulation), United Kingdom, 10—11 January 2005, p.82.

[2] 参见马英娟:《政府监管机构研究》,北京大学出版社 2007 年版,第 101—108 页。

[3] 参见第一章第三节"海外市场的证券治理及其独立性实践"的内容。

[4] See Stéphane Jacobzone, "Independent Regulatory Authorities in OECD countries: an Overview", supra note[1], p.81.

[5] 〔美〕米尔顿·弗里德曼:《弗里德曼文萃》,高榕、范恒山译,北京经济学院出版社 1991 年版,第 551 页。

1. 证券市场及其制度的复杂性,以及所要求的高度专业技能和经验,需要通过设立专门的机构来获取并予以维持。[1]设立独立的监管机构有利于吸引专家型的人才参与技术性很强的证券监管,并能通过具有吸引力的薪酬待遇使这些人员留在监管机构,将通过实践积累的监管经验加以传承和运用,解决特定领域,尤其是像证券监管这样具有高度技术性且变化日新月异的领域所需要的专业化监管问题。"实际上,这些独立的管制机关是基于对周围环境的反馈而建立起来的,也正是环境迫使议会建立了这些能够解决现行高科技所带来的复杂多变的问题并由行政专家组成的机关。"[2]

2. 证券市场晚近以来日益在经济生活中占据重要地位,并对一国经济发展和社会稳定产生巨大影响;保障市场的安全与稳健,维持投资者的投资信心,成为一项具有基础性意义的重要工作。将这项重要的任务交由独立的监管机构执行,能够使公共事务管理得到合理分工,并通过监管机构自身的独立地位和永续存在,传递给市场长久而可信的政治承诺,确保监管政策的一致性和稳定性,避免因受到政治选举或者政党交替掌权等政治因素的影响,产生急剧的波动。"机构的独立性提高了一个机构作出可信的政策承诺的可能性。"[3]而且,独立监管机构的设置也便于隔离其与其他政府机构或者监管机构的联系,更容易考察和考核其实现证券市场监管目标的状况,根据市场反馈增减其监管权限并适当问责,从而增强市场参与方和投资者的信心。

3. 独立监管机构独立于其他政府部门和市场被监管对象,能够引入更为公开透明的监管政策决策程序并允许公众更多地参与这一过程,如此可以通过与被监管对象及其他利益相关者建立并保持密切的联系,增加监管规则制定的合意性、回应性、多元性和可接受性。[4]韦伯曾指出,任何一种组织都是以某种形式的权威作为基础的,权威能消除混乱、带来

---

[1] See Aulana L. Peters, "Independent Agencies: Government's Scourge or Salvation", *Duke Law Journal*, April 1988, p. 291.

[2] 〔美〕肯尼思·F. 沃伦:《政治体制中的行政法》(第三版),王丛虎、牛文展、任端平、宋凯利等译,中国人民大学出版社2005年版,第30页。

[3] Udaibir S. Das and Marc Quintyn, "Crisis Prevention and Crisis Management: The Role of Regulatory Governance", IMF Working Paper, WP/01/163, September 2002, p. 9.

[4] See Lisa Schultz Bressman and Robert B. Thompson, "The Future of Agency Independence", *Vanderbilt Law Review*, Vol. 63, No. 3, 2010, p. 615.

秩序,没有权威的组织是无法实现组织目标的。"在行政管理独立自主的前提下,将职业化、专业技能和功绩制的价值观等理性标准引入行政管理过程,追求行政管理的客观化、科学化和理性化"[1],独立监管机构依靠客观建立的一整套规则,有助于市场各方获取更多的政策制定背景、考虑因素、监管原理等内容,比较容易形成对监管规则良好的认同,有利于今后独立监管机构开展工作,也能形成和谐的市场监管氛围,在降低监管成本的同时促进市场的自我健康发展。

因此,尽管监管机构的组织模式可能有多种选择,但独立监管机构在确保独立性上却有其胜出的理由:"一是技术上的原因:利用监管机构的专业性、技术性以及高效灵活的程序减少决策成本;二是政治上的考虑:利用监管机构的独立性增强长期政策承诺的可信度。"[2]也因此,在国际证监会组织发布的《证券监管的目标与原则》中,监管机构的独立性被视为关于监管机构的重要原则;而在国际货币基金组织所推行的"金融部门稳定性评估规划"(FSAP)中,金融监管治理的评估自然而然地包括了金融监管机构的独立性评估事项。当然,需要注意的是,监管机构独立性不等同于设立单独的监管机构,设置于传统政府行政体系之内的机构,如果能够依法得到独立性保障,也应被认为具有独立性。不过,独立监管机构这一组织形式,更有利于通过物理意义上的组织独立及相关制度设计,走出迈向监管机构独立性的重要一步,并构成坚实的基础保证。

(二) 独立监管组织的特点和独立性要素

所谓独立的证券监管机构/部门,是指由具有独立法律地位的组织机构专门从事证券监管事务,而不是作为政府行政分支机构或者立法部门的下属机构,也不与被监管对象和利益相关者有超出正常关系的联系。独立监管机构与传统的被韦伯称为具有官僚体制特征的行政部门,其最主要的有两个方面:一个是它们的行政组织形式;一个是它们的内部领导关系,也即组织关系。[3]

从行使公共事务行政管理权的组织形式来看,区别独立监管机构与

---

[1] 丁煌:《西方行政学理论概要》(第二版),中国人民大学出版社2011年版,第32页。
[2] 马英娟:《政府监管机构研究》,北京大学出版社2007年版,第82页。
[3] Domnique Custos, "Rulemaking Power of Independent Regulatory Agencies", *American Journal of Comparative Law*, Vol. 54, 2006, p. 615.

传统行政部门最重要的是独立的概念。[1]在证券领域,美国证券交易委员会的独立性对于其有效履行法定职责,具有决定性的意义,这种独立性足以保证其不受行政命令的影响,避免被总统用于迎合选民的要求而产生过大的波动[2];而"亚洲金融危机的教训表明,保持金融监管机构在政策操作上的独立性是非常重要的……监管机构的独立性和可信任度意味着监管机构不受政治压力和利益集团的影响,否则,监管机构就不能获得地方银行体系和民众的尊重和信任"。[3]相较于行政部门作为总统意志的执行机构,服从于总统,与政府政治意图和行动同进退,独立监管机构具有"独立性"的特征,这种独立性的实现,根据美国相关学者的研究,主要基于三大法定的安排:(1)独立监管机构组成委员与政治的相对独立,不与当政者完全挂钩,必须保证在朝和在野的政党有公平机会入主独立监管机构委员会;(2)独立监管机构成员的任期有明确的、固定的期限,不与政治周期同步,不受政治选举周期的左右,不随政党的更替而发生急剧变化或者临时性的调整;(3)独立监管机构成员履行职责受到法律保护,不适用总统对行政部门的免职权,除非在法律明确规定的情形下,总统不能任意解职独立监管机构委员。[4]

从行使公共事务管理权的内部组织关系来看。独立监管机构不同于行政部门所具有的传统官僚体制特征,例如实行首长负责制,黑箱的行政决策过程,等等。独立监管机构主要实行的是委员会或者理事会制(commissions or boards),而不是由一人决策的首长负责制或者独任制。这种集体合议制可以针对特定而又复杂的监管领域及相关问题,集思广益,在公平、公正的基础上确定最优的监管政策,并确保监管政策的一致性和稳定性,也能通过参与决策者的来源分散和多元化,制约干涉而确保监管的独立性。就像一些学者的研究所指出的,独立监管机构的委员会决策制有着与首长决策制不同的目标和效用,它更注重交流互动、反馈和

---

[1] Paul R. Verkuil, "The Purposes and Limits of Independent Agencies", *Duke Law Journal*, April 1988, p. 259.

[2] Alan B. Morrison, "How Independent are Independent Regulatory Agencies", *Duke Law Journal*, April 1988, p. 253.

[3] 王曙光:《金融自由化中的政府金融监管和法律框架》,载《北京大学学报(哲学社会科学版)》2004年第1期。

[4] Paul R. Verkuil, "The Purposes and Limits of Independent Agencies", *Duke Law Journal*, April 1988, p. 259.

兼顾多元化,更多的是分享观点而不是独断专行。在这个意义上,委员会更好地体现了决策过程的价值,呈现出对公平、可接受度和准确度价值的更多关注,而不仅仅是单一的效率维度。[1]申言之,经济和效率并不是判断行使公权力的政府干预市场绩效的唯一标准,"民主国家中的政府是实现其集体目标的政策手段。因此,政府的绩效不能仅仅用经济和效率来判断,还应该包括价值、平等、政府提供的产品和服务的效能、政府行动的合法责任和伦理责任、公平平等地对待它所接触的所有人、对所有利益相关者(包括在政府机构中工作的公务员)的需求和利益的反应"。[2]

除了上述这一决策层面的特质之外,在执行层面,独立监管机构因监管特定领域的需要而设置,因此在人员的选择上,除了需要具备良好的服务公众的品德,具有优秀的行政管理能力之外,一个重要的考虑因素是这类监管机构的成员应具有从事该领域监管的专业能力,也即对监管人员的专业性、技术性能力的要求是他们得以入职的一个必备条件,也是维持独立监管机构监管能力的重要保障。当然,以金融监管领域为例,晚近以来金融创新的日新月异,以及金融市场在全球一体化、电子化趋势下呈现出的市场深化与联系性增强的态势,使金融监管面临许多新的问题和挑战,为充分予以应对,除了确保独立监管机构能够对原有监管人员予以必要的专业培训和技能强化之外,也应确保其有及时补充足够的专业人员进入监管队伍的权力。这种基于监管形势变化而赋予独立监管机构的人事安排甄补的弹性越大,其独立性越高。[3]

二、独立的证券监管立规权

(一) 立规权的性质及其合法性

独立的行业规则制定权(Regulatory Independence,又称立规独立性),简称立规权,即监管机构享有在所负责的监管领域内,为实现监管目标的需要,根据委托授权自主制定相关"游戏规则"(包括各种规章、条例、办法、解释、声明等)的权力。例如,为保障证券交易委员会(SEC)有效应对复杂的市场状况,美国国会授予 SEC 广泛的规则制定权(rule-making

---

[1] See Paul R. Verkuil, "The Purposes and Limits of Independent Agencies", *Duke Law Journal*, April 1988, p.260.
[2] 〔美〕乔纳森·R.汤普金斯:《公共管理学说史:组织理论与公共管理》,夏镇平译,上海译文出版社 2010 年版,前言,第 3 页。
[3] 参见马英娟:《政府监管机构研究》,北京大学出版社 2007 年版,第 120 页。

powers),允许其以规则(rule)、条例(regulation)、表格(form)等正式制度和释令(release)、不行动函(no-action letter)、观点(opinion)等非正式制度形式解释适用证券法。[1]

有国内学者通过考察历史,研究指出,管制(regulation)与下文将要论及的监督(supervision)并不一样。从本源上看,"欧洲王权时代,管制盖出于王命,多不成文,随意性大,透明度差;议会革命胜利后,三权分立的代议制政府将管制的创设之权归于立法机关,而将执行职权赋予相应的(或新设的)行政机构;来自于行政部门的监管(supervision,笔者译为监督)产生了,通过监督(monitor,笔者译为监控)来确保管制被遵守,通过检查(check)来发现违反管制的事实,借以执行成文管制,确保管制的有效性"。[2]可见,从尊重历史的角度看,管制的创设之权(立规权)本源上属于立法权。

根据西方国家三权分立原则的本意,其最初的考虑是强调每个部门都有专属的一项权力,其中立法权属于国会,行政权属于总统,而司法权属于最高法院,三足鼎立,互不干涉又互相制衡,但各国在运用这项权力制衡原则时,根据本国国情有所变通,形成了不同的政治体制。

在实行总统制的美国,严格遵循三权分立原则,立法权、行政权和司法权分别由议会、总统与最高法院行使,既保持权力的专有性,又彼此相互制衡。在早期,美国最高法院认为,"立法机关不能把制定法律的权力转让给任何他人,因为既然它只是得自人民的一种委托权力,享有这种权力的人就不能把它让给他人"。[3]然而,实践中,自1887年设立州际商务委员会以来,美国国会就开始通过具体的授权法案(enabling law),设立独立监管机构具体负责特定领域的监管事务;此后许多领域设立的独立监管机构都获得国会的相关授权。这种由独立监管机构享有的规则制定权(rulemaking power)因与独立机构承担的具体监管事务相关,因而称之为立规权(regulation power),又因为来源于国会将其享有的立法权向外委托授权给行政代议机构——独立监管机构——行使,在性质上可以看作是一种委任立法权。

---

[1] See David L. Ratner & Thomas Lee Hazen, *Securities Regulation: Cases and Materials*, 4th ed., West Publishing Co., 1991, p. 20.
[2] 周子衡:《金融管制的确立及其变革》,上海三联书店、上海人民出版社2005年版,前言,第5页。
[3] [英]洛克:《政府论》(下),叶启芳、瞿菊农译,商务印书馆1964年版,第88页。

在美国最初的授权立法中,并无明确界定独立监管机构享有这种立法权的具体含义。这一状况直至 1946 年《联邦行政程序法》(Administrative Procedure Act)通过时才改变。[1]《联邦行政程序法》规定了两种形式的(行政)机构行为,一种是立法(rule making),另一种是裁决(adjudication);所谓独立监管机构进行的立法,被界定为该机构制定、修改或废除规章或条例(rules or regulations)的行为。[2]

在今天看来,为独立监管机构所普遍享有的立规权,并非一开始就获得了承认和合法地位。在美国,选择的是用司法判例来重新解释国会的授权问题,而不是通过修改宪法中的三权分立内容,增加有关委任立法的规定。有如上述,美国最高法院最初认定国会的授权违反了三权分立原则,因而判决独立监管机构享有的这种立法权因违宪而无效。然而,随着社会生活的发展需要滋生出对独立监管机构提供服务的更大需求,以及国会对独立监管机构此类授权的日益普遍,最高法院迫于现实,不得不作出一种权宜之计,改变了原先禁止授权的立场,通过在监管机构享有的立法权和司法权之前冠上"准"(quasi)字来承认两类权力的正当性,即承认独立监管机构因国会委任授权,可以行使准立法权(quasi-legislative)和准司法权(quasi-judicial),从而解决宪法上授权的障碍。"到了 1942 年,联邦最高法院在亚库斯案中认可了国会授权的合法性,1944 年又在联邦电力委员会一案中,推翻了原认为在国会制定授权法时必须规定种种标准的见解,而准许行政机关自定标准。不必由国会在授权法中规定标准。今天,授权法中的'标准'已被解释为'公共利益',其范围之广,方式之模糊,已不是原来的原则所能制约的。"[3]综上,经过长期的发展,最高法院最终认为规制机构享有的立规(rulemaking)、裁决(adjudication)和执法(enforcement)三种权力都是在执行行政权(executive power),没有违反分权原则,其不过是部门权力和内部组织结构的分工。[4]对此,美国政治学家弗兰克·J.古德诺早就有预见,"尽管人们能够区分开政府的两种主

---

[1] See Domnique Custos, "Rulemaking Power of Independent Regulatory Agencies", *American Journal of Comparative Law*, Vol. 54, 2006, p. 618.
[2] 5 U.S.C.A. 551(5).
[3] 戚渊:《论立法权》,中国法制出版社 2002 年版,第 153 页。
[4] See Kevin M Stack, "Agency Independence after PCAOB", *Cardozo Law Review*, Vol. 32, 2010—2011, p. 2395.

要功能[1],但却无法严格地规定这些功能委托给哪些政府机关去行使"。[2]

在实行议会内阁制的国家,并未在最高权力层面严格执行三权原则,反而立法权与行政权常常不相分离,界限不甚严格。申言之,这种模式下,行政权来源于立法权,并要向立法权负责。在现代国家的政治体制下,有的是呈现出立法权优越的内阁制,比如英国,议会至上,始终是国家权力的中心;有的是呈现出行政权优越的内阁制,如德国,法律所规定的议会倒阁条件,要远较于内阁提请解散联邦议会的条件容易达到,因而呈现行政权更强的特点。[3]在这类立法权与行政权并未严格区分和相互抗衡的国家,行政机构享有的立规权,其合法性没有经历类似美国那样的挑战,而是顺应社会发展对政府提出更多行政需求的趋势,通过议会制定法律或者授权的方式解决其合法性问题。

例如英国,在自由资本主义时期,受自由主义思想支配的英国奉行"小政府",主张实行市场和社会自治,政府的功能是消极地排除障碍,保障人民的生命、自由和财产。但19世纪后期的工业革命在促进经济高速发展的同时也带来许多社会问题,自由市场经济带来的垄断、不正当竞争和欺诈等问题是市场本身无法处理的。也因此,人们需要政府转变"守夜人"身份,希望政府更多地干预社会经济生活,纠正市场"失灵",积极增进人民福利,"大政府"和积极政府的观念开始为人们所接受。在这种背景下,议会无法满足通过立法控制经济的需求,只能打破其作为代议机关不能授出被授予权力的禁锢,开始授权行政机关制定行政法规来适应经济发展对立法的需求。"在宪法领域,委任立法是我们对政府观念改变的自然反映,是政治的、社会的和经济的观念改变的结果,是由于科学发明所造成的我们的生活环境改变的结果。"[4]特别是二战之后,随着英国进入福利国家时代,政府的职能进一步扩展,委任立法也水涨船高,正像相关研究所指出的,"政府权力的范围在扩大,制定委任立法的数量也势必有

---

[1] 即表达国家意志(政治)和执行国家意志(行政)。
[2] 〔美〕弗兰克·J.古德诺:《政治与行政——一个对政府的研究》,王元译,复旦大学出版社2011年版,第10页。
[3] 戚渊:《论立法权》,中国法制出版社2002年版,第142—143页。
[4] Report of the Committee on Ministers' Powers, Cmd. 4060, 1932, London: H. M. Stationery Office, p. 5.

所增加。"[1]而在德国等普通法系国家,行政机关也通过宪法及相关组织法的规定,以及立法机关授权的方式,获得了行使相关立法权的权力,并随着政府提供服务职能的丰富而获得巨大的发展。与行政机构获得立法权限相类似的,英国法下作为公共机构的独立监管机构,以及普通法系国家之内,作为"公法人"形式出现独立监管机构,大多通过宪法和有关组织法规定职权、议会制定法律或者特别授权的方式,取得对所监管的证券行业制定相关监管规则的立规权。

综上所述,包括独立监管机构在内的行政性机构所行使的立规权,来源于专属于国会/议会享有的本源性的立法权,这种狭义意义上的立法权与行政性机构所享有的立规权是"源"与"流"的关系,后者不能超出前者的授权范围,且要受到前者的控制。也因此,在性质上,行政性机构所享有的立规权,属于广义意义上的立法权。但如果从主体角度区分权力性质,那么行政性机构所行使的立规权,又属于其行政职权的一部分,与其作为法律"执行机构"所行使的狭义意义上的"行政权"一起,构成广义的行政权,也即立规权作为行政性机构职权的一部分,属于广义意义上的行政权。总之,独立监管机构享有的立规权,从违宪到合法化的变化,实际上反映了"现代国家调整国家权力的一个重要趋势:一方面限制议会的权力,另一方面适度扩大行政权力"[2];如今,"行政机关拥有立法权(颁布具有法律效力的规章之权)已经司空见惯了"。[3]

(二)授予立规权的理由与限制

正如美国著名法学家伯纳德·施瓦茨教授所指出的:"现代行政机构的显著特点是,它拥有对私人权利和义务的决定权,通常是采取制定规则或者作出裁决的方式。典型的行政机构既享有立法权,也享有裁判权。立法权表现为颁布具有法律效力的规则和条例,司法权表现为裁决个人案件。在行政权的范围之内,行政机关制定法令和执行裁判的权力,在重要性上至少可以和立法机关、审判机关行使的权力相比。"[4]独立监管机构行使行业立规权,经过历史性的长期斗争取得合法性地位,这种胜利的获得有着坚实的社会和经济生活基础。立法机关之所以在最初和日后不

---

[1] 〔英〕埃弗尔·詹宁斯:《英国议会》,蓬勃译,商务印书馆1959年版,第438页。
[2] 江必新:《行政法制的基本类型》,北京大学出版社2005年版,第173页。
[3] 〔美〕伯纳德·施瓦茨:《行政法》,徐炳译,群众出版社1986年版,第31页。
[4] 〔美〕伯纳德·施瓦茨:《美国法律史》,王军等译,中国政法大学出版社1990年版,第229页。

断强化对独立监管机构的委任立法授权,主要基于以下几方面的考虑:

其一,20世纪中后期,随着经济和社会生活的复杂化,需要政府提供更多的管理和服务职能。而由公民代议组成的国会本身不能有效地对现代社会的经济结构和经济行为进行管理,无法解决具体的规制事务,显得力不从心又缺乏灵活性,由此产生了授权行政代议机构进行处理的构想。立法活动"被迫要体现出各种妥协的结果","随着行政管理方式的出现,对于专业人士的需求已经成为第一位因素;因为对一个行业进行管理需要详细了解相关的操作知识,同时要具备根据行业需要而进行调整的能力","民主法制与专家机构的关系应该是对代理机构的专业领域进行界定,同时对它将要解决的问题进行书面的陈述,而在具体手段上则应该给该机构留下充分的自由选择权"。[1]以行政代议机构身份出现的独立监管机构应运而生,"在现代社会,严格的三权分立由于过于僵化已不能满足管理的需要,由于行政权能以最迅速的方式组织公务和对社会进行管理,因而行政权拓展到立法和司法领域。委任立法(行政立法)和委任司法(行政司法)的兴起,即是这种拓展的标志"。[2]

其二,美国国会在最初设立独立监管机构进行具体事务监管时,主要是授予其对经济纠纷进行裁决的职能,可以说"对早期的独立监管机构而言,裁决是其最主要的职能"。[3]这种考虑主要是在授予独立监管机构裁决权之前,美国主要通过法院来解决经济生活纠纷,但法院的被动执法和事后解决机制属于"零敲碎打"的方式,加之司法程序的繁冗拖沓,难以有效解决纠纷、制约违法并产生有效的事前防范作用。随着社会和经济生活的复杂化,各种纠纷的类型和数量都急剧增加,需要国会采取更有效的处理方式。而授予独立监管机构立法权,可以借助立法的统一调整,在事前一揽子解决问题,更好地回应现实生活的需要。因此,过去多年来,立法和政策制定逐渐成为独立监管机构职能里增长最快的部分,20世纪60—70年代,在这种"物美价廉"(more bang for the buck)理论的影响下,许多独立监管机构从裁决者转变成了政策制定者,而且随着独立监管机构立法权的合法地位逐步被确立和接受,之前独立监管机构的管理模

---

[1] [美]乔尔·塞利格曼:《华尔街变迁史——证券交易委员会及现代公司融资制度的演化进程(修订版)》,田风辉译,经济科学出版社2004年版,第58、61页。
[2] 应松年、薛刚凌:《论行政权》,载《政法论坛(中国政法大学学报)》2001年第4期。
[3] Paul R. Verkuil, "The Purposes and Limits of Independent Agencies", *Duke Law Journal*, April 1988, p. 263.

式就转变为以制定规则为基础(rule-oriented),开始主要采用立法来执行国会赋予它的监管目标。[1]

其三,由独立监管机构通过立法权解决社会经济纠纷,这种行政性机构执法能够比法院执法取得更好的效益,其根据在于:(1)立法具有普适性价值,统一适用于具有类似情形的纠纷,不仅能够提高纠纷解决的效率,也能取得公平一致的结果,获得社会的认同,进而降低纠纷发生率;(2)独立监管机构的立法,属于事前调整方法,不仅能用于事后保护受侵害的当事人和制裁违法违规行为,还能事先起到规范、调整和预防作用,威慑潜在的违法者,降低纠纷发生的可能性和减少社会为处置纠纷而支付的成本;(3)独立监管机构在立法过程中可以听取各方意见,及时反映社会需求,兼顾各方利益并最终予以平衡,能够更好地兼顾公平与效率,而法院诉讼当事人只有诉诸法院才能进行对决和信息沟通,只在私人层面上解决个体的利益得失问题,很难对超出个人利益之外的公共利益予以更多考虑,法院作为中立者不能超越当事人的诉讼请求越权裁判,其通过诉讼形成判例法的过程不仅较为缓慢,而且也深受不同法院、不同法官及在不同时期法院观点变化的影响而具有较大的不稳定性。此外,法院可能存在促进当事人和解的要求,如此将减损法院通过案件审判形成判例或者法律适用意见的功能,无法对解决和防范市场和社会问题给予明确指引。

当然,尽管独立监管机构享有的行业立规权权已被广为认同和运用,而且在国会通过立法予以授权的范围内,独立监管机构可以基于实现这种授权目标的需要而自主地制定、修改和废除相关规则,但应注意的是:一方面,这种行业立规权从权力来源上看属于一种委任立法权,因此其权限理应受到上一级权力——国会授权——的制约,也即必须建立在国会合法授权的基础上并受到这种授权范围的限制。有学者比较西方两大法系行政法的基本原则,指出大陆法系行政法"重实体而轻程序"的传统与英美法系行政法"重程序而轻实体"的个性特点,形成了近代以来行政法中的两种古典"控权"功能模式,即严格规则模式和正当程序模式。[2]不过,也有学者指出,现代实质意义的法治国家不仅形式上要求行政机关依

---

[1] See Domnique Custos, "Rulemaking Power of Independent Regulatory Agencies", *American Journal of Comparative Law*, Vol.54, 2006, p.618.
[2] 参见孙笑侠:《法的现象与观念》,群众出版社1995年版,第169页。

法行政，严格依法办事，而且要求行政活动具有实质的正当性，符合公平正义的法律观念。[1]根据我国台湾地区行政法学者张剑寒教授的归纳，国会的授权必须符合相应条件，才能获得最高法院的承认，也即授权立法必须遵守法律保留和法律优先原则：(1) 国会虽然可以将其权力委任给行政机关，使之制定行政法规，但不能放弃其立法；(2) 依据宪法专为国会保留的权限，不得委任；(3) 授权法中应明确规定指导行政立法机关的"政策"(policy of law)或"准则"(primary standard)；(4) 委任立法的主题，应由国会以法律规定。[2]

另一方面，独立监管机构享有的这种行业立规权，从权力行使主体的属性上看又属于一种广泛意义上的行政权，其通过行权制定的规则具有法律效力，主要属于立法性规则，会影响到社会公众的权益。为此，这种权限在执行过程中要遵守相应的行政权控权机制。本质上，行政法的基本原则是由宪法决定的，一个国家有什么样的宪法，就会有什么样的行政法基本原则，各国因其宪政体制不同而可能使法治呈现一定的差异性。不过，晚近以来，这种差异性正在逐步缩小，并呈现出越来越多的共性。"西方各国共同的行政法基本原则可以概括为如下三个方面：一是体现形式法治或形式正义方面的原则，具体包括德国的依法行政原则、法国的行政法治原则(形式意义)和英国的越权无效原则(狭义)；二是主要体现实质法治之行政实体正义方面的原则，具体包括法国的均衡原则、德国的比例原则及信赖保护原则和英国的合理性原则；三是主要体现实质法治之行政程序正义方面的正当程序原则。这三个方面共同构成现代法治国家政府行使权力时所普遍奉行的基本准则。""现代西方各国共同的行政法基本原则可以进一步概括三大基本原则，即行政法定原则、行政均衡原则和行政正当原则。"[3]以美国为例，SEC行使行业立规权，制订规范证券市场的规则时，需要遵守1946年《联邦行政程序法》要求立法性规则必须遵守的经过告知与评论程序，以便通过程序提升行政规制的质量和公众参与的程度以及行政机关的政治责任[4]；也多要奉行1966年之后为提高独立监管机构的绩效，而在《联邦行政程序法》规定的程序之外新增

---

[1] 参见周佑勇：《西方两大法系行政法基本原则之比较》，载《环球法律评论》2002年冬季号。
[2] 参见张剑寒：《行政立法之研究》，自刊本，1972年版，第46—47页。转引自马英娟：《政府监管机构研究》，北京大学出版社2007年版，第86页。
[3] 周佑勇：《西方两大法系行政法基本原则之比较》，载《环球法律评论》2002年冬季号。
[4] 参见高秦伟：《美国行政法上的非立法性规则及其启示》，载《法商研究》2011年第2期。

加的有关行政管理活动透明度或者"成本—效益"分析[1]的要求。[2]

三、独立的证券行业监督权

(一) 监督权的性质及其合法性

独立的行业监督权(supervisory independence,又称监督独立性),即监管机构在所负责的监管领域内,为实现监管目标和实施监管规则,自主发起、组织和实施监督检查和采取惩戒措施的权力。成熟的监管常被定义为"三方面基本要素的结合:制定规则、监督与检查、执行与制裁"。[3] 按照国际货币基金组织专家的研究,这种行业监督权至少可以划分为四个领域,包括颁发执照(市场准入)、狭义监管(日常监督)、制裁(行政执法)和危机管理。[4] 维护监督职能的完整性有助于独立监管机构充分履行监管职责,确保金融体系的健全性。

如果剔除晚近以来因金融危机的发生而增加的独立监管机构参与危机处置的职能,在独立监管机构产生之后的很长时间里,其职能除了担当监管规则和政策的制定者之外,主要是执行其所负责监管领域的法律,对该领域的纠纷进行裁决和对所监管领域的民事违法提起诉讼(prosecute),独立监管机构被要求履行提起诉讼的这项职能也是内在于行政权的。[5] 以美国为例,国会赋予证券交易委员会(SEC)充分的行政权,由

---

[1] 美国行政部门进行"成本—效益"分析(cost-benefit analysis),主要是指对法规规定的规制措施的正面效果(效益)和负面影响进行测评和估算,包括对不立法的后果进行预测,以确定是否立法和规定什么样的规制措施。参见吴浩、李向东编写:《国外规制影响分析制度》,中国法制出版社2010年版,第61页。

法律并未要求作为独立监管机构的SEC在制定规则时开展"成本—效益"分析,但SEC对相关总统行政命令中"成本—效益"分析的有关规定持认同态度,并遵照执行。参见董翔:《成本效益分析方法在美国证券规则制定中的应用及其启示——从美国证券交易委员会三次败诉说起》,载黄红元、徐明主编:《证券法苑(第十卷)》,法律出版社2014年版,第120—121页。

[2] See Domnique Custos, "Rulemaking Power of Independent Regulatory Agencies", *American Journal of Comparative Law*, Vol. 54, 2006, p.628.

[3] Christopher Hood and Colin Scott, "Bureaucratic Regulation and New Public Management in the United Kingdom: Mirror-Image Developments?", *Journal of Law and Society*, Vol. 23, No. 3, September 1996, p.336.

[4] See Marc Quintyn and Michael W. Taylor, "Regulatory and Supervisory Independence and Financial Stability", IMF Working Paper, WP/02/46, 2002, p.17.

[5] See Paul R. Verkuil, "The Purposes and Limits of Independent Agencies", *Duke Law Journal*, April 1988, pp.263, 266.

其执行证券注册登记、证券行业监管和证券市场监管等行政管理职责,并负责查处内幕交易、操纵市场等各种证券欺诈行为;与此同时,国会授权SEC行使部分司法权,允许其于内部设立行政审裁程序(Administrative Proceeding),由行政法官(Administrative Law Judge,简称 ALJ)主持审理违法违规案件并制裁当事人。[1]

从历史上看,1906年《州际贸易委员会》修正案授权州际商务委员会(ICC)可以任命审查官(Examiner)以接受证据。1972年,文官事务委员会将听证审查官改为行政法官(ALJ),表示听证审查官的工作性质基本上和司法官员相同。美国国会在1978年《联邦行政程序法》修订时,通过立法形式对此进行了确认,改听证官为行政法官。[2]通过在独立监管机构内部设立专司裁决的行政法官的方式,国会创设了分离执法模式(split-enforcement models)[3],进一步细分独立监管机构的日常行政管理权、具有准司法性质的行政法官裁决权,以及追究违法违规的行政执法权(enforcement)[4]等权力的行使方式,构建了完整的行业监督权。

与独立监管机构享有的行业立规权类似,国会授权独立监管机构行使司法权,同样在一开始也遭遇了违宪(合法性)的攻击。在美国,第一个享有正式司法权的独立机构是1914年根据授权法而设立的联邦贸易委员会(FTC),它被授予裁决商业中不公平竞争案件的权力。[5]基于三权分立原则,法院最初也认为专属于法院的司法权不能授予独立监管机构行使。但就像独立监管机构经过斗争最终获得正当化的准立法权一样,"由行政机关来分享原本属于法院专有的司法权,也是由于社会的发展使

---

[1] 参见洪艳蓉:《美国证券交易委员会行政执法机制研究:"独立"、"高效"与"负责"》,载《比较法研究》2009年第1期。

[2] 参见郭雳:《美国证券执法中的行政法官制度》,载《行政法学研究》2008年第4期。

[3] See Paul R. Verkuil, "The Purposes and Limits of Independent Agencies", *Duke Law Journal*, April 1988, pp. 257, 268—70.

[4] 学术界对行政执法的范围界定不一,广义的行政执法,包括行政立法(行政机关制定行政法规和规章的行为)、行政执法(狭义)和行政司法(行政机关裁决争议和纠纷的行为)。狭义的行政执法,指行政机构实施的行政处理行为;最狭义的行政执法,仅指行政监督检查和行政处罚行为。参见姜明安主编:《行政执法研究》,北京大学出版社2004年版,前言,第1页。在美国证券法领域,行政执法(enforcement)指SEC根据证券法或其依法制定的证券规则,制止、纠正证券违法行为并制裁违法者的制度。See: Harvey L. Pitt & Karen L. Shapiro, "Securities Regulation by Enforcement: A Look Ahead at the Next Decade", *Yale Journal on Regulation*, Winter, 1990, p.167.

[5] 参见江必新:《行政法制的基本类型》,北京大学出版社2005年版,第181页。

然",最高法院为回应社会需求,通过在独立监管机构享有的司法权前冠上"准"(quasi)字,创设"准司法权"(quasi-judicial)回避宪法上有关三权分立的规定,最终使独立监管机构的这项权力获得了正当化。最高法院不仅认为独立监管机构享有的立规权、裁决权和执法权都是在执行行政权,而且独立监管机构在履行职责过程中将调查和执法联合进行并未违反正当程序,这种争论无须再进行。[1]

至此,独立监管机构因享有了立法、行政和司法三种权力组成的综合权力,加之其独立于传统行政部门之外的地位,获得了联邦"第四部门"的称号。[2]尽管不适当的权力结合往往导致不公平[3],但独立监管机构历经时间逐步享有这些权力,是其履行职责和社会发展所需[4],体现出法律回应社会的柔性之举,不宜简单地定以违宪(违法),相反地应基于其积极功能而予以肯定,并通过恰当的控权机制制衡和引导这一安排充分发挥作用。

(二)授予监督权的理由与限制

与授予独立监管机构立法权相类似,国会将监督权,特别是一部分司法权授予独立监管机构行使也有其历史成因:

其一,正像江必新教授所指出的,"复杂的现代社会需要行政机关具有司法职权,如果行政机关不具备一定的司法权,它将不能有效地完成行政任务"。[5]在证券监管领域,如果独立监管机构不能决定具备哪些资质条件的融资人和金融服务中介机构才能够进入金融市场,同时也不能决定对这些市场参与者在触犯相关监管规则时予以查处和(怎样地)惩戒,甚至取消其进入市场的资格,那么势必使独立监管机构的行业监督权徒有虚名,既不能通过有效的监管实现优胜劣汰,引导市场的健康发展,又

---

[1] See Kevin M Stack, "Agency Independence after PCAOB", *Cardozo Law Review*, Vol. 32, 2010—2011, pp. 2395,2397.

[2] See Edward H. Fleischman, "Toward Neutral Principles: the SEC's Discharge of Its Tri-Functional Administrative Responsibilities", *Catholic University Law Review*, Winter, 1993, pp. 251—52.

[3] 参见〔美〕威廉·安德森:《美国政府监管程序的宪法基础》,任东来译,载《南京大学学报(哲学、人文科学、社会科学版)》2005年第4期。

[4] 当然,一个深层原因是国会潜在地把美国证券交易委员会(SEC)等独立规制机构视为自己的派出机构,以作为政治上制约政府权力的控权设计,应对晚近以来行政权力的膨胀趋势。参见王名扬:《美国行政法》(上),中国法制出版社2005年版,第185页。

[5] 江必新:《行政法制的基本类型》,北京大学出版社2005年版,第181页。

使监管像没有牙齿的纸老虎,不能对市场违法违规行为进行制裁并对潜在的违法违规行为构成有力的威慑,最终只能造成对市场各方权益的侵害,不利于维护市场的健康稳定和可持续发展。为此,既要授予独立监管机构根据监管目标制定相关规则的权力,也要为独立监管机构实施这些规则配置必要的手段、方法和资源,也即要赋予其强有力的行业监督权,才能最终实现监管目标。

其二,相比通过法院解决行业纠纷的传统做法,通过独立监管机构内设的准司法裁决机制被证明在某些专业规制领域更为有效,主要是因为:(1) 类似证券、能源、电信等领域,专业性强,要求负责裁决的人不仅立场中立,更重要的是熟悉该领域的相关情况,具备解决问题所需的专业技能和技巧[1],独立监管机构的工作人员由于长期的从业经验,更能满足这方面的需求,克服法院、法官因非身处监管前线而常面临的专业储备不足等问题,能更专业和高效率地裁决纠纷,并获得当事人更多的认同和执行;(2) 基于法院作为社会纠纷解决最后手段的原因,法院作为事后执法者通常要面对各类案件的审理,对当事人的诉求作出明确的裁决并要确保裁决结果的公平,总体上缺乏一种解决行政问题所需要的开拓进取精神,而独立监管机构的内部裁决机制除了维护当事人的合法权益之外,还会考虑日后当事人之间的长期关系及行业本身的发展需要,更能从契合当事人和规制领域长远发展的角度解决问题,尽管短期的效益可能低于法院的裁决,但从长远来看,则更为有利;(3) 随着社会和经济事务的复杂化,加之民众的权利意识也在逐步增强,晚近以来法院的诉讼案件数量呈现爆炸性增长,短期内法院的人员配置和相关司法资源无法满足上述需求,造成了难立案、难结案等问题,加之在某些领域,因立法的不完备或者司法解释的未及时配套,导致该行业的某些纠纷不能及时地通过司法解决,积累了一定的社会矛盾(例如国内对内幕交易、操纵市场等违法违规行为的民事损害赔偿责任问题)。而通过独立监管机构的内部裁决机制,可以集中专业力量和资源解决这类纠纷,不仅能够体现专业化的处理,而且程序相对简便、灵活,能够快捷地处理纠纷,体现更高的效率。

其三,从独立监管机构内部的权力运用来看,晚近以来也呈现出了独立监管机构从倚重立法权向倚重准司法裁决权的趋势。在传统意义上,

---

[1] See Paul R. Verkuil, "The Purposes and Limits of Independent Agencies", *Duke Law Journal*, April 1988, p. 262.

通常独立监管机构采用立规执行政策,采用裁决影响个人的权益[1],但一些因素逐渐影响了独立监管机构的上述做法:一方面是独立监管机构常采用的立规权,随着类似《联邦行政程序法》一类规范正当程序要求法律的通过及之后相关监督控制的加强,正式的立法必须经过公示、公众参与评论和正式公告才能生效,不仅时间周期长,而且许多最终结果也与独立监管机构当初的设想颇有差距,更多的是各方妥协的结果,未必能最终有效地解决实际问题,况且这些规则还需要有执行等方面的配合才能最终发生效果。正像学者的研究指出的,独立性的第三个方面[2]涉及监管能力,"特别是包括解决争端的能力,在委员会内部进行合规性监管和执法行动。这种意义上的独立性,意味着委员会不需要依靠其他机构来采取监管行动"[3];另一方面,随着被监管领域的发展,独立监管机构发现纠纷的发生具有相似性,出现了问题的类型化,或者因为当事人一方的群体性而使看似复杂的纠纷其实只是某一类型问题的反映,通过内部裁决机制予以解决,不仅能够立竿见影地取得良好的解决效果,而且还能发挥纠纷解决的规模效应,更主要的是日后这类纠纷如再发生,也能通过参照之前的裁判结果得到有效的处理,效率要比通过立法或者向分布于各处的法院提起诉讼高出许多。以美国证券交易委员会(SEC)为例,过去半个多世纪以来,SEC 主要采用由行政法官(ALJ)主持的内部行政审裁程序,运用和解、内部裁决等方式,解决了大约 90% 的案子,在有限的执法资源条件下取得良好的执法效果。[4]因此,大约在 20 世纪 70 年代之后,独立监管机构从最初的使用立规权实施它们的政策开始逐步向通过审裁程序实施它们的政策转变[5],以更好地回应社会需求和实现监管目标。

一如独立监管机构应在法律规定的或者国会的授权范围内行使其立规权,独立监管机构享有的司法权作为回应社会发展变化和行业规制需求的一种制度设计,也有着其合理的边界。换言之,独立监管机构享有的

---

[1] See Domnique Custos,"Rulemaking Power of Independent Regulatory Agencies",*American Journal of Comparative Law*,Vol.54,2006,p.618.
[2] 该学者认为的独立性的其他两个方面是"不受政治压力的影响"和"与利益冲突隔离"。
[3] 卡罗琳·杰克逊:《结构独立和行为独立:阐述隐私权领域中机构独立性的含义》,王宇颖译,张敏、沈桂花审校,载《国际行政科学评论》2014 年第 2 期。
[4] 参见洪艳蓉:《美国证券交易委员会行政执法机制研究:"独立"、"高效"与"负责"》,载《比较法研究》2009 年第 1 期。
[5] See Domnique Custos,"Rulemaking Power of Independent Regulatory Agencies",*American Journal of Comparative Law*,Vol.54,2006,pp.628—29.

准司法权受到以下几个方面的制约:(1) 其享有的应是有限司法权。[1]基于独立监管机构的需求和专业技能,其应该享有的是在自己负责监管的范围内的相关事项的裁决权,而不是像法院那样享有对所有一切纠纷的司法权。这种司法权的范围与独立监管机构承载的对特定行业或领域的监管目标密切相关,独立监管机构不能突破其监管目标,越权行使裁决纠纷的权力。(2) 其所行使的司法权也要遵循类似法院的公平程序,以保障当事人的合法权益。之所以构建独立监管机构内部的裁决机制,主要是要利用独立监管机构所具有的专业知识、经验和技能,更快更好地解决纠纷,而不是要否决法院的审理程序,更不是通过暗箱操作使当事人的权益得不到保障。因此,尽管独立监管机构的裁决程序可能要比法院的司法程序显得更为简单、灵活和快捷,但也同样要经过听证、质证等相关程序[2],借助程序正义的约束有效保障当事人的合法权益不受侵犯。以美国证券交易委员会(SEC)内部设立的行政法官裁决机制为例,其在裁决纠纷时,必须遵循《联邦行政程序法》及 SEC 制定的行为规范等所构成的行政审裁程序,才能对当事人作出最后的裁决。(3) 要受到司法最终裁决的约束。对于由独立监管机构的裁决机制作出的裁决,当事人在"穷尽所有救济原则"(the exhaustion of remedies doctrine)之后可以向法院提起诉讼,通过司法审查最终保护自己的权益。[3]换言之,独立机构的有限司法权同样要受到法院司法审查的监督。当然,为避免当事人滥诉及造成不必要的资源浪费,并尊重独立监管机构的工作,不服独立监管机构作出的准司法部门裁决的当事人只有先提请独立监管机构进行复审,等独立监管机构作出最终裁决之后才能向法院主张司法审查。

四、独立的证券监管预算安排

(一) 预算的主要来源及其独立性

独立的预算安排,是指监管机构能够根据其履行监管职责的需要自主决定预算的来源、规模和用途,并获得实现的权力。如果监管机构能够拥有独立的预算安排,那么他们就有条件能够更好地抵御政治干预(通过

---

[1] See Paul R. Verkuil, "The Purposes and Limits of Independent Agencies", *Duke Law Journal*, April 1988, p.262.
[2] 参见马江河、马志刚:《美国 SEC 行政执法机制研究》,载《证券市场导报》2005 年第 10 期。
[3] 参见郭雳:《美国证券执法中的行政法官制度》,载《行政法学研究》2008 年第 4 期。

预算而施加的压力),对监管领域新出现的需要作出快速反应以及确保通过富有吸引力的薪酬聘用合格的职员。[1]

作为公共权力对市场进行干预的一种实现方式,独立监管机构的设立、运作及为执行监管目标所配置的人员、设施及开展相关活动都需要有一定的成本投入,因此确保独立监管机构具有与之相匹配的经费,就不仅是独立监管机构得以存续的物质基础,也是攸关独立监管机构能否实现立法赋予它的监管职责的经济保障。根据各类已有的独立监管机构的实践,不同于传统政府行政部门的经费直接来自政府预算(财政预算),独立监管机构的经费来源主要有以下几种:

1. 政府预算

如果监管机构不是以一个独立的机构形式建构于政府行政部门之外,而是隶属于传统政府行政部门或者作为政府行政系统的一个组成部分,那么其经费来源更有可能是纳入整个政府预算,依靠财政拨款支持。因为,从既有的实践来看,监管机构的经费来源主要取决于监管机构的性质。当然,这并非认为独立监管机构不能从政府预算中取得所需的监管经费或者不能与政府预算发生联系。以美国证券监管为例,尽管证券交易委员会(SEC)是独立于总统领导的行政部门之外的联邦"第四部门",实行独立的财政预算,但其每年的预算编制要经隶属总统的联邦公共管理与预算局(OMB)审核同意后由总统提交给国会审议,之后再由国会进行拨款。如果国会为了实现控制独立监管机构的目的,就会在一定程度上对独立监管机构的经费采用财政预算方法。[2]

2. 向被监管对象的收费

这种收费的原理在于秉承了使用者付费的原则,要求从监管机构所提供的监管服务中受益的被监管对象支付相应的费用,以支撑监管机构的运营所需,这种收费模式可以降低政府财政预算在监管机构经费来源上的比重,既能减少政府通过预算安排干预监管机构的活动,降低监管通过经费来源渠道被政治捕获的风险,确保监管机构的独立性,也能避免监管机构在国家财政紧缩的情况下不因为预算减少而使自身工作受到重大

---

[1] 参见 Marc Quintyn and Michael W. Taylor:《监管独立性与金融稳定性》,载刘仁伍、吴竞择编译:《金融监管、存款保险与金融稳定》,中国金融出版社 2005 年版,第 43 页。

[2] See Christopher G. Reddick, "IRCs versus DRAs: Budgetary Support for Economic and Social Regulation", *Public Budgeting & Finance*, Vol. 23, Issue 4, December 2003, pp. 21—48.

影响,保持监管机构的正常运行和稳定的监管水平。当然,是否主要采用向被监管对象收费,与监管所作用的对象有关。通常,经济性规制是针对一些具有自然垄断性或存在信息不对称的产业,对其"参与""退出""价格""投资"等所进行的规制,主要是一些涉及金融、能源、电信等与社会经济生活密切联系的部分,被监管对象都是以营利为目的的企业,向其收取必要的规制费用,符合使用者付费的原则;而在社会性规制中,是针对外部性和有害物品等,为防止公害、保护环境、确保公众安全所作的规制,规制机构主要承担了维护消费品安全、工作场所安全以及环境安全等涉及社会正义的监管职能,属于面向社会公众提供的公共服务,通常无法解决确定向谁收费、收多少费用,以及如何收费等问题,因此主要通过政府预算拨款解决运作经费的来源。[1]在证券监管领域,这类依靠向被监管对象收费支撑运营的监管机构,典型的如英国2013年之前的金融服务局(FSA),以及2013年之后拆分FSA分设的审慎监管局(PRA)和金融行为监管局(FCA),以及德国负责金融监管事务的联邦金融监管管理局(BaFin),等等。之所以采取这种立足市场的预算安排,大多是深受使用者付费原则的影响,也比较能够摆脱政治通过预算安排渠道对监管独立性的干预。

从向行业收费的类别来看,主要有证照费用、监督费、检查费、设施使用费等,既有向被监管对象统一收取的费用,也有被监管对象因使用某项服务或参与某项活动而个别缴纳的费用;有的收费也根据被监管对象的业务规模或者其可能给系统稳定带来的风险程度。这些向被监管对象收取的费用通常进行统一的汇集,有的直接流向政府财政,再通过拨款的方式返回给独立监管机构使用,有的流向独立监管机构设立的管理基金中,专款专用,用来支付独立监管机构的日常运作所需。值得注意的是,如果向被监管对象的收费不足以支撑独立监管机构的运作,而同时又不想通过提高收费增加市场的负担而影响其发展,那么就有可能在独立监管机构收费不足的情况下,由政府财政予以适度补贴。

除上述两项主要经费来源之外,独立监管机构的经费还有社会捐赠以及独立监管机构所设的专项基金运营的积累等。但与政府财政预算和向被监管对象收费通常作为独立监管机构主要经费来源相比,后者最多

---

[1] 有关经济性规制和社会性规制的讨论,参见〔日〕植草益:《微观规制经济学》,朱绍文、胡欣欣等译校,中国发展出版社1992年版,第19—25页。

算是一种辅助性或者补充性的经费来源,在所有经费来源构成中只占很小的一部分比例。而且,从经费的稳定性来看,社会捐赠不属于一种常规性收入,其有无及数量多少往往受到多种因素的影响,不能有效保障独立机构的日常所需;而专项基金的收益,就性质而言,这类基金即使被允许将其中的闲置资金用于投资,那么首要追求的也应该是资金的安全性,而非效益性,加之独立监管机构使用基金往往有不时之需的状况,因而在投资上需要确保基金投资的高流动性,以便在需要时予以及时变现。为此,其投资的可能范围是银行存款、国债等具有高安全性的金融产品,与此相对应带来的收益也就比较低,无法构成独立监管机构经费的主体。

尽管独立监管机构的经费来源存在多种情况,可能各有不同,但归根结底都是要确保独立监管机构具有稳定、充足的经费来源,能够享有独立的预算安排。这种独立性的保障,通常可以借助一些安排予以实现:(1)监管机构的预算独立编制;(2)自一般预算中划出专款供监管机构专用;(3)成立管理基金依法收支、保管及运用。[1]

(二)确保预算安排独立的理由与限制

作为监管独立性四大内容之一的独立预算安排,与行业立规权、行业监督权略有不同,但和独立的监管组织要件一样,同属于监管机构的基础设施和软硬件条件的范畴,在外在表现形式上,清晰可见,便于计量和考察,可以说是四项监管独立性中最具有可操作性的部分。

如上所述,确保预算安排的独立性,最终是为了保障监管机构的独立性,以便实现其被授予的监管目标。具体而言,主要是基于如下的考虑:

其一,实现法律或国会赋予监管机构执行的监管目标所需。由监管机构独立安排自己的预算,其秉承的原理是只有监管者自身才最清楚需要为实现监管目标配备多少监管资源,并将监管资源分配于何处才能起到应有的效果。如同市场存在信息不对称一样,在监管领域同样也存在着信息不对称问题。规制经济学理论早已指出,国会与作为国会代理机制的监管机构之间也是一个典型的"委托—代理"问题,国会基于信息不对称的情况,并不能有效窥知监管机构的总体需要并代替它作出决定,即使是决定了,也可能是一种次优的选择;而且,随着市场的发展变化,规制也变得日益复杂且需要跟上市场的步伐,只有真正参与到规制活动中的

---

[1] 参见刘邵梁:《电信、资讯、传播跨业整合下的监管组织再造》,载范建得主编:《电信法制新纪元》,台湾元照出版有限公司2003年版,第5—41页。

监管机构才能更贴近现实地提出自己所需,而此时作为拨款者的国会只需审查经费预算的合理性并做好监督就行了。以美国证券监管为例,证券交易委员会(SEC)在设立之初,并未意识到在联邦层面实行完全信息披露,采用注册制发展证券市场的监管体制之下,其更多的工作重心应放在打击违法犯罪,维护市场秩序而不是关注注册环节的操作之上,在经历30多年的发展之后,SEC 逐渐意识到问题的所在,此后将工作重心逐步转移到证券执法环节,相应地把80%—90%的执法资源(包括人力、经费等)用于指控财务披露、投资顾问/投资公司、证券交易商、证券发行、内幕交易和操纵市场这些攸关执法目标的核心案件上,最终取得了良好的监管效果。[1] SEC 也因其突出的执法成效而被认为是政府对所有经济活动的公共管制中最受赞扬的那一部分。

其二,对于使用政府预算为主的监管机构,确保监管机构预算的独立性,才能抵御政治因素借助经费途径干预监管活动,避免监管机构受制于政党,确保其监管的中立和公平;而且,在政府因财政困难而紧缩预算的情况下,不会因预算的大幅度减少而使经费产生剧烈的波动,降低监管水平而间接地促成市场风险的积累。对于使用向被监管对象收费为主的监管机构,确保监管机构预算的独立性,才能抵御行业的寻租和捕获,避免外界认为监管机构与被监管行业过从甚密而降低监管机构的威信或者市场对监管机构的信任,同时也避免监管机构为取得经费而过度依赖被监管行业,在某种程度上丧失监管的自主权,从而影响规制的公平。"机构若想被视为独立,必须对诸如公平、公正、公开等价值作出承诺。"[2] 在美国证券史上,就曾发生过监管机构因受制于政府掌控的预算问题而导致监管部分失效的情形。美国20世纪80年代,里根政府上台时推行放松监管政策,而独立监管机构的存在成为实现政府计划的最大障碍,为此里根政府从质疑独立监管机构的合宪性入手,并采用一些措施,其中就包括否决独立监管机构提出的其从事监管工作所需的金钱和要配置的工作人员的要求。[3] 在因经济和技术等因素促使证券市场获得很大增长,以及

---

[1] See SEC 2006 Performance and Accountability Report, at http://www.sec.gov/about/secpar/secpar2006.pdf, last visited March 20, 2007.
[2] 卡罗琳·杰克逊:《结构独立和行为独立:阐述隐私权领域中机构独立性的含义》,王宇颖译,张敏、沈桂花审校,载《国际行政科学评论》2014年第2期。
[3] See American Bar Association, "Independent Agencies-Independent from Who", *Administrative Law Review*, Vol. 41, 1989, p. 496.

因金融中介的大规模合并与混业经营,使证券市场广度和深度获得大幅度拓展的80—90年代[1],SEC却面临着捉襟见肘的经费困境。监管经费与监管需求之间的这种紧张关系持续多年,对证券监管的影响很大。2002年,美国国会总审计署(the General Accounting Office,简称GAO)曾在一份关于SEC运作的调查报告中指出,1991年至2000年的10年间,SEC收到的投诉数量增长了100%,但执法人员数量却只增加16%,有限的执法资源已影响到SEC的执法能力,迫使SEC有选择地采取执法行动并延长了案件调查时间。[2]美国律师协会更是铁口直断,指责美国1987年发生的"黑色星期一"股灾与放松管制背景下独立监管机构缺乏必要的经费和人员从事有效的监管有着直接的关系。[3]很显然,如果没有足够的经费,不仅满足不了监管机构开展监管工作的基本需求,而且因不能为工作人员提供更高的工资和福利待遇,无法吸引优秀的人才加入监管队伍,也就无以确保监管水平不落后于市场发展和创新速度。如果这种"缺衣少食"的经费紧缺情形讲一步恶化,那么不少富有经验的职员将会更快地流向私营部门,从而加剧监管人员的短缺状况。

其三,在法律或者国会授权独立监管机构履行监管目标的同时,同时确定其独立而明确的预算安排,既能满足其履行职责所需,解决其后顾之忧,也能增强独立监管机构的责任约束,用好每一分经费预算,为民众负责。考察近百年来的金融危机史,有关监管机构的一个现象引起了广泛的注意:在金融危机中监管不得力的监管机构,往往却成为金融危机之后最大的赢家。[4]以美国2008年金融危机为例,美国的金融危机调查委员会(FCIM)在《美国金融和经济危机原因》调查报告中曾明确地指出,引发2008年金融危机的主因是金融监管失效,如果监管得当,这场人为的危

---

[1] See The Technical Committee of the International Organisation of Securities Commissions, Report on Enforcement Issues Raised by the Increasing Use of Electronic Networks in the Securities and Futures Field, September 1997; SEC, Report to the Congress: the Impact of Recent Technological Advances on the Securities Markets, November 1997, available at http://www.sec.gov/news/studies/techrp97.htm, last visited November 10, 2016.

[2] See U.S. GAO, SEC Operations: Increased Workload Creates Challenges, March 2002, p.19, available at http://www.gao.gov/cgi-bin/getrpt?GAO-02-302, last visited November 20, 2016.

[3] See American Bar Association, "Independent Agencies-Independent from Who", *Administrative Law Review*, Vol.41,1989, p.496.

[4] See Joel Seligman, "Key Implications of the Dodd-Frank Act for Independent Regulatory Agencies", *Washington University Law Review*, Vol.89, November 1, 2011, p.6.

机本可以避免[1],但在危机之后美国所进行的金融监管框架改革和所制定的《2010年华尔街改革法》中,美国证券交易委员会却因此获得更多的监管权限和更多的监管经费,与美联储等金融监管机构一起成为金融危机之后最大的赢家。尽管这种指责不无道理,但危机之后加强金融监管也是客观所需,更重要的是如何强化监管机构的责任约束。因此,国会尽管在《2010年华尔街改革法》中增加了SEC经费的充足度和保障性,却反对其主要通过自筹经费解决问题(客观上SEC有能力筹集到足够的经费满足运营需要)[2],其用意就在于确保独立监管机构经费独立性的同时施予必要的约束,以体现有效的问责。

确保监管机构享有独立的预算安排,是其为实现监管目标,履行监管职责所需,这种必要性已获得各界认同,采取或者依靠政府财政预算或者依靠向行业收费等途径满足经费需求,这种做法的可行性也已为实践所证明。但合法性、必要性和可行性并不同时意味着无限制的抑或可以任意安排的预算。应该说,契合监管需求的预算安排和物尽其用、人尽其才的精细化管理更多的时候是一种理想状态,使监管机构在经费安排上向着这种最优模式靠拢,需要施予必要的限制,以免监管机构滥用预算安排独立性权力。从已有的经验来看,主要是:(1)对于使用政府财政预算为主要来源的,要求监管机构事先根据下一年度的监管需求,按照既定的程序编制其机构预算,对经费需求总额度、用途和具体支出安排等给予合理的理由,并在国家预算确定前,送请预算机构备案或者许可,以便有章可循,有法有据地决定预算额度,也便于日后进行考核。(2)要求监管机构在一个财政年度结束后的合理期间内应提交经费使用决算报告,说明过去一年内经费使用的状况,与预算方案的主要出入与理由,决算应经过国家审计部门的审计,并将决算作为下一年进行预算安排的主要参考。(3)对于以向被监管对象收费为主要经费来源的,应制定明确的行业收费依据,做到公平、透明;增加或者减少行业收费应说明理由并遵循一定的标准,以免擅自多收费,增加市场负担或者因此遏制金融创新,也要避免擅自调低费用,为行业所捕获,造成市场不公平竞争并扰乱市场秩序;

---

[1] See The Financial Crisis Inquiry Commission, "Final Report on the Causes of the Financial and Economic Crisis in the United States", January 2011, p. xvii.

[2] See Joel Seligman, "Key Implications of the Dodd-Frank Act for Independent Regulatory Agencies", *Washington University Law Review*, Vol. 89, November 1, 2011, pp. 23—24.

所收费用应建立专门账户进行管理,有明确的往来记账记录,支取应遵循既定的程序并有存底记录,年终之时也有必要总结经费运用情况,并定期对收费的合理性及对市场所造成的影响进行评估,在必要时予以调整。

第三节 证券监管独立性的调和

一、证券监管独立性的对内协调

(一)证券监管独立性对内协调的必要

金融监管独立性是衡量和保障一国金融监管有效性和金融体系稳健性的重要内容。[1]如上所述,金融监管独立性,一方面包括监管目标的独立性,另一方面包括监管目标实现手段的独立性,即在确保监管目标独立性的条件下,作为监管目标实现手段的组织机构独立性、行业立规权独立性、行业监督权独立性和预算安排独立性的有机结合。

金融监管独立性的这四大要素相辅相成,相互促进,在共同促进监管目标的实现上缺一不可,是金融监管自主性的体现,但各有侧重,彼此之间存有差异,不宜一视同仁,平均用力。所谓的差异性,主要体现在:

其一,对实现金融监管目标的贡献程度不同。有学者经过对包括发达市场所在国家和新兴市场国家在内的43个国家/地区的实证分析指出,"在金融监管独立性四个基本要素中,监督独立性对金融体系稳定性的影响最为突出,而机构独立性则对金融体系效率性的影响最为突出";"监督独立性和机构独立性相结合能更为有效地防止银行危机的蔓延和扩散,从而更好地促进金融稳定"。[2]

其二,四种金融监管独立性手段的实现难易程度不一。有学者经过研究指出:"在金融监管独立性的四个方面中,从形式和内容上最容易做到的是预算独立,在形式上容易做到实际却难以做到的是执法独立和机构独立,因为不管金融监管部门在监管治理结构和执法权方面具有多大程度独立性,其权力的执行很多情况下还需要得到政府的支持和配合才能实施,特别是在金融危机的时候,金融监管部将会处处需要政府的大力

---

[1] 赵静梅、吴风云:《大部委制下金融监管的独立性与制衡机制》,载《宏观经济研究》2009年第10期。
[2] 马勇:《监管独立性、金融稳定性与金融效率》,载《国际金融研究》2010年第11期。

援助。在形式和内容上均难以达到的是定规独立。"[1]在公务分权之下，多元化的行政主体之间存在着权力依赖和互动的伙伴关系[2]，这是导致独立监管机构往往难以独自完成所有监管事项，也是下文将要论及的独立监管机构需要加强对外协调的根源。

可见，组织机构独立性、行业立规权独立性、行业监督权独立性和预算安排独立性虽然都服务于金融监管目标，但在促进金融监管目标实现的过程中所做贡献的权重却不尽相同；而现实中自身的实现难易程度也是大相径庭。而且，注意到四大独立性要素的贡献度与自身实现难易程度并没有呈现正相关或者反相关的关系，不属于一般的线性关系。申言之，对实现金融体系效率性最重要的是机构独立性，形式上虽然容易做到但内容上却难以做到；重要性位居其次的是行业立规权独立性，在形式和内容上均难以达到；对实现金融体系稳定性最为重要的是行业监督权独立性，形式上虽然容易做到但内容上却难以做到；重要性排在最后的预算独立性，形式和内容上都比较容易做到。

正是这些金融监管独立性必要因素的上述差异，才导致在理解和保障金融监管独立性时，需要摒弃不分轻重和不考虑各要素自身的特殊性"一碗水端平"的观念、思维和方法，进行金融监管独立性的内部协调，区分轻重缓急，以最大化地实现金融监管目标为指导落实各项工作。当然，也不能忽视那些看似简单和无足轻重的地方，许多经验教训已经表明"魔鬼常常藏在细节之中"。

(二) 证券监管职能分工下的对内协调

基于作为证券监管独立性实现手段的四大要素之间的差异性，有必要进行独立性的内部协调。从本质上看，独立性仍然是有关如何分配证券监管权力的问题，这种内部协调归根结底表现为在独立监管机构的内部及其所负责的监管领域内如何进行证券监管权的分配。换言之，应该站在证券监管分权的基础上进行独立性的内部协调。当然，可以多角度

---

[1] 参见赵静梅、吴风云：《大部委制下金融监管的独立性与制衡关系》，载《宏观经济研究》2009年第10期。作者认为原因在于："不管是从理论上，还是在监管实践，人们都很难分清哪些规则应该由金融监管部独立制定，哪些规则应该由立法机关制定，两者之间的界限十分不清晰。另外，过分强调定规独立可能导致金融监管部的'过度监管'"……"因此，在很多国家，即便注意到定规独立性的重要性，也不会给予金融监管部太多的独立制定规则的权力"。

[2] 参见丁煌：《西方行政学理论概要》(第二版)，中国人民大学出版社2011年版，第335页。

地理解这种分权:一种是部门分权,独立监管机构将法律授予的职权在其组织结构内部进行分配,设置相关职能部门并由此配置人员、设施、经费等执法资源;一种是职权转授,独立监管机构将法律授予其行使的职权部分转授权给其他组织机构行使,再由自己对该组织机构的活动进行监督和控制;一种是环节分权,独立监管机构将监管事项按操作流程划分为各个环节,自己保留重要和基本的环节,而将执行性、实务性或者需要更开放民主氛围的环节交由其他组织机构进行。例如,独立监管机构保留决策和监督环节,而将决策的咨询、实施和公务的提供等由社会广泛参与和承担,充分体现政府"掌舵"而不是"划桨"的新公共管理精神。在晚近以来证券市场获得大发展的时代背景下,这种独立监管机构的对内协调,主要包括以下几方面:

1. 处理好证券监管各项权能在独立监管机构内部的分配问题

如上所述,监管机构享有行业立规权(行政立法权)、行业监督权、预算安排权等。更进一步的,通常行业监督权可细分为市场准入权(颁发执照、进入许可、退出禁令等)、日常监督检查权(现场检查与非现场检查)、执法权(调查权、裁决权和处罚权等)、危机管理权(接管权、破产同意权等)。监管机构的内部是一个由各职能部门构成的有机管理系统,如果不能遵循分权原则将上述各项职能分配给各部门行使并做好内部协调,可能不但无法发挥监管职能而危及监管有效性,而且也会因多种职能分配的混乱而遭受违法性攻击,损害监管机构作为证券监管者的威望并降低市场对监管机构的信任度。

早期,独立监管机构作为新生事物在美国出现时,不少人就攻击独立监管机构身兼立法、行政和司法三种权力,违背了三权分立原则;而且,在其内部,独立监管机构对案件纠纷既有调查权,又有裁决权,兼任检察官与法官的双重角色,有损"当事人不得在自己的案件中担任法官"的司法正义原则,有导致"行政专制主义"的危险。[1]之后,通过美国最高法院多年的司法实践,最终才确认了独立监管机构为实现法定的监管目标而同时享有准立法、行政和准司法权的合法性,并没有违反三权分立原则。与此同时,对独立监管机构将调查和执法联合进行违反正当程序的挑战也遭到了美国最高法院的否决,但这并不意味着独立监管机构可以在内部任意配置这些权限。至少,这些权力的行使在 SEC 内部是由不同职能部

---

[1] 马英娟:《政府监管机构研究》,北京大学出版社 2007 年版,第 106 页。

门进行的,调查与裁决分离且同样要遵循联邦行政程序等正当程序的要求,也要接受法院最后的司法审查;而为了制约监管机构滥用裁决权,在其内部设立的负责主持裁决的行政法官(ALJ),其选拔和任用由隶属国会的行政法官人事办公室负责,具有相当的独立性。

与监管机构权能的内部协调相关的一个更为现实的问题,是历年来有关证券监管预算经费在监管机构内部的分配问题。很显然,作为一项需要大量成本和人力支持的监管工作,经费配给的多少直接关系着某项权能的可实现程度。诚如上述,在美国证券发展史上,证券交易委员会(SEC)曾因经费短缺而制约了监管职能的发挥,而在有限的监管经费下,SEC曾将主要精力放在证券注册领域,忽视了在实行完全信息披露的市场环境下,制裁违法违规行为对维护市场公平、有序,确保市场完整性(integrity)的重要意义,最终间接导致了市场危机。在市场危机的洗礼下,SEC逐渐意识到,打击违法行为并威慑潜在违法者,是重建投资者信心、维护市场健康发展的最有效途径。这种认识在处理20世纪80年代中后期因猖獗的证券内部交易和证券欺诈导致的证券市场大崩溃,2001年因安然、世通等大公司财务丑闻引致的证券市场大地震中都得到了进一步增强。为此,SEC迅速调整工作重心,于1972年在华盛顿总部设立执法部[1]专司执法活动,并将此后大约30%—40%的经费和超过50%的人员[2]用于查处和追究违法行为,SEC也因其出色的执法成绩受到了市场的尊重。

考察前文所述的发达资本市场和新兴资本市场所在国家/地区证券监管者的组织结构,尽管因国情等各种外部因素的影响而未必呈现同样的职能部门设置或内部分工,但呈现出为应对混业经营的现状或趋势,而主要根据监管所涉事项(行为导向)而非被监管主体(主体导向)的不同设置对应职能部门的特点;同时,针对一些特别倚重专业能力与经验,以及需要更客观和独立处理的事项,往往通过设置某一委员会的方式进行解

---

[1] 执法部如今是 SEC 内部与公司融资部、交易和市场部、投资管理部、经济和风险分析部并列的五大重要部门之一。
[2] 美国财政年度为每年10月1日至次年9月30日,与国内以每年1月1日至当年12月31日的标准不同。例如,2006年SEC的执法费用高达 336,726,000 美元,占其全年经费的38%,执法人员超过1900名,占工作人员总数的50%以上。参见 SEC 2006 Performance and Accountability Report, available at http://www.sec.gov/about/secpar/secpar2006.pdf, last visited November 20, 2015.

决,并就委员会的功能(尤其是作为"专家"提供咨询)与独立监管机构的关系进行明确的规定。例如,美国证券交易委员在委员会层面下设有执法部、公司融资部、投资管理部、交易和市场部、经济和风险分析部,以及用于审裁 SEC 提起的违法违规行为的行政法官(ALJ)办公室等内部机构;日本金融厅(日本 FSA)下设的证券交易监督委员会,其内部设有市场分析审查部、证券检查部、特别调查部,以及证券检查监理官等部门;澳大利亚证券与投资委员会(ASIC)内设有风险委员会、审计委员会、执法委员会、监管政策组织(Regulatory Policy Group)等组织,并设有外部顾问小组、消费者顾问小组、市场纪律小组、市场监督顾问小组等外部委员会和小组[1],以更好地协助监管者履行职责。

2. 处理好监管机构向自律组织、被监管对象授权,实行自律监管的问题

考察监管发展史,可以发现,在政府行政性规制没有产生之前,市场自律早已存在,通过市场自律组织和市场参与者的自我管理是市场运作的主要方式。自律(self-regulation)最一般性的含义是,由同一行业的从业组织或人员组织起来,共同制定规则,以此约束自己的行为,实现行业内部的自我监管,保护自己的利益。[2]相比政府行政性规制,自律监管,主要是行业自律监管(证券交易所、证券行业协会等),具有专业性、及时性、灵活性、低成本等政府无法比拟的特殊优势。[3]尽管晚近以来,市场的全球化超越了一国自律监管的能力范围,而制约金融危机的巨大破坏力和所需要的巨额救助也非自律组织所能提供,政府代表公权力介入市场的监管逐步取得合法性并占据主导地位,但自律监管作为一种有效的监管方法得以承继并成为补充性的监管。近三四十年来,随着全球范围内放松管制,引入市场性方法进行监管浪潮的到来,自律监管运用的广度和深度都获得了空前的拓展,尤其是在那些向市场化转型,倡导金融自由化的国家,更是如此。综上,从本源和历史演化来看,自律监管者可以被视为一类代理行使金融监管权的主体,只不过其更多的具有民间的身份,而不是政府背景。

---

[1] 上述有关监管者组织结构和职能部门设置的资料,均来自其官方网站的介绍,最后访问时间 2015 年 7 月 20 日。
[2] 参见徐雅萍:《证券业自律研究》,载编写者:《野兽之美——世界股市重大事件启示录》,学林出版社 1996 年版,第 196 页。
[3] 参见[法]C. L. 孟德斯鸠:《论法的精神》(上卷),张雁深译,商务印书馆 1995 年,第 154 页。

除了自律组织之外,还有一类市场性监管者参与到监管活动中,这类监管者的设置主要起源于美国竞争性的监管体系[1],被美国证券交易委员会(SEC)称为"看门人"(gatekeepers)。到目前为止,SEC 引入的"看门人"主要有审计师、信用评级机构、证券分析师、投资银行和证券律师等,他们在提供专业服务的同时肩负督促客户遵守证券法的义务,并对公众投资者负有责任。[2] 之所以让这类市场主体参与监管活动,除了其具有专业技能,亲身参与证券业务过程,具备监督客户遵纪守法的最佳条件之外,另一个方面的考虑也是这类主体受到强大声誉机制的约束,其业内名声靠长期积累而成,一次违法可能导致其声名狼藉,得不偿失,因此会更"爱惜羽毛",减少作假或欺诈的冲动,是比较稳定、安全和低成本的执法者。晚近以来,在倡导引入市场性方法改革证券监管,以提高监管效率的过程中,这类市场竞争性监管者逐步分担了政府行政性监管者的部分监管职能,成为备受瞩目的监管现象。

无疑,将监管职权部分地转授权给市场自律组织和市场中介行使的监管创新有利于破除僵化的监管体制,加强监管与市场的关系,充分发挥各种力量的优势和积极性,使监管即使在有限的监管资源约束下也能较好地满足市场发展的需求。但行业自律组织有其行业利益,而金融中介以利益最大化为目标,如果在将部分监管权授予它们行使的同时未能辅以必要的制约或者监督,恐怕会使自律监管与上述机构的行业利益或公司利益最大化诉求产生利益冲突,导致它们为更多的自我利益而背弃自律约束,产生道德风险,成为放松管制之后监管失范的根源,最终产生危机。例如,美国证券交易委员会在 2007 年次贷危机前,为增强市场竞争力而放松监管,授权包括雷曼、高盛等华尔街五大投行在内的大型投资银行实行自我约束的"可替代净资本要求",最终这些投资银行在次贷危机的生成过程中为利益最大化不断地放大融资杠杆,从传统约束下的 15 倍膨胀到随处可见的 30—40 倍;与此同时,SEC 却限于经费和人员紧张,只有不到 5 个人对此进行负责和监督,最终导致这些投资银行在巨大的次贷证券化泡沫中全军覆没,酿成次贷危机。

---

[1] 参见林国全:《证券交易法研究》,中国政法大学出版社 2002 年版,第 318 页。
[2] See John C. Coffee, Jr., "The Attorney as Gatekeeper: an Agenda for the SEC", *Columbia Law Review*, Vol. 103, June 2003, p.1296.

3. 处理好监管机构引入市场机制，外包金融监管的问题

晚近以来，在科技进步、金融自由化、金融集团化和全球化等的推动下，资本市场获得了蓬勃发展，但同时也呈现结构复杂、风险多元、变动迅速等特点，给金融监管带来巨大的挑战。作为这种新形势下的一种应对措施，便是充分利用专业分工，实行部分金融监管外包(the Outsourcing of Financial Regulation)。

金融监管外包的做法来自于金融服务外包的启发。最早感受到竞争压力的金融机构为了集中资源，致力于核心业务以保持竞争力，纷纷将其后勤服务(例如人力资源管理)、专业技术性服务(例如信息技术开发、法律服务、审计服务等)和部分业务操作环节(例如信贷业务后台处理、客户数据录入等)外包给专门从事该项事务的机构处理。在巴塞尔委员会2005年发布的咨询报告《金融服务外包》(Outsourcing in Financial Services)中，金融服务外包被界定为"被监管者将部分在持续经营的基础上本应由自己从事的业务利用第三方(既可以是被监管者集团内部的附属子公司，也可以是集团外的公司)来完成"。与此相类似，金融监管外包也即监管者将本由其行使的监管权限授予市场主体执行，认可它们的执行及其结果作为金融监管构架的组成部分，与监管者的监管行为具有同等的效果。通过监管外包，监管者可以利用这些市场主体的专业技能进行有效的一线监管、内部监管，营造和谐和可持续发展的市场环境，也可以把自己从琐细的日常监管事务中解脱出来，节约更多监管资源集中用于市场基础制度建设和打击违法犯罪，保护投资者的利益。金融监管外包实质上是一种监管放权和分权，是金融自由化潮流中放松管制，发挥市场主体主动性的体现，也是监管者改革行政监管体制、提高监管效率并注重监管结果的反映。[1]在这一方面，韩国的做法可谓具有典型性。其在监管层面设有金融服务委员会(新FSC)，主要功能是负责相关金融监管政策和法律的制定，并不执行具体业务，这一工作主要交给性质上属于民间公益性组织的金融监督院(FSS)负责，后者依照FSC的指令，负责实现具体的金融监督和检查活动。

当然，金融监管外包尽管有诸多好处，但同时仍应注意其可能隐藏的利益冲突和外包方的道德风险。通常，核心的监管内容应由监管机构独

---

[1] 参见洪艳蓉：《危机之辨：次贷证券化与金融监管》，载陈安主编：《国际经济法学刊》第16卷第2期，北京大学出版社2009年版，第41页。

自进行，只有那些辅助性、从属性或者纯技术性的，且外包不涉及信息泄露的事项才对外发包，委托符合要求的机构从事相关监管事务；而且，应制订金融监管外包的明确标准和考核要求，定期实行竞争性轮换，以免制造寻租机会，并加强外包之后的信息沟通和监督，制约外包方的道德风险和制裁其违反外包要求的行为，维护金融监管外包的有效性。

总之，证券监管独立性的内涵随着时代发展而不断获得丰富，独立性四大要素彼此之间存在差异，这导致了首先对证券监管独立性进行内部协调的必要性。除了在监管机构内部有效地配置行业立规权和行业监督权，合理分配预算经费，以便更好地实现监管目标之外，基于分权而将行政性监管者的证券监管权下放给行业自律组织行使或者外包给专业机构代为履行，不仅不损害监管独立性，反而是监管效用提高的表现，但与此同时需要配置必要的监督和制约。

二、证券监管独立性的对外协调

（一）证券监管独立性对外协调的必要

监管机构的设置建立在公务分权的基础上，为更好地实现对金融领域的监管，立法者通常将金融领域的监管权授予给某些或者某一家金融监管机构行使，同时为确保金融监管的有效性而赋予金融监管独立性的内涵，这种独立性包含监管目标的独立性和监管手段的独立性。根据学者们的研究，有的认为监管目标的独立是基础性的、前提性的，监管机构只有拥有受既定法律保护的唯一目标，才足以建立相应的实现手段；有的学者认为，金融监管的独立性应该主要体现在第二层次——金融监管的手段独立性上。[1]尽管仁者见仁、智者见智，彼此的出发点或者考虑要素不尽一致，但他们都承认了确保独立性对发挥金融监管效用的重要性，只有金融监管手段运用得当，金融监管目标落实到位，才能实现法律设立监管机构的终极目的。然而，这一过程并非当然地能够自我实现，除了上文所述基于各种监管手段彼此之间的差异而需要进行金融监管独立性的对内协调之外，以下这些因素的存在也决定了金融监管独立性需要在监管机构的外部，通过与其他部门/机构进行协调，也即对外协调来实现。具体而言，这些因素主要有：

---

[1] 参见赵静梅、吴风云：《大部委制下金融监管的独立性与制衡机制》，载《宏观经济研究》2009年第10期。

其一,金融市场与金融行业具有特殊性。晚近以来金融市场的地位日益提高并对一国经济越发产生重大影响,即使立法授予监管机构独立的监管目标,但因金融市场与经济和社会生活千丝万缕的紧密联系,也很难划清界限,反而会被纳入到金融体系安全、经济安全乃至一国国家安全的范畴内而与中央银行、其他规制经济的部委和其他决策国家发展的机构发生联系,从而产生协调的必要。例如,经历过2008年金融危机的美国开始通过金融稳定监管委员会(FSOC)加强其实现功能监管下的各类银行业监督者、证券交易委员会及其他相关金融监管机构之间的合作。践行"双峰"理论的澳大利亚,为加强监管机构之间的联系,在设立独立监管机构的同时也设立了金融监管者理事会(CFR),其成员包括澳大利亚联邦储备银行、审慎监管局(APRA)、证券与投资委员会(ASIC)和财政部,有力地促进了它们之间的交流与合作。

其二,技术进步和国际互动导致的需求。晚近以来金融市场的特征就是无纸化、电子化、一体化和国际化。在这些显著特征的背后是各国金融市场联系和互动性的增强。从有利的方面看,是为投融资双方提供了更为便利高效的市场条件,促进市场深化并增进社会福祉,有力地支持了实体经济的发展和社会进步;从不利的方面看,是导致对违法违规行为的查处难度大为增加,客观上加快了跨市场、跨地区、跨国别的风险传染和危机蔓延,使危机的防范和处置变得更为复杂和艰巨。如果监管任务不是由一个集中统一的监管机构行使,而是基于历史沿革、国情和政治妥协等多方面的考虑由几个监管机构分别行使,那么在它们之间就可能存在信息不畅通或者缺失的情况,甚至存在监管漏洞或者监管真空。金融危机的巨大破坏性使人们意识到事前防火性的工作比事后的救火性工作更为重要。因此,就像美国在2008年金融危机之后制定的《2010年华尔街改革法》那样,通过强调把金融稳定性和减少系统性风险作为首要目标,表达了加强监管合作,实质性减少监管缝隙和遗漏,配置足够的监管工具以实现最佳的早期预警和对迅速发展的危机作出反应的必要性[1],其所强调的正是世界各国在多次历经危机之后所达成的国际共识。2009年以来,承继金融稳定论坛(FSF)组织形式,拓展而成的更强大的金融稳定理事会(FSB),开展了包括增进特定金融领域问题(如高杠杆机构、资本

---

[1] See Joel Seligman, "Key Implications of the Dodd-Frank Act for Independent Regulatory Agencies", *Washington University Law Review*, Vol. 89, November 1, 2011, p.6.

流动风险、离岸金融中心等)的识别与解决、促进12类国际金融标准的推广与实施(如《重要支付系统之核心准则》《证券结算体系建议》《证券监管的目标与原则》等)、改善跨部门金融监管的国际合作与协调等方面的工作[1],恰恰集中反映了近年来国际金融监管上的这些共识。正是这种因金融市场国际化和互动性增强带来的联合防范金融危机的共同需求,推动了金融监管独立性对外协调的必要。

其三,公务分权带来的监管协调与合作需求。通常,监管机构通过行使委任立法权,制定所监管领域的法律规则来实施立法赋予的监管目标,贯彻相关的政策。但是,公务分权之下形成了多元化和多层次的公共管理主体,随着各家监管机构开始制定规则,机构间的协调问题变得日益突出。例如,在美国20世纪70年代,几家监管机构开始利用立法过程(Rulemaking Process)展开对社会和商业行为的广泛调查,而这些并非是用于补充裁决中的调查。像联邦贸易委员会(FTC)和联邦电信委员会(Federal Communications Commission,简称FCC)一类的监管机构就陷入了与被监管行业、国会、之后是法院之间的冲突。由此复苏了对通过行政部门的合作执行监管政策的关注,并使得联邦管理和预算办公室(OMB)成为协调监管机构立法过程的最主要力量。[2]监管机构在行使立规权时需要进行协调,在运用其他保障监管独立性的手段时也不例外。例如,对于确保金融市场稳定性最为重要的执法权,在制裁违法违规之前需要进行的调查、询问、取证、以及制裁令发布之后的实施,在很多情况下需要其他部门,包括法院的配合才能及时、迅速地完成,达到预期的效果;而对于监管机构所行使的对被监管机构的危机处置权,更是需要与负责系统性安全且有无限财力保障的监管者(如中央银行)进行协调,才能制定行之有效的救助方案。此外,在被监管机构涉及破产清算时,虽然监管机构有权介入,但法院在维护破产的公平正义方面占据主导地位,也是需要监管机构与之相协调的。

(二)金融稳定背景下的对外协调

晚近以来,金融危机爆发周期的缩短和危害程度的扩大,使维护金融稳定、确保金融体系的健康运作,不仅成为各国金融监管的主要目标,也

---

[1] 李仁真、刘真:《金融稳定论坛机制及其重构的法律透视》,载《法学评论》2010年第2期。
[2] Paul R. Verkuil, "The Purposes and Limits of Independent Agencies", *Duke Law Journal*, April 1988, p.264.

成为国际经济组织、国际金融组织的主要活动议题,在亚洲金融危机之后于 1999 年设立的 20 国集团(G20)近年来逐步成为国际经济金融治理的最重要平台,其相关的主要议题都围绕着金融稳定与金融监管改革进行,充分体现金融稳定性目标的重要性,这一议题已成为金融监管的主色调。维护金融稳定,显然并非监管机构一己之力所能毕竟其功的,由此有了监管机构在独立性基础上的对外协调。如果将独立性的丰富内涵与多元化的金融市场和监管安排相结合的话,这种协调将呈现多层次性,主要有:

(1)因监管目标多元化而需要和担负不同监管目标的监管机构进行协调。诚如规制研究所指出的,在规制领域,有着保护消费者、维护市场秩序、反垄断、反不正当竞争、督促金融机构审慎经营等多重监管目标,这些目标可能彼此之间有所联系,也可能在特定情况下发生冲突。也因此,有的国家将几个监管目标统一授权给单一监管机构行使,有的国家则分拆监管目标,将其中一个或两个监管目标分别授权给不同监管机构行使。在后一种情况下,就会产生几个负责不同监管目标的监管机构之间的协调问题。在金融领域,最常见的是金融业的反垄断不被认为是一种特有的现象,而是与其他领域的反垄断统一由国家反垄断机构进行规制,由此产生承担金融监管目标的监管机构与反垄断机构的协调必要。2008 年金融危机之后,一些国家采取了拆分监管机构职能的办法,将对金融机构的审慎监管与对金融消费者的保护分别交由两个监管机构单独行使,例如上文所述的英国于 2013 年实行的对 FSA 的功能拆分;一些国家纷纷设立保护金融消费者的专门机构,例如美国在 SEC 之外新设的消费者金融保护局(CFPB),等等,由此也带来新旧机构之间在相关事项上的协调问题。

(2)因混业经营与监管模式之间的非对应性产生的监管机构之间的协调。晚近以来许多国家废除分业经营限制实行混业经营,但与此同时各国基于历史沿革、基本国情及政治因素等诸多考虑,并未完全借鉴英国当初创设的单一金融监管机构——金融服务局(FSA)——的模式[1],而是对现行的监管构建进行调整,并赋予新的监管职能予以解决。例如,美

---

[1] 英国的这一单一金融监管体制自 2013 年之后已被双峰模式取代,参见第一章第三节的介绍,但单一监管体制作为一种金融监管模式,仍有不少国家或地区采用,例如日本、韩国和我国台湾地区等。

国在原来碎片式的金融监管架构[1]上通过实行"功能监管"建立起监管机构之间的分工和协作模式，以应对混业经营背景下的监管需求。因此，实践中因金融业务的混业经营可能涉及两个及两个以上监管机构的监管职能或者存在交叉之处，就需要相关监管机构之间进行协调，以便实现信息共享和实施具体监管事务的分工与合作，起到避免被监管机构利用监管真空或者漏洞规避监管、进行监管套利等的作用，也避免因重复监管增加被监管机构的负担，降低市场效率。

（3）因金融市场的重要地位及与其他经济规制领域的相关性而产生的和中央银行及其他经济规制部门的协调。如上所述，金融活动正日益渗透到社会生活的方方面面，一个安全稳健的金融体系对于一国经济发展及其竞争力有着决定性的影响，金融已从过去不受重视的部门成为一个占据主导地位的部门。2008年金融危机的一个沉痛教训是，金融系统的稳定离不开一个稳定的宏观经济政策环境的支持，金融监管应该在传统微观审慎监管的基础上补充并强化宏观审慎监管，增强对逆周期经济波动的应对能力[2]，"金融监管与经济周期之间关系密切，虽然金融监管不能作为宏观调控的政策措施，但是，金融监管在一定程度上可以作为宏观经济活动的'稳定器'，发挥'逆经济周期而行'的作用"[3]，因此在金融监管活动中，增进监管机构与负责其他经济活动规制的规制机构和负责制定和实施货币政策与维护金融体系稳定的中央银行的协调，实有必要。况且，当金融机构陷入困境之时，监管机构通常无法提供大量资金注入金融机构帮助其解决流动性问题而度过危机，此时必须及时与作为"最后贷款人"（Lender of Last Resort）的央行进行沟通、协调，尽快采取有效的救助措施，防治危机于未然。[4]也因此，对金融机构的日常审慎监管、存款

---

[1] 参见洪艳蓉：《危机之辨：次贷证券化与金融监管》，载陈安主编：《国际经济法学刊》第16卷第2期，北京大学出版社2009年版，第8—16页。

[2] 有关宏观审慎监管、逆周期监管问题，参见李文泓：《关于宏观审慎监管框架下逆周期政策的探讨》，载《金融研究》2009年第7期；李妍：《宏观审慎监管与金融稳定》，载《金融研究》2009年第8期；马勇、杨栋、陈雨露：《信贷扩张、监管错配与金融危机：跨国实证》，载《经济研究》2009年第12期，等等。

[3] 钱小安：《金融监管体制、效率与变革》，中国金融出版社2006年版，第10页。

[4] 有关2008年美国次贷危机中，美国财政部、美联储及相关金融监管机构对陷入困境的华尔街金融机构的救助，可以说是这一方面的一个生动实例，具体参见[美]亨利·保尔森：《峭壁边缘——拯救世界金融之路》，乔江涛、梁卿、谭永乐、王宝泉、李亦敏译，中信出版社2010年版。

保险制度/证券投资者保护基金等,以及央行的"最后贷款人"制度被统称为"金融安全网"(Financial Safety Net)[1],"金融监管的独立性既是一国构筑金融安全网,防范金融危机的重要环节,也是维护金融市场信心,保障金融市场公平、公正和有序运行的重要制度保证"[2],为此,保持三者之间的密切联系和有效沟通,十分必要。

(4)因监管权能分配而需要在立法机关、监管机构和法院之间进行的协调。从监管的历史来看,在最早设立独立监管机制的美国,国会因无法应对经济和社会变化提出的具体而专业的监管要求,而最终委任授权给独立监管机构行使特定领域的监管权;而从法院的功能来看,其一直是作为社会纠纷的最后解决手段而存在,但晚近以来社会生活的复杂化和纠纷的日益增多,使法院难以承受"诉讼爆炸"的负担,也不能及时补充足够的专业人员有效地解决纠纷,由此产生了授予独立监管机构行使部分准司法权,在其内部设立裁决机制处理纠纷的安排。为确保公平正义和对监管机构形成有效的制衡,独立监管机构享有的准立法权、行政权和准司法权都受到国会法律保留和法院司法审查等手段的制约。近年来,兴起了法律不完备理论[3],通过把非市场监管力量条分缕析地区分为法律(Law)、监管(Regulation)和诉讼(Litigation),相应地探讨了立法机构、独立监管机构和法院之间,尤其是后两者之间在市场监管立法和执法方面的功能与权限分工,从另一个角度更合理和更贴近监管实践地解说了监管权限在三者之间的配置,为现实中监管机构应在哪些方面及如何进行与立法机构、法院之间的协调提供了理论基础。以监管机构与法院的协调为例,在美国,法院为监管机构的执法提供了强有力的司法保障:除了在司法诉讼中助力美国证券交易委员会(SEC)执法之外,在 SEC 进行调查、主持当事人达成和解,以及行政裁决措施的实施等方面,法院都赋予其一定的强制力或通过提供蔑视司法罪的威慑制约当事人履行相关决

---

[1] 参见刘士余:《银行危机与金融安全网的设计》,经济科学出版社 2003 年版。
[2] 赵静梅、吴风云:《大部委制下金融监管的独立性与制衡机制》,载《宏观经济研究》2009 年第 10 期,第 58 页。
[3] 有关法律不完备理论,参见〔德〕卡塔琳娜·皮斯托、许成钢:《不完备法律——一种概念性分析框架及其在金融市场监管发展中的应用》,载吴敬琏主编:《比较》第 3 辑,中信出版社 2002 年版;许成钢:《法律、执法与金融监管——介绍"法律的不完备性"理论》,载《经济社会体制比较》2001 年第 5 期。

定,最终实现监管目标。[1]法院所提供的这些活动尽管有立法的相关规定,但也需要通过监管机构与法院的沟通、协调,才得以落实。反之,在共同促进美国联邦证券法所规定的投资者保护目标上,当私人证券诉讼涉及重大政策争议或证券法未规定的法律问题时,SEC 以"法庭之友"(amicus)身份发表意见摘要(brief),游说法院接受规则 10b-5 下的默示私人诉权、私人利益的实体问题等有利于投资者的观点,促进和发展私人证券诉讼[2],使投资者获得尽可能多的保护而保持对资本市场的信心。[3]这又是一个独立监管机构和法院通力合作,更好地实现立法设置的监管目标的佐证。

(5)因适应国际发展趋势和参与国际金融监管活动而和国际金融组织、各国监管机构之间的协调。晚近以来,特别是 1997 年亚洲金融危机和 2008 年金融危机之后,各国逐步意识到彼此之间金融市场的互动性和通过加强国际金融监管协调与合作,共同对抗国际金融危机的重大意义,包括负责微观监管事务的监管部门、负责货币政策和金融系统稳定性事务的中央银行,乃至一国主管经济事务的主要政府官员在内,陆续成为国际上主要金融监管组织和国际经济合作论坛,例如国际货币基金组织、世界银行、巴塞尔银行监管委员会、金融稳定理事会以及二十国集团等的参与者或者成员,通过共同开展国际上共同关注的金融监管议题,制定监管行为准则和最佳做法,推行于参与国各方,来提高金融稳定性和促进经济增长。[4]

---

[1] 参见洪艳蓉:《美国证券交易委员会行政执法机制研究:"独立"、"高效"与"负责"》,载《比较法研究》2009 年第 1 期。
[2] 有关私人证券诉讼的作用,参见〔日〕田中英夫、竹内昭夫:《私人在法实现中的作用》,李薇译,法律出版社 2006 年版。
[3] 参见〔美〕戴维·S. 鲁德尔:《美国证券交易委员会在证券法律发展进程中的作用》,侯凤坤、楼家抗、张华薇、林丽霞、杨涛编译,载《经济社会体制比较》2001 第 3 期。
[4] 有关金融标准和最佳做法,参见金融稳定论坛(2009 年改为金融稳定理事会)于 2000 年编制的作为稳健金融体系的 12 类核心标准(根据标准的进展不断更新),这些标准被金融稳定论坛推荐为值得优先执行的标准,包括:(1)《货币和金融政策透明度良好行为守则》;(2)《财政透明度良好行为守则》;(3)《数据公布的特殊标准》和《数据公布的一般标准》;(4)《破产和债权人权利》;(5)《公司治理原则》;(6)《国际会计标准》;(7)《国际审计标准》;(8)《重要支付系统之核心准则》和《证券结算体系建议》;(9)《金融行动特别工作组 40 条建议》和《反恐融资九项特别建议》;(10)《有效银行监管的核心原则》;(11)《证券监管的目标与原则》;(12)《保险业核心原则》。资料来源:12 Key Standards for Sound Financial Systems, at http://www.financialstabilityboard.org/cos/key_standards.htm,最后访问时间 2016 年 12 月 20 日。另,2008 年美国金融危机发生之后,国际金融协会(IIF)也组织世界上许多金融机构的高管和专家成立了一个"最佳做法"委员会,在总结全球金融危机教训并分析不同金融机构在危机中成败得失经验的基础上,形成了一份"最佳做法"专题报告,提供了一套金融机构风险管理的基本原则和最佳实践指南。具体的可参见廖岷执行主编:《行为准则及最佳做法建议:金融服务业对 2007—2008 年金融市场动荡的回应》,杨东宁、杨元元译,上海远东出版社 2009 年版。

这种趋势大大增强了国家金融监管组织和经济合作组织与相关监管机构之间的沟通。另一方面,在强调参与国际金融组织活动的同时,各国负责监管事务的各监管机构之间也有必要进行沟通和协作。由于金融市场的日趋一体化、资本市场的对外开放以及跨国金融活动的日益增多,信息流、资金流等的活动范围逐步拓展并联通了世界上大部分金融市场,超出了一国监管机构力所能及的范围。为共享信息,打击违法犯罪,制约洗钱和恐怖活动,进行事前的危机预警和事后的危机处置等目的,各国监管机构有必要在平等互助的基础上进行沟通,为实现国际金融秩序的稳定和本国金融体系的安全稳健而进行协同合作。

总之,基于地位日益重要的金融市场、金融体系与经济生活的密切关系,以及金融市场国际化趋势带来的冲击和挑战,有必要加强金融微观监管与宏观审慎性监管的互动,加强金融监管部门与其他经济规制部门、司法系统的协调,以及与国际金融组织、各国金融监管者的协调,这不仅未侵害金融监管独立性,反而有助于提高金融系统的安全性,促进经济增长。

第三章 证券监管独立性的实现机制与制度保障

第一节 证券监管目标的多元化与选择

一、证券监管目标溯源与发展

（一）从证券监管必要性看监管目标的演化

如上所述，确保证券监管的独立性，其首要和基本的是保障监管机构证券监管目标的独立性。当然，这里所指的不是监管机构有权自主选择证券监管目标，而是通过法律规定或者国会授予其明确的证券监管目标，并使之对此负责。因此，理解什么是证券监管目标，明确其所涵盖的内容，对于确保监管机构实现有效证券监管具有决定性的意义。否则，监管机构不但可能因为监管目标不明确而无法行事或者滥用自由裁量权，造成对市场的侵害；而且，可能在发现金融机构出现风险时，因为没有明确的监管目标，缺乏相应的监管职权，害怕"越权行为"而不能提前进行干预或救助，错过防范危机的最佳时机，"独立机构处理濒临崩溃的金融机构的灵活性，受限于其得到的授权"。[1]当然，从另一个角度看，明确的监管目标构成对监管机构绩效的一个考核标准，有利于评价监管机构的工作效果并建立起问责机制。

所谓目标，通常指想要达到的境界或目的，是人们的努力行为所指向的方向。套用于证券监管领域，则证券监管目标可以描述为证券监管预期达到的目的，更进一步的，是指监管机构承受立法机构的委托，据以享有监管职权和担负监管职责，开展监管活动所要达到的目的。

从金融监管发展史来看，政府作为与市场相对的一面，或者称之为"非市场因素""公共权力代表"介入金融市场，并非在一开始就与市场相伴而生，更多的时候是由于应对金融危机的需要才被引入到金融体系之中。因此，对监管目标是什么的回答，实际上需要从为什么需要监管金融市场的问题中寻求答案。

尽管在需要对证券市场进行必要的行政性监管上并无争议，但在基于什么理由对金融市场进行监管上，却一直是学术界颇有争议的问题，其

---

[1] Stavros Gadinis, "From Independence to Politics in Financial Regulation", *California Law Review*, Vol.101, 2013, p.382.

所呈现的百家争鸣、异彩纷呈的理论研究成果[1],既反映了人们思想认识的差异,更反映了对金融市场施予监管原因的多重性、复合性。

从最早建立联邦层面集中统一的证券监管的美国来看,国会之所以在1934年根据《证券交易法》设立证券交易委员会(SEC),其中一个主要原因在于原本由各州实行的证券实质监管(merit regulation)无法调整跨州证券活动并有效制约证券欺诈行为,加之在1929—1933年经济危机中崩溃的证券市场使投资者遭受了巨额损失,更大大损害了他们对资本市场的信心。为此,国会在联邦层面制定以完全信息披露监管(full disclosure regulation)为基础的统一的联邦证券法体系,建立集中统一的证券监管机制,并设立了独立监管机构——美国证券交易委员会——作为联邦证券法的执行者,其监管目标被界定为保护投资者,维持一个公平、有序、高效的证券市场和促进资本的形成。[2]这些法律所规定的SEC需要履行的监管目标,可以视为早期证券监管目标的雏形。这种由于市场失灵,无法解决信息不对称问题,而由公共权力介入来维护市场秩序,并借以保护投资者合法权益的监管设置及其相应的监管目标,随着美国证券法被作为其他国家立法的楷模及SEC这种独立监管机构形式的示范效应,不断得到应用和强化,成为沿用至今在监管目标设置中占有重要分量的内容。

随着技术进步和金融市场的发展,金融市场不仅在一国经济活动和发展中日益占据重要地位,而且各国之间金融市场的互动性也大大加强。1997年发生于东南亚国家,随后迅速蔓延相邻各国的亚洲金融危机,让人们感受到了金融危机的巨大破坏力而开启了金融稳定方面的探索。

回顾历史,"金融稳定"一词由英格兰银行于1994年第一次使用,1996年,英格兰银行开创性地发表了《金融稳定评论》(*Financial Stability Review*)。[3] 之后,"金融稳定"一词频频出现,目前国际货币基金组织定期发布《全球金融稳定报告》(*Global Financial Stability Report*),包

---

[1] 参见第一章第二节"一、从'监管必要论'到'监管有效论'的演化"的介绍。
[2] See The Investor's Advocate: "How the SEC Protects Investors, Maintains Market Integrity, and Facilitates Capital Formation", http://www.sec.gov/about/whatwedo.shtml, last visited November 20, 2016.
[3] 目前已改名为《金融稳定报告》(*Financial Stability Report*)。

括法国和中国在内的许多国家也定期出版各自的《金融稳定报告》。[1]同时，在亚洲金融危机之后，七国集团(G7)为促进金融体系的稳定而成立了金融稳定论坛(FSF)，作为国际交流合作的平台。2007年，一直以来被视为金融监管楷模的美国因次贷问题引发了金融危机，随后迅速扩散至实体经济领域并蔓延到主要资本主义国家，给各国金融体系和经济发展造成了空前的损失。在这次被称为百年一遇的金融危机中，金融监管失效成为罪魁祸首而金融系统性风险威胁再次成为焦点，维护金融系统的稳定性，成为首当其冲的金融监管目标。也因此，次贷危机之后于2009年4月2日在伦敦举行的二十国集团(G20)金融峰会决定，将金融稳论坛(FSF)成员扩展至包括中国在内的所有G20成员国，并将其更名为金融稳定理事会(FSB)，成为引领全球金融稳定事务沟通和合作的主要组织。这种由于金融体系内在的脆弱性，以及由于金融活动的负外部性而导致的金融不稳定性，成为晚近以来各国金融监管着力需要解决的重大而迫切的问题。因此，在金融监管目标上，维护金融体系的稳定性，也就成为与维护市场公平竞争秩序、保护投资者合法权益并列的重要的金融监管目标，并且有日益占据上风的趋势。

当然，值得注意的是，尽管投资者保护早已列入金融监管目标，但2008年金融危机中同样出现了投资者遭受重大损失的普遍状况，并且这种损害从普通的个人投资者广泛地蔓延到富有"经验"的机构投资者，且后者的受损情况更为严重，呈现损害的系统性特点，暴露出监管机构在执行投资者保护目标上的严重失职和失效。也因此，作为危机治理的一部分，重申金融消费者保护的重大意义，与维护金融系统稳定性一样，成为新时期金融监管目标的主题，并由此展开为有效践行这一目标的监管机制设置。[2]

从学者的研究来看，有的认为，保护经济免受系统性风险影响是金融监管区别于其他类别监管的所在，当然除这个区别性的目标外，金融监管还担负着保护消费者免受投机行为的侵害、提高金融系统的效率，以及实

---

[1] 参见[英]霍华德·戴维斯、大卫·格林：《全球金融监管》，中国银行业监督管理委员会国际部译，中国金融出版社2009年版，第4页。
[2] 参见第一章第三节"一、证券监管治理及其独立性的国别实践"中关于各国保护金融消费者的相关介绍。

现其他一些更广泛的社会目标。[1]有的学者将监管目标分为几个层次："一是最终目标,金融监管所要达到的社会目标,如保持金融体系的安全有效运行。金融监管的最终目标是由金融业在国民经济发展中的地位所决定的。二是中间目标,即金融监管当局为了实现监管的最终目标,而对金融机构经营规定一些可度量、可控制的指标体系,如资本充足率、风险资本评估、金融机构结构、市场结构、竞争实力等,以此作为金融监管的监测指标。三是操作目标,即金融监管当局制定的管理制度和工具,主要包括监管规则、现场监管、业务审批、市场干预、违规处罚等一些具有操作性的规定和细则。"[2]这种基于学理条分缕析的研究深化了对金融监管目标的认识,如以金融监管目标来自于法律明确规定为衡量标准,那么只有最终目标才是本书所界定的"目标",中间目标和操作目标属于金融监管者根据法定授权而在监管范围内的职责和自由裁量权的体现。正如该学者指出的,金融监管的最终目标是由金融业在国民经济发展中的地位所决定的,一国在其金融发展历程中可能存在不同的金融监管目标,也有可能在保留原有目标的基础上赋予监管目标更多与时俱进的内容,或者基于国际最佳实践的指引而添加国际上通行的金融监管目标。有鉴于此,也就可以解释晚近以来各国金融监管目标在多元化基础上日益趋同的特点,这将在下文更多地阐述。

(二)实践中多元化但日益趋同的证券监管目标

1997年亚洲金融危机之后,国际证监会组织(IOSCO)发布《证券监管的目标与原则》,在这个指导证券业监管的纲领性文件中,证券监管的目标被界定为:(1)保护投资者;(2)确保市场公平、有效和透明;(3)减少系统性风险。随着《证券监管的目标与原则》的日益完善,并成为金融稳定理事会(FSB)提出的对于健全金融体系至关重要并应予以优先实施的十二项标准和准则之一[3],其规定的这些证券监管目标深刻地影响了

---

[1] See Richard J. Herring, Anthony M. Santomero, "What is Optimal Financial Regulation?", the Wharton Financial Institutions Center Working Paper, May 1999, p.1, p.4.

[2] 钱小安:《金融监管体制、效率与变革》,中国金融出版社2006年版,第8页。作者还阐述了监管目标与监管工具之间的关系,并由此来解释不同金融监管体制之间的异同,参见该书第8—9页。

[3] See "12 Key Standards for Sound Financial Systems", at http://www.financialstability-board.org/cos/key_standards.htm, last visited November 15, 2016.

成员国的证券监管方向,使之在很大程度上呈现趋同性,尽管各国/地区[1]在本地的具体情况之下可能略有不同,这种不同主要受到金融业在国民经济发展中地位的影响、金融监管的传统体制及相关的政治、经济等因素的综合作用。

从美国的情况来看。美国证券交易委员会(SEC)作为联邦证券法的执行者,担负着联邦证券法赋予其的监管职责,其监管目标主要是保护投资者、维护一个公平、有序、高效的证券市场和促进资本的形成。[2] 2008年金融危机之后,美国国会迅速通过《2010年华尔街改革法》,在其中增强金融监管机构维护金融系统稳定的职责并增加了相关金融监管者之间的沟通与合作,尤其是设立了金融稳定监督委员会(FSOC),由10个联邦金融机构监管者和5个独立的非选举权成员构成,由财政部长担任委员会主席,该委员会的职能被规定为:识别威胁美国金融稳定的系统性风险,对其作出反应并进行监管协调。当然,也有学者指出,《2010年华尔街改革法》正在将美国金融监管的基本目标从各个监管机构的专门目标转向减少系统性风险这一首要目标。换言之,所有重要的金融活动基于减少系统性风险的目的都听命于一个金融监管者,从而形成新的监管联邦主义(Regulation Federalism)。这种设置本意虽好,却存在着许多配套规则和执行上的不确定性,可能给聚焦于减少系统性风险的英明决定造成挑战,效果将远不如预期;而且作为证券领域最主要监管者的 SEC 被赋予了新增加的诸多职责,例如设立投资者代言人办公室(Office of the Investor Advocate)、完成保护投资者和完善监管的各种调查,但缺乏配套的监管资源而可能面临无法最终完成的结果。总之,认为《2010年华尔街改革法》存在着监管目标、监管结构和监管资源的失效问题。[3]当然,最终结果如何还有待时间的验证。

从英国的情况来看,《2000年金融服务和市场法》设定了英国负责监管金融业的统一集中的监管机构——金融服务局(FSA)——的法定监管

---

[1] 如无特别说明,有关监管目的主要参考了相关国家/地区的监管部门/机构的官方网站资料,网站地址参见参考文献。

[2] See The Investor's Advocate: "How the SEC Protects Investors, Maintains Market Integrity, and Facilitates Capital Formation", http://www.sec.gov/about/whatwedo.shtml, last visited November 20, 2016.

[3] See Joel Seligman, "Key Implications of the Dodd-Frank Act for Independent Regulatory Agencies", *Washington University Law Review*, Vol. 89, November 1, 2011.

目标,包括:(1)维持对英国金融体系的信心;(2)致力于保护和提高英国金融体系的稳定性;(3)确保消费者获得适当水平的保护;(4)减少金融犯罪。之后,英国通过《2012金融服务法》对《2000年金融服务和市场法》等法律进行修改,并拆分 FSA 职能给两个独立监管机构行使,形成"双峰"监管模式:一个是英国兰银行下属的审慎监管局(PRA),主要负责金融业的日常审慎监管;另一个是新设的金融行为监管局(FCA),主要负责金融行为和消费者保护方面的具体监管。根据《2012年金融服务法》的规定[1],审慎监管局(PRA)的目标是促进其所负责监管对象(包括信贷机构、保险机构、重要的投资公司等)的安全与稳健;金融行为监管局(FCA)的目标是:(1)保护消费者(consumer)[2],使之免受来自不良金融服务行为的伤害;(2)提高市场完整性(integrity),以维护一个健康、稳健且富有恢复力的金融系统;(3)为消费者利益促进有效竞争。

从德国的情况来看,德国负责金融业监管的集中统一的监管机构——联邦金融监督管理局(BaFin),其监管目标是确保并促进德国金融市场的正常运行、稳定性和市场完整性(Integrity)。[3]

从澳大利亚的情况来看。与其他国家不同,澳大利亚一开始就践行金融监管的"双峰"模式,将不同监管目标分别授权给独立的监管机构行使。目前,审慎监管局(APRA)的使命是设立和执行金融机构的审慎标准,以确保在合理情形下,其监管的机构所作的承诺在一个稳定、高效和富有竞争力的金融体系内得以兑现;证券与投资委员会(ASIC)在执行监管目标上的优先次序是:(1)提升投资者和金融消费者的信任与信心;(2)确保公平、有序和透明的市场;(3)提供高效便捷的注册机制。[4]

从日本的情况来看。日本金融监管体制深受 2013 年之前英国集中

---

[1] See Financial Services Act 2012, at http://www.legislation.gov.uk/ukpga/2012/21/section/6, last visited November 15, 2016.

[2] 根据《2012年金融服务法》对《2000年金融服务和市场法》的修改,"消费者"是指:1. 使用、已经使用或可能使用以下内容之人:(1)受监管的金融服务;(2)由非受权者所提供的、受监管的服务;2. 与任何这些服务有相关权利或者利益之人;3. 已投资,或者可能投资金融工具之人;4. 与金融工具有相关权利或者利益之人。资料来源:http://www.legislation.gov.uk/ukpga/2012/21/section/6, last visited November 21, 2015.

[3] 资料来源:http://www.bafin.de/EN/BaFin/Organisation/MissionStatement/missionstatement_node.html, last visited July 21, 2015.

[4] 资料来源:http://www.asic.gov.au/about-asic/what-we-do/our-role/, last visited November 21, 2015.

统一监管模式的影响,设立了单一的监管机构——金融厅(日本FSA)——负责金融业的集中统一监管,其职能主要是确保日本金融系统的稳定,保护存款人、保单持有人和证券投资者,通过诸如规划与制定金融系统的政策、监管金融机构和证券活动等举措确保融资便利。[1]

从韩国的情况来看,韩国也成立了单一的监管机构——金融服务委员会(新FSC)负责金融业的集中统一监管,其监管愿景是通过发展金融产业,维护金融市场稳定,施行公平的市场实践和保护金融消费者来促进经济的发展与成长,也因此其监管使命是制定金融政策,监管金融机构和金融市场,保护消费者和发展韩国的金融产业。[2]

从我国台湾地区的情况来看,同样设立了集中统一的监管机构——"金融监管管理委员会",负责监管实行混业经营之后的金融业。根据"金融监督管理委员会组织法"第1条的规定,其监管目标是健全金融机构业务经营,维持金融稳定及促进金融市场发展。[3]

二、证券监管目标的政治化问题

(一)监管目标政治化的本质及其危害

证券监管独立性的基础在于监管目标的独立性。这种独立性,是指监管机构免受政治力量干预或者行业力量捕获而按照法定的目标行事,任何人不得予以强迫或者干涉,既包含了政治独立性,也包含了商业独立性。

所谓证券监管目标政治化,是指尽管法律授予监管机构特定的监管目标,但这种目标的实施及其实现受到政治意志的直接或者间接干涉,导致监管机构无法施展自己的自由意志,根据资本市场的需求制定行之有效的监管政策、规则以及采取相应的监管措施,最终只能偏离监管目标,其所作所为与政府行为及其主要价值取向挂钩,为政府代表的政治利益服务。

从监管的本质来看,监管是一种对公共事务的管理权,其基于法律或者立法机关的授权而获得正当性,不受政治意志和利益的左右;从监管的

---

[1] See The Financial Services Agency Pamphlet, at http://www.fsa.go.jp/en/index.html, last visited November 21, 2015.
[2] 资料来源:http://www.fsc.go.kr/eng/new_about/whatwedo.jsp?menu=01, last visited November 21, 2015.
[3] 资料来源:http://www.selaw.com.tw/LawContent.aspx?LawID=G0000056&Hit=1, 最后访问时间2016年12月15日。

出发点来看,监管应以公共利益为核心,而不能是私人利益或者某些利益集团意志的体现。尽管在经济规制领域,追求经济效益最大化是主要的监管目标,但绝不是可以超越一切的监管目标,投资者保护和社会公平正义的维护,仍然是作为公共利益代表的经济性规制的内容之一。[1]监管目标政治化,损害了监管机构在既定监管目标之下的自主权和自治性,丧失了维护公共利益的独立性,导致监管机构以政治在特定时期内追求的目标为行为导向,运用法律所赋职权实施的监管活动变异为实现特定政治目的的工具和手段。

从最终意义来看,政治的内容也包含通过提供公共管理服务实现统治,与监管机构通过监管行为实现维护公共利益的目标并不矛盾,换言之,公共管理者"行宪的预期目标是营造一个稳定且有效运作的政治体系"。[2]基于证券监管的专业性、复杂性和保持证券市场长期稳定的需要,证券监管功能被从政府提供的监管并服务经济和社会的诸多功能中剥离出来,交由专门的监管机构行使,是晚近以来践行政治与行政的适当分离,并进一步在行政分权基础上细化公务分权,引入多元化行政主体履行公共事务管理职责的一种处理方式。这种公共事务的管理、治理方式,并未否认也未完全隔断政治与行政的密切联系,它们在终极目标上都共同致力于促进经济发展和社会进步,可以说,政治为行政管理提供了最终的价值归属。不过,政治本身存在着复杂性和变动性,一国的政治往往受到政党竞选、连任压力、短期目标,以及政治利益集团等的影响,出现政策目标短期化、动辄变化,并可能为某些利益团体服务的问题。如果这种政治渗透到监管机构的监管目标中,并导引其日常监管行为,那么就会导致监管机构成为实现短期或局部政治利益的工具,丧失独立性,并因此损害监管机构所担负的法定监管目标的实现,埋下风险隐患。也因此,有必要警醒并抵制监管目标的政治化。

从金融监管实践来看,这种服务于短期或局部政治利益而偏离独立性的监管目标政治化现象,并不鲜见,也已经给经济发展和社会进步造成了严重危害。从新兴市场所在国家的情况来看。这些国家由于金融市场发展水平处于初级发展阶段,往往面临巨大的发展市场压力;与此同时,

---

[1] 参见马英娟:《政府监管机构研究》,北京大学出版社2007年版,第140—147页。
[2] 王丛虎:《论公共管理者的行宪能力》,载《法商研究》2005年第3期,第54页;张成福、党秀云:《公共管理学》,中国人民大学出版社2001年版,第38页。

经济发展体制可能正处于从计划向市场转型的转轨时期,政企不分、政监(管)不分的情况比较突出,导致从市场运作到市场监管再到市场发展都深受政府政治的巨大影响,其监管目标的政治化表现尤为明显,监管独立性受到极大限制。这种监管机制与政府在机构设置、人员任免、经费支持和监管资源等方面往往存在着难以割舍或者纠缠不清的关系,常常体现为监管机构听命于政府,按照政府的意图行事,背离法律规定的监管目标,最终难免导致金融监管失效。

例如,在1997年的亚洲金融危机中,一些东亚国家为发展本国经济,超越金融发展阶段过早过快地开放本国货币的自由兑换和推行金融市场自由化改革,然而负责金融监管的监管机构一方面因不具备相应的监管能力和不拥有监管手段与资源而无法对这种高端金融市场状态作出有效反应;另一方面受到政治力量的干预,在对金融机构发放许可证、实施日常监管和惩罚不正当交易行为,尤其是在金融动荡时期采取迅速果断的矫正措施方面,都欠缺独立的职能和实施权力[1],诱使国际金融大鳄抓住这些国家金融体制和监管制度的漏洞大做文章,从中渔利,最终导致东南亚部分国家金融体系和经济体系的崩溃,诱发了1997年的亚洲金融危机。

从成熟市场所在的发达资本主义国家来看。由于政党政治的存在,政治人物为取悦选民,获得竞选成功或者连任,可能会通过采取一些干预措施促使监管机构为政党政治服务。而且,晚近以来,金融机构借助金融市场的蓬勃发展获得财富的大额增长,除了平时通过捐赠大量竞选基金支持推行有利于行业的政党或者组织院外集团进行游说之外,不断有金融领域的商业领袖"商而优则仕",在担任华尔街主要金融机构的负责人之后入主美国白宫担任政府官员要职,抑或在政府重要的经济职位到期之后转投金融机构[2],这种通过政商"旋转门"(revolving door)建立起来的政界与金融业界的密切关系,使得过去曾主要借助行业力量影响监

---

[1] 参见王曙光:《金融自由化中的政府金融监管和法律框架》,载《北京大学学报(哲学社会科学版)》2004年第1期。
[2] 例如,高盛公司就被誉为美国高官的"西点军校",在其历史上,曾有多位高盛的高级合伙人入主白宫,除了早期的西德尼·温伯格与罗斯福政府的密切关系之外,晚近以来,约翰·怀特黑德成为里根政府的助理国务卿,罗伯特·鲁宾成为克林顿政府的财政部长,斯蒂芬·弗里德曼成为布什政府的首席经济顾问,亨利·保尔森则成为布什政府的财政部长。参见刘火雄:《美国高官的"西点军校"——高盛帝国》,载《文史参考》2010年第10期。

管机构决策的做法,悄悄地改变为通过政府(官员)对监管机构产生影响或者施压,从而使得监管机构的监管目标更多地呈现政治化倾向。

以美国为例。1974—1980年期间,国会在"水门事件"之后设立了许多独立监管机构处理社会性事务,同时借以扩张国会权力,制约至高无上的总统权力,限制行政权力的扩张。但20世纪80年代里根政府上台之后,开始挑战国会的霸权,恰逢这一段时间以来社会对独立监管机构低监管效率的批评之声日隆,独立监管机构的存在成为里根政府推行放松管制政策的最大障碍。[1]在这种情况下,政府运用三大武器冲击独立监管机构的工作,包括:(1)通过总统提名任命支持放松管制的人担任独立监管机构的委员;(2)设立隶属总统的联邦公共管理与预算局(OMB)和副总统监管救济工作组(the Vice President's Task Force on Regulatory Relief),约束监管并阻止通过新的监管;(3)政府简单地否决监管机构为开展工作所需的资金和人员配置。由于20世纪80年代证券市场获得大幅度的增长,而负责监管这一市场的美国证券交易委员会(SEC)在这段时间却拥有不多的经费和雇员,有学者因此认为1987年"黑色星期一"股灾的发生,与SEC受到政府放松管制政策的干预,无法得到充分的执法资源,在监管目标和职能行使上丧失独立性造成监管无效有着密切的关系。[2]

综上,金融监管目标的政治化问题,是一个可能发生于新兴市场国家,也可能发生于发达资本主义国家,具有普遍性的问题。在计划经济的背景下,金融监管目标的政治化可能导致政府通过监管机构对被金融业的过度管制,归集社会闲散资金用于扶持特定产业/企业的发展;在从计划经济向市场经济过渡的转型时期,金融监管目标的政治化可能导致政府通过监管机构,违背经济发展规律和超越金融监管能力超常规地发展市场;在完全市场化的经济体中,金融监管目标的政治化可能导致政府为确保本国金融市场的竞争力,通过监管机构大幅放松对金融行业的监管;除了上述这些正常经济环境下的情形,在金融危机、经济危机过后的经济重建和恢复过程中,金融监管目标的政治化可能导致政府为防范金融系

---

[1] Kevin M. Stack, "Obama's Equivocal Defense of Agency Independence", *Constitutional Commentary*, Vol. 26, 2009—2010, p. 58.

[2] American Bar Association, "Independent Agencies-Independent from Who", *Administrative Law Review*, Vol. 41, 1989, pp. 494—96.

统性风险而通过监管机构实施繁多的金融监管,导致危机反应过度和过度监管现象,反而不利于市场的及时恢复。这种现象,就像美联储前任主席格林斯潘在其回忆录《动荡的年代》中所指出的:"在危机中形成的监管制度应当在危机过后得到调教",美国在安然事件之后于2002年推出的内容广泛而监管严格的《萨班斯—奥克斯利法案》,在他看来就是"目前最需要改进的监管制度之一"。[1]是否监管,以及如何监管,这一关系金融市场发展的命题,应最终由肩负法律赋予明确监管目标的独立监管机构进行判断和运用自由裁量权决定,倘若是为了超常规发展市场,通过过度自由化换取所谓的市场竞争力抑或是为了短期博得民众的支持,而对监管机构的监管目标独立性进行干预,其结果必然是灾难性的,晚近以来的多次金融危机已提供了这方面最好的佐证。"我们认为在某种程度上存在着金融监管捕获(capture)问题,改革的努力应集中于驯服政治,而非监管的技术性问题"[2],显然,不仅应意识到监管目标的政治化已然存在并正在影响监管有效性,而且应采取有效措施防范政治过度干预监管机构的监管目标,导致其监管活动的异化。

(二) 监管目标政治化的原因与防范措施

1. 监管目标政治化的原因

金融监管目标政治化在新兴市场国家和成熟市场国家的共同存在,并非偶然现象。这种现象共性,除了理论上政治与行政之间长期以来在价值取向维度与管理方法维度上存在着分分合合的论争并因此影响了二者关系的构建[3]这一原因之外,更重要的是来自现实利益的推动和影响。总结而言,大体有如下几方面的因素:

其一,金融市场在现代经济体系中的重要性使之成为实现政治目标的主要途径或手段,通过干预监管机构的目标及其活动,使其监管下的金融市场服务于政治目标,成为一种秘而不宣却又屡试不爽的政治手段。晚近以来,金融市场的地位与日俱增,成为一国经济发展的引擎;发达的金融市场,不仅可以有效地融通资金,配置资源,为发展实体经济提供有

---

[1] Alan Greenspan, *The Age of Turbulence: Adventures in A New World*, Penguin Press HC, 2007.

[2] Adam J. Levitin, "The Politics of Financial Regulation and the Regulation of Financial Politics: A Review Essay", *Harvard Law Review*, Vol. 127, 2013—2014, p. 1995.

[3] 参见〔美〕尼古拉斯·亨利:《公共行政与公共事务》(第十版),孙迎春译,中国人民大学出版社2011年版,第二章"公共行政的百年发展与困境",第28—47页。

力的支持,成为彰显当届政府政绩的最佳标尺;而且可以拓宽居民的理财途径,使之参与分享经济发展的成果,更因此左右其手中掌握的政治选票或政府支持率。也因此,各国政府无不重视金融市场的重要性,更深谙金融市场的发展对于维护其政治统治和获取民众支持,甚至特定时期用于缓解经济困境,化解社会矛盾的神奇功效,从而始终存在着影响金融市场发展为己所用的动机,通过干预监管机构的决策和行为,使之藉由监管活动引导金融市场按预期的政治目标方向发展,成为必然的选择。正如政治商业周期理论[1]所指出的,受到不同政党谋求政治连任或者不同党派所代表意识形态的不同,代表政党的政府在决策上往往存在着短视问题。一旦这种短期决策作为监管目标的导向被监管机构奉行,也就会出现监管目标的政治化问题,那么金融市场的发展难免陷入迎合政治需求的境地,过度追求短期利益而破坏其长期发展规划或者违背市场发展自然规律,埋下风险隐患。

其二,金融市场发达程度作为一国竞争力的主要指标和晚近以来国际金融竞争的加剧,促使政府动用"扶持之手"(helping hand)[2]超常规发展金融市场,监管机构背负发展金融市场目标成为普遍现象。如上所述,在国内层面,金融市场对发展经济和帮助民众致富的积极作用日益显现;而在国际层面,发达的金融市场是吸引国际闲置资金,抢占金融话语权和制高点,从而影响国际金融和经济秩序,并从中受益于衍生的经济和政治利益的必要条件。长期以来,发达国家常常为争夺国际金融中心地位而展开激烈的监管竞争,例如英国、美国为争夺国际金融中心地位自20世纪80年代以来竞相推动监管改革,取消分业经营限制并大幅度放松对金融机构的管制。在2007年美国次贷危机发生前,面对欧盟实施新的金融集团监管指令[3]的冲击,美国证券交易委员会(SEC)为扩大监管范围并促进美国金融集团的发展,采取了一项新的证券经纪商净资本计算规则。根据这项新规则,SEC取得对华尔街五大投资银行的监管权,却授权他们对净资本的计算采取自律监管的方式,最终导致这些投资银行在商业利益驱使下,大幅度提高资本杠杆并投资于高风险的证券化产

---

[1] 参见第一章第二节"二、作为监管效用基础的证券监管独立性"中的介绍。
[2] See Timothy Frey and Andrei Shleifer, "The Invisible Hand and the Grabbing Hand", National Bureau of Economic Research (NBER) Working Paper No. 5856, December 1996.
[3] 这一新指令要求,外国监管者应对金融集团进行监管,而不应限于集团的某些分支机构,否则欧盟将单独对这些金融集团在欧洲的分支机构及信息监管。

品和金融衍生品,在证明自律监管失效的同时也导致了华尔街五大投行的覆灭。[1]而在新兴市场,监管目标政治化更多地体现为,新兴市场国家为更快地融入国际金融和经济秩序之中,敦促监管机构过早地开放市场和过快地实行金融自由化,短期之内这些国家虽然取得了市场的大幅度发展,但在抓住监管漏洞的国际金融大鳄的冲击下,却难以掩盖市场自身的脆弱性和监管的力不从心,最终只能承受金融危机的后果,1997年爆发的东南亚金融危机即为典型例证。

其三,证券市场投资者缺乏监管代言人,无法在监管机构担负的监管目标发生冲突时捍卫其优先性,反而可能因缺乏权利代理人,无以主张强有力的抗争而容易被其他监管目标所排挤或侵犯,客观上为监管目标政治化的形成创造了条件。如上所述,从发展历史来看,独立监管机构的出现,根源于对公共事务专业化管理需求和对专家人才的倚重。有学者研究指出,技术性技能(technical skill)是公共管理者必备的三种技能之一[2],为了获取这种专业性,监管机构要么招聘专业人士加入组织,要么对外开放咨询的途径。受到组织机构编制、薪酬待遇限制,不断吸引足够的专业人才加入未必现实,而为跟上新技术发展和金融创新日新月异的变化,却需要及时更新和补充专业技能。因此,晚近以来,监管机构为应对这一挑战更常采用的是倚重来自被监管行业的人员所组成的专家委员会、顾问委员会,以及在制定行业规则或政策时,小范围地征求业内专家的意见。作为受保护对象的投资者,往往不能提供这种专业性的技术支援而较少参与其中。"独立监管机构强调了专家的作用使得他们更愿意倾听行业游说者的意见,从而倚重领取高薪的专家解决复杂的争议,而较少倾听苦苦挣扎的消费者宣传团体的意见。"[3]近来兴起的公众参与,更多的是在监管决策民主化和监管问责意义上进行运用,而不是这种监管智力、智识上的援助作用;而且,分散的投资者无法采取有效的集体行动,事前进行游说或者影响监管机构的监管活动,事后也主要是依靠个体力量维护权益,不能对监管机构形成压力,督促其改进以投资者保护为重的监管举措。也因此,在长期的监管过程中,监管机构往往与被监管的行业

---

[1] 参见第一章第二节"二(三)2. 证券监管缺失独立性的危机教训"中的介绍。
[2] See Robert L. Katz, "Skill of an effective Administrator", *Harvard Business Review*, September-October, 1974, pp. 90—102.
[3] Stavros Gadinis, "From Independence to Politics in Financial Regulation", *California Law Review*, Vol. 101, 2013, p. 349.

及其专家更为熟悉,并建立了密切的联系,在一些新兴领域和面对疑难问题时,甚至形成监管机构对某些行业专家的依赖关系,这在客观上为行业利益集团影响监管决策提供了条件和渠道。而且,如上所述,现代经济社会存在突出的政商"旋转门"问题,商业领袖时有入仕成为政治家,再通过政治施压影响监管机构的监管目标与活动,使得监管目标政治化问题打上了行业利益的烙印,严重时监管机构某种程度上变异为行业发家致富的"掠夺之手"(grabbing hand),立法腐败成为一种新的比具体监管活动影响更为恶劣和深重的腐败方式。从反监管的意识形态、到更为传统的文化捕获,到领导层的"旋转门",再到豁免监管颁发证照的权钱腐败交易,呈现光谱一样的各式监管捕获,这些被捕获的监管"通常采用放松监管的路径","更放松的金融监管带来短期的繁荣,却不可避免地导向长期的危机"。[1]

2. 防范监管目标政治化的措施

监管机构以监管目标为其行动的方向,在监管活动所指向的服务目的发生冲突时,需要衡量各个监管目标的权重,确保优先的监管目标得以实现。一旦法律或立法机构设定监管机构的监管目标,就应要求监管机构对此负责,而不是受外界、尤其是政治势力的影响而偏离方向,更不能成为达成短期政治利益的帮手,也即有必要防范监管目标的政治化。面对政治的强干预性,需要赋予监管机构足够强大的对抗权限和机制,才能起到成效。总结而言,可以从以下几个方面进行考虑。由于这些举措在下文将会进一步详述,这里仅做简要分析。

其一,应确保监管机构的目标明确具体,避免因监管目标过于笼统或概括,而给政治干预以可乘之机。国际证监会组织(IOSCO)早就在《证券监管的目标与原则》中规定了保护投资者、维护市场秩序与防范金融系统性风险三项监管目标,用来指引各国监管机构确立本国的监管目标,各国在实践中也大多将这些内容作为本国证券监管的目标。从字面意义上看,这三大监管目标的含义不难理解,属于效果导向型的监管目标,然而在监管实践中,这样高度概括且以结果为判断标准的监管目标规定,却给监管活动造成很大的困扰。换言之,这些监管目标实际上与中央银行担负的维护币值稳定、促进就业等可通过具体数据衡量的目标相比,显得更

---

[1] Adam J. Levitin," The Politics of Financial Regulation and the Regulation of Financial Politics: A Review Essay", *Harvard Law Review*, Vol. 127, 2013—2014, p. 2045.

不明确,含义也更为广泛。如何操作,是否符合某一目标,完全依靠监管机构的自我判断和解释,一旦监管机构被政治捕获,那么它在笼统的监管目标之下的所作所为就有可能服务于特定的政治利益而不会被察觉或者被反抗。也因此,一种应对的方式是避免监管机构承担多重监管目标,只授予其单项监管目标,并对该目标进一步细化。上述"双峰"模式的监管机制设置,就是贯彻了监管目标单一性、垄断性的理念,而类似美国那样,将保护金融消费者的目标授予新设立的消费者金融保护局(CFPB)行使,也是类似的道理。当然,如果不便拆分监管目标或者为了避免设立过多的独立监管机构而带来大量的沟通协调问题,那么另一种可行的方式是对几重监管目标进行优先次序排列,将保护投资者作为监管的第一目标,并进一步规定监管机构行事的原则和规则,以约束监管机构按照既定的监管目标履行职责。

其二,确保监管机构的独立地位并建立相应的保障机制。监管目标政治化,是监管机构缺乏独立性的表现,而这种结果又进一步加深了监管机构的不独立性。因此,如果可以建立维护监管机构独立性的有效机制,那么监管机构就能以这种独立性保障为盾,对抗政治干预的入侵。监管独立性,如上所述,包括了组织独立性、立规权独立性、监督权独立性和预算独立性四大内容,需要通过法律机制建立这些方面和环境的有效保障,有关制度设计将在下文详述,这里仅以组织独立性为例做简要分析。例如,为了保障组织独立性,避免政治之手干预监管机构基于公共利益行事,可以考虑在传统政府机构体系之外设立专门的监管部门,实现物理上的隔离;在监管决策上,实行多数决的合议制而非政府的首长负责制,避免"一言堂";在领导人员的任职上,体现其代表来源的广泛性,并要求避免利益冲突,与政治选举周期相错,以及非因法定事由不能任意免职等;对普通职员实行必要的法律保护,其基于职责的善意行为不能被追究责任,保护这种执业信赖;以及授予监管机构适当的内务自治权,允许其根据市场状况和监管工作付出适当调整薪酬结构,避免因过低的薪酬导致职员法外贪赃,被不当利益所收买。

其三,建立对监管机构的问责机制。监管机构丧失其独立性操守,为政治服务或者主动迎合政治需求的一个原因,很大程度上是缺乏对监管机构的有效问责。如上所述,被规定为监管目标的内容往往较为概括,缺乏明确性和操作性,监管者虽然是公共利益的代表,但在实践中他们更是一个理性"经济人"坎贝尔(Campbell,1992)和梯若尔(Tirole,1993)提出,监管者的目标是在既定的效用水平约束下追求自身努力程度最小化"[1],欠缺对其监管活动的评估,也就无法知晓其监管绩效,更无从追究其责任以及提出改进意见或建议。"如果无法规定清晰的目标,无法设定固定的绩效标准,产出不能现成地观察或衡量,那么政治监督者和机构管理者就很可能用规则和程序限制机构官员的行为,并且拒绝下放自由裁量权,以此履行他们的责任。这样,遵守规则和程序就会取代达到目标而成为负责行为以及成功表现的指标。"[2]也因此,在监管目标作为一种理念和原则层面的指引无法充分细化的情况下,晚近以来对监管机构及其工作人员活动过程透明化、制度化和程序化的要求得到了高度重视并付诸实施,使得许多监管机构看起来像是"过程取向"而非"(监管)目标取向"的。当然,需要注意的是,对监管机构的问责,并不完全等同于通常所理解的由监管机构承担财产责任并追究个人的相关责任,尽管监管问责也当然包含这些内容。在更深层的意义上,对监管机构的问责是要求监管机构在采取监管行动,履行监管职责时,要行之有据、行之有理并给以足够的说明,证成其必要性和合理性;监管活动从历史过程来看应前后一致,保持稳定性和可预见性,不能恣意妄为、朝令夕改,更不能暗箱操作,进行利益输送。这种问责作为一种制衡,更多的是要求监管机构按预定的监管目标和原则行事,其目的不仅仅是为了追究机构和个人的财产责任,因为即使再大的财力也无法与其担负的职责相匹配,更难以补偿其因监管不力造成的巨大损失,特别是在金融危机的情况下,而是更多地作为一种事前、事中的防范机制而非事后的处罚机制,使监管机构无可逃遁其职责。

其四,扩大监管机构执行监管目标活动中的公众参与,壮大公众代言人在监管过程中的声音并形成对监管机构的压力,使之不敢轻易屈服于政治利益。公众参与社会公共事务的管理,是现代民主社会的必然要求,

---

[1] 龚明华、刘鹏飞:《监管监管者的理论基础及主要机制研究》,载《国际金融研究》2011年第3期,第75页;两位作者的文章出处:Campbell, T., Chan, Y-S., Marino, A., "An Incentive Based Theory of Bank Regulation", *Journal of Financial Intermediation*, 1992 (2), pp. 255—76; Laffont, J., Tirole, J., *A Theory of Incentives in Procurement and Regulation*, Cambridge, MIT Press, 1993.

[2] 〔美〕乔纳森·R.汤普金斯:《公共管理学说史:组织理论与公共管理》,夏镇平译,上海译文出版社2010年版,前言,第15页。

作为一种行之有效的公务监督方式,当然地被包括在上述监管问责中。[1]"独立的机构不仅要对授予其职责的机构,即政府或是立法机构负责,也要对被监管机构和大多数公众负责。"[2]这里之所以重申,一则为了突出这一问责途径的重要地位。尽管实践中有些监管机构建立了公众参与机制,但往往被作为一个摆设或者走过场,通过公众参与得到的信息既没有反馈机制更得不到应有的重视,仍然无法起到制衡和帮助监管者改进治理的作用;二则是提醒,对于那些没有设立专门机构负责金融投资者保护,或者所设立的金融投资者保护机构只享有虚权,却没有实质职权的国家/地区而言,能够倾听投资者声音的公众参与机会更有意义,也更有必要建立并强化。

除了上述这些专门针对监管机构的举措之外,一个普遍的需要克服的问题是关于政商"旋转门"的问题,也即整个公共行政系统的"旋转门"任职规范与约束机制。因为需要警醒的是,"管制者有时会出台一些有利于被管制行业的监管措施,从而为将来他们离开管制机构并在被管制行业从事工作时安排了一份远期合约"[3],政界与监管机构的关系也存在着类似的问题。对此,需要政治与行政管理体制上系统的解决方案,避免在政界与商界之间游刃有余且不受任何约束的身份转换和利益变现。这种制约方案,包括在任命监管机构管理者及其人员时,虽然需要考虑其专业能力抑或行业从业经验,但也要注意其与政治或者行业过从甚密的裙带关系是否影响其履行职责的独立性,因而需要严格其行为操守,公布行为的利益冲突及建立回避机制,以及辅以严格的滥用职权处罚;而对于那些离开监管机构转身任职于行业者,则应要求有一定的去职沉默期,避免马上到被监管机构担任要职,引发利益变现的质疑和对其过往监管行为的不信任,并可能损害监管机构的声誉。

三、证券监管目标与监管主体的职能配置

(一)监管目标与监管职能配置之间的关系

根据国际证监会组织(IOSCO)制定的《证券监管的目标与原则》的规

---

[1] 下文第4章的的内容,就是在监管问责的框架下去探讨公众参与问题。
[2] Udaibir S. Das and Marc Quintyn, "Crisis Prevention and Crisis Management: The Role of Regulatory Governance", IMF Working Paper, WP/01/163, September 2002, p. 10.
[3] 龚明华、刘鹏飞:《监管监管者的理论基础及主要机制研究》,载《国际金融研究》2011年第3期。

定,证券监管的目标主要有:(1)保护投资者;(2)保证市场公平、高效和透明;(3)减少系统性风险。如上所述,尽管各国的监管目标基于本国的特殊考虑及特定时期的需求可能不尽相同,但上述监管目标作为《证券监管的目标与原则》的主要内容,已被金融稳定理事会(FSB)认可,成为国际金融组织推荐的应优先适用的行业标准和最佳实践。从上述各国证券监管目标的具体实践来看,也大多体现了这些共同的要求。可见,从克服金融市场自治失灵,应对金融系统脆弱性,以及防治因金融活动可能产生的负外部性需求出发,各国的证券监管目标在多元的基础上日益呈现共同的趋势。为履行这些证券监管目标,通常应赋予监管机构相对应的监管职能/职责。"如果说行政职权与行政优益权是行政主体在国家行政管理中的权利的体现,那么,行政职责和行政责任便是行政主体在国家行政管理中义务的体现。"[1]一般而言,监管机构的职责主要包括:(1)对金融机构的审慎监管以维护市场信心;(2)对市场行为的监管以保护投资者和消费者的合法权益;(3)对竞争行为的监管以维护市场的公平、有序和透明;(4)对金融系统性风险的监管以维护金融稳定性。

尽管从表面上看,证券监管的这几项目标可以和平相处,彼此之间没有冲突,但稍作思考,特别是将这些监管目标的实现放置于特定情形之下时,不难发现它们之间不仅有优先劣后顺序之别,而且还可能存在严重的冲突。例如,在金融市场处于需要宽松的环境以便获得更好发展的背景下,对金融机构的放松管制短期内容易导致对投资者权益的侵害,并积累金融风险危害金融系统稳定性;而在金融危机发生之后,需要加强对投资者的保护以尽快恢复他们对资本市场的信心,但在危机中遭受重创的金融机构此时却需要宽松的监管恢复元气,逐步走上正轨。"大部分监管者都有主要和次要的任务,他们更倾向于解决主要目标的冲突"[2],因此很难保证在所有情况下,监管机构都能平均用力,执行所有监管目标,更多情况下,监管机构将主要执行主要目标。从公共利益的层面来看,各种监管目标可能都是必需的,而且对于监管目标作用的对象群体而言,这一监管目标都至关重要。此外,也似乎并不能简单地分割这些监管目标,就像

---

[1] 任进:《行政组织法教程》,中国人民大学出版社2011年版,第13页。
[2] Larry D. Wall and Robert A. Eisenbeis, "Financial Regulatory Structure and the Resolution of Conflicting Goals", Federal Reserve Bank of Atlantam Working Paper 99—12, September 1999, p. 4.

国际证监会组织(IOSCO)在《证券监管的目标与原则》中所指出的,"这三项目标是紧密相连的,而且在某些方面还是相互重叠的",保持这些监管目标之间的协调很有必要。由此,就需要对监管目标与被赋予实现这些监管目标的监管机构之间的关系做一个合理的配置,使其担负相适应的监管职责。

这种监管目标与监管主体职责之间的配置,实际上体现了监管机构的建制和内部分工,与下文所要论及的监管主体的组织形式也有很大的关系。从已有的金融监管实践来看,存在着形式多样的监管机构结构及其职能配置。有将可能存在冲突的监管目标授予不同监管机构行使,再由这些机构进行协调的外部冲突解决(external conflict resolution)模式,也有将可能存在冲突的监管目标统一授予一个监管机构行使,再由这个机构进行内部协调的内部冲突解决(internal conflict resolution)模式。无论是外部还是内部冲突解决模式,都没有消灭监管目标之间可能存在的冲突,但不同模式在获取、共享信息,制定统一的监管规则,以及在应对监管冲突时的协调成本与效率等方面各有利弊,任何一种模式在所有情况下都不是最优的。国际证监会组织(IOSCO)在《证券监管的目标与原则》中明确地指出,"监管问题通常没有唯一正确的解决办法。不同国家(地区)的立法和监管结构不同,并且反映了当地的市场情况和历史发展",国际货币基金组织的"金融部门稳定性评估规划"(FSAP)以《证券监管的目标与原则》的内容实施程度为评估标准,以及国际证监会组织(IOSCO)为此所制定的《〈证券监管的目标与原则〉实施状况评估方法》,反映了对这种多元化现实的洞察,但"评估本身并非目的。相反,应将评估主要视为发现潜在真空地带、不一致之处、薄弱环节及哪些领域需要更多权力的一种手段,并视为确定已有法律、规则和程序中哪些应该优先得到增强或改革的依据"。[1] 也因此,虽然采用何种模式没有最优选择,但"这些政策目标之间的冲突如何解决常常很大程度上依赖于金融监管机构的结构。为此,金融监管结构问题就不仅仅只是'皮毛'(turf),而是关

---

[1] 《〈国际证监会组织证券监管的目标与原则〉实施状况评估方法》,资料来源:中国证监会网站 http://www.csrc.gov.cn/pub/newsite/gjb/gjzjhzz/ioscojgmbyyz/201004/t20100412_179247.html,最后访问时间 2016 年 11 月 10 日,第 10、11 页。

系设定金融监管政策的重要因素"[1],这是应予重视的。

(二) 监管目标与监管职能匹配的主要模式与实践

总结而言,主要有如下几种监管目标与监管职能相匹配形成的监管结构模式[2]:

1. 宏观审慎监管与微观审慎监管合一的模式

在这种模式下,由中央银行同时承担宏观审慎监管,维护金融系统稳定性的职责与微观审慎监管,维护市场正常秩序,以及保护金融领域消费者的职能。很长一段时间以来,许多国家的金融监管体制都采取了类似的模式,但随着中央银行制定和实施货币政策的职能与其所负责的微观金融监管职能之间的冲突,以及1997年亚洲金融危机的影响,在20世纪末掀起了一股分割央行职能的潮流:原本为央行所行使的微观金融监管职能被剥离给专门的监管机构行使,而央行仍然继续行使其货币职能和维持金融系统稳定的职能。例如,英国1997年把银行监管职能从英格兰银行分类出来,成立了综合性的金融服务局(FSA),日本、韩国以及中国等国家/地区都深受影响,采取了类似的金融监管职责剥离行动。[3]而经历过2008年金融危机,人们意识到因对金融机构欠缺必要的宏观审慎监管,以及负责微观金融监管的监管机构在发生危机时,没有足够的职权和财力予以及时救助,才导致系统性风险迅速蔓延并造成严重后果。为此,有些国家在反思危机前的监管职能得失的基础上着手调整金融监管构架,其中就有在金融监管体制上屡屡创新的英国。这次的改革是将原本负责统一监管金融业的金融服务局(FSA)拆分成专门负责金融机构审慎监管的审慎监管局(PRA),并作为英格兰银行的下属机构,另一个是新设的金融行为监管局(FCA),负责监管市场行为和金融工具,更多地体现对金融消费者的保护。从表面上看,似乎又重新将监管金融系统稳定性的功能与微观审慎监管合而为一,实则不然。因为,这种同一机构体系内的上下级隶属关系,不仅更方便地实现了信息共享、危机预警和危情救助等

---

[1] Larry D. Wall and Robert A. Eisenbeis, "Financial Regulatory Structure and the Resolution of Conflicting Goals", Federal Reserve Bank of Atlantam Working Paper 99—12, September 1999, p. 32.

[2] 如上所述,金融领域的反不正当竞争、反垄断问题通常与其他经济领域的类似问题共同归某一规制机构负责,而不是由金融监管机构管辖,如无说明,下文的分析剔除了这一职能。

[3] 参见王君:《金融监管机构设置问题的研究——兼论中央银行在金融监管中的作用》,载《经济社会体制比较研究》2001年第1期。

方面的协作,而且在保有这些协作优势的同时可以借助分离的机构运作避免职能冲突,从而更好地发挥监管效用。

2. 与宏观审慎监管分离条件下由监管机构独揽微观金融监管的模式

在这种模式下,宏观审慎监管由中央银行或者类似中央银行的机构独自行使,而微观金融监管职能则由特定监管机构行使。这里又分两种情形:根据各国的金融改革进程,有的国家实行了混业经营,有的仍处于分业经营的状态;在监管模式上,也呈现出各种监管机制,有的积极回应混业经营的要求,设立了集中统一的金融监管机构,有的则保留原有的按机构监管的格局,但通过功能监管协调各个机构的职能以应对混业经营的需要。不过,在这种模式下,不管是采取集中统一的单个监管机构,还是按行业划分的各个监管机构,监管机构大都是其所负责领域内的全能监管者,其职能既包括微观审慎监管,也包括市场行为监管,还包括对本领域投资者/存款人/被保险人等的保护。在英国金融服务局(FSA)未于2013年被拆分前,德国、日本、韩国和我国台湾地区,以及中国大陆地区,大体都属于这一模式。不过,近年来随着金融消费者保护问题的日益突出,一些国家/地区的金融监管者已经通过在自己的体系内设置相应的金融消费者保护机构或者机制的方式来细化监管职能分工,以便更好地执行各项职能。例如,韩国负责金融业监管的金融监督委员会(FSC)自身行使政策制订的职责,而将政策执行和金融消费者保护分别交由具有民间公益性组织性质的金融监督院(FSS)行使和在金融监督院(FSS)内设立金融消费者保护局(FCPB)行使;我国台湾地区则由负责金融监管的"金融监督管理委员会"出资设立了金融消费评议中心这一财团法人机构来专门处理金融机构与消费者的纠纷,提升对金融消费者的保护水平。

3. 与宏观审慎监管分离条件下的微观金融监管"双峰"模式

在这种模式下,宏观审慎监管由中央银行或者类似中央银行的机构独自行使,而微观金融监管职能则根据职能内容分别授权给不同监管机构行使,通常是将微观审慎监管职能授予一个监管机构,将监管市场行为与保护金融消费者的职能授予另一个监管机构,形成按监管目标配置监管职能的"双峰"模式。从世界范围来看,澳大利亚是实行这种模式的典型国家,其金融业的审慎监管主要交由审慎监管委员会(APRA)行使,而另一个监管机构澳大利亚证券与投资委员会(ASIC),则主要承担金融投资者和消费者保护的职能。如上所述,英国的金融服务局(FSA)于2013

年被拆分之后,也设立了这一"双峰"监管架构。

综上所述,监管目标与监管机构及其职能的配置呈现多样化,一国在金融发展进程中也有可能根据需要调整这种配置。这种安排可能没有最优的模式,国际证监会组织(IOSCO)在其制定的《证券监管的目标与原则》中也并未规定监管机构的具体结构,反而采取开放的态度,认可各国存在的监管架构,但在"与监管机构有关的原则"方面,其第一条原则却是"应明确、客观地阐明监管机构的职责"。只有确保由法律对此作出规定,并且立法(在存在多个监管机构的情况下)确保监管机构的职责分工不留有监管真空和不公平之处,对本质相同的行为在监管上不会出现不一致的情形,以及立法(在存在多个监管机构的情况下)确保监管机构之间能够通过适当的渠道进行有效合作,这样才能实现监管目标的独立性,也才能使监管机构在其所负责的范围内承担起监管的责任。这就像哈耶克所指出的:"欲使责任有效,责任就必须是明确且有限度的,而且无论从感情上讲还是从智识上讲,它也必须与人的能力所及者相适应。"[1]当然,随着现代经济生活快速的发展变化以及金融市场的日益深化,有可能出现法律规定落后于现实,难以有效涵盖一切监管机构需要的监管职权的问题。这种情况下,引入行政合目的性原则就很有必要,这主要是要求监管机构的行为不仅要符合立法、司法、行政创制的规制的明确规定,还应当符合法律应当追求的目的、社会的正义。[2]从这个意义上来看,明确监管机构的监管目标,并通过法律或者立法机构进行授权,就不仅必要,而且意义重大了。

第二节 证券监管主体的组织形式与内部治理

一、证券监管主体的组织形式之争

金融监管组织独立性是证券监管独立性的重要组成部分,确保行使监管权的监管机构的独立性,就像有关学者的研究所指出的,"在金融监管独立性四个基本要素中,监督独立性对金融体系稳定性的影响最突出,

---

[1] [英]弗里德利希·冯·哈耶克:《自由秩序原理》(上册),邓正来译,生活·读书·新知三联书店1997年版,第99页。
[2] 参见江必新:《行政法制的基本类型》,北京大学出版社2005年版,第196页。

而机构独立性则对金融体系效率性的影响最为突出"。[1]晚近以来,伴随着金融市场复杂化程度的提高和金融作为一国综合竞争力主要构成因素地位的上升,对金融系统效率性的要求越来越高,因而确保金融监管组织的独立性,以实现证券监管的有效性,从而提高金融体系的效率,就成为许多国家的诉求和改革方向。

所谓组织形式,是指一个组织体构成、内部分工及其与外部社会联系的方式;而监管组织的独立性,是指监管组织作为一个机构独立于政府行政和立法分支部门,以及独立于被监管行业及相关利益群体的一种状况。从世界金融发展史来看,各国基于诸多因素,并没有发展出整齐划一、完全相同的金融监管组织,国际证监会组织(IOSCO)在《证券监管的目标与原则》中也明确地指出,"监管问题通常没有唯一正确的解决办法。不同国家(地区)的立法和监管结构不同,并且反映了当地的市场情况和历史发展",金融组织形式的差异性,体现了多元的金融市场发展状况和因地制宜的监管策略,是一种合理而有效的客观存在。但是,不管金融监管组织的形式再多样化,其必须具有"独立性"的特征或者在功能上能够达到"独立性"的水准,才能发挥效用。有些学者经过研究已经指出,在金融监管独立性的四个方面中,机构独立性虽然形式上容易做到,但实践中却难以做到。[2]为此,有必要围绕金融监管组织的独立性提供相应的保障机制,通过妥善处理以下几组争议来确保这种金融监管组织独立性的实现。

(一) 独立的监管组织 v. 附属的监管部门

所谓独立的监管组织,是指设立独立于传统政府行政部门的组织机构,专门负责特定领域的监管事务,其主要向授权方而不是政府部门首脑负责,具有不受政治干预的独立性,也即上文提及的"监管机构"模式。所谓附属的监管部门,是指由内设于政府系统内的某一部门,或与政府行政系统保持适当距离的某一部门负责特定领域的监管事务,其权力最后要服从政府首脑或者受到政府首脑的控制,也即上文提及的"行政部门"模式。[3]

从字面上理解,金融监管组织的独立性,并非意味着必须设立独立的

---

[1] 马勇:《监管独立性、金融稳定性与金融效率》,载《国际金融研究》2010年第11期。

[2] 参见赵静梅、吴风云:《大部委制下金融监管的独立性与制衡机制》,载《宏观经济研究》2009年第10期。

[3] 关于"监管机构"模式和"行政部门模式"的区分,参见第一章第一节"二(一)3. 建立在公务分权基础上的行政监管主体类型"的内容。

监管组织,之所以晚近以来二者几乎被等同视之,主要是受到美国独立监管机构模式的影响:随着美国在19世纪末设立第一个独立监管机构——州际商务委员会(ICC),这种模式在20世纪30年代被运用于设立联邦层面集中统一的证券监管机构——美国证券交易委员会(SEC),并随着日后美国证券市场的成功而被许多新兴市场国家所仿效。

在独立监管机构出现之前或者美国模式未被广为采用之前,许多国家主要采用由政府行政部门负责特定领域监管事宜的模式。有学者研究指出,根据监管机构独立于政府的程度,可以在完全的政府监管和自我监管之间确定四种类型:(1)机构属于(中央或地方)政府的一部分,虽然可以采纳外部专家的意见,但制定规则和采取决定都是由政府部门来进行的,并由政府部门首脑对此负最终责任。(2)半自治机构,即机构独立于政府之外且不向政府负责,但政府可以通过任命成员、委派政府代表制、期望或者要求监管政策的制定要根据政府政策或者指导方针进行、部长通过某种形式的批准等来施加控制。(3)独立于政府之外的机构,很少受到上述措施的控制。这类机构是一个公共机构,根据授权和法律的规定行事。其成员为来自政府部门之外的专家,与政府没有政治隶属关系。(4)独立于政府之外的自我监管机构,其成员主要来自被监管的行业,属于自律监管组织。[1]如果以这种分类为参照,可以发现,除了纯粹的属于政府监管和行业自律监管的模式,晚近以来更多的是通过设立独立监管机构或者通过附属于政府的具有一定自治权的监管部门来进行特定领域的事务监管,由此也产生了二者孰优孰劣的论争。

如上所述,监管目标是监管组织的安身立命之本,对特定领域的监管,最终是要克服市场失灵和金融系统自身的脆弱性,实现公共利益的最大化。因此,就像有关学者所指出的,规制目标出现偏离的最重要原因之一是规制机构未能忠实地执行规制政策法规。之所以如此,是由于在某一体制下(包括政府规制机构形式的设置),政府规制机构的自利性行为不能得到有效的控制或公利性行为不能得到充分弘扬所致。因此,解决规制目标偏离的重要途径之一是合理设计政府规制机构。[2]从上文有关

---

[1] See Anthony Ogus, "Comparing Regulatory Systems: Institutions, Processes and Legal Forms in Industrialised Countries", Centre of Regulation and Competition Working Papers, No. 35, December 2002, pp. 8—9.

[2] 参见张会恒:《论政府规制机构形式的选择》,载《经济社会体制比较》2005年第3期。

金融监管发展史和海外主要资本市场所在国家/地区大多采用设立独立于政府行政部门或者与政府行政部门保持适当距离的监管机构从事证券监管事务,可以看出,独立监管机构的设置在实现金融监管组织的独立性上,具有明显优势。这种优势,既包括了更适应市场变化的专业化,也包括了政治上更可信的承诺、更稳定和一致的政策等[1],使得设立独立于政府系统的监管机构比在政府系统内部指定一个部门负责监管,更能确保监管组织的独立性。因此,如有可能,应优先选择这种组织关系比较明晰的独立监管机构形式,或者在同等条件下,使得独立监管机构的模式得到优先运用。

(二) 集中统一的监管组织 v. 分散多头的监管组织

晚近以来,金融市场的一个巨变是从分业经营逐步走向混业经营,由此带来金融市场监管权分配和监管组织的构建问题。从目前成熟市场所在国家的做法来看,并没有完全采用与混业经营一一对应的集中统一的金融监管组织架构,而是在本国金融监管结构沿革的基础上量体裁衣地进行变革,大体可以归纳为统一监管模式和多边监管模式。[2]

统一监管模式是指由一个集中统一的监管机构实施对所有金融机构、金融产品和金融市场的监管,担负起对机构的审慎监管、对市场行为的监管以及金融消费者的保护职责,其对应的监管结构是一个集中统一的金融监管组织。

多边监管模式则是由多个机构分工协作进行监管,各个机构之间是平行关系而非隶属关系,各自在其受权范围内行使监管权力,履行监管职责。根据不同的划分标准,又可构成不同的类别。一种是按金融行业的不同进行划分,每个行业的监管者在该行业内都是全能的监管者,从而形成银行业监管者、证券业监管者和保险业监管者等多行业分立的监管组织结构;同时,为应对混业经营的冲击,各个行业的监管者通过监管合作进行协调。这种多边监管模式在一国实行分业经营的情况下,或者在未完全实行混业经营的情况下最为常见,通常是根据金融机构的种类设立相应的金融监管组织,所以又称之为机构性监管。但如果一国已经实行

---

[1] 这些内容已经在第二章第二节"一(一) 需要独立监管组织的理由"中进行了分析,这里不再赘述。
[2] 参见吴风云、赵静梅:《统一监管与多边监管的悖论:金融监管组织结构理论初探》,载《金融研究》2002 年第 9 期。

混业经营,金融机构因可以同时从事各种金融经营,不能再按照金融机构的种类划分监管界限,这种情况下则改为按照金融机构所从事的金融业务类别划分监管边界,同时又辅以各监管机构之间的沟通协调,以适应金融业务综合性发展的需要,由此形成功能性监管。[1]另一种是按金融监管目标的不同进行划分,即将金融监管组织应承担的对金融机构的审慎监管、对金融市场行为的监管以及对金融消费者的保护职责,分别授权给不同的监管部门负责,由此形成目标性监管,最典型的就是澳大利亚的"双峰模式",以及英国2013年初分拆FSA之后形成从类似"双峰"的监管模式。

  关于集中统一的监管组织与分散的监管组织孰优孰劣的争论由来已久,自从英国在20世纪80年代末启动金融大爆炸(big bang)并最终整合历史悠久且多样化的自律监管组织而成立集中统一的金融监管组织——英国金融服务局(FSA)以来,有关的争论就一直未停歇过,甚至在金融危机过后又成为监管改革的核心话题之一,尽管2013年主导这一监管模式的英国已拆分FSA成为两个独立的监管机构。在2008年金融危机之前,截至2005年,已有至少50个国家在不同程度上确立了统一的监管模式;或者设立全面负责所有金融部门监管的集中统一的监管组织,或者赋予特定机构监管至少两个主要金融部门的权限[2],"单部门监管者模式的潜在优势在于关注点更集中、问责性更强和专业知识培养能力更高"[3],但直到目前,仍不能说统一的监管模式占据了上风,成为最佳选择。统一监管模式和多边监管模式的各有利弊,已为许多研究者所分析和总结。[4]选择哪种监管模式,除了受制于本国监管体制的路径依赖之外,在应对混业经营的冲击上,必须要考虑监管组织的运营成本和各行业监管的协调成效问题;在这些问题上,集中统一的监管模式不过是将本应通过外部协调的关系进行了内部化,如果集中统一的监管模式既可以在一个组织体的内部集合多个行业的监管,取得规模效应而降低总体监管

---

[1] 参见钱小安:《金融监管体制、效率与变革》,中国金融出版社2006年版,第5—6页。
[2] See Elizabeth F. Brown, "Why the United States Needs a Single Financial Services Agency", *University of Miami Business Law Review*, Vol. 14, 2005, pp. 92—93.
[3] 经济合作与发展组织编:《OECD国家的监管政策:从干预主义到监管治理》,陈伟译,法律出版社2006年版,第124页。
[4] 参见廖凡:《竞争、冲突与协调——金融混业监管模式的选择》,载《北京大学学报(哲学社会科学版)》2008年第3期。

成本，也可以在一个组织体的内部促成负责不同行业监管或不同监管目标的部门之间的有效协调，那么就能够获得比多边监管模式更多的优势和认同；反之，则只能让位于多边监管模式。当然，也有学者的研究明确指出，集中统一的监管模式的实行需要一定的外部条件，这种金融监管集中程度或可能性与制度环境良好程度成正比，与市场规模和中央银行的参与程度成反比。[1]

上述这些因素都是一国在混业经营之后确定对应的金融监管组织构架时应予以考虑的，只有真正契合国情和实际，才能确保实现金融监管机构的独立性。在这方面，美国可谓提供了一个很好的例证。美国现行碎片式（fragmented）的监管框架是百年金融发展史加之历次重大金融事件或者金融危机冲击下形成的，具有"危机引致"的特点。美国在1999年彻底放弃分业经营而实行混业经营时，通过提出"功能监管"的理念和规则以解决分散的各金融行业监管者如何实行信息分享和协作的问题，共同实现对混业经营的监管。但从实践情况来看，这种分散化的监管体制的运行并非充分有效，在1999年之后的历次金融市场动荡，包括2002年的安然事件，以及2008年的金融危机中，都能找到金融监管失之有效的身影[2]；美国国会总审计署（GAO）曾多次痛陈其弊，指出这种碎片式的金融监管架构已经跟不上近几十年来金融市场的发展和产品创新，需要"大修"美国的金融监管架构。[3]在诸多改革方案中，其中也不乏提出要建立单一集中的监管模式的建议[4]，但考虑到美国的金融监管框架已有150多年的历史，调整现有框架的成本不仅巨大、耗时过长且因政治、经济和社会等各种因素的博弈，实践中恐怕也是难以落实。因此，《2010年华尔街改革法》并未对美国金融监管格局做根本性调整，而是在保留原有监管架构的基础上，一方面加强各监管机构的职权，另一方面通过设立金融稳定监督委员会（FSOC），弥补之前金融监管体制的缺陷并借以加强彼此间

---

[1] See Donato Masciandaro,"Financial Supervision Architectures and the Role of Central Banks", *The Transnational Lawyer*, Vol.18, 2005, pp.351, 367—68.

[2] 关于美国碎片式金融监管体制失败应对2008年金融危机的分析，可参见洪艳蓉：《危机之辨：次贷证券化与金融监管》，载陈安主编：《国际经济法学刊》第16卷第2期，北京大学出版社2009年版，第18—24页。

[3] See GAO, "Financial Regulation: Recent Crisis Reaffirms the Need to Overhaul the U. S. Regulatory System", Gao-09-1049T, September 29, 2009, p.2.

[4] 参见陈斌彬：《危机后美国金融监管体制改革述评——多边监管抑或统一监管》，载《法商研究》2010年第3期。

的沟通和协作,在保留多边监管模式的条件下通过结构微调和功能强化来提高监管的有效性,尽管后效如何还有待时间验证,但或许是最适合美国的监管改进。

(三) 倒金字塔型的监管组织 v. 金字塔型的监管组织

所谓倒金字塔型的监管组织,是指监管机构主要由自身承担监管政策、规则的制定并亲自组织实施日常监管及其执法等相关监管活动,将监管权能集中于监管机构之内,很少或者未在法律允许的范围内对外授权、委托其他组织代为履行或辅助履行监管职责,从而在纵向分权上呈现监管机构(监管)权大,市场自律组织及相关主体(监管)权小的倒金字塔结构组织状况。金字塔型的监管组织正好与此相反,监管机构自身除了保留制定监管政策与规则、必要的执法与惩处等主要监管职责之外,常常在法律允许的范围内最大限度地将部分监管职权,特别是日常监管事务或自身不具有比较优势的事项授权或委托给其他组织代为履行或者实施,从而在纵向分权上呈现出监管机构(监管)权较少、较小,市场自律组织及相关主体(监管)权较多、较大的金字塔结构组织状况。

在倒金字塔型的监管组织结构下,监管机构统揽监管职权,享有很高的威望并对市场具有足够的威慑力,有助于其制定统一的监管规则并及时采取一致的行动,但与此同时,这种集权模式容易引发监管机构过度管制,造成对市场和金融创新的压抑。这种监管组织结构,常见于计划经济下监管部门的设置,抑或在从计划经济向市场经济转型的初期,受到计划经济路径依赖的影响且缺乏市场自治氛围的情况下采用;或者在非常时期,出于对金融危机的过激反应,收回各种监管放权而重构高度集权的监管,以整顿市场秩序并提振民众的投资信心。值得注意的是,随着晚近以来市场规模的急剧膨胀和金融深化带来监管情况的日益复杂,监管机构受限于无法同步无限增长的监管资源和紧跟创新步伐的监管技术更新,日益面临着监管挑战,倍感力不从心。这种统揽大部分监管权能的监管组织结构要么容易导致监管机构采取更严格的管制,通过限制金融机构"作为"的方式来减轻监管压力,防范"出乱子",要么容易导致监管机构无法供给与市场发展需求相匹配的监管,出现监管漏洞和监管真空。两种走势最终都不利于形成一个稳健而强大的金融市场。

基于倒金字塔型监管组织结构的上述弊端,晚近以来各国更多地倾向采用金字塔型的监管组织结构,特别是在金融监管竞争压力之下,各国更希望通过简政放权和市场自治发展一个强大的金融市场。比较普遍的做法,是充分利用市场的自治力量,特别是那些有着悠久的市场自治传统并且存在着比较强大的自律组织的国家,例如美国、英国等,证券交易所、证券行业组织被充分地授予监管权限,纳入到整个金融监管体系中,成为监管机构的好帮手;一些国家基于根深蒂固的市场自治理念和充分调动各种市场资源参与监管的考虑,赋予证券市场活动第一线的服务中介及其他市场参与者,例如证券分析师、律师、审计师及评级机构等相应的监管权限,使他们成为证券市场的"看门人"(gatekeepers),"从这个意义上讲,看门人是市场机制对于投资者保护问题的解决方案"[1],监管机构可以充分运用这一方案。只不过,当监管机构授权或者委托这些市场自律组织或参与者参与监管事务时,需要对他们施予必要的监管,否则效果可能适得其反,因为这些受权者可能利用这种职权或便利谋求行业、公司利益或者短期利益,从而带来更大的损害。就像约翰·C. 科菲教授所指出的:"这次金融危机[2]给我们的教训是什么呢？一个教训是,只有当看门人竞争的目标是为了获得投资者的青睐时,市场竞争机制才能有效运转。当看门人为了发行人的青睐而竞争时,竞争机制就可能失败。"[3]

各国监管机构在法律允许的范围内将自己承担的监管职权授予或者监管事务委托给其他主体执行,存在着程度上的不一致性。在成熟市场国家,金融市场在政府监管体系发展之前已经高达发达,存在着各种完善的市场自治机制,在建立代表公权力介入市场的政府金融监管体制之后,这些行之有效的市场自治机制被沿用于监管事务管理,通过监管机构的授权或委托取得合法性地位。在新兴市场国家,通常不存在比较成熟或完善的市场自治机制,不过为充分激发市场活力,减少管制,监管机构也大多致力于培养、推动市场自律、自治机制的形成与壮大,将一些监管权限逐步授予这些市场自律组织行使,形成良好的市场自治氛围。

值得注意的是,晚近以来受新公共管理运动的影响,特别是引入市场方法,以所谓的"企业家精神"再造政府,倡导"企业化的政府开始转向一

---

[1] [美]约翰·C. 科菲:《看门人机制:市场中介与公司治理》,黄辉、王长河等译,北京大学出版社 2011 年版,科菲教授序,第 4 页。
[2] 指 2008 年金融危机。——引者注。
[3] [美]约翰·C. 科菲:《看门人机制:市场中介与公司治理》,黄辉、王长河等译,北京大学出版社 2011 年版,科菲教授序,第 3 页。

种把政策制定(掌舵)同服务提供(划桨)分开的体制"[1],"公共管理理论认为,证券市场作为承载公共利益的场所,所有主体都可发挥相应的作用。行政监管者如对垄断投资者保护独力难支,不如集中监管资源于主要方面,即监管者应担纲起决策和制定规则的主要责任,更多地为投资者提供'用手投票'和'用脚投票'的制度和机制,并将执行保护的具体工作分工给市场自律组织(主要是证券交易所和行业协会)和金融中介,以求事半功倍"。[2]由此,兴起了监管机构主要保留制定监管政策、规则,并主要通过查处违法违规行为和建立有效的投资者损失补偿机制树立权威地位,在占据监管制高点的同时,放松管制并善于分工,全面调度及运用市场力量,通过授权、委托或者服务外包[3]等方式,将一些具体监管事务的执行工作或者事务性的管理,交由市场参与主体或者服务主体处理的做法,再由自己对这些分离出去的监管事务的执行担负起监督责任,防止权力滥用或者服务不到位。在运用新公共管理思想重塑监管框架方面,韩国的做法可谓比较彻底,其监管机构金融监督委员会(FSC)主要功能放在形成政策和制定监管规则上,同时将具体的金融监管和检查活动授予具有民间公益性组织性质的金融监督院(FSS)执行。这种分离监管决策与执行的做法,有助于监管机构集中精力,从大局考虑制定监管规则,也有利于执行机构发挥专长,形成处理具体事务的规模效应,提高效率。但与此同时,在这种模式下,监管机构如何始终有效地获取市场第一手信息,以便为决策提供必要而有益的参考,以及如何确保执行机构得以完整、高效地贯彻执行监管政策和规则,会是监管过程中需要重点考虑的问题。

(四)中央集权的监管组织 v.地方分权的监管组织

所谓中央集权的监管组织,是指由中央(联邦)监管机构统一行使监管权,在必要的情况下,可以由中央(联邦)监管机构在地方(州)派驻分支机构代表国家对地方相关事务进行监管的组织模式。所谓地方分权的监管组织,是指在中央(联邦)层面没有统一的一个监管机构,而是将监管权

---

[1] 〔美〕戴维·奥斯本、特德·盖布勒:《改革政府:企业家精神如何改革着公共部门》,周敦仁等译,上海译文出版社2006年版,第9页。
[2] 洪艳蓉:《公共管理视野下的证券投资者保护》,载《厦门大学学报(哲社版)》2015年第3期。
[3] 有关服务外包的内容,可参见第二章第三节"一(二)证券监管职能分工下的对内协调"部分的分析。

分配给各地方政府行使,由其对本辖区内的监管事务负责;或者是在同时存在中央(联邦)监管机构的情况下,地方政府在相关领域内和中央(联邦)监管机构分享监管权的组织模式。

从历史上看,在建立集中统一的中央集权的监管机构之前,许多国家采取的是依靠地方政府的力量各自监管辖区内的金融事务的做法。这种地方分权的模式,尽管可以更好地适应当地的情况,也能借助地方政府在当地的影响力有效地执法,但也存在着地方政府为发展本地经济而发生恶性竞争,导致放松监管或者执法不严等弊端;而且,随着晚近以来金融市场在科技革命的助力下逐步走向无纸化、一体化,金融市场与经济发展的关系日益紧密,在中央层面建立一个集权的监管组织,由其统一行使监管权变得很有必要,因为这将更有利于建立统一的金融监管标准,避免地方政府的恶性竞争和市场参与者的监管套利;更有利于落实公平原则,避免落入政治或行业捕获的陷阱;更有利于对投资者的统一保护和使同样的违法违规行为受到同样的处罚,建立监管威信,等等。[1]因此,晚近以来,为发展一个强大而健康的证券市场,许多国家一改之前依靠地方政府各自负责监管本地证券市场的做法,而在中央层面设立了集中统一的监管组织。

当然,这种集中统一的监管组织的存在,并不否认在地方不能有相关机构参与监管事务。晚近以来的,随着证券市场的日益复杂化和多元化、多层次资本市场建设的推进,这种集权基础上的分权正在呈现:一方面是中央集权的监管组织根据需要向地方派驻分支机构,对地方相关事务进行监管,各个地方的分支机构彼此独立,并向中央的监管组织负责。这种地方机构的设置服从中央监管组织的垂直管理,不一定按地方行政区划进行设置,这样可以有效避免地方政府对相关监管事务的干涉,保持监管的独立性。例如,美国证券交易委员会(SEC)除了华盛顿总部之外,只在全国设立了11个官方办公室,而不是在美国的50个州都设有分支机构。另一方面是根据地方设置的区域性证券市场或区域性相关证券事务的需要,由在地方设置的区域性监管组织负责监管,再通过这类组织与中央集权的监管组织的协作完成一国(地区)监管权的有效运行。

---

[1] See Robert W. Hahn, Anne Layne-Farrar, and Peter Passell, "Federalism and Regulation: An Overview", *Regulation*, 2003—2004.

二、证券监管主体的内部治理

为确保证券监管组织的独立性,设立独立的、集权的监管组织,要较传统的政府行政部门更有优势,因而代表了当今证券监管的发展趋势。然而,这只是解决了监管机构与外部的联系问题,在监管组织被法律或者立法机关授予明确的监管目标之后,其内部如何构成和运作,也即组织体如何进行内部治理,将在很大程度上决定监管组织的独立性程度。作为金融监管治理的一部分,监管组织的内部治理包含广泛的内容,在世界范围内也有着不同的实践版本,然而,围绕着金融监管组织的独立性,这种内部治理大体有着类似的内容。美国有关学者指出,区分独立的监管机构与政府行政部门最主要的是"独立"的概念,在美国这主要基于三大法定的安排:(1) 独立监管机构组成委员的两党任命要求(the bipartisan appointment requirement);(2) 固定的任职期限要求;(3) 限于明文规定事由的免职要求。[1]国际货币基金组织(IMF)的专家则认为,机构独立性的三个关键要素是:(1) 高级职员的任职期限及——甚至更严厉——解雇;(2) 监管机构的治理结构(governance structure);(3) 决策过程的公开性和透明度。[2]以下,选取对金融监管组织的独立性有重大影响的几个方面,并主要以美国证券交易委员会(SEC)为例进行分析,同时相应地结合其他国家/地区的情况介绍。[3]

(一) 人事制度

作为监管独立性要求的监管主体独立性,要求监管机构免受政治和行业干预,基于监管目标,为公共利益而制定和实施监管政策与规则。这一独立性在外部关系上要求监管机构与政治和行业保持适当距离,避免不当的干预;在内部关系上,要求监管机构享有自治权,可以自主决定监管职责的履行,也即监管机构应当具有独立的意志。"所谓独立意志,是指独立规制机构对职务范围内的公共事务具有独立判断并作出独立意思表示的资格和能力。法人组织的独立意志通常是通过组织的意思机构表

---

[1] See Paul R. Verkuil, "The Purposes and Limits of Independent Agencies", *Duke Law Journal*, April 1988, p.260.

[2] See Marc Quintyn and Michael W. Taylor, "Regulatory and Supervisory Independence and Financial Stability", IMF Working Paper, WP/02/46, 2002, p.20.

[3] 相关资料主要来自这些监管机构的官方网站及对应组织法的规定,参见第一章第三节"一、证券监管治理及其独立性的国别实践"和参考文献中的"五、主要网站"。

达出来,法人组织的治理结构和管理层构成决定了独立意志的实现。具体到独立规制机构,独立意志的实现取决于两个方面,一个是独立规制机构委员的选任机制,二是独立规制机构的表决机制。"[1] 可见,独立监管机构作为法律拟定的组织,其机构意志必须依靠在独立监管机构内任职的人员来完成,因此这些人员的独立性成为决定监管机构独立性的关键。影响监管机构人员独立性的因素有许多,但其中最重要的是以下这些方面:

1. 选任权

通常选任权由谁行使,会影响作为监管机构决策层的委员的选任及其与利益相关者的关系。为此,确保建立不受政党或行业影响的选任权,是实现监管机构独立性的关键。

根据经济合作组织(OECD)的实证考察和奥卡尼亚(Ocana)的研究,规制机构的首长和委员的委派可以概括为以下几种方式:(1) 最高行政首长独立委派规制机构首长和委员,如德国;(2) 最高行政首长经议会批准后委派规制机构首长和委员,如美国;(3) 最高行政首长委派规制机构首长,最高行政首长和立法机构共同委派规制机构委员,如法国;(4) 最高行政首长委派规制机构首长,立法机构委派委员,如意大利;(5) 政府机构行政首长委派,如比利时等。[2] 进一步归纳,可以将上述方式分为政府行政机构独立决策型和政府行政机构与立法机构制衡决策型。

很显然,如果完全由政府行政机构独立决策,会使得独立监管机构的主席与委员的任职与政府行政部门及其首长之间存在一定程度的依赖关系,后者的意志和利益诉求不可避免地会通过前者的治理结构进行表达。如此,在政府行政机构独立决策的结构之下,监管机构的独立意志就会受到挑战,可能丧失独立性。相反,如果是政府行政机构与立法机构相互制衡或者有所制约地选任独立监管机构的主席与委员,由于制衡机制的存在,出现偏向某一方利益或者严重受另一方意志影响的情形就会大为减少,从而可以更好地确保独立监管机构的独立性;而独立监管机构的主席与委员在代表该组织意志行事时,也只有服从于法定的监管目标,不偏不倚,才能取得利益的平衡,更好地获得选任和连任。

---

[1] 邢鸿飞、徐金梅:《论独立规制机构:制度成因与法理要件》,载《行政法学研究》2008 年第 3 期。
[2] 同上。

在严格实行三权分立的美国,采取的便是这种作为立法机构的国会与作为行政权的最高首脑总统之间相互制衡任命独立监管机构委员的做法。根据法律的规定,美国证券交易委员会(SEC)由5名委员组成委员会这一最高决策机构,委员由总统提名经参议院同意之后,由总统任命并指定其中一人担任主席;SEC的其他非领导职位的职员,则主要受文官制度支配,采用公开竞争考试和功绩制进行选拔和任用。[1]在议会至上、内阁须向议会负责的英国,曾经的金融服务局(FSA)的董事会成员由财政部任命,而如今承继FSA监管金融行为及其保护投资者职能的金融行为监管局(FCA)的理事会成员,同样来自财政部的任命。同样实行议会内阁制的德国,其金融监管机构——联邦金融监督管理局(BaFin)的主席、副主席由联邦财政部提名,内阁审定,再由联邦总理任命;其内设的用来指导BaFin工作的行政理事会则由来自联邦财政部、中央银行和其他监管部门的21名代表组成,并由来自联邦财政部的人担任主席。澳大利亚的证券与投资者委员会(ASIC)的5名委员,由总理提名,再由总督进行任命。在日本,由内阁总理大臣委任的金融大臣和副大臣是日本金融厅(日本FSA)的最高负责人。在韩国,金融监督委员会(FSC)的主席由总理提名,总统进行任命;副主席由主席提名,总统进行任命,并担任FSC内设的证券期货委员会(SFC)的主席。而在我国台湾地区,其"金融监督管理委员会"共设6—12名委员,除了"财政部长""经济及能源部部长"和"法务部部长"为当然委员之外,其余委员都是由"行政院院长"提请"总统"任命,且没有俸禄[2],采用的是完全的政府行政部门独立决策制。

2. 被选任者的资格

从独立监管机构的发展史来看,其出现的一个主要因素是社会和经济事务的复杂化需要专业的机构进行处理,因此,作为独立监管机构的成员,首先必须具有处理监管事务的专业能力,而不能是纯粹的政客。其次,为确保其独立性,必须保持政治上的平衡。从许多国家的经验来看,作为独立监管机构的委员,不能完全来源于同一政党,而应尽可能地体现各个党派之间的平衡;在无党派政治的情况下,则应体现一国之内不同地区的平衡。最后,为确保其独立性,还需要避免与被监管行业有利害关

---

[1] 文官制度是西方国家为避免政治过度干预行政和提高行政效率而创设的制度。参见王名扬:《美国行政法》(上),中国法制出版社2005年第2版,第176、194页。
[2] 参见我国台湾地区"金融监督管理委员会组织法"(2012年最新修订)。

系。许多国家的法律都规定了因利益冲突需要回避的情形,要求独立监管机构的委员不能在被监管行业内兼职或从事相关业务或持有相关权益,以免因这种经济上的利益关系左右了委员的意志。总之,在任职者的资格上,需要兼顾专业性、公正性和民主性。[1]

以美国为例,证券交易委员会(SEC)的5位委员中,来自同一党派的不得超过3人,委员不得兼任任何职务,不得买卖证券或者从事任何其他证券交易活动,显然"对规制机构成员的任命反映了多种考量。相应授权法律通常会要求规制机构成员间的政治平衡,即任一政党的成员在规制机构中不能超过简单多数"。[2]澳大利亚证券与投资委员会(ASIC)由5名全职的委员组成,他们由总理提名,总督进行任命,总理提名委员时应依据他们在商业、管理、金融、会计等方面的知识或经验判断其是否适格。而在我国台湾地区,因"行政院院长"任命"金融监督管理委员会"委员,可能在党派的中立性上难以确保,但基于监管事务的特殊性,也会体现出专业性的要求,其"金融监督管理委员会组织法"规定该委员会的委员除了上述三个兼任的之外,需要由具有金融专业相关学识、经验的人士来担任;同时,立法也授权"金融监督管理委员会"及所属机关因业务需要,可以依据"聘用人员聘用条例"的规定,聘用对衍生性金融商品、资产证券化、投资银行、融资性租赁、期货、精算及资讯科技等有专门研究的资深人员60—100人。[3]

3. 任期

为发挥独立监管机构人员的专业管理能力,并充分利用其积累的经验,应确保其有明确、固定的任期,以形成良好的预期并保持监管政策的稳定性、一致性;但与此同时,也要考虑如果期限过长,可能形成僵化的监管并和相关各方建立利害关系,导致共谋而丧失独立性,另外也可能阻止新生力量进入监管机构,不利于提高监管机构的监管水平。"如果希望有高效率而又公正无私的行政,如果政策问题是根据民意决定的,那么在行政体制的半科学、准司法、办事和幕僚性的那个部分中,就应该作出长期任职规定。而在行政体制的较高层次上,即在那些任职官员对政策问题

---

[1] 参见马英娟:《政府监管机构研究》,北京大学出版社2007年版,第116页。
[2] 宋华琳:《美国行政法上的独立规制机构》,载《清华法学》2010年总第14卷第6期。
[3] 参见我国台湾地区"金融监督管理委员会组织法"(2012年最新修订)第9条、第17条。

具有决定性影响的地方,特别是对那些行政首脑来说,则应避免长期任职。"[1]为此,规定一个明确而具体的任期实有必要。当然,基于独立性的考虑,有必要注意其与政党选取周期的分离,避免因选举周期而影响委员们的任职。以美国为例,证券交易委员会(SEC)的委员每人任期5年,届满之后可以连任;委员实行交错任期制(staggered-term),每年轮换一人,不与总统任期挂钩。

与此同时,为避免在独立监管机构内部形成利益联盟或者与被监管行业结成利益联盟,对于除委员以外的其他工作人员,应定期地进行岗位轮换,尽管可能减损前期积累的工作经验效用的发挥,也会带来新工作岗位在一段时间内的适应和挑战,但这种调整为确保监管机构的独立性所必须,两者权衡取其重者。况且,从另一个角度来看,岗位轮换在一定程度上有利于激发监管机构人员的能动性并增强监管机构内部部门之间的沟通,对于提高监管机构的效率也大有裨益。

4. 履职保护与免职

正如国际货币基金组织(IMF)的专家所指出的,只有存在清晰的聘用和解聘规则,才能最好地实现独立性,对监管者的聘用和解聘应该以其能力和忠诚为依据……在这样的规则下,他们才能够发表言论和采取行动,而不必担心会遭到本届政府的解雇。[2] 换言之,要求成员服务是一个固定期限是独立性的一个基本要素,但仅此并不充分。独立性的决定性因素是法律明确规定或者合理隐含着的,除非"有理由",否则不得免职的保护。[3]因此,为确保监管机构的成员能够根据自己的专业判断,有效地执行立法赋予其的监管目标,就必须为他们提供履行职责的法律保护,只要是依法行事,就不应受到监管责任的追究,除非出现法律明文规定或者合理隐含着的免责事由,否则不能任意解聘某一监管机构成员。换言之,在依法履行监管职责的情况下,监管机构人员的任职往往具有终身性,这种履职保护有利于更好地体现监管机构的独立性,以便促进监管目标的实现。

---

[1]〔美〕弗兰克·J.古德诺:《政治与行政——一个对政府的研究》,王元译,复旦大学出版社2011年版,第52页。

[2] See Marc Quintyn and Michael W. Taylor, "Regulatory and Supervisory Independence and Financial Stability", IMF Working Paper, WP/02/46, 2002, p.20.

[3] See Marshall J. Breger, Gary J. Edles, "Established by Practice: the Theory and Operation of Independent Federal Agencies", *Administrative Law Review*, Vol.52, 2000, p.1138.

以美国为例,除非基于"渎职、失职或违法行为"这些法定事由,证券交易委员会的委员不得被总统任意解职。这正如有关学者所指出的,法律的有关任职和免职的规定保障了(美国证券交易委员会)委员们的独立性。[1]

(二)治理结构与议事规则

在治理结构或决策机制上存在着两种模式,一种是首长制,又称独任制,是指由首长一人总揽大权,全权处理、决定机构事务,指挥监督所属单位及相关人员,并最终对机构的行为负责。这种模式是政府行政组织中最普遍采用的模式。一种是委员会或者理事会制(commissions or boards),又称合议制,是指组织机构中的决策层由按同一标准产生,地位平等的委员或者理事组成,并以讨论表决的方式形成组织机构意见,共同对外负责的模式,其可能不设首长,或者首长只是名义上的,合意制的特点在于集体决议,监管机构"内部决策的作出有赖于委员之间的相互磋商而非简单的命令与服从关系"。[2]这种模式在晚近以来被许多独立监管机构所采用。

作为治理结构,独任制与合议制各有优缺点,二者正好形成鲜明的对比。例如独任制具有权责机制,决策高效,指挥灵活,协调成本低的优点,但同时也可能发生个人独断专行,过于主观臆断而缺乏全盘考虑,任人唯亲,为一己私利徇私枉法,纪律松弛等弊端;而合议制具有集思广益,兼顾全局,均衡利益和协调各方的优点,但同时也会存在组织成本过高,决策过程缓慢,效率较低,意见多元而难以定夺或者无法落实责任等不足。

针对监管机构所要求的独立性和应对被监管领域的快速发展与复杂化所需要的专业性,合议制在总体上会更符合独立监管机构的要求。正像人们意识到的,制度之治相比人治更具有根本性、全局性、稳定性和长期性,有关合议制的制度安排可以有效地保障监管机构免受个人的控制,通过委员们的合议体现其专业而独立的决策意志,其可能存在的低效和高成本问题,能够通过对监管机构制定明确的决策过程、议事规则、预算控制等措施加以解决。在确保监管机构的独立性上,更重要的是能够体

---

[1] See Domnique Custos,"Rulemaking Power of Independent Regulatory Agencies",*American Journal of Comparative Law*,Vol.54,2006,p.616.
[2] 周林军:《美国独立管制机构探析》,资料来源:中国国家发展和改革委员会网站,http://tgs.ndrc.gov.cn/tzbj/200508/t20050812_39348.html,2005年8月12日,最后访问时间2016年11月10日。

现监管机构的意志是如何达成的,而不是这一过程需要花费的时间和其他成本,后者可以通过效率的改进予以解决。因此,为确保监管机构的独立性,其治理结构宜优先选择合议制。

与治理结构相关的是监管机构的议事规则。注意到,因金融监管事务牵涉社会经济生活的方方面面,往往任何一个方面的决策都可能影响广泛的人群和诸多行业或企业,为此在决策之前有必要确保听到各方的声音抑或这种决策如果不是牵涉秘密而不能公开,应尽可能地让公众知晓,以便可以更好地均衡各方利益,取得更多的认同并便利日后的执行。通常,在满足这种决策过程的公开性和透明度上,合议制比独任制更有优势,因而也是在确保监管机构独立性时合议制更容易胜出的原因。当然,晚近以来的行政管理的改革,已经在政府行使行政权的过程中引入了听证、信息公开和公众参与等制度,从而大大地增强了公众对行政决策的知情和参与程度。同样的,这些积极而有效的举措也迅速地在独立监管机构的决策中得到运用,形成了其更贴近被监管行业,也更公开透明的决策过程。以美国证券交易委员会(SEC)为例,其采用的是由5名委员组成的最高决策机构,在议事规则上,委员会采用合议制而非首脑负责制决定SEC的事务,除非涉及保密事项,否则就向公众和新闻媒体开放委员会会议。而从其他国家金融监管组织的决策机制上看,也主要是合议制。例如,澳大利亚设立的证券与投资委员会(ASIC),日本金融厅(日本FSA)内设的证券交易监督委员会(SESC),以及韩国金融服务委员会(FSC)下设的证券期货委员会(SFC),我国台湾地区的"金融监督管理委员会",等等。

(三) 内部事务自治

监管机构的独立性,除了上述监管机构人员的独立性和治理结构的独立性之外,还有一个很重要的部分,即内部事务的自治。显然,在立法授予监管机构的监管目标之下,除了委员会层面的决策之外,还有许多事务需要监管机构进行处理和执行。正像有人所理解的"独立性"那样,当国会授予监管机构一项总目标而未提供详尽的标准或者指引时,监管机构有决定采取必要或者恰当的措施以实现该目标的自由裁量权。[1]换言之,在监管机构所负责的监管领域,监管机构对符合监管目标的事务处理

---

[1] See R. W. Lishman,"Independence in the Independent Regulatory Agencies", *Administrative Law Review*, Vol. 13, 1960—1961, p. 133.

具有自治权。

监管机构的内部事务,涵盖了其日常活动的诸多方面。从权限上看,可以包括其行业立规权、行业监督权、预算安排权等;从对象上看,可以包括人员岗位的安排、预算经费等财产的募集与使用,相关设施及物品的支配等。这些事务上的自治将在下文的相关内容中进行详细阐述,为避免重复,在此从略。

第三节 立规权独立性和监督权独立性的实现与互动

一、行业立规权的合法性与独立性保障

(一) 监管者的立规权与比例原则

1. 行业立规权的委任立法权属性[1]

行业立规权(rulemaking),是指监管机构制定、修改或者废除行业监管规则的权力。在金融监管独立性的构成中,监管机构享有独立的行业立规权是首要的内容,除了可以避免政府机构或行业的干预之外,主要是因为:一方面,独立制定监管规则是适应金融市场瞬息万变的要求,这种权力可以保障监管机构保有应对金融创新及市场发展变化灵活而有效的弹性,并通过规则的普适性取得监管的规模效应;另一方面,独立制定监管规则对于监管人员积极、主动执行监管规则有重要的激励作用,通过制定规则,监管者可以更好地理解和贯彻其监管政策,并有很强的激励促使其观察执行效果。[2]

从独立监管机构的发展史来看,监管机构最初主要的功能是负责处理特定监管领域的纠纷,有关立法的职责主要由国会等立法部门履行,(在允许法院立法的国家)并通过司法部门的判例作为补充。但随着监管事务复杂程度的提高,不仅立法部门难以通过及时的立法予以详尽的监管,法院也因欠缺相关的监管经验而在司法最终裁决上未尽如人意;与此同时,通过监管机构处理纠纷的方式,因需要逐案进行而无法取得令人满

---

[1] 关于监管机构立规权的性质讨论,更详细的分析请参见第二章第二节"二(一) 立规权的性质与合法性"的内容。
[2] 参见赵静梅、吴风云:《大部委制下金融监管的独立性与制衡机制》,载《宏观经济研究》2009年第10期。

意的效率。在这种背景下,行业立规权作为备受学者和部分监管委员推崇的监管方式被要求得到监管机构的优先使用,这种要求监管机构从主要担当纠纷裁决者到行业立法者的转变,主要是基于立规权具有普适性的特质,可以兼顾公平和功效。[1]

如果把这种独立监管机构享有行业立规权放到晚近以来行政改革的大背景下来看,那么无论是独立监管机构的出现,或者是独立监管机构享有行政立规权,在本质上都反映了现代社会生活需要更灵活、更有弹性管理的需要,以及人们对传统行政认识的深化与理论创新。所谓行政权,是由"国家或其他行政主体担当的执行法律,对行政事务主动、直接、连续、具体管理的权力,是国家权力的组成部分"。"以行政权的形式为标准,可以将行政权分为行政立法权、行政计划权、行政调查权、行政处理权、行政许可权、行政处罚权、行政强制权、行政合同权与行政指导权等。"[2]可见,从行使权限的主体来看,由具有公共机关属性的独立监管机构行使的行业立规权,属于广义上的行政权,是晚近以来行政权扩张的一种表现,而促成这种权力扩张的最主要理由,是传统的三权分立理论及其实践模式难以适应现代社会生活管理的需要,由此导致"大政府"和"行政国家"的出现。

如果从监管机构行使的行业立规权的权限来源看,基于专业性而替代传统政府行政部门履行职责的监管机构,其本身并不必然享有立规权。之所以出现行政权向立法权的渗透,或监管机构享有立规权,其本源还是来自于立法机关将自身享有的立法权授予监管机构行使,二者构成了"源""流"关系,立规权依附于立法权而获得合法性并受到立法权授予范围的限制。从美国独立监管机构享有立法权的发展史来看,最初这种权限的享有被认为是违反了宪法规定的三权分立原则,因而被法院判定为违宪而无效,只不过随着社会生活的复杂化,特定领域的监管超出了国会和法院的调整能力范围,在这种客观的社会需求之下,美国最高法院才最终通过在立法权之前加上"准"(quasi)字的创新,承认监管机构享有准立法权的现实,从而确认了这种权限的合法性,并排除对这种立法权的质疑与各种攻击。可以说,在本源上,监管机构所享有的立法权是基于立法机

---

[1] See Domnique Custos, "Rulemaking Power of Independent Regulatory Agencies", *American Journal of Comparative Law*, Vol. 54, 2006, p. 629.
[2] 应松年、薛刚凌:《论行政权》,载《政法论坛(中国政法大学学报)》2001年第4期。

关授权而产生的,因此在性质上属于一种委任立法权。

从实践来看,赋予行政机关一定的准立法权是法治行政的基本特征,行政机关行使立规权大体有以下几种形式:一是授予行政机关根据特别委托立法;二是授予行政机关根据概括性授权发布行政命令的权力;三是由议会确定法律原则或者进行框架性立法,由行政机关作出具体规定;四是赋予行政机关以一定范围的自主立法权;等等。[1]以美国证券交易委员会(SEC)为例,为保障 SEC 有效执行联邦证券法上规定的证券监管目标,国会授予了 SEC 广泛的立规权,允许其以规则(rule)、条例(regulation)、表格(form)等正式制度和释令(release)、不行动函(no-action letter)、观点(opinion)等非正式制度形式解释适用证券法。从其他国家和地区金融监管机构的权限来看,英国的金融行为监管局(FCA)根据《2012年金融服务法》的授权享有制定金融行业监管规则的权力,德国联邦金融监督管理局(BaFin)、澳大利亚证券与投资委员会(ASIC)、日本金融厅(FSA)、韩国金融监督委员会(FSC)都享有根据相应的机构组织法获得对所负责监管的行业制定监管规则的立规权,再看我国台湾地区的"金融监督管理委员会",其依法也享有"金融法令的拟定、修正及废止"的权力,获得了对金融领域相关监管事务的立规权。

2. 比例原则与行业立规权的边界

晚近以来,立法成为最富特色的一种行政活动。仅以数量论,立法更多的是由执法机关,而非立法机关来制定。[2]在证券监管这一比其他领域更复杂且变化更日新月异的领域,更明显地呈现出监管机构大量行使行业立规权的状况。"(监管)机构执行一般政策时采用制定规则的方法。当他们的管理活动影响个人权利时则使用裁决的方法。"[3]

如上所述,既然监管机构享有的行业立规权,从权力来源上看是基于立法机关的明确授权而产生的,在性质上属于一种委任立法,那么就要适用委任立法的相关规则。有学者经过研究指出,委任立法是必要的,但也是有限的,应受到严格制约。首先,委任立法的事项有限。在西方国家,征税、行政权的设定事项等不得委任立法,另外,涉及处罚、行政强制等对

---

[1] 参见江必新:《行政法制的基本类型》,北京大学出版社 2005 年版,第 177—180 页。
[2] See William Wade & Christopher Forsyth, *Administrative Law*, Oxford University Press, 2000, p.839.
[3] Domnique Custos, "Rulemaking Power of Independent Regulatory Agencies", *American Journal of Comparative Law*, Vol.54, 2006, p.618.

相对人影响重大的事项也很少委任立法。其次,委任立法要受严格的程序制约。再次,委任立法受立法权的监督。如在英国,委任立法要送交议会备案、批准和审议等[1],表达了对制约行业立规权方法的思考。

从权力分立的视角来看,监管机构行使准立法权挑战了国会(议会)专享立法权的传统,尽管国会之后出于适应社会生活发展的需要作出了授权立法的调整,使得监管机构可以在特定监管领域内享有准立法权,但这种权力的边界如何,抑或监管机构应在多大的范围内享有怎样的立规权,却成为一个新难题。对这个问题的妥善解决,不仅关系到国会授权立法的效用,也会直接影响监管机构的独立性,进而影响监管的独立性。

从已有的研究来看,对监管机构行使行业立规权的制约途径,经历了从形式审查到实质审查,从程序制约到实体制约的过程,在这个过程中,具有从实体内容入手,具有实质审查效果的比例原则(principle of proportionality)成为主要的工具手段。[2]

回顾历史,从形式主义的视角来看,法律保留原则构成了审查监管机构制度的行政规范的一道最初屏障。它来源于德国法治国理念下的"依法律行政原则",包含有两层含义:一是宪法层面的法律保留原则,即在国家法秩序范围内,特定事项必须保留给代议制机关来规范,而不可由其他国家机关,特别是行政机关代为决定,又称为"立法保留"或"国会保留";二是行政法意义上的法律保留原则,即行政机关的行为必须获得法律的授权,才能取得行为的合法性,又称为"积极的行政合法性原则"。另一道对行政规范进行形式性审查的屏障是授权明确性原则,所指的是行政机关不能肆意地制定行政规范,而必须看法律是否作出了授权,并且是否明确了授权立法的内容、目的与范围。从程序功能的视角来看,在允许监管机构行使立法权的情况下,要求其遵循必需的程序,成为制约行政机构滥用行业立规权的另一种手段。在美国,如上所述,证券交易委员会(SEC)在行使行业立规权时要遵守1946年《联邦行政程序法》规定的立法性规则必须经过告知与评论,并经出版才能生效的程序,同时还要遵守1966年之后在《联邦行政程序法》之外新增加的,旨在提高独立监管机构绩效的透明度及"成本—效益"分析要求。

---

[1] 参见马怀德主编:《中国立法体制、程序与监督》,中国法制出版社1999版,第316—317页。
[2] 参见蒋红珍:《论比例原则——政府规制工具选择的司法评价》,法律出版社2010年版,第一章。以下的相关分析也参考了该书的部分研究成果。

然而，随着晚近以来行政权的扩张，这些从形式上或者程序上对监管机构的行业立规权进行限制的方式受到了不小的冲击，其拘束力开始呈现式微的状况。这些冲击，例如为应对现代社会生活管理的需求，法律保留从原先的全面保留，到重要性保留，到侵害性保留，再到根据侵害的事项确定保留，其保留的范围日益缩小，呈现出行政权日益膨胀的态势。再如明确性授权，何谓明确性，其判断的标准难以摆脱司法解释的主观性，而实践中大量出现的宽泛的授权立法，以及无授权立法纷纷出现且未遭到否定的现象，无疑使"明确性授权"的要求名存实亡。再看程序性的要求，基于立法性规范严格的程序性要求，监管机构开始越来越多地使用非立法性规范，就像有关学者的研究所指出的，"对于一些需要有强制性效果的规定，行政机关选择制定立法性规则，对于细节性的规定则由解释性规则来实现"。[1]可见，随着形式性手段和程序性手段的式微，单纯地使用形式或程序性的制约，已难以有效地制衡监管机构行使行业规制权。为此，寻求从实质上、从内容上进行制衡的方法成为必然，比例原则应运而生。

所谓比例原则，其含义由三个呈"位阶化"的分支原则构成，分别是：(1)适当性原则，也称为适合性原则或者妥当性原则，即监管机构在行政规范中所采取的措施必须适合于增进或实现所追求的目标，也即其所采取的监管手段必须符合立法赋予它的监管目标，或者说监管手段必须具有目的契合性。(2)必要性原则，也称为最小侵害原则或者最温和手段原则，即要求监管机构在制定同样可以达到监管目标的各种规则中，应选择对被监管行业及公众权利最小侵害的规则。换言之，在存在可以制定多种监管规则的情况下，应选择具有最小副作用的那个。(3)均衡性原则，即要求监管机构所制定的行政规则对被监管行业及公众的影响与立法赋予它的监管目标之间是否成比例，如果行业立规权的行使给被监管行业和公众造成的损害，与通过行使行业立规权所达到的目标之间不成比例，那么显然违背了这一原则。在监管机构运用行业立规权的过程中，如果能以该三项原则所组成的比例原则从实质上、内容上进行把关，再加上之前的形式性制约和程序性制约，那么监管机构的行业监管权不仅边界清晰可辨，其滥用的可能性也会大大降低。

---

[1] 高秦伟：《美国行政法上的非立法性规则及其启示》，载《法商研究》2011年第2期。

(二) 行业立规权独立性的实现机制

在现代社会,监管机构通过行使行业立规权,可以兼顾公平与效率地一揽子解决类似的监管问题,不仅借用立法这种稳定性的模式取得调控特定领域经济关系的规模效应,而且还可以形成市场的良好预期,有助于建立被监管领域的正常秩序和推动该领域的健康发展。当然,监管机构行业立规权的效用越大,就越有必要保持其独立性。这是因为,如果这种独立性可以获得保障,那么对于确保证券监管的独立性,无疑能起到事半功倍的效果;如果丧失了行业立规权的独立性,那么对于证券监管独立性的损害,将因行业立规权的统一调整功能而加倍放大,其破坏性结果不再局限于个别的企业或者个人,而是行业性和全局性的。有基于此,在认同行业立规权重要性的同时,更需要确实保障行业立规权独立性的实现。

监管机构的行业立规权,从权力来源的属性上看,是一种委任立法权。"立法权的行使,即立法过程,也就是各种利益的交融碰撞过程,在这个过程中,个人的意见得以表达,最后为立法所认可或否定,从而形成国家的意志"。[1] 有学者指出,作为金融监管独立性四大内容之一的行业立规权独立性,在形式和内容上均难以做到,主要原因在于:不管是从理论上,还是在监管实践,人们都很难分清哪些规则应该由金融监管部门独立制定,哪些规则应该由立法机关制定,两者之间的界限十分不清晰。另外,过分强调定规独立可能导致金融监管部门的"过度监管"。[2] 虽然困难重重,但基于行业立规权独立性的重要意义,仍有必要迎难而上,为独立性提供必需的保障机制。这种保障基本的内容,包括但不限于:

其一,通过立法明确规定监管机构对所监管的领域享有立规权。这种授权,可以通过法律概括性地给出;或者可以由法律规定基本的法律原则或者进行框架性立法,再由监管机构在这个范围内自主决定;或者可以在监管范围内由法律确定明确具体的专门事项,交由监管机构制定实施规则,等等。总之,不管授权立法的形式如何,都有必要通过法律的授权明确监管机构享有行业立规权的正当性,确认其所制定的行政规则的效力、性质及其在整个法律体系中的位阶。[3]

---

[1] 应松年、薛刚凌:《论行政权》,载《政法论坛(中国政法大学学报)》2001年第4期。
[2] 参见赵静梅、吴风云:《大部委制下金融监管的独立性与制衡机制》,载《宏观经济研究》2009年第10期。
[3] 参见朱芒:《论行政规定的性质——从行政规范体系角度的定位》,载《中国法学》2003年第1期。

其二,明确监管机构行使行业立规权的具体权限。这种行业立规权,应该包括制定、修改和废除的权力;并且,是否要采取这些行动以及何时采取行动,应由监管机构在监管目标的指导下,自主地决定和启动。监管机构在这些方面应享有自主权,体现出相应的灵活性,即使按照法律的规定,对特定领域行使立规权需要与相关部门进行沟通或者协商或者协作,也不能丧失自我判断和服务于监管目标的基本要求。特别是,晚近以来,金融领域的监管与经济宏观调控的关系日益密切,金融监管可能受到政府政治和行业干预的影响,降低监管标准而创造宽松的经济环境并迎合非理性的经济增长要求,由此可能埋下风险隐患,未能建立有效的逆经济周期审慎监管,导致后来危机的加重和救助的迟缓。2008年美国金融危机的教训,就深刻地揭示了这种状况,有必要引起足够的警醒。

其三,明确监管机构行业立规权所涵盖的范围。根据证券市场监管的要求,证券监管者应有权自行制定包括市场准入、持续性监管、市场退出以及信息披露等各方面的行业技术性监管规范;并且,监管机构可以根据实现金融监管目标的需要适时调整、修订监管规范,但需要保持监管政策的一致性、连贯性和稳定性,体现公平、公正和透明。根据国际货币基金组织专家的研究,可以将金融监管者享有的这种行业立规权细分为三个类别:(1)经济监管,包括对定价、利润、市场进入和退出的控制;(2)审慎性监管,涉及对产品类型或者被监管企业选择的生产过程的控制;(3)信息监管,对需要向公众以及监管者提供信息的引导。通常,经济和信息监管规则并不需要随着时间而显著地改变……但审慎性监管的情况就有所不同,它涉及业务的稳定性及其业务活动的一般性规则,以及根据金融中介的特定性质所产生的特殊规则。……从监管独立性的观点来看,在制定审慎性规则方面具有高度自主权是确保被监管部门符合国际最佳标准和惯例的关键要求。[1]

其四,明确监管机构行使行业立规权的程序和应遵守的其他要求,包括但不限于透明度要求、在制定过程中引入"成本—效益"分析方法、公众参与方法等。如上所述,行业立规权从权源上属于一种委任立法权,监管机构行使的是一种授权立法的权力,必须在授权的范围内行事;从权力行使的主体上看又属于广义的行政权,应该遵循行政权行使的基本要求。

---

[1] See Marc Quintyn and Michael W. Taylor, "Regulatory and Supervisory Independence and Financial Stability", IMF Working Paper, WP/02/46, 2002, p.15.

也因此,通过法律明确监管机构行使行业立规权必须遵循的要求,一方面可以确保其权力行使的有效性,排除他人的干预,赋予权力行使的结果以正当性和法律效力;另一方面也可以形成对监管机构权力行使的制约,防范其滥用行业立规权,造成过度监管。尽管根据行政法的一般要求,通常对于正式的立法才需要履行严格的程序,但晚近以来,监管机构在制定非立法性规则时越来越多地采取听证、公告等形式,适时地听取被监管对象和市场的反馈意见。这种监管机构在行使行业立规权时的自我约束,有助于增强拟制定规则的科学性与民主性[1],当然也更有利于获得被监管行业和公众的尊重与遵守,对于确保证券监管的效用大有裨益。

二、行业监督权的强制力量与独立性保障

（一）武装到牙齿的行业监督权

监管机构独立的行业监督权,抑或监督独立性,是指监管机构在所负责的监管领域内,为实现监管目标和实施监管规则,自主发起、组织和实施监督检查和惩戒措施的权力。国际证监会组织(IOSCO)发布的《证券监管的目标与原则》,规定了"监管机构在行使职权时应该独立、负责""监管机构应拥有充分权力、适当资源和能力以行使其职权""监管机构应采取明确、一致的监管程序""监管机构应具备全面的检查、调查和监察的权力""监管机构应具备全面的执法权"等多条原则,占据了总共38条原则中的很大比例,充分显示了监管机构应享有行业监督权的重要性;并且,根据这些原则,监管机构享有的行业监督权应该是充分、全面、独立和一致的。这些要求虽然很高,却是保障金融监管独立性所必需的。就像有关学者的研究所指出的,"监督独立性对金融体系稳定性的影响最突出"[2],晚近以来金融危机爆发周期的缩短和危害程度的加深,使得各国尤为重视维护监管机构的行业监督权的独立性。

从性质上看,监管机构所享有的行业监督权,是最符合监管机构作为一个受权行使公共权力的机构这一组织属性的权力。如果从公共行政的角度进行理解,那么可以将这种权力定性为行政权,这是一种不同于国会

---

[1] 参见高秦伟:《美国行政法上的非立法性规则及其启示》,载《法商研究》2011年第2期。
[2] 马勇:《监督独立性、金融稳定性与金融效率》,载《国际金融研究》2010年第11期。

行使的立法权和法院行使的司法权的权力。尽管独立监管机构与传统政府行政部门不尽相同,但在它们行使的管理社会公共事务这一层面上,其权力的性质却有相通之处。以行政法学的视角来看,"行政权是一种以主动、直接、连续、具体管理的权力"……"与立法权、司法权相比,行政权呈现以下特点:第一,行政权对社会具有直接影响力……第二,行政权具有强制性……第三,行政权富有扩展性。"[1]

从内容上看,监管机构所享有的行业监督权,基于金融中介所提供的日新月异的金融产品与服务,要比其他经济部门的监督更为深广和更为丰富。根据国际货币基金组织(IMF)专家的研究,监管机构所享有的行业监督权,至少可以分为包括颁发执照(市场准入)、狭义监管(日常监督)、制裁(行政执法)和危机管理四个领域。[2]如果对行政执法进一步划分,还可以细分为对所监管领域的违规行为进行调查,利用内部设立的审裁机制对违规行为进行裁决,行使准司法权,以及对违法行为移送司法机关处理等。

行业监督权与监管机构的日常活动相伴相随,是监管机构落实监管政策,实现监管目标和实施监管规则的必要手段,因此保障这种行业监督权的完整性和有效性,才能最终实现其独立性,实现监管目标。但在实践中,要维护监管机构的行业监督权的完整性,并非一件容易之事。有时,监管机构虽然享有通过颁发执照,允许市场准入的权力,但对于应将哪些机构剔除出市场,行使撤销资格或者吊销营业执照的权力却未必由其进行控制,甚至监管机构虽然名义上享有这种权力,但可能受到政府基于发展市场或者担心市场动荡的考虑而陷入权力名存实亡的尴尬境地,造成纵容不符合要求的企业或者金融机构继续留在市场上,从而损害监管机构的威信,这种情形在一些新兴市场所在国家的上市/退市制度中并不鲜见。另外一个关于行业监督权不完整的例子,来自于执法领域。晚近以来,在放松管制、推进金融自由化的浪潮下,不少国家减少了行政许可事项,转向施行以强制信息披露为主的证券监管方式,而随着金融市场规模的扩大和违法违规行为的复杂化,行政执法成为维护金融市场正常秩序

---

[1] 应松年、薛刚凌:《论行政权》,载《政法论坛(中国政法大学学报)》2001年第4期。
[2] See Marc Quintyn and Michael W. Taylor, "Regulatory and Supervisory Independence and Financial Stability", IMF Working Paper, WP/02/46, 2002, p.17.

和保护投资者合法权益最为有效的方式。通常，行政执法要求监管机构享有充分的资源和有效的执法权力[1]，但因为金融渗透至社会经济生活的诸多方面，许多违法违规行为往往并非单纯的虚拟经济层面上的"金融"违法，而是与实业、实体经济紧密地结合在一起，监管机构如要进行这类违法违规行为的查处，势必要拥有相应的调查权、查封权、冻结权等权力，但监管机构往往限于法律授权的范围或者只被授予负责监管金融领域的局限，要么无法跨领域地享有这些权力，要么缺乏与有权部门的有效沟通和合作机制，从而不能及时开展违法违规行为的查处，或者错失最好的办案时机。

与此同时，几种可能损害监管机构行业监督权有效性的情形，也主要来自执法领域。例如，监管机构在查处证券违法违规行为过程中，可能需要投入大量的人力，这些人员不仅应该具备专业能力，而且还应富有办案经验，但实践中往往是监管机构受制于有限的监管资源，无法提供富有吸引力的薪水招收并留住这样的人才，并且这些人员在办案过程中也未能得到法律的足够保护，从而影响其办案积极性和最终效果。再如，违法违规行为可能情况复杂，形式多变，其恶劣程度也不尽相同，监管机构通常需要根据具体情况酌情处理，才能取得最大化执法的效果。但是，从实践来看，一方面，监管机构可能并不拥有足够多的制裁手段或者掌握足够威慑力的制裁方式，比如取消任职资格、吊销营业执照等。因此，一旦发生恶劣的违法违规事件，往往只能以罚款了事，对限制违法者再次进入市场不仅无能为力，反而因课以的罚款数额往往不高，造成违法者的违法成本过低，最终难以有效遏制违法的再次发生。另一方面，尽管惩戒是执法的首要功能和目的，但并非所有的违法都要以惩戒作为最后的解决方式，受限于有限的执法资源，有必要授予监管机构在一定情形下对案件处理的自由裁量权，通过与当事人和解的方式，尽快地处理问题。因为针对一些危害性程度不高或者监管机构不具有控诉优势的案件，和解的处理方式既能纠正违法，提高案件处理速度并加快对投资者的保护，也能平息纷争，节约大量执法资源和当事人的诉讼成本。此外，从当事人的角度来

---

[1] 参见洪艳蓉：《美国证券交易委员会行政执法机制研究："独立"、"高效"与"负责"》，载《比较法研究》2009年第1期。

看,考虑到诉讼成本、司法制裁的不良影响以及监管机构胜诉之后当事人的有关违法事实可能被用于民事诉讼,当事人也常常主动寻求和解。[1]因此,为使监管机构有效执法,有必要赋予监管机构充分的执法权力,配置各种得当的执法措施/手段,并赋予监管机构一定的执法裁量权,以便取得最佳的执法效果。

(二)行业监督权独立性的实现机制——以执法权为例

1. 日益重要的证券执法及其三重价值

如上所述,行业监督权中包含着行政执法权,在证券领域,狭义意义上的证券执法是指证券行政监管者(即执法者)适用证券法规范,调查、纠正和制裁证券违法违规行为的行政活动。作为与监管者的行政立法、日常行政监督并驾齐驱的职能,证券执法在以行政监管为主导的现代资本市场上,起着促进资本形成和保护投资者,实现证券法律制度目标的重要作用。

晚近以来,证券执法基于以下原因,在证券监管中日益占据重要地位:一方面,伴随着市场化改革和金融创新的发展,证券监管从对市场的严加管制走向放松管制,大量日常监管事务或者引入市场竞争机制(例如由市场协商证券定价),或者放权给行业自律组织(证券交易所和证券业协会)处理,监管者从证券投资价值的判断者和担保者转化为公平、透明的证券市场秩序的缔造者和维护者。具有整平"游戏场"效用的证券执法,成为监管者适应市场新环境,适时转换身份,实现监管职能的利器。另一方面,在历次证券市场危机中,政府通过及时启动强有力的证券执法,向投资者伸出"援助之手"(helping hand),避免了市场的全盘崩溃并迅速恢复了金融秩序。证券执法因此被认为是投资者在证券市场的"护身符",也是一国建立和维护良好证券市场秩序不可或缺的"护航灯"。

基于美国证券交易委员会(SEC)80多年来成功的证券执法经验及

---

[1] 参见〔美〕艾伦·R. 帕尔米特:《证券法》(注译本),徐颖、周浩、于猛注,中国方正出版社2003年版,第417页。

其对世界许多国家证券监管体制的影响[1]，以下以这一证券执法机制为例，解说证券执法的重要性及其独立性的实现机制。

在 20 世纪 70 年代以前，证券执法仅被当作一项必需功能，附属于 SEC 的监管职责，执法活动主要交由 SEC 的各职能部门协同进行，并未设立专门的执法部。[2]但 1967 年发生在美国的证券公司后台事务危机（back office crisis）引发大量证券盗取案件[3]，打破了 SEC 的工作平衡。在市场创新和金融危机的双重冲击下，SEC 逐渐意识到，打击违法行为并威慑潜在的违法者，是重建投资者信心、维护市场健康发展的最有效途径。与此同时，为与 20 世纪 70 年代以来美国证券市场的放松监管相适应，证券交易委员会（SEC）逐渐把工作重心放到证券执法之上，于 1972 年在华盛顿总部设立执法部[4]专司执法活动。执法的重要性在 SEC 处理 80 年代中后期因猖獗的内幕交易和证券欺诈导致的市场大崩溃，2001 年因安然、世通等大公司引发的证券市场大地震中都得到了进一步增强。有数据表明，SEC 十几年来把约 30%—40% 的监管经费和人员用于证券

---

[1] 客观而言，SEC 的执行并非完美，特别是在 2008 年金融危机中的表现和对麦道夫庞氏骗局的执法失察更是饱受诟病。但从历史长河来看，其开创的先进的执法理念和构建的系统的运作机制还是颇受肯定，功绩远胜于不足，况且在上述失职之后，SEC 也正在逐步改进执法工作，以更好地适应现代监管要求。

　　对 SEC 执法的批评和改进等，可参见：Jill E. Fisch, "Top Cop or Regulatory Flop? The SEC at 75", *Virginia Law Review*, Vol. 95, 2009, pp. 785—823; Jonathan G. Katz, "Reviewing the SEC, Reinvigorating the SEC", *University of Pittsburgh Law Review*, Vol. 71, 2009—2010, pp. 489—516;

　　U. S. Sec. & Exch. Comm'n Office of Inspector Gen., "Program Improvements Needed Within the SEC's Division of Enforcement (2009)", available at http://www.sec-oig.gov/Reports/AuditsInspections/2009/467.pdf, etc..

　　SEC 的改进努力，可参见：SEC Commissioner Luis A. Aguilar, "Preparing for the Regulatory Challenges of the 21st Century", March 20, 2015, available at http://www.sec.gov/news/speech/preparing-for-regulatory-challenges-of-21st-century.html, last visited July 31, 2015; "The Securities and Exchange Commission Post-Madoff Reforms", at http://www.sec.gov/spotlight/secpostmadoffreforms.htm#revitalize, last visited July 31, 2016.

[2] See U. S. Chamber of Commerce, "Report on the Current Enforcement Program of the Securities and Exchange Commission", March 2006, p. 2, available at http://www.uschamber.com/publications/reports/0603sec.htm, last visited November 20, 2016.

[3] 参见〔美〕乔尔·塞利格曼：《华尔街变迁史——证券交易委员会及现代公司融资制度的演化进程》（修订版），田风辉译，经济科学出版社 2004 版，第 457—464 页。

[4] 如今，执法部是 SEC 内部与公司融资部、交易和市场部、投资管理部、经济和与风险分析部并列的五大重要部门之一。

执法[1],在证券市场上树立起高效而权威的执法者形象,使之成为"所有政府对经济活动的公共管制中最受赞誉的那一部分"。[2]证券执法应具有什么制度价值,可以在哪些层面发挥效用?为有效执法,监管者应享有哪些保障条件?监管者在有限的执法资源条件下应如何选择执法策略?在证券执法的历史进程中,始终贯穿着对这些问题的思考与探索,这其实也是所有监管者必须解决的执法议题。

证券执法的制度价值,是指证券执法为实现证券监管目标所能发挥的积极作用,其内涵的大小,直接决定证券执法发挥作用的空间。诚如国际证监会组织(IOSCO)总结的,现代证券监管的目标是保护投资者、确保市场公正、有效和透明,以及减少系统性风险,证券执法作为证券监管的一部分,最终服务于这些目标。但与监管者制定证券行政规章、行使市场准入审批或注册的权力不同,证券执法主要通过查处证券违法行为,运用监管者掌握的公权力恢复被扭曲的市场秩序,并借助执法成效威慑潜在违法者,为投资者提供安全而透明的交易环境,以及通过执法追回违法所得或者处以罚款,补偿给受损投资者而发挥作用。总结而言,证券执法具有惩罚性、威慑性和补偿性三重制度价值,它们统一于执法过程之中,彼此不能截然分开,却又各有所侧重。

(1) 惩戒违法者

现代证券市场借助电子化,以金钱、证券为交易对象,动辄牵动千万利益,更容易发生违法违规行为,损害投资者合法权益,为此打击违法违规行为成为证券执法最基本的制度价值。

从追究违法违规行为的方式看,除了证券执法这种行政方式外,还有司法机关的刑事追诉和私人的证券民事赔偿诉讼。与刑事执法相比,证券执法主要采用申诫罚(例如警告)、资格罚/行为罚(例如取消任职资格、市场禁入)和财产罚(例如没收非法所得、罚款)等方式,许多处罚可以由监管者主动采取和作出,能够及时有效地打击违法,避免通过司法程序寻

---

[1] 美国财政年度为每年10月1日至次年9月30日,与国内以每年1月1日至当年12月31日的标准不同。例如,2015年SEC的执法费用约5.49亿美元,占其全年经费的34.7%;2014年SEC的执法费用约4.87亿美元,占其全年经费的33.8%;2004年SEC的执法费用占比甚至达到41%。参见SEC年度履职报告(Annual Report), at https://www.sec.gov/about/annrep.shtml,最后访问时间2016年11月20日。

[2] George Stigler, "Public Regulation of Securities Market", *Journal of Business of the University of Chicago*, April 1964, p.117.

求刑事制裁的冗长,也能够防止过多地运用作为最后手段的刑事制裁(例如剥夺自由,乃至生命),造成违法追究刑事化,扼杀证券市场活力。与民事执法相比,监管者拥有投资者私力救济不可比拟的强大执法权,所作出的行政裁决具有确定力、拘束力和执行力,可以代表全体投资者更便捷有力地打击违法者,克服投资者因无法调查取证而不能提起证券民事诉讼的难题,也能避免民事诉讼"私了"性质的一对一求偿关系,提高执法效率。证券执法的这种行政主动性,加上监管者可以运用行政裁量权施以宽严得当的制裁,使其能够兼采刑事执法与民事执法二者之长,克服二者之弊,成为惩戒违法、保护投资者的重要途径。

当然,惩戒违法不能被简单地理解为对违法者施加额外负担,例如课以罚款、冠以某项"罪名"或者采取其他绝对性惩罚。证券市场具有持续交易、连续运作的特点,市场主体之间普遍存在着长期的投资、服务或者合作关系,从维护证券市场的可持续发展出发,惩戒违法应适度地体现执法的包容性,避免过度执法。相应地,引入行政和解[1],对当事人予以相对性的惩罚,即在当事人既不承认也不否认"错误行为"的基础上,由其纠正该行为并履行一定的义务(例如交纳和解金,整顿内控等)以恢复被损害的市场秩序,应被允许并加以倡导。2013年6月起,为避免一和了事,损害执法的威慑效果,SEC改进了行政和解的操作要求,针对特

---

[1] 指行政主体与相对人以事实为根据,以法律为准绳,通过协商和协调的方式来化解纠纷的一种非正式沟通机制。参见叶必丰:《行政法的人文精神》,北京大学出版社2005年版,第187页。

在美国,行政和解属于一种选择性或替代性纠纷解决方法(Alternative Dispute Resolution,以下简称ADR)。国会通过的1946年《联邦行政程序法》第一次明确规定,行政机构应对一切有利害关系的当事人提供机会,使他们在时间、行政程序的性质和公共利益允许时,能够提出和考虑事实、论点、和解建议和促成行政命令的方案。See 5 U.S.C. §554 (c)(1)。国会1990年通过的《行政争议解决法》(Administrative Dispute Resolution Act),授权和鼓励联邦行政机构适用调解、和解、仲裁或其他非正式程序迅速处理行政争议,并制定了相应的规则,由此推动了行政和解等ADR的广泛运用。See 5 U.S.C. §571—584。

为充分运用这种解决纠纷的ADR方法,SEC在其制定的《行为规范》(Rule of Practice)之规则240(Rule 240)中专门规定了行政和解的条件、程序、行政和解建议的审查和批准、当事人应放弃的权利,以及行政和解的最终接受等方面的内容,建立了完善的行政和解操作机制。See Rule of Practice, April 2004, available at https://www.sec.gov/about/rulesprac042004.htm#240, last visited April 16, 2016.

定情形[1]要求当事人应当承认所犯事实(admitting facts)并允许对外公开,作为与 SEC 达成和解的前提条件。这种以柔克刚、以退为进的执法,不仅不损害执法的惩罚(其与守法者相比并未因此获益,同时还需缴纳不菲的和解金)和威慑(要求特定案件当事人承认错误事实,警示潜在行为人)效果,反而有利于及时解决问题,维护证券市场的和谐稳定关系。这也是解决监管者在有限执法资源条件下,满足执法需求日益增多的有效方式。美国证券执法史表明,SEC 通常选择处罚大案要案的违法当事人,却在足以保护投资者的基础上,运用行政和解处理了约 90% 的违法案件[2],即使在 2008 年金融危机之后,SEC 加大了证券执法的查处力度,行政和解依然是占据主导地位的处理方式[3],可以说是充分而灵活地运用了证券执法的绝对性与相对性两种惩罚手段。

(2) 威慑潜在违法者

证券执法的威慑性,或者说预防性,一方面是防止违法者再犯,另一方面是告诫他人远离违法并教育其自觉守法。证券执法虽以惩戒违法者为直接目的,却以威慑潜在违法者为更高目标。在美国,SEC 被认为应该是一个有远见的、救济性的,具有预防违法功能的执行机构,而不能仅仅只是一个惩罚机构。[4] SEC 曾经被非议罔顾执法的威慑功能,过度采用行政和解快速了结案件并一味寻求从违法者那儿获取更多的罚款[5],最终来自各界的压力迫使 SEC 改变一贯的行政和解,要求特定案件当事

---

[1] 例如,有大量的投资者受到损害或者处于危险境地,或者当事人从事了异乎寻常的不当行为,或者非法阻碍 SEC 的调查过程等。See Commissioner Luis A. Aguilar, "A Strong Enforcement Program to Enhance Investor Protection", October 25, 2013, available at http://www.sec.gov/News/Speech/Detail/Speech/1370540071677, last visited November 20, 2016.

[2] See James H. Schropp, "Resolving SEC Enforcement Matters through Alternative Means of Dispute Resolution", *Insights*, February 1991, p. 13.

[3] SEC 目前采用和解方式处理的案件高达 98%。例如,在 2012 年,其所处理的 734 起案件中只有 22 件采用诉讼方式。Commissioner Luis A. Aguilar, "A Stronger Enforcement Program to Enhance Investor Protection", at http://www.sec.gov/News/Speech/Detail/Speech/1370540071677, 最后访问时间 2016 年 9 月 20 日。

[4] See U.S. Chamber of Commerce, "Report on the Current Enforcement Program of the Securities and Exchange Commission", March 2006, pp. 13—14, available at http://www.uschamber.com/publications/reports/0603sec.htm, last visited April 20, 2016.

[5] See Sonia A. Steinway, "Comment: SEC 'Monetary Penalties Speak Very Loudly,' 'But What Do They Say?' A Critical Analysis of the SEC's New Enforcement Approach", *Yale Law Journal*, Vol. 124, October 2014, pp. 209—232.

人承认所犯之事才能与 SEC 达成和解,凸显出执法威慑性高于惩罚性的制度价值。相关内容已如上述,不再赘述。

监管者进行证券执法,是为了不执法或者减少执法;把执法当成只是强制违法者履行义务的措施,监管者难免疲于奔命,陷入"一对一"地围堵违法者的执法困境之中。申言之,证券市场复杂多变,匿名交易和高度的电子化使操纵市场、内幕交易等一些证券违法行为,既不易察觉更难以查处,监管者若执意一一追究,不但容易无功而返,反而可能损害执法威望,负面助长违法。此时反倒应运用威慑原理,通过执法威慑在平时起到预防违法的作用。[1]退一步讲,即使违法行为可以察觉,受到执法资源的约束,监管者也难以一己之力应对市场主体在巨大利益驱动下的违法冲动。况且,执法者与市场主体这种猫捉老鼠式的紧张关系也不利于市场的长期发展。因此,效益最大化的执法,应能充分发挥执法的威慑,这有赖于监管者的执法策略选择。

证券市场建立在投资者的信心之上,有效的执法机制提供给投资者留守市场的充分信心,并支持市场的良性发展。严厉制裁违法者固然一时能大快人心,但如果违法者屡责履犯,违法行为层出不穷,最终将使投资者远离市场而去。而法律规范固有的"时滞性"往往未能及时对一些新型违法作出规制,也将落空执法制裁。正像 SEC 执法部前负责人麦克卢卡斯(McLucas)指出的,对执法部而言,关键的是在证券市场的"裂缝处"和"隐蔽处"都有可资信赖的存在[2],监管者的力量要覆盖全市场,创造执法无所不在的安全环境,这正是执法威慑力的作用。投资者看重的是长期的市场稳定与安全,而非"运动式"的违法制裁。这种良好的市场秩序,有赖于通过执法的威慑力提高市场主体的守法自觉性来完成。

(3) 补偿投资者

证券执法引入补偿投资者的内涵,是晚近以来证券监管权理论研究和投资者保护运动共同推动的结果,在大为拓展证券执法的服务功能和视野的同时,也改变了监管者、违法者、投资者之间的关系。传统的证券执法主要围绕国家与违法者的关系而展开,是否采取执法行动,以及采取

---

[1] See Thad A. Davis, "A New Model of Securities Law Enforcement", *Cumberland Law Review*, Vol. 32, 2001/2002, p. 98.
[2] See Paul Starobin, "Wall Street's No-nonsense Patrolman", *National Journal*, Vol. 26, Iss. 22, May 28, 1994, p. 1256.

怎样的执法行动,取决于国家的意志;执法中没收的违法所得和所处的罚款,一般是上缴国库,受损的投资者不仅无法从执法中获得经济利益,反而可能遭遇执法与其争利的情形。[1] 执法虽然客观上通过恢复市场秩序为全体投资者提供了良好的交易环境,却与其实质性保护投资者的目标存在差距,变革已成为必要。

证券执法补偿投资者的价值合理性,一方面是由于证券市场建立在投资者的信心之上,恢复那些因违法而受损的投资者的信心,最有效的方式是使他们在经济上回复到未受损前的状况。尽管证券法通常赋予投资者通过民事诉讼求偿的权利,但个人收集证据的困难、高昂的律师费用、冗长的诉讼时间以及不确定的诉讼结果,往往使投资者事倍功半,望而却步。[2] 虽然个人维权和司法最终裁决在投资者保护体系中不可替代,但行政监管者应起到更积极主动和主要的作用。这既是其肩负的职责,也与监管者掌握优益和强执行力的公权力,身居监管一线更能及时掌握信息并高效处理证券纠纷有关。[3] 监管者如能运用强大的执法权,帮助投资者进行调查和收集违法证据,并将执法的经济所得返还给他们,必能有效地恢复投资者(包括但不限于受损投资者)的信心,更好地实现证券执法的目的。再者,现代监管理论表明,行政监管者并非唯一的执法主体,也不当然享有执法权,其权力正当性来源于全体投资者的授权。[4] 与传统证券执法屏蔽个体利益不同,现代监管理论认为监管者维护的证券市场公共利益不仅未与投资者的个体利益截然相对,反而因承认个体利益,才有个体让渡部分权益形成的公共利益,个体利益是公共利益的前提和基本因子,公共利益则是个体限缩自我利益形成的结果,二者相生共荣,

---

[1] 例如,为确定被告和获得证据,许多证券民事诉讼都在行政诉讼之后提起,造成民事赔偿往往在行政处罚之后才执行,投资者因此无法再从违法者那里获得足够的补偿。参见彭冰:《建立补偿投资者的证券行政责任机制:针对内幕交易和操纵市场行为》,载《中外法学》2004 年第 5 期。
[2] 国内第一起审结的证券民事诉讼赔偿案——大庆联谊案,历时 3 年,获赔率低于 60%,以及因违法者财力不支无法执行的判决书,就是一个典型的例子。
[3] 参见洪艳蓉:《公共管理视野下的证券投资者保护》,载《厦门大学学报(哲学社会科学版)》2015 年第 3 期。
[4] 参见石佑启:《论公共行政与行政法学范式转换》,北京大学出版社 2003 年版,第 18 页。在现代证券市场,这种授权在形式上更多地表现为通过体现全民意志的法律直接赋予监管组织以证券监管权。参见高西庆:《论证券监管权——中国证券监管权的依法行使及其机制性制约》,载《中国法学》2002 年第 5 期。

不可分割。监管者通过执法维护公共利益，应落脚于维护投资者个体的合法权益，以被代理人即投资者的利益最大化为目标，尤其包括弥补投资者的经济损失。这一做法能够化解行政处罚与民事赔偿诉讼争利的冲突，也能使投资者更真切地感受到行政监管者的庇护，通过公法实现私人求偿，更有效率也更有效。因此，赋予证券执法具有补偿投资者的制度价值，建立执法与投资者之间的直接联系，不仅不违背监管者执法的本意和权力属性，反而是其应尽的职责。

当然，补偿投资者作为证券执法在惩戒违法基础上的衍生价值，既不等同于民事诉讼中的补偿，更不能取而代之。补偿的方式不限于直接给予经济补偿[1]，以及动用部分罚没的资金用于奖励举报人，帮助及时发现违法行为，提高监管者的执法效率。[2]执法者调查获得的有力证据被允许用于投资者提起的民事诉讼，或者执法者在这类民事诉讼中发表有利于投资者的专业意见等，也是支援投资者获得补偿的有效方式。这种"通过公的手段协助实现私的请求权，是行政机关对弱者之保护的最彻底的表现形式，也是行政机关以代理行使私权方式对违法者给予制裁，以此实现法之抑制机能的体现"。[3]同时，有必要全面理解"投资者"的范围。虽然每次执法补偿的只是因该次违法受损的投资者，但每个投资者因违法的不确定性都存在受损的可能，通过补偿局部投资者把保护投资者的目标从应然状态转化为实然状态，可以带给全体投资者获得补偿的良好预期而大大增强其对证券市场的信心。也正因为深谙对局部投资者的现实保护能产生良好的外部效应，美国联邦证券法被定位为"救济法"，允许

---

[1] 这种直接补偿以从违法者那里获得补偿的形式实现，而非以国家的增量资金给付。例如将没收的非法所得和对违法者的罚款分配给受损失的投资者。

[2] 美国通过《2010 年华尔街改革法》第 922 条要求 SEC 应对提供第一手信息，帮助侦破最终被处于 100 万美元以上罚款的违法行为的举报人给予适当的奖励。SEC 为此从投资者公平基金（Fair Fund for Investors）中拨出专门资金用于奖励。通过有偿发动民间力量，仅 2015 年（截至 10 月份）SEC 就收到了 4000 多条举报，而自 2010 年举报奖励制度设立以来，SEC 总共已向举报人支付了超过 5000 万美元的奖金。

See: SEC Chair Mary Jo White, "Opening Remarks at the 21st Annual International Institute for Securities Enforcement and Market Oversight", November 2, 2015, available at http://www.sec.gov/news/statement/remarks-21st-international-institute-for-securities-enforcement.html, last visited November 20, 2016.

[3] 〔日〕田中英夫、竹内昭夫：《私人在法实现中的作用》，李薇译，法律出版社 2006 年版，第 88 页。

进行灵活解释,以便为投资者提供尽可能多的保护[1];而 SEC 更是把每年通过执法能为受损投资者提供多少经济补偿作为其执法绩效呈报的重要内容。[2]

2. 以证券执法为例看监督权独立性的实现机制

既然证券执法具有惩戒违法者、威慑潜在违法者,以及补偿投资者的三种功能,是监管机构发挥其作用、有效行使行业监督权的最重要内容,那么为证券执法提供必要的保障条件,也就是落实行业监督权并促成其独立性的实现。这些保障条件,总结而言,除了必须赋予监管机构一个独立的执法者地位之外,还必须配置给监管机构充分而全面的执法权力和执法措施,以及相对充足的执法资源。有关独立监管机构的内容已在上文进行了分析,这里不再赘述,而有关执法资源的内容,将放在下文预算安排中进行分析,这里也不再重复。因此,下文主要围绕监管机构作为执法者应具有怎样充分而全面的执法权力和执法措施才能有效执法,实现其监管有效性的内容展开论述。

(1) SEC 的执法途径和策略

一个完整的执法过程通常包括发现、调查、追诉及裁决几个基本环节。

a. 发现违法的渠道

SEC 充分利用各种违法发现渠道节约执法资源,除执法部自查之外,还包括:(ⅰ) SEC 其他部门转来的消息;(ⅱ) 证券交易所、证券业协会等自律组织提供的消息;(ⅲ) 联邦或州政府部门转来的消息;(ⅳ) 通过 SEC 网站的公众投诉平台获得的消息;(ⅴ) 通过奖励举报人获得更多消息,等等。值得注意的是,SEC 试图将证券市场中介发展成监管同盟,要求他们在专业服务过程中督促客户守法,并负有特定情形下的报告违法义务(未必直接向 SEC 报告)[3],否则会被认为不具有在 SEC 面前执业的资格。此外,SEC 十分重视媒体的监督作用,著名的《华尔街日报》

---

[1] See Tcherepnin v. Knight (1967) 389 US 332, 19 L Ed 2d 564, 88 S Ct 548, CCH Federal Securities Law Reporter, p. 92104.

[2] 参见 SEC 历年履职报告对该部分的说明。例如从 2003 年至 2007 年,SEC 已将违法者吐出的 138 亿美元非法所得和缴纳的罚款分配给受损的投资者;2007 年 SEC 宣告设立专职部门负责分配之事。不过因为资金分配容易牵扯太多精力,SEC 近年来似乎放慢了设置补偿基金的步伐。

[3] See John C. Coffee, Jr., "The Attorney as Gatekeeper: an Agenda for the SEC", *Columbia Law Review*, June, 2003, p. 1296.

被指定为必读刊物,其新闻报道栏目是重要的消息源。

b. 调查阶段

SEC 根据法律授权为确信证券法未被违反或者怀疑证券法已被违反,也即只要基于正当目的便可展开调查[1],法院不要求 SEC 必须拥有违法的实质性证据(substantial evidence)。调查包括执法部自主决定的非正式调查和经 SEC 签发调查令(Investigation Order)进行的正式调查。执法部一般先进行不能施加强制措施的非正式调查,寻求相关人员的自愿配合;一旦初步调查表明存在违法或对方不合作,就会启动正式调查。2008 年金融危机之后,SEC 重组执法部,将各部门领导重新部署至一线监察环节,构建扁平化的管理结构,以使监察与调查及时联动;同时,授权执法部负责人直接启动正式调查程序,构建流线型的调查程序,以展开更多和更高效的调查。[2]

在这个阶段,执法部享有广泛的权力,即使对不受 SEC 管辖的事项,只要与违反证券法相关,也可以签发传票(Subpoena)。[3]执法部可以通过签发传票强制证人出庭作证或者提供证据资料[4];在向第三方做调查时无须通知"被调查方",以避免调查初期浪费大量资源确定谁是被调查人,并预防调查泄密和当事人共谋。2008 年金融危机之后为更好地打击违法行为,《2010 年华尔街改革法》第 929E 条授权 SEC 可以向法院申请签发在美国全境适用的,要求相关人员出庭作证或者提供证据资料的传票[5],扩大了人员范围,有力地保障了调查的展开和成效。

因正式调查可能对个体和市场造成巨大的负面影响,SEC 通常私下进行,但不排除特定情形下的公开化。执法部根据调查进展采取如下处理:

---

[1] See 15 U.S.C. §77 t (a), 15 U.S.C. §78 u (a), etc..
[2] See "SEC Enforcement Division Produces Record Results in Safeguarding Investors and Markets", November 9, 2011, available at http://www.sec.gov/news/press/2011/2011-234.htm; Andrew (Director Division of Enforcement), Testimony on "Oversight of the SEC's Division of Enforcement", March 19, 2015, available at http://www.sec.gov/news/testimony/031915-test.html, last visited November 20, 2016; Office of Chief Counsel, "Enforcement Manual of SEC Division of Enforcement", June 4, 2015.
[3] 参见〔美〕艾伦·R. 帕尔米特:《证券法》(注译本),徐颖、周浩、于猛注,中国方正出版社 2003 年版,第 412 页。
[4] See William R. McLucas, J. LynnTaylor & Susan A. Mathews, "A Practitioner's Guide to the SEC's Investigative and Enforcement Process", *Temple Law Review*, Vol. 70, Spring, 1997.
[5] See 15 U.S.C. §78 u -6(h)(1)(B)(ⅱ).

（ⅰ）若认为无须进一步调查、对当事人采取进一步执法行动或者行动建议被 SEC 否决,则终止调查;执法部可以将结果通知当事人,但不表明其"无罪"或者以后不予追究责任。

（ⅱ）若认为当事人行为轻微无须追究责任,可以和当事人达成一份非正式协议,同意对其不采取正式处罚,当事人承诺不予再犯并采取相应补救措施,从而了结调查。

（ⅲ）若认为当事人行为严重需进行处罚,调查结束之后则起草书面报告,阐明"违法"事实并提出制裁建议,和所有证据一并提交委员会审查决定下一步执法行动;同时书面通知当事人拟对其提起的指控。当事人在委员会决定正式指控之前,可以提交一份称为"威尔斯申请"(Wells Submission)的书面声明,阐明自身情况并陈述不应被指控的事实和理由。"威尔斯申请"始于 1972 年约翰·威尔斯任主席的 SEC 执法政策咨询委员会的建议,并因此得名,它既利于执法者节约有限的资源用于追诉重大案件,也利于当事人游说委员会不予指控或促成和解。这种做法长期以来受到双方欢迎,甚至被一些当事人的律师称为"SEC 调查最重要的阶段"。

（ⅳ）如果调查发现当事人故意违法,可以将有关证据移送美国司法部,由其决定是否进行刑事追诉并负责起诉。追究刑责不影响 SEC 对当事人基于同样事由施以罚款和吐出非法所得的制裁。

执法部的调查和报告不构成指控当事人或者其有罪的证明,也不包含制裁内容,但 SEC 根据法律授权可以决定是否发布调查报告。因报告潜在表明 SEC 认定当事人的行为违法或可能违法,即使事后 SEC 未对当事人采取任何制裁,也能通过公布报告制约当事人,并有效威慑类似行为。事实上,公布调查报告自 20 世纪 70 年代以来已成为 SEC 的另一种"执法措施"。[1]

c. 追诉及裁决阶段

SEC 通过审查调查报告,决定是否追诉及采用何种程序追诉当事人。在有限的执法资源条件下,SEC 深知一个兼具打击现行违法和威慑未来违法的执法机制,才能最大化地保护投资者。为此,SEC 确立了优先处理案件的考量点:一是 SEC 执法成效传递给业界和公众的信息;二是投资者受损的数额;三是执法行动的威慑价值;四是诸如内幕交易和财

---

[1] 参见马江河、马志刚:《美国 SEC 行政执法机制研究》,载《证券市场导报》2005 年第 10 期。

务欺诈这些可视性(visibility)强的领域。[1]换言之,SEC 遵循某些标准从众多案件中选择最能实现证券执法目标的案件优先处理,其通常考虑效率性、可视性和胜诉性三项因素。[2]

效率性指 SEC 一方面选定一些核心领域,例如公司财务披露、证券发行、内幕交易和操纵市场领域,或者结合证券市场普遍存在的业务代理特点,从专业机构/人士(投资公司/投资顾问、证券交易商等)方面入手,同时兼顾投资者的受损数额,建立优先执法区[3],确保投资者在这些最容易受侵害的领域得到执法保护。2008 年金融危机之后,SEC 除了继续保有上述优先执法领域外,还增加了对复杂金融工具(证券化、信用违约掉期(CDS)等)、被赋予监管职责的"守门人"(gatekeepers)[4]、在类似麦道夫庞氏骗局案件中应用的空壳欺诈/传销计划(Microcap Fraud/Pyramid Schemes),以及违反海外反腐败法(Foreign Corrupt Practices Act)行为的优先查处[5],以回应投资者呼声和市场发展趋势。另一方面,SEC 充分行使自由裁量权,采用和解方式处理了 90%以上的案件。[6]"在美国行政法中,自由裁量权不仅存在于行政机关对事实之判定、规则之理解和适用、决定之作出等环节,而且还表现为'指控自由裁量'(prosecutor discretion)——行政机关对某个行为是否进行指控并采取行动属

---

[1] See James D. Cox & Randall S. Thomas with the Assistance of Dana Kiku, "SEC Enforcement Heuristics: an Empirical Inquiry", *Duke Law Journal*, November, 2003, p.751.

[2] See Harvey L. Pitt & Karen L. Shapiro, "Securities Regulation by Enforcement: a Look Ahead at the Next Decade", *Yale Journal on Regulation*, Winter, 1990, p.171.

[3] SEC 长期以来把 80%—90%的执法资源用于指控这些核心案件,并注意保持不同类别案件之间的平衡,取得良好的执法效果。See: "SEC 2006 Performance and Accountability Report", available at http://www.sec.gov/about/secpar/secpar2006.pdf, last visited November 20, 2015.

[4] 美国法下,SEC 将证券分析师、基金管理人、证券律师、审计师和信用评级机构等作为市场监管者,要求他们在提供专业服务的同时肩负督促客户遵守证券法的义务,并对保护公众投资者负有责任。一旦这些主体违反相关义务,将受到违法违规制裁。See: John C. Coffee, Jr., "The Attorney as Gatekeeper: an Agenda for the SEC", *Columbia Law Review*, Vol.103, June 2003, p.1296.

[5] See Andrew Ceresney (Director Division of Enforcement), "Testimony on 'Oversight of the SEC's Division of Enforcement'", March 19, 2015, available at http://www.sec.gov/news/testimony/031915-test.html, last visited September 20, 2015.

[6] SEC 目前采用和解方式处理的案件高达 98%,在 2012 年其所处理的 734 起案件中只有 22 件采用诉讼方式。Commissioner Luis A. Aguilar, "A Stronger Enforcement Program to Enhance Investor Protection", available at http://www.sec.gov/News/Speech/Detail/Speech/1370540071677, last visited September 20, 2016.

于自由裁量权范围,以及'选择性执法'(selective law enforcement)"。[1] SEC 高度的执法裁量权为和解提供了权力基础,其认为制裁并非执法的目的,和解既能纠正违法,提高案件处理速度并加快对投资者的保护,也能平息纷争,节约大量执法资源和当事人的诉讼成本,应积极倡导。和解的意向通常由当事人提出[2],SEC 在足以保护投资者的基础上考虑是否接受。作为和解的条件,当事人不承认也不否认 SEC 的指控[3],但承诺纠正行为并保证未来不予再犯;SEC 同意不予指控。和解虽然不指控行为人,但同样可以敦促其纠正错误行为,加快保护投资者并节约执法资源。SEC 往往采取多种措施促成和解,例如以可能的刑事追诉威慑或者友好地劝说当事人;为潜在的被告提供可协商的指控或者减轻指控条件;让当事人明了其所处的不利诉讼地位或者庞大的诉讼负担,等等。[4] 和解书通常以司法同意令(Judicial Consent Decree)形式出现,一旦当事人不遵守,将构成藐视司法罪。

可视性指发挥执法的威慑作用。SEC 在实践中常选择那些能将执法效果有效传递给市场从业者和公众的案件,例如财务欺诈、内幕交易类案件,以便利用这些具有显著执法效果的案件为 SEC 执法做"免费广告",给潜在违法者造成天网恢恢、难逃制裁的威慑,也使投资者产生执法者无所不在的印象,增强其投资信心。需要注意的是,选择可视性强的案件不等于只选择违法金额巨大或者大机构违法者犯下的案件。SEC 虽仍将积极追诉复杂的大型违法案件,但其深谙"破窗理论"(Broken Windows Theory),同时关注并处理在威慑作用上不可小觑的小型违法行为。

---

[1] 王锡锌:《规则、合意与治理——行政过程中 ADR 适用的可能性与妥当性研究》,载《法商研究》2003 年第 5 期。
[2] 考虑到诉讼成本、司法制裁的不良影响及 SEC 胜诉之后有关违法事实可能被用于民事诉讼,当事人常主动寻求和解。[美]艾伦·R. 帕尔米特:《证券法》(注译本),徐颖、周浩、于猛注,中国方正出版社 2003 年版,第 417 页。
[3] 如上所述,为使和解免于被滥用,受到缺乏威慑性的指责,SEC 自 2013 年 6 月起改进了行政和解的操作要求,针对某些特定情形(例如有大量的投资者受到损害或者处于危险境地,或者当事人从事了异乎寻常的不当行为,或者非法阻碍 SEC 的调查过程等)要求当事人应当承认所犯事实(admitting facts)并允许对外公开,作为与 SEC 达成和解的前提条件。See Commissioner Luis A. Aguilar, "A Strong Enforcement Program to Enhance Investor Protection", October 25, 2013, available at http://www.sec.gov/News/Speech/Detail/Speech/1370540071677, last visited November 20, 2016.
[4] 和解在足以保护投资者的基础上酌情进行,SEC 对此享有最终决定权,并非为追求执法效率而牺牲执法正义。

"我们想要每个投资者知道我们的执法就像保护整个社区的警察。虽然执法是我们作为监管者唯一可以影响行为的工具,但我们想要每个潜在违法者知道不因机构之大而追责,不因违法之小而免惩。"[1]

胜诉性是 SEC 选择以审理而非和解方式追诉案件的决定性因素。[2] 重视胜诉率在于:(ⅰ)胜诉可以实现执法的惩戒价值,直观保护投资者利益;(ⅱ)在美国这一判例法系国家,胜诉可以保障 SEC 日后在类似案件上的胜利,产生良好威慑并生成对 SEC 有利的法律规则;(ⅲ)胜诉本身可以提升 SEC 的威信并增强其作为有效执法者的形象。当然,SEC 并非仅以胜诉甄选案件,对那些无胜诉把握或者难度较大的案件会尝试和当事人进行和解,而对那些重大、疑难或具有创设先例性(precedent-setting)的案件,在不能确保胜诉的情况下也会进行指控。另外,如上所述,SEC 自 2013 年 6 月以来,为提升和解的威慑性,在一些特定案件中要求当事人以承认错误行为作为和解的前提条件,可能导致这类案件更难以和解,结果就需要 SEC 做好应对追诉这类违法的准备(并打赢官司),才能反过来促进和解方法的有效运用。为此,SEC 在执法中更看重胜诉性,并时刻宣扬"违法行为越严重,执法就越应积极进取"[3],树立强势的执法者形象。

如上所述,SEC 同时享有追诉权和裁决权,一旦决定以审理方式指控案件,SEC 有权或通过行政法官主持的行政审裁程序,对当事人施与行政制裁——只适用于在 SEC 注册的当事人(如各类受 SEC 监管的证券交易商、投资顾问/投资公司)或与在 SEC 注册的证券有关的当事人(如发行人及其股东、高管人员)。在 SEC 发布追诉令(Order Instituting Proceeding)之后,行政法官效仿司法上的无陪审团审判程序主持公开听证,综合考虑执法部和当事人意见和证据之后作出初步决定(Initial Decision)——包括阐明事实、法律结论并作出制裁。当事人可以提请 SEC 审

---

[1] Chair Mary Jo White,"Perspective on Strengthening Enforcement",March 24,2014,available at http://www.sec.gov/News/Speech/Detail/Speech/1370541253621,last visited September 20,2016.

[2] 因为这种有意选择,SEC 查处的案件长期以来保持高胜诉率,例如 2004 年至 2006 年,SEC 的案件处理成功率高达 98% 以上。

[3] Chair Mary Jo White,"Perspective on Strengthening Enforcement",March 24,2014,available at http://www.sec.gov/News/Speech/Detail/Speech/1370541253621,last visited September 20,2016.

查初步决定,SEC 也可以自行审查。之后,SEC 发出生效令(Order of Finality)使之约束当事人。或以原告身份向联邦地区法院提起诉讼,申请制裁当事人的禁制令(Injunction)及附属救济——适用于违反证券法的任何人。法官适用民事程序,综合考虑 SEC 和当事人意见和证据之后作出裁决。这种通过司法力量执行证券法的方式,不被认为违反了 SEC 应为执法机构的法定授权。

实践中,SEC 通过分析不法行为的严重程度、技术性问题、战术考虑和可获得的制裁手段等决定选用何种审理方式指控案件。20 世纪 90 年代以来,随着 SEC 自身执法手段的丰富,具有审理周期短、配备专业审理法官,又能提升 SEC 执法地位的行政审裁程序占了上风,成为适用最多的追诉机制。[1]

(2) SEC 的执法裁量权与执法措施"武器库"

a. SEC 高度的执法裁量权

纵深发展的证券活动和花样翻新的违法行为,已经使证券市场成为一个需要灵活执法的市场。为此,相比一般行政机构,执法者应享有更多的行政自由裁量权,即在符合立法目的和法原则的前提下,执法者能自主地采取相应的措施和作出裁断。[2] "一个权力广泛的证券监管机构是实现证券市场有效执法的必要前提,即对执法效率的追求优先于对公权力(尤其是自由裁量权)的严格限制。"[3] 国会为此放弃直接规定具体违法及处罚的做法,授予 SEC 完全的执法裁量权,由其决定如何"处罚""违法",即一方面规定联邦证券法各种必须遵守或者禁止违反的情形,为 SEC 适应市场变化,判断违法提供法律依据;另一方面规定各种执法措施的适用条件,允许 SEC 根据违法情形自由选择适用。这种灵活的权力配置,满足了 SEC 应对复杂的证券市场的执法需要,也贯彻了以最低执法成本最大化保护投资者利益的目标。

b. 日益丰富的 SEC 执法措施

SEC 如今被称为武装到牙齿的执法机构,拥有种类繁多的执法措施

---

[1] See James D. Cox & Randall S. Thomas with the Assistance of Dana Kiku, "SEC Enforcement Heuristics: an Empirical Inquiry", *Duke Law Journal*, November, 2003, p.749.

[2] 参见杨建顺:《行政裁量的运作及其监督》,载法苑精粹编辑委员会编:《中国行政法学精粹(2005 年卷)》,高等教育出版社 2005 年版,第 77 页。

[3] 陈儒丹:《证券监管机构行政执法权行使的理论剖析——以证券市场的现实为背景》,载张育军、徐明主编:《证券法苑(第五卷)》,法律出版社 2011 年版,第 975 页。

组成的"武器库"。

通常,执法者的权力会因为处置证券市场危机而得到增强,SEC在历经多次市场危机之后拥有了强大的"武器库"(见表3.1),通过单独或者综合运用这些执法措施,SEC成为备受尊重与敬畏的"华尔街警察"。

表 3.1　SEC 执法途径与主要执法措施

执法类别	主持者/审判者	适用对象	执法措施种类		
民事诉讼程序[1]	联邦地区法院	所有违法者	禁制令(Injunction)[2]	罚款[3]、吐出非法所得[4]、禁止任职[5]、指定接管人、资产冻结[6]	其他衡平法上可以获得的救济[7]
行政审裁程序	行政法官	特定范围违法者[8]	制止令(Cease and Desist Order)[9]	罚款[10]、吐出非法所得[11]、禁止任职[12]	对被监管对象的谴责、限制业务、吊销资格/执照等[13]
行政和解	SEC委员会	所有"违法者"	SEC不进行指控,当事人承诺不予再犯,交纳和解金		

---

[1] "在英美两国,行政机关具有的权力虽然和私人不一样,但公法和私法没有严格的区别,由同一法院管辖,适用相同的法律原则",参见王名扬:《美国行政法》(上),中国法制出版社2005年第2版,第43页。换言之,美国没有独立的行政诉讼程序,强调行政监管者与普通民众一样在司法救济面前权利平等。当要制裁违法行为时,SEC需要以自己的名义向联邦法院提起民事诉讼,主张民事权利请求(civil claim),通过获得司法的支持而执法,因而称这种执法方式为通过民事诉讼程序的执法。

[2] 15 U.S.C. §77 t(b),15 U.S.C. §78 u(d),etc.。

[3] 15 U.S.C. §77 t(d),15 U.S.C. §78 u(d)(3),etc.。

[4] 15 U.S.C. §77 t(f),15 U.S.C. §78 u(d)(4),etc.。

[5] 15 U.S.C. §77 t(e),15 U.S.C. §78 u(d)(2),etc.。

[6] 15 U.S.C. §78 u-3(c)(3),etc.。

[7] 15 U.S.C. §78 u(d)(5),etc.。

[8] 主要包括:(1)在SEC注册的当事人,例如各类受SEC监管的证券交易商、投资顾问/投资公司、证券交易所等;(2)与在SEC注册的证券有关的当事人,例如发行人及其股东、高管人员等。

[9] 15 U.S.C. §77 h-1(a),15 U.S.C. §78 u-3,etc.。

[10] 15 U.S.C. §77 h-1(g),15 U.S.C. §78 u-2(a),etc.;《2010年华尔街改革法》第929P(a)条授权SEC可以对任何违法者处以罚款,而不仅限于之前只能针对其监管的对象。

[11] 15 U.S.C. §77 h-1(e),15 U.S.C. §78 u-3(e),etc.。

[12] 15 U.S.C. §77 h-1(f),15 U.S.C. §78 u-3(f),etc.。

[13] 15 U.S.C. §78 d-3(a),etc.。

正像一位前 SEC 委员指出的,"通过罚款、吐出非法所得和制止令,SEC 可以获得它想要的所有救济"。[1]这些优良的"装备"使 SEC 在有力打击违法的同时也保有强大的威慑力。但情况并非自始如此,历史上 SEC 执法权的增强大多与证券市场受到重创密切相关,期间经历了三个阶段:

第一阶段,1934 年 SEC 成立至 1990 年通过的《证券执法救济和小额股票改革法》(The Securities Enforcement Remedies and Penny Stock Reform Act,以下简称《执法救济法》)之前。此时 SEC 自身几乎没有什么强有力的执法手段,向法院申请禁制令是最主要的方式。但禁制令只能禁止被告未来再犯,未必附加罚款等衡平救济,以此制约违法缺少灵活性,也不能通过经济制裁阻止行为人再犯。况且法院考虑到禁制令对当事人的不良影响,20 世纪七八十年代之后逐步限制授予。SEC 既要费力地满足禁制令更高的证明要求,也要承担诉求被法院驳回的风险,执法效果大为降低。

第二阶段,1990 年至 2002 年通过《奥克斯—萨班斯法》之前。80 年代中后期猖獗的内幕交易、欺诈和 1987 年的股灾促使国会决定授予 SEC 更多执法权限,以扭转倚重司法途径执法的不利局面。国会在《执法救济法》中授权 SEC 通过行政审裁程序可以:(ⅰ)对被监管对象施与罚款;(ⅱ)发出具有类似禁制令效果的制止令(Ccase and Desist Order),但适用条件有所降低,并可附加吐出非法所得等制裁措施。《执法救济法》也授予 SEC 向法院申请禁止被告在公众公司任职的权利。此外,原本作为衡平救济手段的罚款、吐出非法所得等措施,被以制定法的形式固定下来,增强了确定性。此后,SEC 的执法开始出现从司法诉讼转向行政审裁,由申请禁制令到运用罚款的趋势;法院也同时进一步严格了禁制令的适用标准,以促使 SEC 更灵活有效地运用自身的执法机制。

第三阶段,2002 年通过《奥克斯—萨班斯法》至今。安然等财务丑闻事件之后的证券市场秩序整顿使 SEC 再次获得扩张执法权力和丰富执法手段的机会。国会在《奥克斯—萨班斯法》中授权 SEC 也可以行使禁止任职权,并将证明标准从"严重不称职"(substantial unfitness)降低为"不称职";授权 SEC 在调查上市公司或者其管理人员期间,可以向法院

---

[1] John Sturc & Gerald Lins, "Congress Gets Tough on Securities Violations", *Legal Times*, October, 1990.

申请临时冻结公司支付给这些人员的不合理报酬;授权 SEC 如同时实施吐出非法所得和罚款制裁,可将两笔资金一起纳入补偿投资者的公平基金(Fair Fund for Investors),无须再将罚款上缴国库。SEC 从此更牢固地树立了以行政为主的执法模式,其不仅关注执法打击违法和阻止未来再犯的效果,也开始将执法与补偿投资者损失紧密地结合在一起,使执法更契合保护投资者的本意。

2008 年金融危机之后,SEC 的监管受到不少批评,甚至美国的金融危机调查委员会(FCIM)在《美国金融和经济危机原因》的调查报告中也明确指出,引发 2008 年金融危机的主因是金融监管失效,如果监管得当,这场人为的危机本可以避免。[1]为回应这种质问并重建资本市场对证券交易委员会履行证券监管职责的信心,SEC 在 2008 金融危机之后采取了一系列完善举措,例如根据《2010 年华尔街改革法》的授权,修改、拟定或者制定了强化金融衍生品、资产证券化、资产管理等方面共计 250 多项的监管规范;而为了提高其执法成效,除了在金融危机之后加大查处违法违规行为的力度,查办一系列要案之外,更改进了其内部组织结构和治理。[2]申言之,SEC 在 2008 年金融危机之后全面对自己做了一次深入的评估,并基于此:(ⅰ)重构执法部,包括重组多个全国特别行动组(national specialized units),用于重点关注结构性新产品、市场滥用、市政证券、公共养老金、资产管理和违反海外腐败行为法(the Foreign Corrupt Practices Act)的行为等领域,并且为了跟上行业发展趋势,聘请行业专家与老练的律师和会计师协同工作。此外,还理顺并简化了执法部的管理结构并使得其调查程序更为有效。[3](ⅱ)重新命名原来的"风险、战略和金融创新部",将之更名为"经济和风险分析部"并调整了工作内容,使这一部门不仅能够更好地为证券交易委员会制定监管规则提供经济和数

---

[1] The Financial Crisis Inquiry Commission, "Final Report on the Causes of the Financial and Economic Crisis in the United States", January 2011, p. xvii.
[2] SEC Commissioner Luis A. Aguilar, "Preparing for the Regulatory Challenges of the 21st Century", March 20, 2015, at http://www.sec.gov/news/speech/preparing-for-regulatory-challenges-of-21st-century.html, last visited July 31, 2016.
[3] "The Securities and Exchange Commission Post-Madoff Reforms", at http://www.sec.gov/spotlight/secpostmadoffreforms.htm#revitalize, last visited November 10, 2016.

据分析,也能援助其检查和执法程序。[1]（ⅲ）调整了监督检查程序,包括调整对举报信息的处理,鼓励更多地与"内部人"合作,对金融机构实行以风险为基础的检查,增强内部控制,以提高执法成效等。[2]

c. SEC 对各种执法措施的适用

SEC 通过司法程序或者行政审裁程序所能获得的各种制裁措施,只有满足它们经过联邦证券法和裁决实践不断完善的适用条件,才能确实地加以运用。

通过司法程序,SEC 可以获得禁制令和各种衡平救济措施。[3]为解决无处罚内容的禁制令不能威慑当事人的问题,SEC 自 20 世纪 60 年代起在申请禁制令的同时提出了罚款、返还非法所得、资产冻结等多项衡平救济请求,得到法院的积极支持。如今许多这类衡平救济随着证券法的修改已法制化。

（ⅰ）禁止令

SEC 如果发现有人从事或可能从事违法行为,可以向联邦地区法院提起诉讼,申请永久性或临时性禁制令,制止当事人未来再犯;当事人不遵守将构成藐视司法罪。SEC 为此需证明:符合《联邦民事诉讼法》第 65 条的要求;若违反《1934 年证券交易法》10(b)等反欺诈条款的,须证明被告存在主观恶意;需要这种禁令,即证明存在发生不可挽回损失的可能性或法律救济不足;违法行为基本证据确凿,被告存在未来继续违法的合理可能性。

根据《奥克斯—萨班斯法》第 1103 条规定,SEC 向法院申请的禁制令增加一项新内容,即 SEC 在调查上市公司或高管人员期间,可以向法院申请临时冻结（最长 45 天）公司可能支付给这些人员的不合理报酬。法院对此享有决定权。

（ⅱ）民事罚款

SEC 对违法当事人可向联邦地区法院寻求民事罚款救济,但须提供

---

[1] See SEC Press Release No. 2013-104, "SEC Renames Division Focusing on Economic and Risk Analysis" (June 6, 2013), at http://www.sec.gov/News/PressRelease/Detail/PressRelease/1365171575272, last visited November 10, 2016.

[2] See "The Securities and Exchange Commission Post-Madoff Reforms", at http://www.sec.gov/spotlight/secpostmadoffreforms.htm#revitalize, last visited November 10, 2016.

[3] 限于篇幅,下文只探讨 SEC 常用的执法措施。

适当证明,由法院自主决定是否罚款及数额。这类民事罚款分为三层,对"每一个违反"[1]处罚的数量不超过法定上限或违法所获金钱收入二者中的较大者。"法定上限"指:第一层,适用于不属于第二、三层情形的违法,对自然人罚款不超过 5 千美元,其他人不超过 5 万美元;第二层,适用于含有欺诈、欺骗、操纵、故意或罔顾监管要求的违法行为,对自然人罚款不超过 5 万美元,其他人不超过 25 万美元;第三层,该违法不仅包含第二层的行为,还给他人带来显著风险或造成重大损失,对自然人罚款不超过 10 万美元,其他人不超过 50 万美元。

(ⅲ)返还非法所得

返还非法所得的范围包括行为人获得的非法利益及其产生的合理利息,这项措施阻止行为人从违法行为中获利,并通过将返还的资金并入公平基金,补偿投资者的损失。SEC 需证明当事人存在违法,并因此有非法所得,行为人不能主张费用相抵而不予返还。

(ⅳ)禁止任职

SEC 可向法院请求禁止被告在上市公司担任董事和管理人员职务,但仅针对违反证券法和证券交易法反欺诈条款的公司董事和管理人员,且行为性质表明其已不适合担任该职务。资格罚与罚款等经济制裁的配合使用,能更彻底地制裁违法行为,产生良好的威慑效果。

SEC 通过行政审裁程序主要获得以下几类执法措施,其中许多需借助司法程序的措施,经立法调整已能通过行政审裁程序取得:

(ⅰ)制止令

制止令的功能类似司法程序中的禁制令,适用于当事人已违反、正在违反或将要违反联邦证券法这一行为状态,用来终止违法行为并附加要求当事人未来一定时期或永久性地遵守相关规定,采取纠正不当行为的措施。与禁制令相比,制止令的特点如下:适用标准较低,SEC 可基于当事人的行为或其对知道或应当知道会导致违法的疏忽而适用该措施,无须证明当事人未来再犯的可能性;可附加的处罚手段较少,例如受 SEC 执法权限的限制,只能附加对被监管对象而非一切违法者的罚款;法律效力较弱,例如根据《1940 年投资公司法》,该项制裁的当事人未必像受禁制令制裁的当事人那样被注销注册资格。此外,因 SEC 是执法机构而不是司法机构,制止令对当事人声誉的负面影响远小于禁制令;相应的救济

---

[1] 立法未明确定义何为"一个违反",SEC 在实践中将违法过程视为"一个违反"。

也较弱,违反制止令虽同样构成藐视司法罪,但 SEC 只有起诉到联邦地区法院,才能对当事人强制执行。

(ⅱ) 民事罚款

SEC 根据 1990 年通过的《执法救济法》获得对监管对象施加民事罚款的权力,即如果券商、投资顾问、投资公司及其工作人员故意违反证券法规,SEC 有权根据公共利益的需要对他们处以罚款,但对非监管对象不享有此项权力。罚款的数额比照司法上的民事罚款标准。SEC 在决定是否处罚及处罚程度时考虑的因素包括:存在欺诈、欺骗、操纵行为或对法规要求的蓄意违反或罔顾其后果;对他人造成伤害;不当得利的程度;是否为初犯;预防的需要;其他因素,例如当事人的赔付能力,等等。[1]

(ⅲ) 返还非法所得

SEC 根据《执法救济法》获得的权力,类似司法程序中的返还非法所得措施,不再赘述。

(ⅳ) 禁止任职

SEC 根据《奥克斯—萨班斯法》获得的权力,类似司法程序中的禁止任职措施,不再赘述。

(ⅴ) 对被监管对象的其他处罚措施

如果券商、投资顾问、投资公司及其雇员等被监管对象存在如下违法行为,例如向 SEC 提交含有虚假陈述或重大遗漏的文件、故意或协助他人违反证券法、对违反证券法的雇员疏于监管或聘用不具有证券从业资格的人员、已被法院判处市场禁入等,SEC 作为证券行业监管者,除有权进行罚款之外,还可以采取谴责、限制其行为或业务、暂时吊销或撤销其注册资格等一些行业处罚措施。

(3) SEC 执法的司法保障

受到自由经济思想和三权分立原则影响,至少二战以前,法院对 SEC 等独立机构的调查权和裁决权拘泥于狭隘的解释,采取严厉的态度进行限制,致使独立机构的执法效率大受影响。[2]但随着国家积极干预经济趋势的形成和独立机构控权机制的完善,法院逐渐转变保守的态度,转而

---

[1] See Securities Exchange Act of 1934, Sec. 21B (c)(d).
[2] 参见王名扬:《美国行政法》(上),中国法制出版社 2005 年第 2 版,第 324 页;马英娟:《政府监管机构研究》,北京大学出版社 2007 年版,第 51 页。

尊重这些独立机构的专业执法，并予以积极支持。

结合 SEC 的情况，一方面自 20 世纪 90 年代以来，行政审裁虽然取代司法诉讼成为主要执法程序，但对于一些重大、恶劣或具有深远影响的违法案件，SEC 仍倾向通过司法途径追诉。法院的公平性和司法裁决的强大效力，可以使 SEC 在制裁违法者的同时最大化证券执法的威慑效果。另一方面 SEC 虽依法享有对违法行为的调查权、追诉权和裁决权，但行政机构的属性使其不具有最终裁决力，执法行动仍需要司法力量的最后保障。

从 SEC 的运作机制来看，法院除了在司法诉讼中助力 SEC 执法之外，主要从以下几方面保障 SEC 自身的执法活动：

a. 调查权的司法保障

进行广泛调查而获取充分信息，是 SEC 有效执法的前提，但行政机构应享有多大的调查权在一开始就受到宪法保障公民基本权利和自由的挑战。在司法审判中，法院逐步确立了 SEC 调查权的合宪性，并尊重 SEC 有权依法自由决定启动调查，肯定 SEC 可以不受主管范围限制收集与调查事项相关的信息。[1]对 SEC 在正式调查中签发的传票，一旦当事人不予遵守，不论其是否存在故意因素，法院都可以应 SEC 的请求发出强制执行令要求当事人执行，否则处以藐视司法罪。

b. 和解的司法保障

和解是 SEC 行使自由裁量权，节约执法资源处理违规行为的有效方式，但和解也因没有制裁内容而面临当事人不信守承诺的风险。SEC 尽管可以通过公开和解内容对当事人施压，但毕竟不具有强制力而效果欠佳。为此，SEC 通常采用司法同意令的方式与当事人签订和解协议，以便在当事人违反承诺时请求法院司法介入，强制当事人履行。有了这层保障，SEC 就能果敢地大量运用和解处理违规案件，迅速保护投资者利益。

c. 行政裁决措施的司法保障

SEC 在行政审裁程序中可以运用多种制裁措施，但其作为行政性机构，很少被赋予此类措施的强制执行权，而立法上欠缺所谓的藐视行政机构罪名，可能减弱制裁措施的执行力和威慑力。为此，立法规定一旦当事人不执行已生效的行政裁决，SEC 可以向法院申请强制当事人履行，否

---

[1] 参见〔美〕艾伦·R. 帕尔米特：《证券法》（注译本），徐颖、周浩、于猛注，中国方正出版社 2003 年版，第 412 页。

则将处以藐视司法罪。这种司法执行保障,有效提升了当事人的执行率和 SEC 行政审裁程序的应用效果。

三、行业立规权与监督权的因应

(一)行业立规权与监督权的互相配合

从证券监管独立性的基本要素来看,行业立规权与行业监督权共同构成了监管机构重要的两项职能,行业立规权的正当性来自于立法机构将特定的监管事务委托给监管机构行使的委任授权,行业监督权的正当性来自于监管机构作为晚近以来区别于传统政府行政部门,具有专业性的组织地位的确立及其行使公共权力的基本属性。二者都指向特定的监管事务,服务于共同的监管目标,天然地具有密切的关系。

从职能的具体内容来看,行业立规权的主要内容是监管机构根据立法机构的委任授权,在其负责监管的领域内,自主地制定行政性规则,利用制度的统一性、稳定性和长期性,一揽子地调整具有相同或者相似的法律关系,取得规模效应;行业监督权的主要内容是监管机构在其负责监管的领域内,通过日常的监督检查、对违法违规行为的调查、审裁及其移送相关司法部门处理等方式,逐一地解决具体的问题,定分止争,协调各方当事人的权益以达到均衡的效果,体现监管的合理性和灵活性。

从职权的性质来看,行业立规权是一种委任立法权(同时属于广义上的行政权),行业监督权则是一种狭义意义上的行政权。有效的金融监管,在操作流程上,首先是监管机构通过行使行业立规权,将监管目标、监管政策内化到监管规则中,通过立法程序予以颁布,形成供市场遵守的监管法律制度;之后,监管机构通过日常的监督检查,督促市场各方遵守监管规则,并对其中不遵守或者严重违反监管规则者进行调查,在查证属实的基础上进行立案审理并作出相应的行政制裁,也即通过行使行业监督权执行监管规则,落实行业立法权蕴含于其中的监管目标。从权力体系来看,二者一个是立法权,一个是执法权,各有所长,各有侧重,彼此不能相互替代,反而必须相辅相成,才能最终落实立法所要达致的目标。

从美国监管机构的职权发展历史来看,在监管机构刚开始出现的阶段,监管机构被赋予从事纠纷裁决的主要职能,有关立法权因受到三权分立理论制约而未能获得认同,也就抑制了相应的发展。但纠纷的日益增多以及监管机构受制于有限的监管资源,导致其希望通过审裁解决所有问题的设想日益落空,在力不从心中,监管机构继而采用制定监管规则来处理大量类似案件,也即开始运用制定规则执行监管政策,而运用裁决行动影响个人的权益。[1]然而,随着1946年《联邦行政程序法》的通过,制定立法性规则被要求遵守越来越多的法定程序,不仅程序繁琐、过程冗长,而且各方利益交融的结果往往使得监管规则的制定不仅耗费了大量人力、财力,还因其最终成果是各方利益平衡的结果,往往与监管机构的期望也相去甚远,加上等规则制定之后再实施又需要一段时间,往往不能适应金融市场迅速的变化和快速解决纠纷的需求。为此,在20世纪70年代之后,监管机构的审裁功能重新焕发生机,在越来越多需要及时予以处理,或者一时难以制定监管规则,或者法律对监管机构是否有权制定相应规则的规定处于模糊状态抑或较有争议的地方,监管机构往往通过行使其行业监督权(尤其是审裁的权力)的方式,也即利用这种权力行使结果形成的示范效应,不仅制裁了市场上的违法违规者,也引导市场形成了相应的预期,实质上起到类似立法的作用;同时,监管机构可以在日后时机成熟的时候,将执法过程中积累这些有益经验上升为监管规则。因此,尽管监管机构的行业立规权和行业监督权可能在特定历史时期抑或针对特定的事项,存在着此消彼长的情形,但一方却总能利用自己的长处去弥补另一方的短处,这种相互配合和互动,客观上很好地维护了监管机构监管的有效性,帮助其在面临市场新变化和面对冲击时左右逢源,比较圆满地完成立法机构委托给监管机构的监管任务。

(二)行业立规权与监督权的相互背离

上文着重强调了行业立规权与行业监督权应相辅相成、通力合作,发挥己身所长地共同服务于监管目标的实现。但实践中也可能出现行业监督权与行业立规权二者相背离的情形,这些情况下戕害的只能是监管机构金融监管的有效性了。典型的二者背离情形,主要有:

一种是监管机构享有针对某一事项的行业立规权,却欠缺享有相应的行业监督权予以执行上的落实,更严重的是欠缺必要的执法手段对违反监管规则的行为进行有效的制裁,导致监管机构制定的监管规则成为一纸空文,或者成为没有任何威慑力的"纸老虎",不仅使监管机构体现在监管规则中的监管目标、监管政策无法得到落实,监管机构也因为所制定的规则屡屡得不到遵守,无法制约市场的违法违规行为而损害了自身的

---

[1] See Domnique Custos,"Rulemaking Power of Independent Regulatory Agencies", *American Journal of Comparative Law*,Vol.54,2006, p.618.

威信,从而削弱了其作为监管主体的,专门负责特定领域监管事务的崇高地位。

一种是监管机构想通过行使行业监督权对市场新出现的违法违规行为进行查处,或者对新出现的金融创新工具、业务及市场,甚至是察觉的金融风险进行规范和引导,却发现因授权的缺失,或者立法的时滞性,或者立法过程的冗长,或者因各方利益短时间内难以达成平衡,而导致监管机构无权或无法及时制定针对这些领域或问题的监管规则,造成监管机构拟行使行业监督权时无法可依,不能有效地排除风险,遏制危机的发生,或者欠缺必要的实施细则作为指引,最终造成监管机构的执法行为受到司法诉讼的挑战,或者造成监管机构的执法混乱、标准不一,欠缺透明度和公平性;即使最后解决了问题,也会备受非议或者未必获得认可。很显然,行业监督权因欠缺正当性,师出无门,往往吃力不讨好,也是法治国家所不允许的。

因此,应该正确地看待监管机构所享有的行业立规权和行业监督权,二者不可偏废,有必要充分认清它们在确保监管机构贯彻监管政策和规则,实现监管目标过程中的相辅相成的作用,做到监管机构行使行业立规权时必须配有相应的行业监督权,行使行业监督权时必须以法律和行政规定为依据,于法有据,督促监管机构及时制定监管规则并适时地保持更新,以更好地应对市场的发展变化。

第四节 预算安排的合理化与独立性保障

一、有限监管资源下的独立预算安排

(一) 独立预算安排的理性基础

所谓独立的预算安排,是指监管机构能够根据其履行监管职责的需要自主决定预算的来源、规模和用途,并获得实现的权力。

国际证监会组织(IOSCO)发布的用作证券监管指引的纲领性文件《证券监管的目标与原则》在其有限的38条原则里,专门列出一条有关监管资源的原则,即原则3——"监管机构应拥有充分权力、适当资源和能力以行使其职权",彰显了拥有独立的预算安排对于监管机构实现有效监管的重要性。

国际证监会组织(IOSCO)发布的配套的《〈证券监管的目标与原则〉

实施状况评估方法》,明确地指出,独立、负责并拥有适当权力和资源的监管机构对于确保实现证券监管的三大核心目标至关重要,并就"适当的资源"这一内容,指出评估的关键事项是"监管机构应有行使权力和责任的充足资金""资源水平应考虑到监管机构吸引、留住有经验工作人员的难度",评估的关键问题是"2. 就资金而言;a) 考虑到由监管机构监督、管理的职能的规模、复杂程序和类型,监管机构的资金是否能反映监管机构监督特定市场的需要? b) 一旦提供资金,监管机构是否能够影响资源的运行配置? 3. 资源水平是否考虑到监管机构吸引、留住经验丰富、业务娴熟的工作人员的难度?"[1]

"适当的权力必须与确定的责任同时存在。第一,适当法定权力的行使,必须有立法依据……;第二,必须有充分的财源,以适应法定的状况"。[2]之所以需要为监管机构提供一定的监管资金及其相关的监管资源,正如第二章第二节"四(二)确保预算安排独立的理由与限制"所阐述的,这既有基于监管机构履行职责,实现监管目标的需要;也有防范政治和行业利用经费问题干预监管机构的监管活动,避免使之偏离监管目标的需要;还有强化监管机构责任约束,提高其为市场和公众服务效率的需要,这里不再赘述。

从国际证监会组织(IOSCO)发布的文件来看,这种总结长期证券监管经验形成的最佳实践规则,不仅强调了保障监管机构必要的监管资源的重要性和独立性意义,更强调了这种资源配给应量体裁衣,因时因事因地制宜,而不宜直接制定一个通行四海的、固定化的数量标准。更深一层的,到底这种监管资源的保障,应该多少才足够,需要由监管机构自身根据监管需要提出合理化要求,而在获得相应的监管资源之后,也应把资源的配置、使用的权力留给监管机构本身;对于具体如何使用等内部事宜,不宜妄加过多或者不必要的干涉,而应最终通过监管目标的实现程度、各种监管职能的履行程度来检验监管资源的配给是否足够,以及监管机构在使用监管资源上是否存在不合理的行为,从而通过调节下一年度的监管资源配给来对监管机构的行为进行约束。

---

[1] 《国际证监会组织证券监管的目标与原则》实施状况评估方法》,资料来源:中国证监会网站 http://www.csrc.gov.cn/pub/newsite/gjb/gjzjhzz/ioscojgmbyyz/201004/t20100412_179247.htm,最后访问时间 2016 年 11 月 10 日。

[2] 〔美〕怀特:《行政学概论》,刘世传译,商务印书馆 1947 年版,第 74 页。

因为没有意识到监管经费对监管机构正常履行职能的重要性,或者利用监管机构严重依赖监管资金而通过控制财政预算的方式影响、干涉监管机构活动的事例,在监管历史上并不鲜见。之前提到的美国在里根政府上台之后,为实施放松管制政策,清除监管机构的监管活动这一障碍,而采取制约 SEC 经费的手段,使之长期陷于经费苦短的困境,无法抽出更多人力和财力用于监管日益膨胀的证券交易活动,导致 20 世纪 80 年代中后期美国证券市场动荡的情况[1],就是一个很好的佐证。可见,在对待监管资源这件事上,需要理性地根据证券市场的发展确保监管机构获得充分的监管资源,也要确保其能够基于实现监管目标的考虑有权并合理地配置监管资源。否则,与其他监管职能或者独立性要求相比,毫不起眼的预算安排要素,可能成为制约监管机构有效发挥功能的"瓶颈",也有可能使之成为政界或商界用来打击或者干预监管机构活动的"七寸",最终导致监管机构丧失必要的独立性,无法完成法律赋予的监管目标。

(二) 独立预算安排与有限监管资源的协调

独立的预算安排为监管机构履行监管职责所必需,运用预算安排,监管机构能够获得从事证券监管所需要的物质手段和人员配置,这些资源不仅是决定证券监管能力的客观基础,也往往与监管机构金融监管的有效性成正比。

以上文所述的日益重要的证券执法领域为例。监管机构之所以一直面临无限的执法需求与有限的执法资源之间的紧张关系,一方面是证券违法往往随着证券市场的纵深发展而变得更加形式多样和错综复杂,客观上对执法提出更高要求,需要执法者投入更多的执法资源;另一方面是执法经费虽然总体上呈现增长趋势,但受到财政预算约束实际上常常难以匹配执法增长的需求。此外,一些富有经验的执法人员受证券行业高薪诱惑而离开公职岗位,某种程度上也加剧了执法资源的短缺。例如,美国国会总审计署(GAO)的一份调查报告指出,1991 年至 2000 年 10 年间,证券交易委员会(SEC)收到的投诉数量增长了 100%,但执法人员数量却只增加了 16%,有限的执法资源已影响到 SEC 的执法能力,迫使

---

[1] See American Bar Association, "Independent Agencies-Independent from Who", *Administrative Law Review*, Vol. 41, 1989, pp. 494—96.

SEC有选择地采取执法行动并延长了案件调查时间。[1]"在2005—2007年间,SEC的运作成本呈现的是下降趋势,两年间降低了约8%。可以说,资源不足、监管削弱是美国金融发生金融危机的重要原因之一。""在金融危机之前,SEC的员工逐年减少,2007年员工数降为3470人,这使得金融危机发生前后监管资源严重不足,助长了违法不当行为的发生。"[2]调和执法资源与执法需求之间的矛盾,成为关系监管者执法成效的重要问题,上升到整个监管层面,其实就是调和独立的预算安排与有限的监管资源的关系,调和独立的预算安排与无限的监管需求之间的关系。

诚然,为监管者配置充足的执法资源,是解决上述问题最直接的方法,但只能是相对意义上的充足。政府拨款和向证券业收取规费是实践中监管者经费的主要来源,尽管可以向行业多增收规费,但可能增加证券从业者的负担并最终转嫁给投资者而损害证券市场活力和竞争力,并不一定可取;要求政府增加执法部门的预算并提高执法人员的工资与福利待遇虽是最主要的途径,但受到政府财力(预算约束)和与其他行政部门协调的制约,只能是有限的保障。因而,更为可行的路径是在稳步增加执法资源的同时,提高现有执法资源的使用效率。例如,2008年金融危机之后,美国加大了对SEC的经费投入和员工数量配置,并将其中很大一部分用于充实执法部的力量[3];在增加执法资源总量的同时,更值得注意的是SEC将部分增加的资金用于投入技术信息系统建设和设备更新[4],以电脑代替人工实现信息批量处理和实时共享,通过大数据预警并及时查处违法违规行为,以适应现代证券市场和交易的高科技趋势;在

---

[1] See U. S. GAO, "SEC Operations: Increased Workload Creates Challenges", March, 2002, p.19, available at http://www.gao.gov/cgi-bin/getrpt? GAO-02-302, last visited November 20, 2016.

[2] 蔡奕等:《证券市场监管执法的前沿问题研究——来自一线监管者的思考》,厦门大学出版社2015年版,第250、251至252页。

[3] 例如,2008年SEC的运作成本上升为9309.3万美元,比2007年增长了10.48%,到2015年,SEC为实现监管目标花费的成本为15.84亿美元,其中执法部的费用占比5.49亿美元,历来是SEC各部门中费用占比和增幅最高的。到2015年,SEC员工人数4301人,其中执法部员工人数占据过半。

[4] 例如,在金融危机之后,SEC开始运用名为ARTEMIS(the Advanced Relational Trading Enforcement Metrics Investigation System,先进的关联交易执法指标调查系统)的工具帮助其有针对性地及时启动调查,而其所运用的NEAT(The National Exam Analytics Tool,全国检测分析工具)则能帮助监管者在几分钟内高效地分析大量数据。通过基于风险的数据分析和借助高科技,SEC的执法能力大为增强。

执法部内针对市场密切关注的领域设立特别小组[1],聘请会计、法律和相关行业专家加入,调用外部智库为 SEC 职员提升对这些市场复杂领域的认识,增强执法专业素质。当然,自 20 世纪 80 年代起,美国就日益重视行政机构的工作效率,在这一进程中 SEC 也被要求引入"成本—效益"分析法评估包括执法在内的所有行政活动的绩效。这一结果由联邦公共管理与预算局(OMB)审查,作为国会拨付 SEC 经费的参考。为监管者配置相对充分的执法资源要与提高执法效率的要求相结合,正像有关学者指出的,充分发挥行政执法物质手段的效益能极大地提高行政执法的有效性,具有工具价值的行政效率正在上升为行政执法的原则。[2]

二、预算安排独立性的实现机制

(一)符合合理预期的预算安排独立性

"就独立规制机构而言,独立财产是确保独立规制机构合法存续以及独立开展工作的经济基础。反映在制度形式上,财产独立主要是指独立规制机构的资金来源渠道以及资金使用中的制度。"[3]正如上述,独立财产,抑或预算独立,对于保障监管机构实现证券监管的独立性,不仅必要,而且还制约着其他独立性要素能否有效发挥作用,因此必须充分予以重视并构建相应的制度,促使其实现。

基于监管机构作为监管者最为熟悉市场监管需求,并且作为资金的使用者更知悉各方面资源的需求程度,应该赋予监管机构对自身经费及相关投入等所构成的监管资源数量和用途的预算规划权,为其提供解释说明所需经费及各项拟定支出的机会,并尊重其基于完成监管目标需要提出的合理预算要求,在履行相应的法定程序之后,能够迅速、及时地予以满足。当然,符合监管机构预期的预算安排,并非是指但凡监管机构在经费预案中提出的资金要求,监管经费提供方都要一概地予以满足。须知,作为独立的个体,监管机构也有自身的利益诉求,存在着偏离监管目标、滥用职权的可能性。如果对监管机构的预算要求"有求必应",不仅客观上受制于财政预算、资源的有限性等因素,总是难以一一予以满足;而

---

[1] 主要成立了资产管理、市场滥用、复杂金融工具、外国反腐败法、市政证券与公共养老金特别小组。
[2] 参见姜明安主编:《行政执法研究》,北京大学出版社 2004 年版,第 316、118 页。
[3] 邢鸿飞、徐金梅:《论独立规制机构:制度成因与法理要件》,载《行政法学研究》2008 年第 3 期。

且,一旦形成这种毫无节制的经费使用机制,也会助长监管机构在面临新问题时,主要通过诉求更多的经费来解决,而不是花更多的精力通过提高监管能力来解决。

总之,预算安排宜由监管机构自身拟定并在合理合法的基础上提出,保障机构应考察这种经费预算与具体的调度是否为监管机构履行监管目标所必须。对监管机构预算方案的评估应包括事前听取监管机构的预算安排说明及拨付下一年度预算经费前对前一年度经费预算的审计,以印证监管机构的预算是否合理、合法、有效地得到了运用,并将这种运用效果的评价与下一年度经费预算拨款相挂钩。这样,一方面可以使监管机构形成良好的预期,只要"言之成理,用之有度",那么服务于监管目标的预算安排通常可以获得支持,能够有效地保障监管机构的活动;另一方面可以形成对监管机构预算安排的刚性约束,或者称之为"硬约束"。尽管预算经费是开展监管活动所必须,但也不宜采用这种"倒逼"机制无限地索要经费,而应基于效率、效益的考虑用好每一分经费。毕竟,无论是采用财政拨款支持经费供给,还是采取向行业收费补充监管经费,其最终都来源于纳税人或者市场参与者,监管机构有必要,也有责任对他们负责,这构成了市场得以持续健康发展的基础。

(二) 向被监管对象收费与独立性质疑

如上所述,证券监管独立性的内涵,是要求监管机构远离政治干预和行业捕获,具有政治独立性和商业独立性。从经费预算的来源看,监管机构的经费来源主要有两种,一是政府财政拨款,二是监管机构向业界收取的规费。有关政府经费作为预算来源是否影响监管机构独立性的问题,已在上文有所分析,不再赘述。而有关监管机构向被监管对象收费,从表面来看,很容易给人造成一种监管机构与业界存在密切利益关系的假象,从而引发对其独立性的质疑。为了避免这种"过从甚密"的质疑,是否要完全地隔断这种经费供给来源,值得深入分析。从海外的实践来看,许多发达国家的监管机构的主要经费或者全部经费都来源于市场,并不依赖于政府财政拨款,更未因此丧失独立性。例如,英国"双峰"监管模式下的审慎监管局(PRA)和金融行为监管局(FCA),德国的联邦金融监督管理局(BaFin),实行"双峰"监管模式的澳大利亚审慎监管局(APRA)和证券与投资委员会(ASIC),等等。因此有必要辩证地看待监管机构向被监管对象收费的问题。

首先,之所以会出现这种经费来源模式,其基本原理在于,监管机构被认为向市场提供了一种类似公共产品的金融监管服务,而业界享用了监管机构的这种监管服务并从中受益[1],因此根据"谁享用,谁付费"的一般原理,监管机构作为服务提供者有权向被监管行业收费。

其次,授权监管机构可以向被监管对象收费,并非是指监管机构可以任意向他们收费,或者随意调高收费标准等。相反,正是基于这种收费可能使监管机构受到商业干预的敏感度,收费会增加从业者的经营成本,以及对过高的收费可能影响市场竞争力和金融创新的担忧,监管机构在决定向市场进行收费时,必须一视同仁,制定公平、透明且合理的标准,只有经过批准且公开这些标准之后,才能正式地进行收费,而且在调整相关收费标准时,通常禁止无正当理由地调高行业收费;抑或,即使存在合理的理由,但考虑到向行业收费的水平已经不低或者再次调高收费会影响市场的竞争力,在诸如此类的情况下,可以采取由财政资金予以补充或者替代的方式,而不宜再向市场增加收费。

最后,监管机构向市场收费所汇集的款项,应该建立专门的账户进行管理,专款专用,建立一套行之有效的款项管理机制。从已有的实践来看,对于这部分经费,一种做法是允许监管机构将这些费用直接用来弥补独立监管机构的开支,即收支一条线。换言之,是将监管机构本身视为一个自负盈亏的独立的监管机构,在每年年底向相关部门上报第二年的年度预算,待核准后,就直接从当年收取的各种费用中留出预算开支的款额,剩余款项全部上缴国库,采取这种做法的如芬兰的电信管理中心(TAC)。另一种做法是将全部收费纳入国家预算管理,政府预算批准机构审批监管机构的开支计划、收费项目和收费标准,监管机构将所收取的全部费用上交国家财政,政府再通过拨款方式向独立监管机构提供资金,即收支两条线。[2]采取这种做法的如美国证券交易委员会(SEC)等一类的联邦监管机构。当然,采取哪种做法,很大程度上受到本国法制环境和历史沿革、地缘因素等的影响,收支一条线的做法需要监管机构有很高的自律和问责要求,且监管机构违规的外部性要相对小些才适合执行。但在金融领域,由于所监管行业的敏感度以及金融市场以资金融通为本质

---

[1] 不是指直接的赚取金钱受益,更多的是指分享了良好的市场秩序、金融系统的稳定性,以及由此带来的投资者对市场的信心等。
[2] 参见邢鸿飞、徐金梅:《论独立规制机构:制度成因与法理要件》,载《行政法学研究》2008年第3期。

活动的特色，加之监管机构违规的外部成本远远大于其他领域，可能给市场造成难以弥补的损失，因此为加强对监管机构的控制，尽管不否认，甚至鼓励、支持监管机构向业界收费，以满足日益增长的监管需求，但采用收支两条线的做法，可能更有利于对监管机构形成必要的控制。这种做法方便采取事前防范的措施，而不是针对金融市场这一特殊的领域进行事后的补救，可能会更为有效。

第四章 证券监管独立性的理性制衡与制度保障

第一节 证券监管独立性过大的弊端

一、表现之一：监管过度

（一）监管过度的表现与成因

证券监管独立性，是指将证券监管的功能赋予特定的证券监管机构（部门）行使，任何人不得强迫或者干预其违背金融监管目标行事。这种独立性，从权能角度来看，包括监管机构组织独立性、行业立规权独立性、行业监督权独立性和预算安排独立性四个方面的内容。证券监管，作为行政性必要监管在证券领域的体现，不能是政治利益或者行业利益的代表，而应体现出其公共事务的管理性和服务于公众利益的公益性。有基于此，各国在构建证券监管组织并赋予监管职责的时候，都注意确保其在上述各个方面享有充分的独立性。然而，为使证券监管组织发挥效用而作出的独立性制度安排，却可能在另一个方面造成证券监管组织享有过大的独立性。例如，在美国独立监管机构的成长过程中，就不断地有学者对监管机构同时享有准立法权、行政权和准司法权，不同于传统的政府行政机构，也不受总统控制，是无脑的联邦"第四部门"[1]这一问题提出批评并质疑这种构造的合宪性及其实施效果。

确实，与传统政府行政部门相比，独立监管机构行使的同样是属于公共权力性质的监管权，但基于以下几个方面的原因，人们不免对独立监管机构存在着监管独立性过大的担忧：

（1）从独立监管者享有的职权特点看。如上所述，监管目标虽然作为独立监管机构行动的最高指导，却往往过于笼统和原则，"由于立法者想要授予的任务'常常难以事前规定得很准确'，特别是当他们授予监管任务时，'委托人意识到授权的好处只有通过授予独立机构自由裁量权才能实现'"[2]，由此独立监管机构获得了在开展监管活动时更多的自由裁量权，客观上为其滥用权力提供了可能性。

---

[1] Edward H. Fleischman, "Toward Neutral Principles: the SEC's Discharge of Its Tri-Functional Administrative Responsibilities", *Catholic University Law Review*, Winter, 1993, pp. 251—252.

[2] Miroslava Scholten, "Accountability vs. Independence: Proving the Negative Correlation", *Maastricht Journal of European and Comparative Law*, Vol. 21, 2014, p. 198.

(2) 从市场自身和监管者自身存在的问题来看。与其他市场相比，金融作为虚拟经济的属性和晚近以来金融市场的高度技术化与无纸化等特点，使得金融市场存在着更显著的信息不对称问题。当监管机构被授权代表公共利益监管市场时，其作为委托人（国会/公众）的对立面即受托人享有信息优势，委托人可能难以获得充分的信息监督监管者履行职责，从而滋生监管者的道德风险，其所有作为存在偏离公共利益的可能；但当监管机构行使职权监管市场时，却处于信息劣势，可能难以获得充分的信息监管被监管对象，从而可能产生监管懈怠或者渎职行为。正所谓"监管者的目标是在既定的效用水平约束下追求自身努力程度最小化"[1]，独立监管机构并非纯粹地服务于公共利益，更可能是在服务于公共利益的同时作为自利的"经济人"，也因此存在被政治或者行业捕获的风险，使独立性成为助力监管机构与之共谋的工具。

(3) 从责任约束机制的建设来看。目前，在世界范围内尚未完全建立针对监管机构的有效的权力制衡机制，相关权力制衡机制也并未完全接受实践的有效性检验。与传统政府行政部门在长期历史发展和法制建设过程中已建立对其比较系统的监督制衡机制不同，独立监管机构的负责人常常非经民选程序产生，不必背负政治压力但也难以受到政治责任的约束，在业界对独立监管机构监管问题和相关机制的探索才刚刚开始，许多制度设计还远未成型，更有待实践检验。"没有谁能控制监管机构，但监管机构应在控制之下"[2]，正如有的研究者早就指出的，"人们在想到权力时不会不想到责任，也就是说不会不想到执行权力时的奖惩——奖励与惩罚。责任是权力的孪生物，是权力的当然结果和必要补充，凡有权力行使的地方，就有责任"[3]，监管机构的独立性是其履行职责所需，但在责任上它应被一视同仁，这一条道路仍然充满着艰辛。

---

[1] T. S. Campbell, Y-S Chan, AM Marino, "An Incentive Based Theory of Bank Regulation", *Journal of Financial Intermediation*, 1992(2); Jean-Jacques Laffont, Jean Tirole, *A Theory of Incentives in Procurement and Regulation*, MIT Press, 1993. 转引自龚明华、刘鹏飞：《监管监管者的理论基础及主要机制研究》，载《国际金融研究》2011年第3期。

[2] Terry Moe, "Interests, Institutions, and Positive Theory: the Politics of the NLBR", *Studies in American Political Development*, Vol. 2, 1987, Quoted from Eva Hüpkes, Marc Quintyn, and Michael Taylor, "The Accountability of Financial Sector Supervisors: Theory and Practice", IMF Working Paper, WP/05/51, March 2005, p. 5.

[3] 〔法〕法约尔：《工业管理与一般管理》，周安华译，中国社会科学出版社1982年版，第24页。

总之,监管机构为履行特定领域的监管事务被赋予更多的职权并享有更充足的监管资源。如果运用得当,自然有助于实现法律赋予的监管目标,但如果运用不当,那么监管机构的这种超出传统政府行政部门享有的权限,不受行政控制的独立性,就有可能是导致监管机构对监管行业实施过度监管,造成金融压抑并阻碍金融创新;也有可能导致监管机构与政府或者被监管行业的共谋,滋生监管寻租和道德风险,造成过度自由化;还有可能造成监管协调失效,享有不同监管职权的机构各自为政,造成信息流动梗阻,无法及时预警危机、阻止危机的蔓延或施与有效的救治。在这一部分,先分析监管过度,下文的内容再分析监管宽容和监管协调失效。

所谓监管过度,是指监管机构采取过分严厉的监管手段,超出了防控风险的最大需要或者遏制了市场参与方进行金融创新的动力。换言之,市场参与者可能需要花费更多的代价才能从事相关活动,而因收益与成本相比显得更少或者仅有微利,导致市场主体放弃参与金融创新活动或者选择逃离市场的状况。当然,应该灵活地理解监管过度的内涵及其能够影响的领域。可能许多时候,是否监管过度需要一段较长时间的验证,从市场反应的后果上才能体现;另外,监管过度也未必是对整个市场、整个行业或者所有市场参与者的监管过度,更有可能是针对较小范围或者中间环节或者局部区域的监管过度,但因这些因素都是整个市场的一个构成部分,容易造成市场对监管机构监管过度的整体印象和推测。总结而言,可以将监管过度概括为如下两种表现方式:

(1)通过抽象行政行为——行政监管规则立法活动进行的过度监管。独立监管机构通过行使立规权,将各种约束条件,例如市场准入管制、价格等数量管制、业务类型及条件管制、严苛的法律责任约束一揽子打包规定于具有法律强制力的监管规范中,通过积极的作为限制受监管对象的行业发展和业务扩张,整体呈现"以'防范风险'为价值取向的市场化发展特征"[1],监管机构也将从这种保守和受限的市场发展氛围中获得所谓"金融安全""金融稳定"的监管"政绩"。当然,与这种积极的立法行动可能同时并存的,还有监管机构的不作为型立法,也即面对市场发展和金融创新带来的需求,监管机构不积极开展立法活动,及时废除、修改

---

[1] 洪艳蓉:《公司债券制度的实然与应然——兼谈〈证券法〉的修改》,载张育军、徐明主编:《证券法苑(第五卷)》,法律出版社 2011 年版,第 784 页。

过时的监管规则或者出台相适应的监管规则,导致新金融业务一直处于合法性不明或者权利义务不确定的状况,市场始终只能在旧监管框架下缓慢运作。

(2)通过具体行政行为进行的过度监管。由于立法活动影响面广且耗时周期比较长,监管机构更多的时候主要通过日常开展具体的监管活动施加严格的监管,其形式多种多样,可贯穿于整个监管活动的各个环节。例如,在颁发证照和是否准许证券发行等申请中,虽然规定有法定许可条件,但在审批制或者核准条件下,却更多地揉入监管机构的主观意识和判断,导致这种申请最终能否获得通过存在极大的不确定性,甚至监管机构可能因当时的某些突发事件或者整体宏观形势的变化而作出政策性暂停审核的举动,从而使获得批准变得遥遥无期;监管机构过于频繁地对业界开展各种"运动式"的监督检查,或者经常使用"窗口指导"直接干预被监管对象的活动,严重影响其正常经营和公司自治;监管机构高举执法大棒,在查处违法违规行为过程中主观随意性较大,过度扩大惩处范围或者加大惩罚力量,导致市场人人自危,金融活动从活跃转向萧条,等等。需要注意的是,监管本应顺应市场发展,在市场无法进行自我调控时及时出手或者在预知市场将无法自我解决时提前布局,才能取得最佳的监管效果。如果监管未能表现出这种时间上的"恰当性",当为而不为,甚至是反实际需求而行,当不为而妄为,那么对于拥有准立法、行政和准司法权限,并配置了充分监管资源的独立监管机构而言,其因监管过度所造成的影响,特别是通过制定监管规则而不限于具体实施监管行为这一概括性的监管行动,将更为巨大和长久。

之所以出现监管过度的情况,根本原因是监管机构作为一个组织体,在利益集团理论者看来,并非是完全以公共利益为行为指导的"道德人",而是更多情况下倾向于为利益集团服务或者自利的"经济人"。当然,有必要清楚地意识到,"就单项政府管制而言,既可能出自公共利益,也可能出自利益集团的利益,但就政府管制整体而言,政府管制既非全然出自公共利益,也非全然出自利益集团的利益"。[1]理论上的这种分析,揭示了享有多项权力的监管机构可能基于政治目标或者自身利益诉求而滥用这些权力,或者把资本市场作为攫取金融资源,扶助政治所圈定目标的主要途径,通过加大监管来导引资金流向和资源分配;或者通过加大对所监管

---

[1] 曹国安、田旭:《政府管制的历史研究述评》,载《经济学动态》2006年第1期。

行业的监管来掌控这些行业,获得相关的利益。这种监管过度,更容易发生在高压经济时期,或者从计划经济向市场经济转型的过程中,由于路径依赖的惯性和尚未形成相对完备的监管举措,而采取更多的呈现管制特征的监管来管理市场,直接粗暴地防治金融系统性风险的发生;或者更常见于在处理金融危机的过程中和后危机时期,监管机构呈现对金融危机的过激反应,认为有必要强化监管才能更快更好地恢复投资者信心并重建行业秩序,甚至有时候把这种远超市场需求的监管行动看作是监管成绩,作为摆脱其被质疑监管不力责任的一种解决方式。

不过,应注意的是,随着晚近以来金融市场地位的提升及其对经济发展的重要作用,保持一个金融市场的竞争力逐渐成为一国金融监管的主要目标之一,因而在世界范围内形成了放松管制、推进金融自由化的浪潮。在这种趋势影响下,监管机构滥用独立性的表现,开始从监管过度向监管宽容转变。换言之,当下的实践中,更常见的是监管机构的监管宽容行为,而不是在高压经济时代或者计划经济时代监管过严的普遍存在。

(二)金融发展史上的教训与危害

专门设立独立监管机构并赋予其包含准立法、行政和准司法等综合性权力,是为了更好地实现金融监管目标,但从金融发展史来看,从过去到现在发生了不少监管机构滥用其独立性,对行业或者市场施加过严的监管,导致市场受到压抑或者金融创新无法进行的情况,从而降低了市场效率,减缓了经济资源的有效流动,也使得风险的分散无法顺利完成,最终聚集于一处而诱发金融危机。

在监管过严方面,实践中最突出的领域可能集中在监管机构行使行业监督权,颁发市场牌照这一事项上。根据金融原理,是否应该颁发牌照,主要考虑市场需求及市场内主体的数量是否足以形成有效的竞争或者免于形成垄断或寡头垄断。监管机构在设定市场准入标准时,应通过审慎性标准的规定公平地对待所有申请者,并从中挑优选好,而不是通过数量控制,简单粗暴地拒绝市场准入。在美国证券发展史上,当美国纽约证券交易所被授权担当市场监管职能时,它出于行业利益的考虑长时间地保持了证券交易商的高准入门槛及其固定佣金收费制,使得证券交易所被戏称为"富人俱乐部",并怠于采用先进的技术进行改革,最终导致发生了后来的多次金融动荡,并使得美国证券市场的竞争力在那段时间大为下降[1];而在发展中国家,监管机构对证券上市采取实质性审查和配额制等做法,其最终结果是将急需资金发展业务或者优质的企业排除出证券市场,替代地引入了一些质量一般,甚至存在财务状况弄虚作假的企业进入证券市场,后来因上市壳资源的宝贵而不能通过退市机制将它们清除出市场,最后只能以损害投资者利益和损失该国市场的吸引力、竞争力为代价。

二、表现之二:监管宽容

(一) 监管宽容的表现与成因

监管机构享有过大独立性造成的第二种影响是监管宽容。所谓监管宽容,从谋求业务发展的角度看,是指监管机构为不符合监管政策或不符合监管规则所制定标准的被监管对象另辟蹊径,使其以更低的成本获得与其他竞争者同等的机会,或者抢占其他竞争者的机会,使其从中获得更大的收益。这类监管宽容的一个显著特征是收益与成本不相对称、收益与风险不相对称。从违法违规制约的角度看,监管宽容是指当被监管对象违反监管规则或者不遵守市场纪律时,监管机构未采取相应的制约措施或者在采取制约措施的过程中放缓步伐、减轻力度,或者事先信息沟通等,使得当事人所承受的不利后果远远低于正常情况下应承受的程度。申言之,与上述监管过度相对应,监管宽容也存在抽象和具体行政行为方面的表现形式。就行使立规权这一抽象行政行为而言,监管宽容可以表现为监管机构过早地放松市场准入和业务许可,采取形式审查管理金融业务活动,却未建立基于风险的审慎性监管体制或者强化这些机构开展业务时的风险内控要求和责任约束,或者授权由行业自律组织、市场中介实行自律管理,却未制定处理其商业利益最大化与施行自律监管的利益冲突规则,并强化对这些受权组织的监督和责任制衡;也可以表现为当市场出现过度竞争、滥用市场地位,以及可能违反现有法律规范或者侵害投资者合法权益,需要监管更多地介入和制定新规则或者修改旧规则予以解决时,监管机构却以保持市场活力,尽量减少行政干预为名而长期不作为,任由市场脱离正常轨道发展,客观上加剧了金融系统性风险的累积。而就开展监管活动的具体行政行为而言,也能透过监管机构在各个环节

---

[1] 参见〔美〕乔尔·塞利格曼:《华尔街变迁史——证券交易委员会及现代公司融资制度的演化进程》(修订版),田风辉译,经济科学出版社2004年版,第388—400页。

的活动呈现这种监管宽容。例如,在申请业务许可证或申请证券发行等市场准入环节,监管机构超常规加快步伐,批量放行或者通过"绿色"通道,简化办理手续。在发现违法违规行为苗头时,迟迟不展开调查并根据调查结果及时采取下一步的执法行动,或者采取调查行动之后不了了之而未有任何正当理由;或者面对可能已经触犯法律较严重的违规行为,滥用其行政和解权,不给予必要的处罚;或者对恶劣的违法违规行为,滥用其自由裁量权,采取从低从轻处理的做法;等等。总之,这种监管宽容行为整体上折射出监管机构以"发展市场"为价值取向的特征。[1]

监管宽容的成因,直观的是具有自利动机的监管机构享有了不受制约的、过大的独立性,并在其监管业务活动中滥用了这种独立性。当然可以更深入地分析造成监管宽容的诸多因素形成,主要有以下几方面:(1)从独立监管机构作为理性"经济人"的角度来看。监管机构被假设为最佳的公共利益代表者,是纯粹服务于监管目标的"道德人",但更接近现实的监管机构也是存在自利之心的"经济人",被赋予履行监管这一公共职责,并不妨碍其在既有的条件约束下获取或者创造可以获取的利益。正像有的学者研究指出的,"第一,作为贿赂的供给者,金融机构存在两类行贿行为,一是为了开展新业务而不得不承受的监管当局设租盘剥(胁迫),二是为了对自己的违规行为寻求监管庇护而进行的主动行贿(共谋)。第二,监管当局的受贿行为也相应分为两类,一是通过设租进行的贪赃而不枉法的行为,即行政审批中的受贿行为,二是通过收取贿赂而进行的贪赃枉法行为,即以保护违规机构所换取的个人好处。"[2]这些基于实证研究得出的结论,深刻地揭示了监管机构滥用独立性的各种路径,也揭示了隐藏在这些违法违规路径背后的利益链条。(2)从监管机构可能被捕获的外因来看。捕获可能来自两个方面,一个是政治利益集团,一个是行业利益集团。如上所述,许多国家的监管机构都背负发展资本市场的监管目标,在政治大选之年或者政治当局拟定短期经济发展目标时,监管目标常常呈现显著的政治化,监管机构为迎合政治需要或者谋求未来的政治利益,不惜屈从于这种短期的市场发展战略。就行业捕获而言,由于长期以来,

---

[1] 参见洪艳蓉:《公司债券制度的实然与应然——兼谈〈证券法〉的修改》,载张育军、徐明主编:《证券法苑(第五卷)》,法律出版社2011年11月版,第787页。
[2] 谢平、陆磊:《利益共同体的胁迫与共谋行为:论金融监管腐败的一般特征与部门特征》,载《金融研究》2003年第7期。

监管机构存在着从受监管行业聘用人员进入机构工作和咨询业内专家解决监管问题的习惯做法,与业界存在着密切的关系,更主要的是监管机构与被监管机构存在着轮换角色的"旋转门"机制而鲜有约束,"这种微妙不仅体现在监管机构官员经常通过跳槽金融机构以获得更丰厚的薪酬,还体现在监管当局选拔管理人员时也经常发挥作用"[1],而且"管制者有时也会出台一些有利于被管制行业的监管措施,从而为将来他们离开管制机构并在被管制行业从事工作时安排了一份远期合约"。[2]总之,被俘获之后,不仅监管干预全无,而且还积极地放松管制;但放松金融监管可能带来短期的繁荣,却不可避免导向长期的危机。[3] (3) 从监管机构缺乏有效监管治理的内因来看。不同于内设于中央银行机构的银行业监管机构可以从中央银行的独立性和制衡机制建设中获益,证券监管机构往往独立于中央银行的设置或者与之存在着一定的结构隔离而不能如法炮制,但重新构建对证券监管机构的内部治理和监管机制,不仅需要思想上的共识,也有待时间的积累,这一过程在世界范围内还都属于崭新的课题,相关机制尚未成熟。与此同时,存在着监管黑箱,外部人可能很难洞察监管机构内部事务,即使是监管机构内部本身,也可能存在因事务分工带来的部门分隔和信息不畅的情况,对监管机构的治理,尤其是制衡,因信息不对称而无法充分展开。更值得注意的是,对监管机构监管活动的评价往往存在着滞后性,在行为当时可能因监管机构放松管制带来市场暂时的勃兴而迎来一片叫好之声,但监管的最终效果却可能需要经过市场的检验才能最终确认,并不如放松管制那样显著和容易察觉。一个令人失望的后果可能是,当因监管宽容造成市场过度冒险而最终触发金融危机时,监管机构却受命进行危机处理而不是被清算监管失职,最终监管机构不但没有被问责或者限权,反而可能因金融危机处置的需要而获得更多的监管职权,成为金融危机之后最大的受益者。这种危机"引致"的金融监管扩张,已然成为晚近以来金融体系的一大特色,难怪有研究者大为感叹,"仅仅赋予监管机构更大的权力,而不解决其在风险暴露时不作

---

[1] 〔美〕詹姆斯·R.巴斯、小杰勒德·卡普里奥、罗斯·列文:《金融守护人:监管机构如何捍卫公众利益》,杨农、钟帅、靳飞等译,生活·读书·新知三联书店 2014 年版,第 252 页。
[2] 龚明华、刘鹏飞:《监管监管者的理论基础及主要机制研究》,载《国际金融研究》2011 年第 3 期。
[3] See Adam J. Levitin, "The Politics of Financial Regulation and the Regulation of Financial Politics: a Review Essay", *Harvard Law Review*, Vol. 127, 2013—2014, pp. 54, 59.

为的问题,将会劳而无功"[1],为此,呼吁只有改进金融监管的制度性缺陷,才能避免问题的再三发生。

(二)金融发展史上的教训与危害

在金融发展史上,如果以上述有关学者研究提供的金融机构与监管机构共同行动,违背金融市场纪律约束的形式为指引的话,那么关于滥用独立性的事例可谓并不鲜见。例如,在1997年东南亚金融危机爆发之前,监管机构受到政治干预和行业利益集团的影响,对一些不符合要求的金融机构对外举债持支持态度或者"睁一只眼闭一只眼",没有从审慎业务经营的角度对这类行为做过多的干预,也未从监管层面提供有效的防控风险和热钱冲击的举措,导致了后来金融危机的爆发;而在危机爆发前期,监管机构受到政治力量的干预,纵容金融机构继续从事高风险业务,而没有及时采取措施,制止违法违规行为,并及时动用国家资金进行救助,从而错过最佳救援时间,造成风险的全行业蔓延,最终演化成东南亚金融危机。

另一个例子来自2008年美国金融危机。危机爆发前,SEC为维护美国证券市场的国际竞争力,允许包括曾经的华尔街五大投资银行在内的大型投资银行通过自愿接受SEC对其控股母公司的监管,获得豁免传统的净资本监管,被允许采用更灵活的可替代净资本要求,也即只要这类投资银行始终保持其临时净资本不低于10亿美元和净资本不低于5亿美元,就可以采用内部数学模型的方法计提风险资本,并可以不受原来的15倍负债杠杆率约束,提高融资杠杆倍率。截至2007年底,证券业因SEC放松净资本管制,华尔街五大投行的负债杠杆率平均高达26—34倍,而全美五家最大的银行集团由于受银行业传统的审慎监管约束,其负债杠杆率只有13倍。[2]最终,当以次级贷款为基础资产的资产证券化市场崩溃时,这些高杠杆运作的金融机构无一能够幸免,同时因其作为系统性重要金融机构的影响,导致危机一经爆发就蔓延开来,迅速演化成百年

---

[1] [美]詹姆斯·R.巴斯、小杰勒德·卡普里奥、罗斯·列文:《金融守护人:监管机构如何捍卫公众利益》,杨农、钟帅、靳大等译,生活·读书·新知三联书店2014年版,第248页。

[2] See GAO, "Financial Regulation: A Framework for Crafting and Assessing Proposals to Modernize the Outdated U. S. Financial Regulatory System", Gao-09-216, January 2009, p. 20.

不遇而危害至今未消的 2008 年金融危机。[1]如此种种,无不折射出在监管宽容下,监管机构所构建的单纯基于被监管对象自我内部风险控制和市场自律的风险防控机制的失败。

三、表现之三:监管协调失效

(一)监管协调失效的表现与成因

当然,监管机构独立性过大,除了上述可能滥用独立性而带来对所监管对象的监管过度和监管宽容这一内部关系问题外,不容忽视的是其对外关系上的协调问题,特别是在发生金融危机之时,所带来的严峻挑战更不容忽视。监管机构由于享有过大的独立性,可能造成其特立独行,或者完全依靠自身掌握的信息和自主意志决策监管事务。但须知,晚近以来金融活动与其他领域的经济活动和宏观经济环境有着日益密切的关系,荣损与共,金融风险的跨业、跨市场和跨国传递已不再罕见;更何况有些国家虽然已开放混业经营,但在监管上实行的仍然是部门监管抑或是更先进些的"功能监管",负责监管不同金融子行业的监管机构之间始终存在着某些监管空白和信息真空问题。也因此,过度的监管独立性常常使得监管机构过于标榜自身的独立性地位,而缺乏与其他领域监管机构和宏观审慎风险监管机构之间的有效信息沟通和协作,从而未能洞察全局作出准确的判断,或者第一时间察觉金融风险预警而事先防范;更严重的是,由于缺乏与中央银行作为最后贷款人之间的有效沟通途径,监管机构无法在证券市场发生危机时引入或者动用央行资金为市场注入无限流动性,也就无法及时扑灭危险因子,导致任其发展成金融系统性风险,给经济造成更大损失。

(二)金融发展史上的教训与危害

监管机构因独立性过大而伤害其对外协调能力,这种外部负效应在晚近以来随着证券市场危机的频发而逐步为人们所认识,当然,认识的延后并未减损监管协调失效带来的损害。以美国 2008 年金融危机的处置为例。SEC 虽然被授权监管证券市场,但在以次级贷款为基础资产,包括大型商业银行等在内的金融机构,通过特殊目的载体(special purpose vehicle,简称 SPV)操作多层次的资产证券化产品,并过度使用 CDS 一类

---

[1] 参见洪艳蓉:《危机之辨:次贷证券化与金融监管》,载陈安主编:《国际经济法学刊》第 16 卷第 2 期,北京大学出版社 2009 年版。

的金融衍生品的金融风险生产和传导链条中,只能获取片面而非充分的信息,只能在产品终端而非在次级贷款发起端掌握信息,而在联邦监管层面的功能监管协调功能并不健全和当然有效,导致证券交易委员会无法在第一时间掌握信息并预警风险。更严重的是,当身为华尔街五大投行之一的雷曼兄弟公司因过度参与资产证券化交易而陷入困境时,SEC手中并无任何金融资源可对其伸出援助之手,只能在市场参与者也拒绝救助的情况下眼看着其破产,而当危机蔓延到贝尔斯登这一家同样位列五大投行的金融机构时,SEC照样束手无措,最终只能由美联储决定通过摩根大通公司向贝尔斯登提供应急资金来缓解其流动性危机。此后,华尔街五大投行纷纷转型成银行控股公司,以便接受美联储的监管并可在陷入危机时动用公共资金予以救助,SEC作为"独立监管机构在处理濒临崩溃的金融机构时的灵活性受限于其所获得的授权","诸如巴塞尔委员会和国际货币基金组织一类的国际组织推崇的,机构独立性是确保专家决策和维护金融稳定最佳模式在金融危机面前遭到了批评"[1],由此引发对SEC改革的讨论。而在我国,面对2015年6月底7月初发生的股指短期内急剧波动而形成的股灾,同样反映了证监会作为监管机构并未能有效掌握全面的市场信息,更缺乏有效的危机救助举措,其后来通过公告和新闻发布会等途径传递出来的各种救市举措,尽管是应急之举,情有可原,但从合法性和行使的规范与正当程序等方面,却颇有问题,引得学界对此多有质疑之声。[2]显然,上述的种种监管协调失调,更多地呈现为一种证券监管机制设计的制度性缺陷,唯有通过立法修改才能最终解决。

第二节 证券监管独立性制衡的正当化

一、证券监管独立性制衡的理性基础

监管机构为实现立法机关赋予的监管目标,履行监管职责,需要享有

---

[1] Stavros Gadinis, "From Independence to Politics in Financial Regulation", *California Law Review*, Vol. 101, 2013, pp. 353, 382.
[2] 例如,李曙光:《关于"股灾"与救市的法学思考》,载《中国法律评论》2015年第3期;刘胜军:《股灾大救援:追问与反思》,资料来源:FT中文网 http://www.ftchinese.com/story/001062954,2015年7月13日,最后访问时间2016年11月30日。

真正的独立性并拥有充分的监管职权与资源,但由此也可能导致监管机构独立性过大,造成其滥用独立地位形成监管过度或者监管宽容的局面,并可能破坏监管机构与其他行使公共权力机构的信息共享和合作,不利于促进市场发展和维护金融稳定。为此,在授予监管机构独立性的同时,有必要安排适度的问责。

分析独立监管机构的问责,需要回答如下三方面的问题:其一,为什么需要对证券监管的独立性进行制衡,解决其制度安排的价值归属;其二,根据什么对证券监管的独立性进行制衡,解决其制度安排的理念指导和理论依据;其三,怎样对证券监管的独立性进行制衡,解决其制度安排的路径与具体方法。本节先讨论第一和第二个问题,第三个问题留到第三节进行分析。

国际货币基金组织的一份工作论文指出,"适当的结构化的问责安排是与机构自治完全一致的。良好的问责安排使得独立性更为有效,因为问责提供给了机构合法性。相反,薄弱的问责安排可能破坏机构的独立性","对独立的监管机构而言,问责可以被认为履行了四项主要职能。它们是:(1)提供公众监督;(2)维持并增强合法性;(3)提高机构的治理;(4)提升机构的绩效","一旦认识到问责有助于促成合法性,而合法性支持独立性,那么问责与独立性之间的关系就很清楚,它们之间不是相互取代,而是互补"。[1]如今,要求监管机构在履行职责,行使监管职权时要保持运作上的独立性,并对此负责,已被国际证监会组织列为其所起草的《证券监管的目标与原则》的第二条原则,得到广泛倡导。

(一)制衡行政权力的宪政与管理基础

1. 制衡行政权力的宪政基础

作为行政法的一种创新,晚近以来,西方国家创设了独立的监管机构专门负责从事特定领域的监管事务,尽管在机构建构和职权设置上,独立监管机构与传统政府行政部门有着很大的差别,但如果从公共行政的角度来看,无论是独立监管机构,还是传统政府行政部门,其所行使的都是一种公共权力,权力都来源于立法机关的授权,权力的服务方向都是为了确保社会和人民福利的最大化。因而,可以借助传统的制衡行政权力的

---

[1] Eva Hüpkes, Marc Quintyn, and Michael Taylor, "The Accountability of Financial Sector Supervisors: Theory and Practice", IMF Working Paper, WP/05/51, March 2005, pp. 4, 5, 8.

理论成果和实践经验来分析监管机构权力的制衡问题。

法国著名思想家孟德斯鸠曾指出,"一切有权力的人都很容易滥用权力,这是万古不易的一条经验",一语道出了权力在发挥良好作用的同时也存在着被滥用的风险。从人类的文明史来看,行政权力的存在由来已久,授予管理者必要的行政权力,以实现公共管理的需要,这是人们长期社会生活实践的结果。早有学者指出:"赋予治理国家的人以巨大的权力是必要的,但是也是危险的。它是如此危险,致使我们不愿只靠投票箱来防止官吏变成暴君。"[1]对行政权力施予必要的控制,几乎与行政权力同时产生。行政权力始终需要控制的两个基本理由:第一是权力运行的规律所决定的,第二是权力的实现规律所决定。现代行政权力的扩张又促成了对其进行控制的新理由。可以说,"控权"是基于正式法律的立场,而不是基于行政的立场,正式法律代表立法机关,也就是代表人民意志和公民权利。法治要求我们从理论和实践上将立法与行政区别开来,如果将两者混为一种智能,那么法治将不复存在。[2]

对行政权力的控制思想源远流长,其研究成果也汗牛充栋,充满了人们最智慧的哲思,限于篇幅和论述主题,不能一一穷尽。如果择要而观,选择追寻控权观念的理论源头,那么大体可以看到如下一条清晰而漫长的发展脉络:古代法治思想提出了"权力服从于法律"观点,从中依稀可以窥见现代行政法的本质——行政权力服从于法律,受法律控制——的身影;到近代革命时期,其法治思想的核心是"权力分立与制衡",包括了法律控制行政权力的内涵,真正的行政法应建立在有"权力分立与制衡"体制的政治基础之上;再到自由主义时期,其法治思想的核心是"以人民自由和权利的保障",从"人民自由和权利"的角度说明法律控制权力,特别是控制行政权力的观念;再到当代法治思想,其核心思想就是"福利国家与法治改革"。如果将法治原则运用到行政法,那么则意味着:第一,立法机关授予行政权力的标准应当是"创设和维护得以使每个人保持'人类尊严'的各种条件";第二,行政法的功能是"制止行政权的滥用";第三,行政权力的运用目的应当是"使政府能有效地维护法律秩序,借以保证人们具

---

[1] 〔美〕詹姆斯·M.伯恩斯等:《美国式民主》,谭久君等译,中国社会科学出版社1993年版,第189页。
[2] 参见孙笑侠:《法律对行政的控制——现代行政法的法理解释》,山东人民出版社1999年版,第3—4,1页。

有充分的社会和经济生活条件";第四,行政法治存在的条件是司法权独立于行政权,行政机关不干涉司法机关的活动。[1] 上述这些丰厚的行政控权思想,落实到人类的法律实践中,也就成就了今天行政控权的思远源流和以法律控制行政权力,使行政服从于法律的当代控权制度的理论基础。

2. 制衡行政权力的管理基础

将对特定领域的监管事务从传统的一体化政府行政管理体系中分离出来,交由专门设立的监管机构行使,体现了公务分权的科学管理思想,突显出了这类监管事务因其特殊性和专业化更需要引入科学管理方法的特点。从独立监管机构最初的萌芽——美国州际商务委员会(ICC)的设立来看,也主要是为了解决当时跨州铁路运营的纠纷处理等技术性问题。

而从公共管理的发展历史来看,尽管对公共事务的管理始终离不开对其政治价值归属的问题讨论,但寻求公共事务管理更有效的科学管理方法却一直占据着重要的地位[2],从最初要求与政治相分离,以寻求行政的中立和科学性,到试图引入科学方法,破除传统科层管理体制的束缚,构建扁平化且流线型的科学管理框架,再到晚近以来突破单方追求管理效率目标,引入市场化的管理理念和方法,要求以企业化思维重塑行政管理活力,从"经济、效率、效益"(Economy, Efficiency, Effectiveness)3E标准入手,以绩效管理全面衡量监管领域行政管理的成果,都呈现出对管理科学性的执着追求。

可以说,在现代,对行政管理科学化的不断追求客观上有力地推动了行政权力运用的制衡,这种制衡的基础某种程度上是建立在公共管理之上,更准确的应该是建立在晚近以来兴起的新公共管理理论之上。

(二)监管证券监管者的合法化与科学化

1. 监管证券监管者的合法化

监管独立性是确保证券监管有效性的基础,独立性从本质上看仍然是如何分配证券监管权力,因此,从另一角度来看,独立性也同时意味着

---

[1] 参见孙笑侠:《法律对行政的控制——现代行政法的法理解释》,山东人民出版社1999年版,第10—15页。

[2] 〔美〕尼古拉斯·亨利:《公共行政与公共事务》(第十版),孙迎春译,中国人民大学出版社2011年版,第2章"公共行政的百年发展与困境",第28—47页。

制衡。[1]借用传统的行政权力制衡理论,对证券监管独立性进行制衡,同样也建立在分权制衡的宪政基础上,有约束的权力才可能是负责且服务于公共利益的权力。

国际证监会组织发布的《证券监管的目标与原则》,其第二条原则即是"监管机构在行使职权时应该独立、负责",将"独立"与"负责"在同一条原则中相提并论,体现了二者之间密不可分的关系,以及在共同保证金融监管有效性中的协同作用,在其制定的配套规则——《〈证券监管的目标与原则〉实施状况评估方法》中,更详细地阐述了在"独立""负责"项下的具体评估要求,例如"责任"项下的关键事项是"监管机构在使用权力和资源时应对公众负责,以确保监管机构保持完整和诚信""应建立针对监管机构决定的司法审查制度"等,而该项下相关联的关键问题是"监管机构是否对立法或者其他政府机构持续负责""监管机构的所有该等决定是否都要经过充分、独立的审查程序,包括最终的司法审查",等等。[2]

以传统的行政控权理论为指导,以对行政权力的控权为参照,辅之以国际证监会组织发布的证券监管领域的纲领性指导文件,许多国家在维护监管机构独立的金融监管权的同时,也建立了对监管机构独立性的问责机制,将其纳入本国行政问责的制度体系之中,确立其合法依据和法律框架。

所谓行政问责制,是指特定的问责主体对各级政府及其公务员承担的职责和义务的履行情况而实施监督,并要求其承担否定性结果的一种规范。根据问责主体的不同,可以分为同体问责和异体问责。前者主要指行政系统内部对其行政官员的问责;后者主要指人大、政协和民主党派、司法机关、新闻媒体、民众对政府的问责。[3]这两类问责,一里一外,相互配合,共同构成了对行政主体立体性的问责机制。

具体到监管机构,其可问责性(accountability),就是让行使公共权力的监管机构对自己的行为负责。正像国际货币基金组织的专家所指出的:"如果不愿意赋予金融监管部门独立性的真正原因是为了确保这些机

---

[1] 参见赵静梅、吴风云:《大部委制下金融监管的独立性与制衡机制》,载《宏观经济研究》2009年第10期。
[2] 参见《〈国际证监会组织证券监管的目标与原则〉实施状况评估方法》,资料来源:中国证监会网站 http://www.csrc.gov.cn/pub/newsite/gjb/gjzjhzz/ioscojgmbyyz/201004/t20100412_179247.html,最后访问时间2016年11月10日,第19—20页。
[3] 参见程样国、黄晓军:《行政问责制的主体及其保障机制》,载《江西社会科学》2007年第9期。

构受制于宪法的制衡机制,那么,解决之道是让金融监管机构完全为其行为负责。"[1]确立对监管机构的问责制,并使之在法律的框架下有效运作,"问责和独立性相互补充。问责通过赋予监管机构行动的合法性而加强其独立性。监管机构通过向公众解释如何履行其使命,并让公众表达其对政策的看法,从而建立自己的声誉。一家声誉卓著的监管机构更有可能得到公众的信任,而且能在出现争议的情况下得到'无错推定的好处'。良好的声誉也会加强监管机构的独立性"。[2]

落实到证券监管领域,以 SEC 的问责为例来解说独立性与问责的关系及其问责的合法化。如上所述,SEC 的独立地位和综合权力是其成功执法的保障,但也因此被认为是可能脱离控制、滥用权力的"无脑"机构而遭到多方质疑。为协调各方利益,实现有效执法,70 多年[3]来既保障SEC 的独立性,赋予其充分的执法权力,又维持 SEC 的可问责性(accountability),通过各种途径制约可能的权力滥用,已成为 SEC 建制和运作的理念。[4]

SEC 的独立地位和综合权力是有效执法的保障,但为防止这一强大执法者滥用权力,有必要始终保持其权力的可问责性。由于 SEC 在美国法下从属于独立机构这类行政组织,因此应适用一般的联邦控权机制,别无特殊的控权设计。联邦控权机制主要贯彻权力制衡思想,努力维持权力行使与权力制约之间的平衡,以保障 SEC 最大限度地实现执法目标而不侵害市场主体的合法权益。从一开始,SEC 的执法就受到国会、总统和法院的监督,被纳入整个联邦控权体系,SEC 权力虽然强大,却是三权分立体制之下而非体制之外的独立机构。[5]晚近以来,SEC 的权力随执法需要不断扩张,控权机制随之做了相应调整,其趋势是:(1)从以国会事前控权、法院事后控权为主,发展为以正当法律程序、行政公开等事中控权为主,开始从"权力制约权力"时代步入"权利制约权力"时代,在节约监督资源的基础上更有效地制约 SEC;(2)从审查 SEC 执法的合法性和

---

[1] Eva Hüpkes, Marc Quintyn, and Michael W. Taylor,"Accountability Arrangements for Financial Sector Regulators", *IMF Economic Issue*, No. 39, March 2006, p. 2.
[2] Ibid., p. 3.
[3] SEC 成立于 1934 年,截至 2016 年,已有 80 多年的历史。
[4] 参见马英娟:《政府监管机构研究》,北京大学出版社 2007 年版,第 91 页。
[5] 参见周林军:《美国公用事业管制法律制度改革及对我国的启迪》,西南政法大学 2003 年博士学位论文,第 96 页。

合理性,侧重制约 SEC 滥用权力,侵害市场主体合法权益的消极控权,发展为通过"成本—效益"分析法评估 SEC 执法绩效,强调 SEC 在执法活动中提高工作效率,充分运用权力为市场创造更多福利的积极控权。在这样一个不断发展进步的控权体系下,SEC 不仅未因其膨胀的权力而肆意妄为,反而成为越来越有效率的执法者。

2. 监管证券监管者的科学化

运用公共权力对证券领域实行监管,是一种专业化的管理活动,授予监管机构专门的监管权限保障了其履行职责,达致监管目标的需要,但从科学管理的角度看,有必要对这一公共权力的运用进行有效的管理与制衡。

这种管理制衡的基础构建于公共管理理论之上,从最初的要求监管机构的行为符合预设的监管规则的要求,也即"遵从规则的问责制"(compliance accountability),逐步向"绩效问责制"(performance accountability)转化,后者在认同监管机构享有独立性,应该更多地拥有自由裁量权以应对实践中复杂多变的证券市场的基础上,提出了一种制衡权力的新思路,也即在承认公共管制"从战术性指示转变为战略性指导,从直接命令转变为间接命令,从事无巨细的指示转变为允许一定约束下的自由选择"[1],看到新型管理自主权出现的趋势下,提出了与之相应的,用监管的最终绩效来进行问责的制衡方法。

随着绩效管理理念的提出,如何确定合理的绩效,以及如何进行有效的评估,成为监管领域一项重要的课题。[2]从过去的以监管目标为导向,到如今的强调"成本—效益"的评估标准,将目标管理与结构管理、过程管理等有机结合,更为全面、动态地制衡监管机构的权力。而从监管制衡的指标来源上,也不再单纯地依赖于授权者和在监管过程中发挥重要作用的专家,因为"过度依赖于'专业知识'就是抑制公众表达他们的偏好","独立委员会在进行决策时,既要考虑专业知识,同时还要考虑更广泛的

---

[1] [英]克里斯托弗·胡德、科林·斯科特、奥利弗、詹姆斯、乔治·琼斯、托尼·查沃斯:《监管政府——节俭、优质与廉政体制设置》,陈伟译,高世辑校订,生活·读书·新知三联书店 2009 年版,第 6 页。
[2] 参见[美]达尔·W. 福赛斯主编:《更好 更快 更省?美国政府的绩效管理》,范春辉译,江苏人民出版社 2014 年版。

民意"[1],更直接的,"独立机构不仅要对授予其职权的机构,即政府或是立法机构负责,也要对被监管机构和大多数公众负责"。[2]晚近以来,公众参与作为一种增强监管机构权力行使民主性和科学化的方法得到了认同和越来越多地采用。

二、证券监管独立性制衡的演变与趋势

(一)监管金融监管者的理念与实践

从金融发展史来看,很长一段时间以来,更多地关注了监管机构作为行使公共权力的一方,与市场作为被监管的一方之间的关系,解决的是为什么需要进行行政性监管,而不是使用市场的自治手段;以及如果行政性监管是必要的,那么这种具有强制性的、来自外部的干预,应在什么范围内如何进行行使,解决的是行政监管权的干预边界问题,等等。较少有专门的研究将行使证券监管权力的监管机构作为对象,分析其是否应受到监管,以及受监管的范围和方式等理论问题,尽管实践中,已在借用传统的对行政权力的制衡,并因监管机构独立的法律地位和拥有综合性的权力而不断地在合法性上受到质疑,直接地引发了对这类监管机构的制衡。

之所以一直未出现监管金融监管者的理念,很大程度上是与支撑实践中金融监管框架的理论有密切的关系。这种建立在公共利益基础之上的金融监管理论,设想金融监管者知晓并能解决所有的监管问题,并作为完美的"道德人"基于公共利益实施金融监管,以弥补市场失灵本身所带来的问题。

传统上认为金融监管者完美无缺,因而没有产生出监管监管者必要性的状况,直至 20 世纪 70 年代初出现有关利益集团的监管理论才发生实质性改变。在这种理论看来,金融监管也存在失灵的状况,并不能解决市场失灵的所有问题,其主要原因在于金融监管者本身也有自利目标,是一个"经济人"而非"道德人"。因此,金融监管者可能受到政治干预,或者为行业所捕获,从而偏离其为公共利益服务的监管目标而呈现失灵状况。利益集团理论揭示了金融监管者的局限性和可能带来的危害,从而启发

---

[1] [美]约瑟夫·斯蒂格利茨:《再论政府的作用》,载[美]约瑟夫·斯蒂格利茨:《斯蒂格利茨经济学文集》第六卷(下)"发展与发展政策",纪沫、仝冰、海荣译,陈雨露校,中国金融出版社 2007 年版,第 361、362 页。

[2] Udaibir S. Das and Marc Quintyn, "Crisis Prevention and Crisis Management: The Role of Regulatory Governance", *IMF Working Paper*, WP/01/163, September 2002, p.10.

了监管金融监管者的观念。

在利益集团理念的基础上,有关金融监管者并未完全掌握市场信息,以及可能存在自利目标及相应行为的理论分析继续得到发展。在金融监管的权衡理论看来,既然金融监管中市场失灵与政府失败同时存在,那么就要在它们之间通过设计一定的机制以达到均衡:一方面避免政府在金融监管中的"掠夺之手"(grabbing hand),而保持它"援助之手"(helping hand);另一方面发挥市场的监督机制,避免政府的侵害。其相应的观点体现为:一是要增加金融监管机构的独立性,降低金融监管机构被政府利用和银行捕获的可能性,二是要提高私人监管的能力和积极性。[1] 在这种理论的推动下,金融监管机构的独立性开始与对它的监督(问责)相联系,并成为确保金融监管有效性的两级。此外,在金融监管利益集团理论的基础上还发展出了激励性规制理论、规制框架下的竞争理论、公共选择理论等[2],这些理论都建立在金融监管虽然必要,但存有不足的基础上,由此提出需要引入相应的制约方式,例如激励机制、市场竞争方法、以及与其他主体分享监管权等来制约监管者监管权的滥用;与此同时,提高金融监管的效率,以为市场创造更多的福利。由此,监管金融监管者的理念逐步成熟,用来监管监管者的措施和手段不断地得到丰富和拓展,并进而在实践中得到充分的运用。

确立金融监管对市场的干预,可以说是晚近以来政府职能转变,积极干预社会经济生活的一大亮点,而承认金融监管必要性的同时指出金融监管也可能面临"失败",必须通过相应的制衡,预防其服务于公共利益目标的偏离,并提高金融监管的效率,可以说是现代法治行政的另一大亮点。有学者研究总结了如何监管监管者的六个方面的机制,包括:(1) 关于建立委托人与监管者之间的最优契约;(2) 构建监管者声誉机制;(3) 构建监管者的信息披露制度;(4) 对监管者的监管行为进行"成本—效益"分析;(5) 构建监管激励机制;(6) 构建监管者问责机制。并且,这六种机制可以分别归入到监管监管者的过程中,形成事前对监管者的约束、事中对监管者监管行为的监督及事后对监管者的问责三个阶段,形成

---

[1] 参见江春、许立成:《金融监管与金融发展:理论框架与实证研究》,载《金融研究》2005年第4期。
[2] 参见第一章第二节"一、从'监管必要论'到'监管有效论'的演化"的相关内容。

一个有机的监管监管者的整体框架。[1]无疑,这种基于实践总结而又有所理论提炼和创新的结论,可以更好地指导监管监管者的工作和实践运用。

(二)从体制内控权向公众参与控权兼备转化的制衡趋势

以独立机构形式设置监管部门,并授予其专门的监管权限,保障了监管机构履行监管职责的独立性。这种代表公共权力介入证券市场的监管权限,虽然由相对于传统行政部门的独立机构行使,但本质上仍属于行政权力的一种,也因此在过去以来的控权机制安排中,往往是遵循传统的对行政权力的制衡,采用体制内的控权,也即来自授权机构、司法部门以及内设于监管机构的监督机制发挥作用,很少打开证券监管的操作黑箱,让受监管对象和公众可以更好地窥知其权力运作的全貌并适当表达他们的诉求。

然而,正如上述,监管机构所掌握的公共权力,其运用牵涉证券市场各方的权益,虽然监管目标的设置大体表达了被监管对象和公众的公共利益,但由于这类监管目标往往过于笼统、模糊或者原则,在指导监管机构进行日常各种具体的监管工作时,并不具有充分的可操作性和指导性,往往容易导致监管行为与监管目标的偏离,造成"词不达意"的困境,为此有必要细化监管目标的指导。其中,很重要的一个方面便是考虑利益相关者,也即被监管对象和公众的意见表达,使他们的合理需求可以被反映到监管目标中,并通过监管机构的具体监管行为而实现。当然,支持这种对监管机构的监管权力进行制衡,从传统闭合的内部控权机制转变成在保留这一控权机制的同时打开监管黑箱,增加监管的透明度,并引入公众参与到监管活动,尤其是在监管规则的制定方面,也有助于监管机构增进与被监管对象和公众的了解并建立彼此之间的信赖关系,使后者尊重监管机构作为监管者的权威地位和自觉遵守相应的监管规则,以最少的监管资源投入,取得和谐发展的监管效果。

(三)从消极控权向积极控权转化的制衡趋势

在现代,随着社会生活的复杂化和公共服务需求的增多,政府的监管随处可见,人们早已处于一种"监管型国家"时代,正像某些观点所认为的,现代政府的功能扩张体现在监管领域。

---

[1] 参见龚明华、刘鹏飞:《监管监管者的理论基础及主要机制研究》,载《国际金融研究》2011年第3期。

尽管当今政府的监管如此普遍，已为人们所熟知和认同，但长期以来，人们主要关心的是这种行政性权力的合法性，以及是否会因此而滥用的问题，因此在针对这类权力的制衡上，更多的是利用正统的宪政制衡手段，即依靠法院的司法审查和立法机构的行为来约束政府的行政行为，其着眼点放在论证这种行政性权力的合宪性上，以及政府是否在符合法律授权的范围内行使权力，有无出现因滥用权力而侵害公民合法权益的情形，处于一种消极控权的状态。

但随着晚近以来行政组织权力日益膨胀，以及社会事务服务需求的增多，客观上需要政府监管更及时、更有效率地介入以提供监管服务。因此，控权机制的一个发展趋势是，从强调"遵从规则的问责制"（compliance accountability）向"绩效问责制"（performance accountability）转化，在认同行政监管权合法性的基础上更为强调这种权力的效率，并且呈现出了"一方面赋予管理者更多的'管理自由'，另一方面又通过更多的监管对管理者加以制衡"的状况。[1]换言之，这种控权机制具体表现为：逐渐从注重法院的司法实体审查，强调制约权力滥用、保护公民合法权益的消极控权，向注重行政组织的正当法律程序，强调更好地运用权力服务于监管目标、提高监管效率的积极控权转变。

（四）从定性控权向定量定性控权兼备转化的制衡趋势

专门设置监管机构用于行使包括准立法、行政和准司法在内的三种权限，以实现立法机关设置的监管目标，这一制度安排不同于传统的依靠政府行政部门进行的公共事务管理模式，在许多捍卫传统行政管理体制的人看来，"放弃基于部长负责的政治问责制，代之以监管者与政府部门和议会之间的管理/技术问责制，可能会导致新的问题出现"[2]，这一被视为危险的新问题可能是导致监管者享有过多的自由裁量权。也因此，为防微杜渐，尽管机构设置和职权行使路径不同，在传统的制衡制度里，仍将独立监管机构所行使的监管权视为一种行政权，并基于这种权力定性而论述其合法性，以及在行政权基础上构建相应的制衡机制。

但正如上述，晚近以来金融市场发展迅猛，规模急剧膨胀且各市场之

---

[1] 参见〔英〕克里斯托弗·胡德、科林·斯科特、奥利弗·詹姆斯、乔治·琼斯、托尼·查沃斯：《监管政府——节俭、优质与廉政体制设置》，陈伟译，高世楫校订，生活·读书·新知三联书店2009年版，第6页。

[2] 经济与合作发展组织编：《OECD国家的监管政策——从干预主义到监管治理》，陈伟译，高世楫校，法律出版社2006年版，第123页。

间的联动性日益加强,尽管独立监管机构也随之提升监管资源的配给,但早已不能满足市场提出的监管需求,有效打击违法违规行为,以及为市场提供更多福利性服务的需求。为此,在固守监管权合法性制衡的同时,开始要求引入市场化的管理方法,使用一些具体明确,便于考察、考核的指标来衡量监管机构行使监管权的成效,这种成效不仅包括了人们所熟知的经济效率,也包含了更广阔,也更具深厚内涵的社会效益本身。当然,这些绩效的取得并非可以任由监管机构投入无限监管资源,强调在经济的基础上,也即以最小的监管资源投入,取得最大的监管绩效,才是新时期权力制衡的重点。

第三节 制衡证券监管独立性的控权机制

一、以权力制约权力的控权机制

(一) 来自立法机关的控权

有学者经过研究,提出"关于监管机构问责制的指标体系,大体可以分为三类:政治问责制、司法问责制以及监管透明度"[1],无疑是比较准确地概括了当下主要制衡机制的类型;而经济学大师哈耶克早就明确指出了问责机制设计的具体要求,即欲使责任有效,责任必须是个人的责任(individual responsibility),更进一步的,"欲使责任有效,责任就必须是明确且有限度的,而且无论从感情上讲还是从智识上讲,它也必须与人的能力所及者相适应"[2],为后人设计行之有效的权力制衡机制提供了捷径。

现代社会中,作为对监管机构独立行使监管权的控权机制种类繁多,在不同的领域可能存在共同的,或者基于传统的控权机制,也可能存在基于该领域的监管特点而设置的控权举措。而在理论研究和理念更新上,也有不少新的研究成果出现。例如,有学者主张以企业家精神改革政府,通过借助企业家精神来改革公共部门,使得这一部门具有更好的服务精神和工作效率,这种思路受到了美国前总统克林顿的推崇,要求每一位当

---

[1] 焦莉莉、高飞、曹颖琦:《欧盟金融监管改革有效性的微观基础——监管架构与治理结构趋同性分析》,载《上海金融》2010年第11期。
[2] 〔英〕弗里德利希·冯·哈耶克:《自由秩序原理》上册,邓正来译,生活·读书·新知三联书店1997年版,第99页。

选官员都应该阅读该书。[1]也有学者另辟蹊径,敏锐地觉察到了实践中正在出现并呈现逐步增多趋势的控权现象——政府内监管(regulation inside government),即某个政府机构被赋予了特定监管权力,以一种同被监管者保持独立的方式对其他政府机构实施监管,并对此展开了深入的研究与访谈[2],不仅丰富了政府监管监督的内容,又提供了分析和改进对官僚和政府部门控制的新维度。限于篇幅,在该部分无法穷尽各种控权机制,而只能抓住现代监管控权的主要类型,选取上文已有所分析的金融监管中的证券执法权为对象,进行简要的介绍。

如上所述,在美国法下,国会授权美国证券交易委员会(SEC)负责证券市场的监管,行使证券监管权,晚近以来,证券执法的功能越来越成为SEC证券监管中的重要内容。在确保SEC具有独立的证券执法地位和综合性的证券执法权力的同时,基于控权理论,为更好地促使SEC发挥证券执法的功效,有必要构建对SEC证券执法权的控权机制。

在这套系统的控权机制中,国会的控权大部分属于事前控权,主要有:(1)立法控制。国会在立法中详细规定SEC的职权并适当授予委任立法权,一旦SEC未依法行政,就会因触犯越权无效原则使权力受到制约。(2)预算及财务审核控制。SEC虽可通过行业收费成为自筹经费的执法机构,但国会保留了通过预算对SEC施加影响的权力。也因此,受制于国会拨款、总审计署日常预算执行监督和年终提交说明财务开支的履职报告等要求,SEC须为实现执法目标有效地利用公共资源。(3)人事任命控制。国会对SEC委员有最终任命权,委员虽为固定任期且非因法定事由不得解职,但谋求连任的动机会促使委员在任期内注意权力的正当和有效行使,以获得国会肯定而连任。(4)调查控制。国会可根据需要通过专门调查机构或聘请专业人员对SEC进行调查,评估其工作并提出改进建议。总审计署常根据国会或议员的请求,调查分析SEC的活动,并在研究报告中提出改进建议。SEC对所调查的事实、结论和建议一般都表示认同。

---

[1] 参见〔美〕戴维·奥斯本、特德·盖布勒:《改革政府:企业家精神如何改革着公共部门》,周敦仁等译,上海译文出版社2006年版。

[2] 参见〔英〕克里斯托弗·胡德、科林·斯科特、奥利弗·詹姆斯·乔治·琼斯、托尼·查沃斯:《监管政府——节俭、优质与廉政体制设置》,陈伟译,高世辑校订,生活·读书·新知三联书店2009年版。

国会潜在地把 SEC 看作自身延伸机构,在历次证券市场秩序整顿中倾向授予 SEC 更多权力,但这不意味着放松对 SEC 的控权。从实践来看,国会并非每次都完全批准 SEC 的财务预算;安然事件之后,国会更是多次借助总审计署的调研,分析 SEC 执法存在的问题,督促其改进工作方式,提高执法效率。而在 2008 年金融危机之后,为防范证券交易委员会采用立规权制订监管规则和政策的方式,逃避国会控权的风险,国会力主对 SEC 的立法活动要像其他行政部门的立法活动一样,严格适用所谓的"成本—效益"评估方法并增强其立法活动的透明度。[1]

(二)来自行政系统的控权

根据独立性要求,总统不享有控制 SEC 的权力,实践中这种"控权"称为非正式的积极"影响关系"更恰当,主要有:(1)委员提名权和委员会主席任命权。SEC 委员会的人事制度阻止了总统的不当干预,但总统仍可提名本党人员或支持总统政策的人员担任委员,委员会主席无固定任期和无须参议院批准的特点,也为总统通过人事任命发挥影响提供了便利;(2)概算编制同意权。根据《预算和会计法》,几乎所有行政机构都要向总统领导下的管理和预算局提交本机构的年度概算,经总统审定之后再编制成统一的预算草案提请国会审议,总统可以利用这种权力影响 SEC 的活动;(3)机构绩效(performance)评估权。20 世纪 80 年代以来,美国日益注重行政机构的工作效率,确立"成本—效益"分析法评估行政机构活动绩效,并由联邦公共管理与预算局(OMB)负责审查各机构提交

---

[1] 参见 US SEC Office of Inspector General, "Follow-Up Review of Cost-Benefit Analyses in Selected SEC Dodd-Frank Act Rulemakings", *Report* No. 499, January 27, 2012. 以及第二章第一节"二(一)基于宪政理论对独立监管机构合法性展开的论争"部分中关于 SEC 是否严格适用"成本—效益"分析争论的注释,具体如下:Bruce Kraus and Connor Raso, "Rational Boundaries for SEC Cost-Benefit Analysis", *Yale Journal on Regulation*, Vol. 30, Summer 2013, pp. 289—342; John C. Coates, IV, "Towards Better Cost-Benefit Analysis:An Essay on Regulatory Management", July 14. 2014, at http://papers.ssrn.com/sol3/papers.cfm? abstract_id=2471682,last visted April 20,2015; John C. Coates IV, "Cost-Benefit Analysis of Financial Regulation:Case Studies and Implications", *Yale Law Journal*, 2014—2015 Vol. 124, No. 4, January-February 2015, pp. 882—1345; Cass R. Sunstein, "Financial Regulation and Cost-Benefit Analysis", 124 *Yale Law Journal Form* 263 (2015), http://www.yalelawjournal.org/forum/financial-regulation-and-cost-benefit-analysis; Jerry Ellig & Hester Peirce, "SEC Regulatory Analysis:'a Long Way to Go and a Short Time to Get There'", *Brooklyn Journal of Corporate Financial & Commercial Law*, Vol. 8, Spring, 2014.

的绩效评估报告,总统可借此对 SEC 施加影响。

实践中,SEC 与总统的关系并非"独立性"宣称的那样毫无瓜葛,相反二者在许多历史时期常良性互动:总统一方面基于法律规定尊重 SEC 的专业执法,另一方面出于对重大问题的关注和机构协调的必要而对 SEC 施加影响;SEC 则通常接受总统基于全局考虑的政策,会为了自身更好地执法,通过认可总统的政策谋求其支持。[1]

对于那些实行议会内阁制的国家,由于内阁并非与议会对抗,且最终要对议会负责。那么在那些将监管机构内设于政府行政体系内的国家,采取的是沿用对行政权的一般制衡来限制监管机构的权力滥用问题;而对于在传统行政部门之外独立设立机构或者虽然机构设置在政府部门内部,却享有相对独立地位的国家来说,通常将这类独立机构定位为公务法人,适用其国内对这一法律主体的权力制衡机制或者通过专门立法建立对这一类机构的行政制衡安排。

(三)来自司法系统的控权

司法审查指法院审查政府的行为以决定其是否在宪法的界限之内的权力……司法审查授权法院审查政府的行为,包括那些立法机关和行政机关的行为,并且在必要时宣告这些行为违宪。[2]

司法审查属于事后控权,长期以来被认为是最重要和最有力的控权方式。例如在美国,《联邦行政程序法》第 701—106 条及联邦证券法相应章节,都规定了联邦上诉法院对 SEC 一切依正式程序作出的最终命令(Orders)的司法审查权。这并非意味着法院不能审查成文法未规定的事项,相反一切行政行为,包括法律授予 SEC 自由裁量的行为,在法律未明文禁止时都可能受到司法审查。晚近以来,法院出于尊重 SEC 等独立机构的专业执法,往往进行自我司法克制,较少动用这一权力。

法院的优势在于法律而非执法的专业技术,因此法院区分了对 SEC 事实裁定和法律结论争议的司法审查标准。前者主要适用实质性证据标准,如果 SEC 的事实裁定有证据表明其合理性,则是最终结论;反之,法院不能以自身意见代替 SEC 对事实的裁定意见,只能行使撤销或发回重新裁定的否决权,以体现法院对 SEC 专业执法有所制约但又予以尊重的

---

[1] 参见王名扬:《美国行政法》(下),中国法制出版社 2005 年第 2 版,第 880—881 页。
[2] 参见[美]彼得·G.伦斯特洛姆编:《美国法律辞典》,贺卫方等译,中国政法大学出版社 1998 年版,第 20—21 页。

立场。后者其实是一个法律解释和适用问题,法院可就此深入审查并发表意见。法院虽历来重视 SEC 的法律解释意见,许多情况下与 SEC 是伙伴而非排他关系,但作为司法权的最终拥有者,法院享有法律结论的最终决定权,这是对 SEC 执法最强有力的制约。在其他国家,也大多规定监管机构的具体监管活动和决定需要受到法院的司法最终监督。

二、以权利制衡权力的控权机制

(一)正当法律程序要求

根据正当法律程序要求,行政机关对当事人作出不利决定时,必须听取当事人的意见,其核心内容是听证。这一事中控权方式伴随现代行政权力的扩张而出现,在保护当事人权益,促进行政机构公平而高效地办事的同时节约监督资源,避免产生专横而任性的行政决定。晚近以来,这已成为和司法审查并驾齐驱的控权方式。

在美国,对 SEC 的这一要求根源于《宪法修正案》第 5 条"未经正当的法律程序不得剥夺任何人的生命、自由或财产"的规定,操作上主要遵守《联邦行政程序法》及 SEC 据此制定的《行为规范》(Commission Rule of Practices)。通过这些规则,SEC 建立了调查、听证、行政处罚、行政复议等一系列执法程序制度。当事人既能要求 SEC 依法行政,在适用法律过程中行使知情权、听证权、质询权、陈述与抗辩权、复议权监督 SEC 执法,也能于事后提请司法机关审查 SEC 的"正当程序"来保护自身权益,制约 SEC 滥权。

(二)行政公开要求

行政公开指行政权运行的依据、过程和结果向相对人和公众公开,以提升行政权力的透明度,便利公众监督。以美国为例,其建立了完善的行政公开制度,包括《情报自由法》《阳光下的政府法》《联邦咨询委员会法》《隐私权法》等在内的一系列立法构成 SEC 遵守行政公开的法律依据。实践中,SEC 的各种法律规范和有约束力的文件、委员会会议、行政审裁过程、行政追诉命令与裁决决定等,只要不涉及国家安全、侵犯商业秘密和个人隐私,都要向当事人/公众公开,以保障当事人的知情权等合法权益并预防 SEC 的暗箱操作,也为日后可能对 SEC 进行司法审查提供证据资料。SEC 如果拒绝提供,应承担举证责任并说明理由,不服的当事人可以申请法院审查 SEC 拒绝公开的行为,并请求判令 SEC 履行公开义务。在其他国家,也大多对监管机构的监管活动提出了透明度的要求。可见,对监管机构行使权力的问责,并非仅仅是字面意义上理解的最终追究监管机构的财产责任和个人责任(尽管这是应有之意),更为普遍和实质意义上的,是"问责制意指监管机构要对其作出的决策给出合理解释,同时不仅要对赋予其职责的政府或立法机构负责,还要对被监管机构和公众负责"[1],由此,透明度成为问责制衡机制的重头戏,运用日益广泛。

(三)公众参与要求

所谓公众参与(public participation),是指监管机构提供机会,让公众或者其代表对监管决策提供意见或者施加影响的程序机制。[2]公众参与是现代国家公共机构决策程序的核心概念之一,这项权利是宪法基本权利保障原则和民主原则的基本要求。

正如上文所述,之所以设立独立监管机构的一个原因是专业化需求。利用公众参与,对于监管机构而言,无疑获得了无偿的外脑资源,可以通过充分发挥公众的聪明才智,集思广益,弥补监管机构在决策过程中的信息不充分和智识不足,而且还能协调监管机构与公众的利益及其他多方利益,达成各方共同认同的监管规则,在增进公众对监管目标、监管政策认识、认同的同时,也能便利日后监管规制的执行,节约执法成本。此外,由于有了公众参与,也能强化监管机构制定监管规则的合法性,同时起到监督监管机构立法过程,防范其权力滥用的作用,可谓一举多得。当然,注意到,这种公众参与主要发生在监管机构制定监管规则或者拟决定监管政策的过程中,也即主要发生于监管机构行使行业立规权的情形下,在证券执法环节比较少发生。之所以放置于此,主要是基于公众参与作为现代控权机制的重要组成部分日益增多,以及控权机制基本完整性的考虑。

随着各种制度创新的出现和运用,公众参与的途径和方式也日渐增多,有学者研究指出,完善公众参与制定需要在以下三个层面展开:公众参与的基础性制度、公众参与的程序性制度和公众参与的支持性制度。更深一步的,"基础性制度"至少包括以下两方面:政府开放和社会组织化;程序性制度的核心使命是保障公众对法律改革进程的"介入"和"在场",而且使其有理由相信他们的参与受到了认真对待;支持性制度的建设要关注参与的公平,特别注重专家咨询制度、公益代表制度的完善,以及公众参与和技术的结合等。[3]

---

[1] 焦莉莉、高飞、曹颖琦:《欧盟金融监管改革有效性的微观基础——监管架构与治理结构趋同性分析》,载《上海金融》2010年第11期。
[2] 参见马英娟:《政府监管机构研究》,北京大学出版社2007年版,第187页。
[3] 参见王锡锌:《公众参与和中国法治变革的动力模式》,载《法学家》2008年第6期。

第五章 中国证券监管独立性的检讨与制度完善

第一节　现状：中国证券市场的发展与证券监管机制

一、证券市场转型过程中的证券监管体制

1. 我国证券市场的形成与早期分散监管阶段（1980—1992）

（1）我国早期股份制经济的发展

股份制是商品经济发展到一定阶段的产物。20世纪70年代末我国打破计划经济一统天下的格局，开始探索经济改革，证券市场的建设也随之萌发。1981年，国家开始恢复发行国库券，同年抚顺红砖一厂成功发行股票，带动了一些企业发行股票的热情。特别是1984年10月十二届三中全会通过《关于经济体制改革的决定》，确立"社会主义经济是在公有制基础上的有计划的商品经济"之后，股份制进入正式试点阶段，不少城市企业（集体企业及中小型国营企业）开始通过发行股票的方式进行内部集资和半公开集资，解决生产经营资金需求。由于发行股票能够有效地吸收社会闲散资金，扩大企业的流动资金来源，同时可以活跃地方金融市场，对地方经济发展大有裨益，上海、深圳及一些省市政府为此通过发布相应的管理规定来推动股票发行与交易的发展，并担纲起管理地方证券市场的责任。例如，1984年8月10日，上海市人民政府批准中国人民银行上海市分行制订的《关于发行股票的暂行管理办法》，这一管理办法对企业发行股票和股票交易的条件与程序作出了规定，成为证券方面的第一个地方政府规章；1986年9月，中国工商银行上海信托投资公司静安证券部推出了股票柜台交易服务，成为证券市场恢复和起步阶段最早出现的股票柜台市场。总之，从1980年至1986年这一时期，城市集体所有制企业是发行股票的主体，股票交易呈现零星状态且缺乏有效的规范，证券市场处于区域性的试点阶段，证券市场由地方政府主导监管，主要偏向企业股票发行的审批和监管。[1]

---

[1] 1986年1月7日施行的《银行管理暂行条例》（现已失效）第5条规定，"中国人民银行是国务院领导和管理全国金融事业的国家机关，是国家的中央银行，应当履行下列职责……十一、管理企业股票、债券等有价证券，管理金融市场"，确立了中国人民银行对金融市场的监管权，使之成为20世纪80年代我国股票发行的主要审批机关，但具体审批由中国人民银行各级分行执行，并报中国人民银行总行备案。这个阶段中国人民银行分支机构的独立性不强，受到中国人民银行总行和地方政府的双重领导，为此在审批本地股票发行时，往往照顾了地方的要求和利益，使得监管体制更多地呈现地方政府主导的特色。

随着股份制在全国范围内的运用,股份制的影响和证券市场的作用日益强大,但其在满足企业资金需求的同时也出现了一些乱象。例如,由于缺乏对股票、债券的统一管理,导致集资规模欠缺宏观控制,企业募集资金的投资重点未能放在国家急需的建设项目上,有些地方借发行股票、债券乱拉资金,盲目建设、重复建设,扩大了计划外固定资产投资规模,等等。也因此,中央政府开始密切关注证券市场的作用,试图通过制定相关法律和政策,规范并整合全国的证券市场。1987年3月,国务院第一次颁布全国性的证券市场法律文件——《关于加强股票、债券管理的通知》,开创了统一规范证券市场的先河。这个通知要求:(1)当前发行股票,应当在严格的监督和控制下,主要限于在少数经过批准的集体所有制企业中试行;全民所有制企业不得向社会发行股票,对少数已经批准试点的全民所有制大中型企业,各地人民银行要从严审批。(2)推动横向经济联合,新建企业可以试行采用股票形式进行相互投资、合股或参股,但不得向社会发行股票,未经中国人民银行批准,其股票不得上市。(3)由中国人民银行会同国家计划、财政等部门制定企业债券年度发行额度进行宏观调控,禁止集体所有制企业和个人等发行债券,全民所有制企业虽然可以发行债券,但要报当地中国人民银行审批才能发行,且发行债券必须优先保证用于国家计划内的重点建设项目,严禁用于搞计划外的固定资产投资。

在这一规范下,股份制试点主要运用于城市集体企业和小型国营企业,并未惠及大型国营企业。1987年10月中共十三大召开,会议肯定了股份制形式"是社会主义企业财产的一种组织形式,可以继续试点",中央政府自此介入和主导股份制试点,逐步推动股份制试点扩大到包括大型国营企业在内的多类企业并遍及全国各地。1987年1月,上海真空电子器件公司成功向社会发公开发行4000余万元股票,成为上海和中国第一家实行股份制的大中型国营企业,这一行为在全国引起强烈反响并被广为效仿,全国随后再次掀起股份制试点热潮;而随着股票发行量的增多,为解决它们的流动性问题,继上海之后,深圳于1988年推出股票的公开柜台交易,沈阳、武汉、成都等发行过股票的省份内也都出现了股票的场外私下交易。

然而,随着1988年物价闯关失败带来的高通货膨胀,经济随后进入"宏观调控,治理整顿"的三年周期,加之1989年政治风波的影响,股份制经济的发展出现了新变化。1990年5月,国务院批转了国家体改委的

《关于在治理整顿中深化企业改革强化企业管理的意见》,该意见虽然肯定了要继续进行股份制试点,但提出要分三种情况,区别对待:一是企业间相互参股、持股的股份制,要积极试行;二是企业内部职工持股的股份制,不再扩大试点,凡是已经搞了的,要完善提高,逐步规范化,特别是要注意不得变相扩大消费;三是向社会公开发行股票的股份制,主要是完善已有的试点,不再铺新点。在这个阶段,上海市人民政府于1990年11月发布了《上海市证券交易所管理办法》,上海证券交易所进入最后筹备阶段并于1990年12月19日正式开业;深圳证券交易所于1990年12月1日试营业,深圳市人民政府随后于1991年5月15日发布了《深圳市股票发行与交易管理暂行办法》,1991年7月3日深圳证券交易所正式开业。两大证券交易所的设立及对外正式营业,奠定了清理场外私下交易,建立全国统一证券交易市场的基础。

(2) 早期多头分散的证券监管格局

在经济治理整顿的氛围下,中国人民银行于1990年12月4日发布了《关于严格控制股票发行和转让的通知》,国务院办公厅于同年12月26日发布了《关于向社会公开发行股票的股份制试点问题的通知》。根据这些规定,股票的公开发行和上市交易,只限深圳、上海两地试点;凡由地方政府批准实施,但未经中央有关部门审批的,要上报国家体改委、国家国有资产管理局、中国人民银行重新履行审批手续;与此同时,提出了及时总结上海、深圳两市股份制试点经验,尽快研究制定有关向社会公开发行股票试点的规章制度和管理办法,报上述部门共同审查批准之后,由两市人民政府发布实施的意见。1990年12月,中共十三届三中全会召开,通过了《中共中央关于制定国民经济和社会发展十年规划和"八五"计划建议》,在其中指出"要逐步扩大债券和股票的发行,并严格加强管理……在有条件的大城市建立和完善证券交易所"。由此,在中央政策的支持下,股份制试点又有了较大的发展,进入扩大和深化试点阶段。1992年5月,国家体改委、国家计委、财政部、中国人民银行和国务院生产办联合发布了《股份制企业试点办法》,指出股份制企业试点的目的是:"(一)转换企业经营机制,促进政企职责分开,实现企业的自主经营、自负盈亏、自我发展和自我约束。(二)开辟新的融资渠道,筹集建设资金,引导消费基金转化为生产建设资金,提高资金使用效益。(三)促进生产要素的合理流动,实现社会资源优化配置。(四)提高国有资产的运营效率,实现国有资产的保值增值。"从此,股份制的相关政策、立法及其运用,不再局限于集体企业和少数被批准的中小型国营企业,而是更多地被运用于大中型国营企业,成为推动国企改革并为其募集资金的主要途径。

在这个阶段,地方政府在出台相关政策和立法,落实股份制试点,推动当地企业股份制改造上仍起着担纲作用,上海、深圳两地政府还分别负责上海证券交易所和深圳证券交易所的监管工作,但无疑中央政府对整个股份制试点和市场发展的介入与控制正在逐步增强。根据《股份制企业试点办法》的规定:"经国务院批准,进行向社会公开发行股票的股份制试点的省、自治区、直辖市,其股票发行办法和规模必须经中国人民银行和国家体改委批准,并经国家计委平衡后,纳入国家证券发行计划""未经国务院批准,一律不得设立进行股票交易的证券交易所和变相的集中交易机构。除上海、深圳两市外,其他地区具备上市交易条件的股份制企业经国务院股票上市办公会议批准,可到上海、深圳的证券交易所上市交易;待异地上市交易管理办法颁布后,按该办法执行。"可见,除了存在地方政府和中央政府在监管事务上的分权之外,中央政府内部在股份制试点和市场监管上呈现了多头分工的格局。

为协调并解决证券市场多头管理和分散管理体制下可能出现的问题,经国务院批准,于 1991 年 4 月设立了我国最早的证券市场管理决策机构——股票市场办公会议,其主要任务是:确定全国股票市场发展的大政方针;审定全国股票发行规模;审定股票市场的管理办法;协调各部门的关系。股票市场办公室会议设在中国人民银行,由参与证券事务监管的中国人民银行、财政部、国家体改委、国家计委、国家税务总局等 8 个部委参加。但由于它只在一定时间开会,并非专门的监管机构,也没有权力行使统一的监管职能,而具体负责股票市场日常事务管理的中国人民银行因受制于人员、精力等因素而力不从心,始终不能很好地发挥监管作用。为更好地回应股份制改革热潮和市场发展的需要,提升监管效果,1992 年 6 月,在股票市场办公会议的基础上,建立了国务院证券管理办公会议制度,其办事机构是中国人民银行的证券管理办公室,由此政府开始探索通过常设机构和定期会议的方式,协调解决证券市场发展早期的分散监管问题。

2. 全国集中统一市场的初级阶段与中央集中监管体制的初建阶段(1992—1997)

随着股份制试点在全国的逐步推开,股票流通问题日益突出。尽管从 20 世纪 80 年代中期到 90 年代中期,改革过程中实行的地方财税包干和经济上的条块分割管理,造成地方利益割裂和资金融通不畅,在上海交易所、深圳交易所发行并上市交易的企业主要是本地企业,两大证券交易所在运营初期仍然带有明显的地方区域性市场特征,股票场外私下交易市场仍在不少发行股份的省份存在,有关证券市场的具体制度和政策在1993年之前,也主要在地方政府和交易所层面展开并形成了基本完整的地方性法规体系,但上海证券交易所、深圳证券交易所的正式对外营业,无疑加快了全国统一集中市场的形成进程,客观上对制定证券市场的统一法律制度和建立集中统一的监管体制提出了日益强烈的要求。

(1) 沪深交易所的早期动荡与国务院证券委的设立

深圳作为经济特区,是中国较早进行股份制试点和股票公开发行与交易的地区,到1989年底,深圳各种债券、股票发行总额超过10万亿元人民币,证券交易需求旺盛;1988年深圳设立股票公开柜台交易之后,在促使交易更加火爆的同时也出现了股价暴涨、全民炒股、黑市交易猖獗等不良现象。为此,《人民日报》于1990年5月刊发了《深圳股市狂热,潜在问题堪忧》的情况编报,引发中央政府成立联合调查组,对深圳证券市场进行调查;与此同时,国务院批转国家体改委的《关于在治理整顿中深化企业改革强化企业管理的意见》,指出"向社会公开发行股票的股份制,主要是完善已有的试点,不再铺新点",营造了市场对股票即将短缺的预期;深圳市政府在这一时期也采取了一系列限制股市过热行为的举措。[1]上述因素的综合作用导致已上涨半年的深圳股市从1990年12月8日掉头向下,开始了长达9个月的长跌,甚至在深圳证券交易所试营业期间的1991年4月22日出现了我国证券市场历史上空前绝后的零成交记录。这种股市大起大落的情况,既反映了市场发展早期的不规范状况,又严重损害了市场的活力和投资者的信心。为此,深圳市证券市场领导小组(当时深圳的证券市场监管者)决定建立证券市场调节基金[2],并于1991年9月进行"救市","由此开始了政府主动坐庄买卖股票、调整市场指数、干预市场起落的先声"。[3]

---

[1] 例如,将涨跌板缩窄至5%;卖出股票要缴纳6‰的印花税,红利所得超过银行一年期利息部分,要缴纳10%的个人收入调节税;要求党政干部不得买卖股票,造成已持有股票的党政干部短期内大量抛售股票,等等。
[2] 其资金主要来源于证券交易时征收的印花税、股票溢价发行收入、基金利息收入等,到1993年,基金完成救市功能,不再筹集新的资金,并将其中企业缴纳的部分予以归还。
[3] 陆一:《闲不住的手——中国股市体制基因演化史》,中信出版社2008年版,第36页。

自 1990 年 12 月国务院办公厅发布《关于向社会公开发行股票的股份制试点问题的通知》之后,股份制试点主要集中在上海和深圳两地,1992 年 5 月发布的《股份制企业试点办法》要求上海、深圳两地之外批准发行的股票也要到上海证券交易所或深圳证券交易所上市交易,在加快全国集中统一市场的形成、便利当地投资者的同时也吸引了上海、深圳两地之外更多投资者的加入。虽然上海、深圳两地股份制试点家数和规模在这一阶段都有所增加,但主要依靠当地企业扩容股市规模的做法,客观上难以满足不断涌入的外地投资者的需求,造成股票供需矛盾十分突出,认购行情异常火爆。

这个阶段,深圳股市在政府组建的调节基金成功救市之后,很快于 1991 年 10 月走出低谷,加上深圳证券交易所在正式对外营业之后为活跃市场,于 1991 年 8 月 17 日放开股票涨停板限制,从而开启了新一轮的市场上涨趋势。而上海证券交易所也于 1992 年 5 月 21 日全面放开股价,久受压抑的上证指数从 20 日的 616.99 点在 21 日收市时直升到 1266.49 点,更在 5 月 25 日达到了 1421.57 点。市场的火爆行情激发了如火如荼的投资热情,投资者大量入市很快引发了报价和交易系统的堵塞。在上海,为解决股民们买卖股票渠道不通畅的问题,上海证券交易所从 1992 年 6 月 1 日起组织 20 多家会员单位进驻文化广场,组织"文化广场证券交易大市场"[1],专门接受客户买卖股票委托,以抑制过热的股价;而在深圳,为满足高涨的股票认购需求,政府采用限量发售股票认购表,再通过认购表一次性公开抽签确定股票中签的发行方式。这一做法因操作过程中存在舞弊不公等问题,引发广大排队购表股民的极度不满,最终导致 1992 年 8 月 10 日未买到认购表的投资者围攻市政府和人民银行的局面,深圳市政府被迫出面维护秩序并通过在 11 日增发大量认购表满足需求,才最终平定了这次风波。深圳市场 1992 年的"8·10"事件,反映了股票供需矛盾日益突出的背景下寻求更合理的股票发行制度的迫切性;也折射出依靠地方主导证券市场监管,在个体私利和局部利益的驱动下,可能加剧市场动荡和社会风险的危险;更暴露了中央层面以办公会议制度出现的金融监管(国务院证券管理办公会议),难以制订统一的市场规则并及时应对市场突发事件的缺陷,改革金融监管组织形式和监管机制已势在必行,由此快速催生了国务院证券委(以下简称证券委)和中国

---

[1] 直到 1993 年 12 月 24 日,这一市场的使命才结束。

证券监督管理委员会(以下简称证监会)的设立。[1]

1992年10月12日,国务院办公厅下发《关于成立国务院证券委员会的通知》(国办发〔1992〕54号),决定撤销原国务院证券管理办公会议,成立国务院证券委员会,由当时的国务院副总理朱镕基兼任证券委主任,证券委下设办公室,由国务院办公室代管;同时,国务院决定成立中国证券监督管理委员会(证监会),作为证券委的执行机构,受证券委指导、监督检查和归口管理,并由刘鸿儒(时任国家经济体制改革委员会副主任)担任证监会的第一任主席。1992年12月17日,国务院发布《关于进一步加强证券市场宏观管理的通知》(国发〔1992〕68号),在其中明确了证券委和证监会的地位与职权。根据这一通知,证券委是国家对全国证券市场进行统一宏观管理的主管机构,主要职责是:负责组织拟订有关证券市场的法律、法规草案;研究制定有关证券市场的方针政策和规章,制定证券市场发展规划和提出计划建议;指导、协调、监督和检查各地区、各有关部门与证券市场有关的各项工作;归口管理证监会;而证监会是证券委监管执行机构,由有证券专业知识和实践经验的专家组成,按事业单位管理[2],主要职责是:根据证券委的授权,拟订有关证券市场管理的规则;对证券经营机构从事证券业务,特别是股票自营业务进行监管;依法对有价证券的发行和交易以及对向社会公开发行股票的公司实施监管;对境内企业向境外发行股票实施监管;会同有关部门进行证券统计,研究分析证券市场形势并及时向证券委报告工作,提出建议。尽管这一国务院文件确立了证券委是负责全国证券市场宏观管理的机构,但在证券市场管理事务上仍存在着证券委员与其他部委和地方政府的分工,具体而言:由国家计委根据证券委的计划建议进行综合平衡,编制证券计划;由人民银行负责审批归口管理证券机构,同时报证券委备案;由财政部归口管理注册会计师和会计师事务所,对其从事证券业有关的会计事务的资格由证监会审定;由国家体改委负责拟订股份制试点的法规并组织协调有关试点工作;上海、深圳证券交易所由当地政府归口管理,由证监会实施监督;现有地方企业的股份制试点,由省级或计划单列市人民政府授权的部门

---

[1] 参见《刘鸿儒口述:中国证监会诞生的台前幕后》,2009年9月28日,资料来源:新浪财经,http://finance.sina.com.cn/stock/y/20090928/03076799081.shtml,最后访问时间2010年4月20日。
[2] 1993年3月8日,国务院批准《中国证券监督管理委员会机构编制方案》,明确证监会为国务院直属事业单位;1994年1月5日国务院下发了《关于中国证券监督管理委员会列入国务院直属事业单位序列的通知》(国发〔1994〕2号),最终确认了证监会的组织性质。

会同企业主管部门负责审批,中央企业的股份制试点由国家体改委会同企业主管部门审批。根据这一新的市场管理体制,地方相应成立了证券管理委员会及其办公室,归口地方人民政府管理。尽管采用证券委及其证监会的常设机构形式取代了之前的办公会议制度,使得证券监管更为规范和有力,但在具体证券监管事务上仍存在着地方政府的重要参与和中央层面的多头分权,其潜在的地方利益冲动和总体的协调问题,为今后中央政府上收地方政府监管权力,统一中央层面的监管权限,建立更为集权的证券监管体制埋下了伏笔。

(2) 证券市场统一规则的推进及股票发行机制的改革

在证券委成立之后,中央政府加快了证券市场统一立法和股票发行制度改革的进程。1993年4月,国务院发布《股票发行与交易管理暂行条例》,明确规定股票发行与交易、上市公司收购及信息披露、股票的保管、清算和过户等内容;并规定证券委是全国证券市场的主管机构,依照法律、法规的规定对全国证券市场进行统一管理;证监会是证券委的监督管理执行机构,依法法律、法规的规定对证券发行与交易的具体活动进行管理和监督,进一步落实了国务院《关于进一步加强证券市场宏观管理的通知》的相关内容,成为我国第一部规范股票市场的综合性行政法规。1993年9月,国务院发布《禁止证券欺诈行为暂行办法》(现已失效),对内幕交易、操纵市场、欺诈客户、虚假陈述等违法违规行为进行规范,并授权证券委和证监会予以调查和处罚。随后,证券委和证监会根据行政法规的授权和规定,或单独起草,或联合中央其他部委共同起草,出台了一系列规范证券市场的具体法律规范[1],这个阶段虽然尚未制订《证券

---

[1] 这个阶段的立法主要包括:1993年7月证券委发布的《证券交易所管理暂行办法》(现已失效);1994年11月证券委发布的《期货经营机构从业人员管理暂行办法》(现已失效);1995年5月证券委发布的《证券业从业人员资格管理暂行规定》(已被修订);1996年6月证券委发布的《证券经营机构股票承销业务管理办法》(现已失效);1997年3月证券委发布的《可转换公司债券管理暂行办法》(现已失效);1996年8月证券委发布的《证券交易所管理办法》(历经1997、2001年等多次修改);1997年11月证券委发布的《证券投资基金管理暂行办法》(现已失效)、《证券、期货投资咨询管理暂行办法》(已被修订修订)等;1993年1月司法部、证监会联合发布的《关于从事证券法律业务律师及律师事务所资格确认的暂行规定》(现已失效);1993年2月财政部、证监会联合发布的《关于从事证券业务的会计师事务所注册会计师资格确认的规定》;1993年3月国有资产管理局、证监会联合发布的《关于从事证券业务的资产评估机构资格确认的规定》(现已失效);1993年3月证监会发布的《关于股票公开发行与上市公司信息披露有关事项的通知》(现已失效)、1993年5月证监会发布的《股票发行审核程序与工作规则》(现已失效)等。

法》,被形象地称为"无法有天"的证券法制阶段[1],但无疑已向着全国统一的证券规则体系迈进一大步,为建立一个公平、公正和公开的证券市场提供了基本的法律制度保障。

1993年7月,全国金融工作会议召开,面对紧绷的宏观经济环境,中央政府决定整顿金融秩序,坚决制止各种乱集资,进一步完善有价证券发行和规范市场管理,逐步扩大规模。1993年11月中共十四届三中全会《中共中央关于建立社会主义市场经济体制若干问题的决定》提出"建立现代企业制度是国有企业改革的方向"之后,国务院从1994年开始选择100家国有大中型企业进行现代企业制度试点,加上各地方选择的试点企业,中央和地方共选择了2500多家企业进行试点,1993年12月通过的《公司法》为国有企业的公司制改造和上市融资提供了制度性框架和重要保障。通过股份制改造并上市的"制度创新",取代之前的"放权让利",逐步主导国有大中型企业的改革方向,资本市场成为敦促国有企业转变经营机制的主要途径和帮助国有企业筹集资金的主要场所,上市公司的数量迅速地从1992年的53家发展到1997年的745家。

在这一时期,中央政府倚重逐步建立的基本证券法律制度,更全面地进行了股票发行制度改革:对股票发行实行审批制和额度指标管理,由证券委提出建议,经国家计委综合平衡后,报国务院审批,确定全年股票发行额度,再按地区和部门进行分配,地方政府和国务院各主管部门在国家下达的规模内对申请上市的企业进行审批;突破股份制只在沪深两地试点的要求,允许股票在被批准的城市发行,并逐步集中到上海证券交易所或深圳交易所上市交易;无限量发行股票认购书,再采用统一摇号方式公布中签号码,允许异地居民到发行股票的城市进行认购,并可通过上海证券交易所、深圳证券交易所在异地的联网或代理机构进行交易,从而更系统地建立了由中央政府统领的、额度审批制下的股票发行和上市交易体制。这个阶段,以证券委为主的监管者通过立法获得了审批证券发行

---

[1] 参见吴志攀:《〈证券法〉:证券市场、政府与法律的互动(一)》,载《金融法苑》总第十二、十三辑合刊,法律出版社1999年版。作者认为,所谓"无法",是指在《证券法》出台前,我国没有权力机关制定的法律。所谓"有天",是指我国政府主管部门颁布的各种关于证券产业的行政法规和规章约有250多件。由这250多件行政法规和规章组成了监管的"天"。我国的证券市场就在行政的这个"天"底下运行。这种"无法有天"的证券法制,促成了证券市场在这个阶段一直处于发展上升状态,但市场对政府的一举一动过于敏感,对高层领导人的一言一行过于关注,导致市场的"行政化"和"人治化"倾向。

的无限自由裁量权,"这种几乎不受限制的管制权几乎完全依靠政府对市场需要的理性判断:由政府根据市场经济体制改革需求,来培育和调控证券市场","无论是作为想进入股票市场的公司,还是作为股票市场的投资者,基本都处于一个被动接受政策和管制的地位,缺乏监督监管者的有效法定途径"。[1] 也正因为监管者根据自身理性代替市场判断融资需求,更注重审批而非后续监管,上市公司自身的经营效率和发展前景并未作为上市的首要标准,客观上造成了中央主管部门和地方政府通过多种途径争夺上市资源,也使得一些劣质国有企业借机进行财务包装不正当地获得上市资格,并利用资本市场大肆"圈钱",埋下了市场危机。

(3) 中央政府的"救市"行动与建立全国集中统一市场、中央集中监管体制的努力

尽管证券法律制度已基本建立,但受到当时经济紧缩的影响,加上1993—1994年之间股市大量扩容,中国证券市场作为新兴市场又经历了一次巨大的波动,上证指数从1993年的1558点的顶点,最终直落到1994年7月29日的333.92点,严重损害了投资者对资本市场的信心。为此,中央政府再次动用行政手段拯救低迷的市场。1994年7月29日,各大媒体都刊登了新华社的通稿《证监会与国务院有关部门就稳定和发展股市作出决策》:第一,今年内暂停新股发行与上市;第二,严格控制上市公司配股规模;第三,采取措施扩大入市资金范围。股市受此影响在8月1日以394点跳空高开,在政策出台一个月后,股指重回1000点。

1994年的救市之后,"股票发行扩容"和"资金入市扩容"成为监管者调控股市涨跌的抓手。尽管这些救市措施在短时间内有效地阻止了市场的再次下跌,甚至刺激了市场的跳空高开,但通过行政手段干预市场的做法,事实上是将股市涨跌与监管者的人为干预更紧密地联系在一起,更重要的是暴露了政府干预证券市场的底牌,就像证监会首任主席刘鸿儒先生在回忆这段历史时所道出的:"按理说监管部门应该不管股价的,这是市场规律。为什么要管?就是政治压力。……在特殊历史条件下政府为

---

[1] 董炯、彭冰:《公法视野下中国证券管理体制的演变》,载罗豪才主编:《行政法论丛》(第5卷),法律出版社2002年版,第26、29页。

什么要管呢？怕社会不安定"[1]，从而深深地埋下了市场参与各方的道德风险隐患。如上所述，1994年之后，股票市场开始担负起推动国有大中型企业进行现代企业制度改制和提供资金融通途径的政治重任[2]，而为避免普通投资者遭受重大损失，引发社会不稳定成为股票市场发展的另一张政治底牌，二者耦合在一起构成了监管者在培育和发展中国证券市场过程中，始终无法挣脱的政治目标和压力，促使监管者在股市过热时必须快速调控降温，在股市大跌时又不得不迅速放出利好消息，这种被绑架的行政干预方式在1995—1996年的股市动荡和后续的股市波动中被监管者屡屡运用，并逐步发展出了利用《人民日报》特约评论员发表社论调控市场的做法。[3] 事实上，政治目标和压力下行政干预的常规化和自我秩序增强，或许才是股市动荡周期和幅度脱离市场规律而存在的根本原因。当市场波动非正常频繁发生时，就不应仅仅将其归咎于新兴市场发展不够成熟这一市场规律上，而是更需要从监管者自身及其监管方式上寻求根治之道，通过回归市场的自我调控，稳定市场参与者对监管者干

---

[1] 郑颂主编：《资本人物访谈录》，海南出版社2006年版，第10页。

[2] 除上文所述内容之外，从证券委、证监会发布的规定也可看出其担负的支持国有大中型企业发展的政治目标。例如，证券委在《1995年证券期货工作安排意见》中提出"各地区、各部门要积极支持现代企业制度试点"；证券委在《关于1996年全国证券期货工作安排意见》中提出"今后下达新股发行计划，改为'总量控制，限报家数'的管理办法，即由国家计委、证券委共同制定股票发行总规模，证监会在确定的总规模内，根据市场情况向各地区、各部门下达发行企业个数，并对企业进行审核"；证监会发布的《关于做好1997年股票发行工作的通知》在关于选择企业标准问题上指出，"为利用股票市场促进国有企业的改革和发展，1997年股票发行将重点支持关系国民经济命脉、具有经济规模、处于行业排头兵地位的国有大中型企业。各地、各部门在选择企业时，要优先推选符合发行上市条件的国家确定的1000家重点国有企业、120家企业集团以及100家现代企业制度试点企业……"，等等。

[3] 1996年，监管者为遏制短期内过热的股市，连发被称为"十二道金牌"的规定（包括《关于规范上市公司行为若干问题的通知》《关于坚决制止股票发行中透支行为的通知》《关于严禁操纵市场行为的通知》《关于加强证券市场稽查工作，严厉打击证券违法违规行为的通知》等），在收效一般的情况下，1996年12月16日《人民日报》特约评论员发表了《正确认识当前股票市场》一文，指出"中国股市今年快速上涨，有其合理的经济依据……但是，最近一个时期的暴涨则是不正常的和非理性的"。股指应声大跌，结束了之前过热的投资状况。多年后，时任证券监会主席周道炯先生在接受访谈时透露《正确认识当前股票市场》一文的撰稿人为证监会，其本人参与了发表的全过程。"证监会作为监管部门不能评论……后来我们就建议用《人民日报》评论员的名义发表这篇文章，《人民日报》是党中央机关报，有权威。"参见郑颂主编：《资本人物访谈录》，海南出版社2006年版，第24页。

预的合理预期进行处理。但是,这种治本之举需要监管者统筹规划,具备清醒的权力边界和约束意识,更需要整合其所承受的政治压力和关联的多方利益,未必能为当时的监管者所意识到并有能力进行调整,更何况由于1995年"327"国债期货事件[1]的发生,暴露出了当时监管体制的重大缺陷,监管者在"救急"之后,首要的是理顺证券委、证监会与国务院有关部门及地方证券、期货监管部门(地方政府)的关系。

股市经过1994年的跌宕之后变得波澜不惊,加上证券委决定自1995年1月1日起取消T+0回转交易,实行T+1交易制度,市场力量逐步转向国债期货市场[2],多空力量搏杀之下最终爆发了"327"国债期货事件,市场为此受到巨大震动,证监会最终决定自1995年5月18日起暂停国债期货交易试点。[3]经过四个多月的深入调查,国家监察部、证监会等部门于9月20日公布了对"327"国债期货事件的调查结果和处理决定,对相关当事人作出了开除公职、撤销行政领导职务等纪律处分和调

---

[1] "327"是"92(3)国债06月交收"国债期货合约的代号,对应1992年发行、1995年6月到期兑付的3年期国库券,其发行总量是240亿元人民币。

    由于市场对财政部最终会给"327"国债多少保值贴息预期不同,形成了以具有财政部背景的中国经济开发信托公司(以下简称"中经开")为首的多方和以万国证券为首的空方。在1995年2月23日财政部公布提高327国债保值贴息,百元面值的这一国债将按148.50元兑付后,"中经开"动用巨额资金一度将"327"国债价格攻到150元,原来一直与万国证券联手做空的辽宁国发(集团)股份有限公司(以下简称"辽国发")反手做多。在多方的上攻下,"327"国债在短短十分钟内上涨了3.77元,而如果按持仓量和这一价位,万国证券在到期交割时须赔进60亿元资金。为此万国证券总经理管金生决定铤而走险,在最后8分钟内砸出1056万口卖单,国债面值高达2112亿,远超过"327"国债240亿元的发行总量,最终将价位锁定于收盘时的147.50元。如果按此价格,市场上这天做多的一方将血本无归,背负巨亏,而万国证券则反败为胜,可以赚到42亿元。面对影响巨大的天量交易,上海证券交易所在当晚11点下令宣布万国证券最后8分钟的交易无效,该部分交易不计入当日结算价、成交量和持仓量的范围,"327"国债的最终收盘价为之前的最后一笔交易价格151.30元,并要求多空双方于2月27日开始组织协议平仓,但后因效果不理想于3月1日进行了强制平仓。

    "327"国债期货事件最终导致了证监会自1995年5月18日起暂停国债期货交易试点,免除尉文渊的上海证券交易所总经理职务,万国证券与申银证券合并成万国申银证券,时任万国证券总经理管金生被判17年有期徒刑,成为中国证券市场发展过程中一段无法抹杀的历史。

[2] 1992年12月28日,上海证券交易所最先开办国债期货交易,只对机构投资者开放;1993年10月25日之后,这一交易向社会公众开放。

[3] 及至2013年9月6日,证监会才允许中国金融期货交易所上线国债期货交易,距离当初暂行这一交易品种已有18年之久。

离、免职等组织处分,并移送司法机关处理了其中涉嫌违法犯罪的行为。值得注意的是,处理决定认为,"这次事件是一起在国债期货市场发展过快、交易所监管不严和风险控制滞后的情况下,由上海万国证券公司、辽宁国发(集团)公司引起的国债期货风波",上证所对市场存在过度投机带来的风险估计严重不足,交易规则不完善,风险控制滞后,监督管理不严,致使在短短几个月内屡次发生严重违规交易引起的国债期货风波,在国内外造成极坏的影响。

受到"327"国债期货事件的影响,中央政府在扶持和培育证券市场发展的同时开始注重市场的规范发展问题,并由此启动中央政府全面接管和真正掌控证券市场监管权的历程,新的金融监管体制改革萌发在即。1995年7月20日,证券委在《1995年证券期货工作安排意见》中提出要"控制发行上市节奏,规范发行市场";1995年12月19日,时任国务院副总理朱镕基视察上海证券交易所,提出"法制、监管、自律、规范",成为至今指导中国证券市场的八字方针。中央政府在继下收股票发行额度审批和总体额度指标管理之后,逐步加强对地方证券交易场所、证券交易机构和交易行为的监管。1996年10月14日,证监会作出《关于向证券、期货交易所派驻督察员的决定》,据此证监会向上海、深圳两个交易所派驻督察员,并在两地设立专员办公室作为派出机构。1996年8月21日,证券委废止1993年制定的《证券交易所管理暂行办法》,代之以《证券交易所管理办法》,改变原来"证券交易所由所在地的人民政府管理,证监会监督"的规定,要求"证券交易所由证监会监督管理"。1997年7月2日,国务院第150次总理办公会议决定上海证券交易所和深圳证券交易所归证监会直接管理,其正、副总经理由证监会任命,正、副理事长由证监会提名,理事会选举产生。[1] 1997年11月30日,证券委修订《证券交易所管理办法》,修改了原由证券交易所理事会聘任正、副总经理等相关规定,并从12月10日起开始实施。至此,上海证券交易所、深圳证券交易所正式脱离地方政府的管理,统一收归证监会监管,意味着又向中央集权的金融监管体制转变迈进了重要一步。1997年11月17—19日,中央召开全国金融工作会议,提出力争用三年左右时间大体建立与社会主义市场经济

---

[1] 参见《国务院办公厅关于将上海证券交易所和深圳证券交易所划归中国证监会直接管理的通知》(国办函〔1997〕39号)。

发展相适应的金融机构体系、金融市场体系和金融调控体系,新一轮的金融监管体制改革已箭在弦上。

3. 全国集中统一市场的日渐成熟与中央集权监管体制的建立(1998—2004)

(1) 中央集权监管体制的最终建立与《证券法》的颁布实施

"327"国债期货事件大大推动了我国证券体系中央集权监管体制的形成,这主要通过三个方面的工作来完成,除了上述的证监会在1996—1997年之间逐步上收沪深交易所监管权,1998年的两大步骤最终促成了中央集权监管体制的建立。第一步,1998年3月29日,根据《国务院关于机构设置的通知》(国发〔1998〕第5号),撤销国务院证券委,其职能被合并进证监会,后者成为国务院直属事业单位。根据1997年全国金融工作会议作出的使人民银行更好地履行其中央银行职能的要求,1998年5月22日,中国人民银行、证监会联合发布《证券类机构监管职责交接方案》,明确人民银行将其负责的证券类机构监管职责移交给证监会,使得证券监管权限进一步向证监会集中,改变了原来中央各部门共同参与证券监管的格局。第二步,也是至关重要的一步,1998年8月,国务院正式批准《证券监管机构体制改革方案》,明确提出"建立全国统一、高效的证券期货监管体系,理顺中央和地方监管部门的关系,实行由证监会垂直领导的管理体制"。根据这一改革方案,证监会相继与各地政府签署"证券监管机构交接备忘录",地方证券监管机构——脱离地方政府管理体系,移交给证监会,成为证监会的派出机构。以此为基础,证监会在全国设立了36个派出机构[1],建立起跨区域监管体制,实现了对地方的垂直领导。国务院办公厅于1998年9月28日印发了《中国证券监督管理委员会职能配置、内设机构和人员编制规定》(国办发〔1998〕131号)(以下简称1998年《证监会三定方案》),在其中确立证监会为国务院直属事业单位,是全国证券期货市场的主管部门,规定了证监会负有制定证券期货市场规章、统一管理证券期货市场活动、查处证券期货违法违规行为等多项职权,规定其设有发行监管部、市场监管部、机构监管部、稽查局、法律部

---

[1] 包括在天津、沈阳、上海、济南、武汉、广州、深圳、成都、西安9个城市设立证券监管办公室;在北京、重庆2个城市设立直属于证监会的办事处;在25个省、自治区、计划单列市设立证监监管特派员办事处。

等13个职能部门并规定了相应的人员编制。1998年12月29日,第九届全国人大常委会第六次会议通过《证券法》,并自1999年7月1日起开始实施。这部被称为"资本市场基本法的法律"的通过,改变了之前我国证券市场"无法有天"的状况,在框定资本市场证券发行和上市交易等主要制度的同时,也从法律层面正式确立了我国集中统一的证券监管体制。尽管《证券法》条文中使用的是"国务院证券监督管理机构"一词,并未对应实践中"中国证券监督管理委员会"的具体名称,所规定的职权(1998年法的第167条)也与1998年《证监会三定方案》的内容未必一致。1999年,证监会的36个派出机构正式挂牌;同年9月,证监会下发《派出机构内设机构设置方案及主要职责的通知》,2000年证监会专门成立了派出机构协调工作委员会。至此,证监会主导下集中统一的证券监管体制的设立最终完成。

1999年7月1日起开始实施的《证券法》确立了股票发行核准制,证监会逐步从原来的股票发行额度审批和指标分配管理走向新的股票发行监管体制,于2001年3月17日宣布取消股票发行审批制,开始实施股票发行核准制之下的"通道制"。2001年3月29日,中国证券业协会下发《关于证券公司推荐发行申请有关工作方案的通知》,规定由证券公司一次推荐一定数量的企业申请发行股票,证券公司对拟推荐的企业逐一排队,按序推荐("自行排队,限报家数"),到2005年1月1日这种"通道制"被"保荐制"取代而废除时,全国83家证券公司共拥有318条通道。"2001年配额制的取消,地方政府对企业上市不再具有决定权了。地方政府退出正式的企业上市挑选流程。"[1]在实行股票配额制的时期,不少地方为谋求资金聚集带动地方经济发展、拓展税收收入及增加当地所发行股票的流动性等利益,纷纷设立地方证券交易中心。这些地方交易中心尽管活跃了当地的证券交易,但许多并未经过中国人民银行总行或者证监会的审核与确认,在日益激烈的逐利活动竞争中产生了诸多不规范行为,造成了巨大的金融风险隐患。也因此,国务院办公厅于1998年6月22日转发证监会关于《清理整顿场外非法股票交易方案》,决定由证监会领导、组织和协调清理整顿场外非法股票交易工作,对所有未经国务院批准擅自设立的产权交易所(中心)、证券交易中心和证券交易自动报价

---

[1] 沈朝晖:《证券法的权力分配》,北京大学出版社2016年版,第117页。

系统等机构,所从事的非上市公司股票、股权证等股权类证券的交易活动进行清理整顿。在这一过程中,用于解决法人股流通的全国证券交易自动报价系统(STAQ)和 NET 系统于 1999 年 9 月 9 日停止运行[1],随着 2003 年 6 月 28 日海南证券交易中心的关闭,全国所有地方证券交易中心全部被关闭。总之,通过审批制向核准制的转换,把上市资源的分配通过自己监管下的证券公司的排队申请进行管理,证监会进一步强化了对股票发行的集权管理;而通过清理整顿场外非法股票交易,将证券交易活动集中到自己监管下的沪深交易所进行,证监会进一步促进了全国集中统一市场的成熟,为其更好地发挥监管职能,实现所担负的监管目标奠定了坚实的权力基础和市场基础。

(2)证监会的"救市"行动与市场的动荡发展

尽管 1997 年发生的东南亚金融危机未直接波及国内证券市场,但为防范金融风险,监管层还是采取了一系列降温措施。1997 年 5 月 10 日,国务院决定将证券(股票)交易印花税从 3‰调整为 5‰;5 月 16 日,证券委确定当年股票发行额度为 300 亿元;5 月 22 日,证券委、人民银行总行和国家经贸委联合发文,严禁三类企业(指国有企业、国有控股企业和上市公司)入市;6 月 6 日,人民银行发布通知,严禁银行资金违规流入股市[2]。而从 1998 年 4 月开始历时一年半的五项金融市场秩序整顿工作[3],暴露出过去资本市场发展不规范的种种问题,更面临着如何有效解决整顿中发现的问题,恢复市场秩序并激发市场活力,以支持经济进一步发展的挑战。在一系列不利的外部因素和加强调控政策的综合作用下,上证指数从 1997 年 5 月 22 日大跌 120 点,开始了长达两年的"持续调整",上证指数甚至在 1999 年 5 月 17 日的盘中跌至 1047.83 点的历史

---

[1] 2001 年 5 月 25 日,中国证券业协会公布以"非上市公司代办股份转让系统"的方式解决在这两网中挂牌交易的股票流通问题。

[2] 1998 年 12 月 29 日通过的《证券法》最终在第 6 条规定:证券业和银行业、信托业、保险业实行分业经营、分业管理,证券公司与银行、信托、保险业务机构分别设立。这一规定一直沿用至今,及至 2005 年《证券法》修改时,才在该条之后补充"国家另有规定的除外"的内容。

[3] 包括:撤销全国 18 个省市的 41 个非法股票交易场所;撤销 26 家证券交易中心及 STAQ 系统;整顿全国 90 家证券公司,清查 1000 亿元违规资金,处罚君安;原 14 家期货交易所撤并为 3 家,交易品种由原来的 35 个减至 12 个;清理原有 50 余只老基金,1998 年开始新证券投资基金试点。参见郑颂主编:《资本人物访谈录》,海南出版社 2006 年版,第 33 页。

低位。

面对证券市场的持续低迷,刚刚组建起集权体制的证监会延续之前行政干预市场的做法,再次担纲起"救市者"的角色。在时任证监会主席周正庆的主导下,证监会提出的搞活市场六项政策建议[1]获得了国务院的批准,这些政策建议在向外透露后引发了1999年的"5·19"行情,证券市场在科技股、网络股的带动下快速上涨,各类资金持续跟进。1999年6月15日,时任证监会主席周正庆亲自主持撰写了《坚定信心规范发展》一文,并以《人民日报》特约评论员名义在第二版头条发表。文章指出"5·19"行情不是过度投机,属于正常的恢复性上升,当前证券市场具备了长期稳定发展的基础,各方面都要加倍珍惜证券市场的良好局面,清楚地表露了监管者对股市发展趋势的判断和态度。在这种行政举措的利好支持下,证券市场开启了长达两年的牛市,上证指数于2001年6月14日冲到盘中2245.44点的历史高位。对于再次运用《人民日报》社论等方式干预市场的做法,时任证监会主席周正庆后来回忆说,"这个文件以前,股市一年半的持续低迷。我们当时分析觉得不正常,对经济发展不利。股民被套住,作为证监会,作为领导者,对这个问题要关心啊,这是群众利益问题啊";面对被审计署查出重重问题的证券公司[2],他认为"你得有一个区别对待,你不能脑子一热全部处理,那处理了以后资本市场就完了。一个增资扩股,把这个保证金补上。一个是通过当年的利润,把好的大体上都救活了"。谈及这次救市的效果时,他说"我一直认为五一九行情是正确的,是一种恢复性的增长,对中国资本市场,它的利大于弊""中国的资本市场要有政策的引导"。[3] 当然,有研究者对这种行政干预的做法表达了不同的看法,认为"这种为了完成政府调控目标而人为干预股价,用市场增资扩股的资金和市场上升的收益弥补机构违规亏空的做法,形成了中国证券市场中较长时期持续存在的政府监管特色"。"在上市公司

---

[1] 包括:改革股票发行体制、逐步解决证券公司合法融资渠道、允许部分具备条件的证券公司发行融资债券、扩大证券投资基金试点规模、搞活B股市场、允许部分B股H股公司进行回购股票的试点等。
[2] 1998年,国家审计署对全国88家证券公司做了一次大规模的审计,审计结果表明证券公司普遍存在非法融资,挪用客户保证金用于股票自营、违规给股民融资、透支炒股,以及违规从事同业拆借活动等问题,涉及金额高达1000多亿元。
[3] 参见郑颂主编:《资本人物访谈录》,海南出版社2006年版,第38、35、39页。

业绩没有明显提升的情况下,'5·19行情'是靠政府政策强行'起飞'的,直接导致了'三高一低'(高指数、高股价、高市盈率,低业绩)的现象,为日后的暴跌埋下了巨大隐患"。[1] 事实上,不管"5·19行情"的动机和最终所起的作用如何,客观上是监管者再一次用行政干预的方式影响证券市场的发展,在《证券法》颁布实施之后不仅未减弱此前这种行政化的做法,反而更加重了"政策市"的色彩,这对未来资本市场的健康发展可能造成巨大的伤害。

2001年6月14日,上证指数在上升到2245.44点的历史高点后,开始掉头向下,到同年的11月9日已累计下跌30%。引发市场持续下跌的因素,除了股市短期内上涨过快的自然回调,上市公司业绩无明显改善,缺乏长期向上的经济基础之外,主要有:(1)2000年10月《财经》杂志通过《基金黑幕——关于基金行为的研究报告解析》一文报道了基金业存在"对倒""倒仓"等违法违规问题,引发了市场对基金功能的广泛讨论与质疑。(2)2001年6月12日,国务院发布《减持国有股筹集社会保障资金管理暂行办法》,采用存量发行,原则上采取市场定价的方式正式启动国有股减持,由于把高价减持和首发、增发"捆绑"起来的方案不够成熟,造成对公众投资者的不公平,严重损害了投资信心,大盘当日下跌1.78%,证监会报经国务院最终决定于10月24日起暂停国有股减持,但国有股如何减持此后却成为悬在中国资本市场发展头上的一把利剑。(3)之前在配额审批管理下,通过财务包装上市的一些公司在这个阶段陆续暴露出种种问题,出现了琼民源、红光实业、东方锅炉、大庆联谊、郑百文、银广夏、忆安科技等一批恶劣的财务舞弊案[2],在极大地损害投资者权益的同时也严重挫伤市场的投资信心,并引发了各界关于"股市赌场论"及"中国股市应何去何从"的社会大讨论。[3] 在上述多种因素的综合作用下,尽管《人民日报》于2001年11月10日发表了《中国股市不能推倒重来》一文止住了股市凶猛的下跌趋势,但股市的发展随后却进入了长达五年

---

[1] 陆一:《闲不住的手——中国股市体制基因演化史》,中信出版社2008年版,第105页、第110—111页。

[2] 参见符启林主编:《中国证券市场十年著名案例评析》,中国政法大学出版社2003年版,"第五章信息披露违法",第69—154页。

[3] 参见新浪财经专题:《股海钩沉之赌场论》,资料来源:http://finance.sina.com.cn/focus/duchanglun/,最后访问时间2016年6月10日。

的熊市,甚至出现了 2005 年 6 月 6 日上证指数盘中见 998.23 点的历史低点。

(3)"国九条"的出台及证监会强化监管能力的改革

面对濒临推倒重来危机的资本市场,2004 年 1 月 31 日,国务院发布了被称为"国九条"的《关于推进资本市场改革开放和稳定发展的若干意见》(国发〔2004〕3 号)[1],将大力发展资本市场上升到国家重要战略任务的高度,指明了推进资本市场改革开放和稳定发展的任务是:"以扩大直接融资、完善现代市场体系、更大程度地发挥市场在资源配置中的基础性作用为目标,建设透明高效、结构合理、机制健全、功能完善、运行安全的资本市场",资本市场战略地位的确立和未来发展前景的明确,带给市场重大利好,为 2005 年即将启动的市场行情奠定了坚实的政策基础。当然,这些宏伟目标的实施与实现,客观上需要建立一个更强大和更有效的证券监管机构。事实上,尽管证监会在这个阶段通过整顿全国证券交易市场,上收监管权,建立了集中统一的证券监管体制,但面对规模日益庞大的资本市场不断提出的各种挑战,以及多元化市场参与者的丰富需求,如何完善自身并寻求行政举措之外更有效的市场引导方式,成为迫切需要解决的问题。值得注意的是:其一,由于屡次市场动荡严重损害了投资者的权益,"政府监管机构也因为舆论的倒逼而走上了一条'大力保护投资者,特别是社会公众投资者的合法权益'的道路"[2],"保护投资者的合法权益"被写入《证券法》第 1 条,成为监管者的主要监管目标之一,改变了之前证券市场主要为国企改制和融资服务的功能定位。为贯彻落实"国九条",2004 年 12 月 8 日,证监会发布了《关于加强社会公众股股东权益保护的若干规定》,通过实施一系列有利于社会公众投资者的制度设计[3],推进投资者保护目标落到实处。其二,作为中央集权的证券市场监管机构,证监会需要履行全面的证券市场监管职责,巨额的工作量和市场监管的复杂性,尤其是这一阶段对大量爆发的违法违规行为的查处,都

---

[1] 该文件于 2015 年 11 月 27 日被国务院宣布失效,相关规定停止执行,不再作为行政管理的依据。
[2] 陆一:《闲不住的手——中国股市体制基因演化史》,中信出版社 2008 年版,第 117 页。
[3] 主要包括试行公司重大事项社会公众股股东表决制度、完善独立董事制度、提高上市公司信息披露质量、倡导上市公司实施积极的利润分配办法、加强对上市公司和高级管理人员的监督等。

严重考验着监管机构的执法资源与执法能力。2001年8月9日,为贯彻《国务院关于整顿和规范市场经济秩序的决定》(国发[2001]11号)[1],召开了全国证券稽查系统工作座谈会,时任证监会主席周小川做了《进一步提高稽查办案效率,努力开创稽查工作新局面》的重要讲话。据此,证监会决定将稽查局更名为稽查一局,并成立稽查二局,逐步建立起"明确分工、系统交办、适度交叉、协调配合"的新稽查工作体制[2];2002年4月,证监会下发《关于进一步完善中国证券监管管理委员会行政处罚体制的通知》,决定将案件调查与处罚决定分开,建立调查权与处罚权相互配合、相互制约的机制("审查分离"制度),并为此专门设立了行政处罚委员会专司案件审理。2004年,证监会根据《关于中国证券监督管理委员会派出机构设置和人员编制的批复》,将各地派出机构统一改名为证监局,并试行辖区监管责任制,之前的派出机构协调工作委员会也更名为派出机构协调部。总之,证监会在上收监管权之后,逐步通过一系列措施完善了自身的组织结构和内部管理,建立对下级派出机构的垂直领导并构建全系统的协调机制,初步建立起现代合理的证券稽查体制。然而,1998年《证券法》的规定,更多的是注重证券发行与交易审批事务的规范,给予证券监管机构的执法权限和法律手段都相对有限,正像前证监会主席周正庆在回忆查处亿安科技股票操纵案时提到的,"当时亿安科技这件事我们得到一个教训,证监会没有冻结权。本来要罚他4亿多,而且账上有钱,刚刚宣布要罚款,他把钱划走了,等你要罚款时钱没了。"[3]也因此,如何通过《证券法》的修订和监管改革,赋予证券监管者更多的监管职权和手

---

[1] 该决定第二(四)3条要求"整顿和规范金融秩序。查处银行、证券、保险机构的违法违规经营活动。取缔非法金融机构和非法变相从事金融业务的活动。打击和制止金融欺诈、操纵证券市场和内幕交易、恶意逃废债务等行为"。

[2] "明确分工"是指稽查一局和二局职责不同,一局专司上市公司虚假陈述及其他案件,并负责统一指挥、协调稽查系统;二局专门调查操纵市场、内幕交易类案件。"系统交办"是对一局而言,除大案要案由一局的大案要案处直接调查外,其他案件由一局统一交给派出机构办理,一局负责组织、指导、协调和督促。"适度交叉"是稽查部门既有分工,又有协助。根据案件调查需要,由稽查一局协调指导,派出机构稽查部门之间适度进行交叉办案。"协调配合"是指各个稽查机构紧密配合,协同作战,形成稽查合力,提高稽查系统战斗力。参见中国证券监督管理委员会:《中国资本市场二十年》,中信出版社2012年版,第461页;于海涛:《稽查体制演变路径》,资料来源:和讯网,http://stock.hexun.com/2007-12-29/102552287.html,最后访问时间2016年5月10日。

[3] 郑颂主编:《资本人物访谈录》,海南出版社2006年版,第40页。

段,成为下一步证监会自身改革的重点。

4. 全国多层次资本市场与证券监管分权机制的探索(2005—2011)

(1) 股票发行机制的市场化改革与国有股减持的最终完成

伴随着股市自 2001 年底以来的持续低迷和陆续爆发的上市公司违法违规事件带来的冲击与外界压力,证监会开始反思过去行政过度干预下股票发行体制的弊端,转而寻求更为市场化的发行机制。2003 年 12 月 28 日,证监会发布《证券发行上市保荐制度暂行办法》(现已失效)并从 2004 年 2 月 1 日起施行,宣告由证券公司担任保荐机构,通过旗下的保荐代表人履行辅导发行人、尽职推荐发行人证券发行上市,并持续督导发行人履行信息披露等义务的保荐职责,从过去的证券公司"通道制"转向"保荐制",证监会同时表示只接受由保荐代表人推荐的发行人的证券发行申请。为落实这一新制度,2004 年 3 月 20 日,中国证券业协会举办了首届保荐代表人胜任能力考试,5 月 10 日,证监会公布了我国证券市场首批保荐机构和保荐代表人名单。与此同时,法律层面进行了调整。2004 年 8 月 28 日《证券法》进行了修改,原来的第 28 条"股票发行采取溢价发行的,其发行价格由发行人与承销的证券公司协商确定,报国务院证券监督管理机构核准"修改为"股票发行采取溢价发行的,其发行价格由发行人与承销的证券公司协商确定",12 月 7 日证监会发布《关于首次公开发行股票试行询价制度若干问题的通知》并从 2005 年 1 月 1 日起实施,由此改变证监会核准股票发行价格的传统,开始探索由市场来决定股票发行价格。2005 年 1 月 1 日,中国证券业协会发布《关于废止证券公司推荐发行申请有关工作方案规定的通知》,正式废除了证券公司"通道制",证券(包括债券)发行核准制和保荐制最终被 2005 年 10 月 27 日进行重大修订的《证券法》在法律层面确立。[1] 在操作层面上,原本每次参

---

[1] 2005 年《证券法》第 10 条第 1 款:"公开发行证券,必须符合法律、行政法规规定的条件,并依法报经国务院证券监督管理机构或者国务院授权的部门核准;未经依法核准,任何单位和个人不得公开发行证券。"

第 11 条:"发行人申请公开发行股票、可转换为股票的公司债券,依法采取承销方式的,或者公开发行法律、行政法规规定实行保荐制的其他证券的,应当聘请具有保荐资格的机构担任保荐人。

保荐人应当遵守业务规则和行业规范,诚实守信,勤勉尽责,对发行人的申请文件和信息披露资料进行审慎核查,督导发行人规范运作。

保荐人的资格及其管理办法由国务院证券监督管理机构规定。"

与审核委员名单保密,采用不记名投票运作的证监会股票发行审核委员会机制,在2002年的"王小石事件"[1]之后,也于2003年12月进行了重大改革,不仅对外公布每次参与审核的委员名单和进行股票发行审核的时间,而且简化审核程序,并将委员的投票结果进行备案,大大提升了股票发行审核的透明度,进一步制约了权力腐败和市场寻租机会。这些变革,奠定了证监会引入市场化方式决定股票发行价格,构建更加透明、公平、公开的股票发行机制的基调。尽管2005年之后围绕着如何更合理地构建询价机制、新股网上网下配售/申购机制、完善新股发行信息披露机制与责任约束、强化证券市场中介责职责、提高证券监管效率等方面又进行了多次股票发行机制改革[2],其中某些改革措施效果未尽如人意,证监

---

[1] 2002年3月至9月间,王小石利用担任证监会发行监管部股票发行审核委员会工作处助理调研员的便利条件,通过时任东北证券公司工作人员的林碧介绍,接受福建凤竹纺织科技股份有限公司的请托,通过证监会发行监管部其他工作人员职务上的行为,为凤竹公司在申请首次发行股票的过程中谋取不正当利益,并因此收受请托人通过林碧给予的贿赂款人民币72.6万元,最终被人民法院认定构成受贿罪,被依法判处有期徒刑13年,并处没收个人财产人民币12万元。参见北京市第一中级人民法院(2005)一中刑初字第03580号判决书、北京市高级人民法院(2006)高刑终字第65号裁定书。

[2] 中国进入21世纪至今的新股发行机制改革主要有:
   (1) 2004年12月7日,证监会发布《关于首次公开发行股票试行询价制度若干问题的通知》,在这一方案正式实施前,从2004年8月26日起至2005年1月23日的IPO被暂停。
   (2) 2009年5月22日,证监会发布《关于进一步改革和完善新股发行体制的指导意见(征求意见稿)》,提出了完善询价和审稿的报价约束机制,进一步形成市场化的价格形成机制;优化网上发行机制,将网下网上申购参与对象分开;对网上单个申购账户设定上限;加强新股认购风险提示等多项措施。值得注意的是,为应对2007年年底以来国内股市的大幅下跌和美国2007年次贷危机引发的全球金融危机的影响,证监会于2008年9月16日至2009年7月10日暂停了IPO审核。当重启IPO之后,尽管证监会提出了新股发行机制改革,但在巨大的市场需求下,有限股票发行供给创造了打新股的财富效应,不少创业板股票的市盈率高达上百倍,许多当时入市的投资者后续亏损严重。
   (3) 2010年8月20日,证监会启动新一轮新股发行机制改革,主要措施包括:进一步完善报价申购和配售约束机制;扩大询价对象范围,充实网下机构投资者;增强定价信息透明度;完善回拨机制和中止发行机制。由于在股票发行核准制下新股发行仍然是有限供应,而市场在国家为应对海外金融危机而出台的4万亿投资和适度宽松的货币政策背景下,资金供给充足。尽管上市企业的业绩不佳,但投资者打新股的热潮并未减退,许多新股的发行市盈率仍向百倍以上冲刺。
   (4) 2012年4月1日,证监会提出六项新股发行改革措施并于4月28日发布了《关于进一步深化新股发行体制改革的指导意见》,希望通过适当调整询价范围和配售比例,进一步完善定价约束机制;增加新上市公司流通股数量,缓解股票供应不足;完善对炒新行为的监管措施,维护新股交易正常秩序;强化发行人和相关中介机构的责任等措施改善市场发展状况。然而,炒新行为仍难以控制,投资风险剧增,导致市场出现了较大调整。特

第五章　中国证券监管独立性的检讨与制度完善

会对股票发行价格的影响仍然不可忽视,以及为推进改革,较长时间地暂停新股发行,造成了影响证券市场发展的"堰塞湖"现象等,但证券发行从审批制走向核准制,乃至放松管制,建立适应国情的、市场主导的股票发行价格形成机制,公平地对待所有投资者,已然成为证监会履行证券监管职责,推动中国证券市场发展的一个主旋律。

证监会在推动新股发行机制改革的同时,也启动了多年来始终未得

别是深受金融危机影响的欧美国家股市逐渐走出低迷,股指连创新高,而国内的A股市场却从2009年8月开始一路下跌,连续3年成为主要经济体表现最差市场。在此背景下,证监会于2012年11月16日至2013年12月30日再次暂停了IPO。

（5）2013年11月30日,证监会制定并发布了《关于进一步推进新股发行体制改革的意见》,提出新的改革措施,包括:推进新股市场化发行机制;强化发行人及其控股股东等责任主体的诚信义务;进一步提高新股定价的市场化程度;改革新股配售方式,引入主承销商自主配售机制;加大监管力度,切实维护"三公"原则。

2014年1月12日,证监会紧急发布《关于加强新股发行监管的措施》,明确发行人应依据《上市公司行业分类指引》确定所属行业,并选取中证指数有限公司发布的最近一个月静态平均市盈率为参考依据。如果新股发行市盈率高于同行业上市公司二级市场平均市盈率,发行人需在招股说明书及发行公告中补充说明并提请投资者关注投资风险。实践中,尽管证监会未明确限定发行价格,但发行人为保股票发行顺利"过会",减少补充说明的麻烦,纷纷调低市盈率,使得之后的新股发行普遍采用低于23倍的市盈率。如此操作实际上背离了企业的真实价值,埋下了二级市场炒作的伏笔。

值得注意的是,2013年10月30日,《证券法》修订被列入第十二届全国人大常委会的第一类立法规划;2013年11月15日,十八届三中全会在《中共中央关于全面深化改革若干重大问题的决定》中提出"推进股票发行注册制改革";2015年3月的政府工作报告将"实施股票发行注册制改革"列为年度工作部署;而随着2015年4月进行一读的《证券法》修订草案规定了股票发行注册制的相关条款,这一重大监管制度变革似乎只有一步之遥,证监会及沪深交易所也为此做了人员、操作机制等方面的相关准备。然而进入2015年6月之后,A股市场进入不稳定暴跌,短短20天时间内,指数从5100多点跌至3800点左右,迫使证监会、人民银行等相关部门动用各种力量救治这次股灾。为稳定市场,证监会从2015年7月4日起至11月6日止再次暂停IPO审核。围绕注册制展开的新股发行机制改革暂告一段落。

（6）2015年11月6日,证监会重启新股发行改革工作,同步提出取消新股申购预缴款制度、简化发行审核条件、突出信息披露要求、强化中介机构责任、建立包括摊薄即期回报补偿和先行赔付的投资者保护机制等完善新股发行制度改革措施,并修订了《首次公开发行股票并上市管理办法》等相关规则,从2016年1月1日起施行。

上述措施仍然是在核准制下推进的新股发行改革,然而注意到2015年12月27日,第十二届全国人大常委会第十八次会议通过了《关于授权国务院在实施股票发行注册制改革中调整适用证券法有关规定的决定》,其实施期限为二年,自2016年3月1日起施行,为国务院授权证监会推进股票发行注册制改革提供了法律依据,这一重要的制度变革似乎已经箭在弦上。然而,于股灾之后为减少市场波动而从2016年1月1日起实施的熔断机制,却在短短几天内连续发生了两次,对市场暴跌起到助跌的作用,因其负面影响大于正面相应而被证监会于2016年1月8日起暂停实施,国内股票市场的不成熟和投资者信心的脆弱令证监会重新考虑实施注册制的时机是否成熟,加之"实施股票发行注册制改革"的表述未像2015年的那样,出现在2016年3月两会期间的政府工作报告上,股票发行注册制改革最终因外部条件的不成熟暂缓实施。证监会在新任主席刘士余(2016年2月至今)的带领下,一方面强化审核,加快审批,缓解因之前暂停IPO造成的股票发行申请堰塞湖现象,另一方面加强监管,加大执法力度,大力打击证券市场违法违规行为。

到妥善解决,日益阻碍市场发展的国有股减持问题。2005 年 4 月 29 日,证监会发布《关于上市公司股权分置改革试点有关问题的通知》,正式启动股权分置改革;同年 5 月 8 日,沪深交易所、中国证券登记结算公司联合发布《上市公司股权分置改革试点业务操作指引》;9 月 4 日,证监会发布《上市公司股权分置改革管理办法》。2005 年 6 月 10 日,三一重工股权分置改革方案顺利通过流通股东的投票表决,2008 年 6 月 17 日,三一重工控股股东所持股份全部解禁,成为第一家通过股权分置改革实现全流通的上市公司。在证监会及国资委、财政部等部门的联合推动下,这次的股权分置改革顺利推进。截至 2006 年年底,沪深两市已完成或进入改革程序的上市公司共 1301 家,占应改革上市公司的 97%,对应市值占比 98%,未进入改革程序的上市公司仅 40 家。股权分置改革任务基本完成,悬在 A 股市场头顶的"达摩克利斯之剑"的威胁最终解除,为证券市场大牛市的到来创造了基础性条件。

(2) 证券公司的综合治理与 2005 年《证券法》的重大修改

证券市场的发展离不开证券公司作为金融中介作用的发挥,但长期以来证券公司业务通过"通道制"赚取股票上市辅导费用,以及依靠经纪业务收取高额佣金的业务模式,不仅未能激发其发挥专业作用,反而诱发了挪用客户保证金、内幕交易、操纵市场等各种违法违规行为。在 2001 年年底以来股市的持续低迷中,证券公司持续亏损,行业内普遍挪用客户保证金等问题于 2004 年集中爆发,证券市场的稳定性和可持续性受到了严重威胁。在这种背景下,证监会按照风险处置、日常监管和推进行业发展三管齐下的思路,于当年及时启动证券公司综合治理:一方面联合其他部门,出台被证券公司挪用的客户交易结算资金收购规则[1],保护投资者合法权益与稳定市场秩序,在最终设立证券投资者保护基金[2]的同时,将客户交易保证金的第三方独立存管最终写入 2005 年修订的《证券

---

[1] 例如,2004 年 10 月 15 日,中国人民银行、财政部、银监会和证监会联合发布的《个人债权及客户证券交易结算资金收购意见》;2005 年 1 月 28 日,上述四部委联合发布的《个人债权及客户证券交易结算资金收购实施办法》,以及 2005 年 6 月 30 日,中国人民银行、财政部和证监会联合发布的《关于证券公司个人债权及客户证券交易结算资金收购有关问题的通知》等。

[2] 2005 年 6 月 30 日,中国人民银行、财政部、证监会联合发布《证券投资者保护基金管理办法》并自同年 7 月 1 日起施行;2005 年 8 月 30 日,中国证券投资者保护基金有限责任公司注册成立,9 月 29 日开业,其负责管理主要由证券公司按营业收入的一定比例缴纳的基金,并将基金主要用于在证券公司风险处置过程中对债权人予以偿付。

法》第139条,完成了投资者与证券公司经纪业务交易风险的隔离与法律救济安排,大大提升了投资者的信心;另一方面对陷入困境的证券公司进行风险处置,或进行托管、并购,或进行破产、清盘,规范证券公司业务行为和责任约束,打破过去简单的综合类证券公司和经纪类证券公司两分法,在要求证券公司满足作为金融中介一般条件的基础上根据其从事的业务类别规定了不同的资本金要求和行为规则,建立起更合理和现代化的证券公司分类监管制度,并将其合法合规情况与开展创新业务的资格相挂钩,建立了全新的证券公司监管体制。至 2007 年 8 月底,证监会全面完成了证券公司综合治理任务,这类金融中介的业务不仅被纳入 2005 年修订的《证券法》第 6 章进行规范,也受到了 2008 年 4 月 23 日发布的国务院行政规章《证券公司监督管理条例》《证券公司风险处置条例》的调整,成为面貌一新、监管较为到位的金融机构。

在各项改革取得逐步成效的同时,制定于 1998 年的《证券法》于 2005 年 10 月 27 日与《公司法》一起进行了重大修订。通过这次修订,不仅两法的调整范围和条文结构有了更合理的安排,进一步奠定了《证券法》作为资本市场基本法的地位,而且在新法当中,确立了上述各改革的法律地位,还从制度上保证上市公司质量,规范交易制度,拓宽资金入市渠道,规范收购上市公司制度,明确证券交易所监管地位,加强证券公司管理防范金融风险,完善证券登记结算制度,加强证券中介机构管理,约束监管部门准司法权,增强证券违法行为处罚的可操作性,全面改善资本市场的法制环境。[1] 在这种改革和法制新气象的共同作用下,加上多年经济的持续高速发展及整体宽松的资金供应形成的良好气象,已持续低迷多年的 A 股市场迎来了历史上难得的大牛市。上证指数从 2005 年 6 月 6 日的 998.23 点历史低位,一路攀升至 2007 年 10 月 16 日的 6124.04 点这一历史最高点,许多股票价格连连翻番,缔造了人人都是"股神"的罕见财富效应,市场再现全民炒股[2]的盛况,交易一片红火。然而,这次长达两年的大牛市固然有企业经营向好,估值上升带来的股价上涨,以及上述改革根本性地改善了投资环境,各路资金在放松管制的背景下投资信心增强,看好股市未来发展的合理因素在内,但在股市造富效应下,滋生

---

[1] 参见《修改工作小组组长许健独家解读证券法》,2005 年 11 月 7 日,资料来源:和讯网,http://stock.hexun.com/2005-11-07/100323643.html,最后访问时间 2016 年 12 月 10 日。
[2] 2007 年 5 月 30 日,中国股市的开户总户数历史性地突破 1 亿户,达到了 10027 万户。

了背离企业经营基本面,疯狂参与买股,妄图一夜暴富,死了都不卖的股民心理,同时也蓄积了一股做空市场的力量。为遏制过热的炒股行为,避免发生系统性风险,财政部突然于 2007 年 5 月 30 日凌晨将证券交易印花税由现行 1‰调整为 3‰,令市场措手不及,被解读为政府将重拳出击股市的强烈信号,由此导致当天沪深两市股指大跌,900 余只股票跌幅超过 9%。尽管股市在"5·30"的大跌之后又有所回升,甚至上证指数最终被拉升到 6124.04 点的历史顶点,但得以支撑股价持续上涨的力量已是强弩之末,股价炒高之后做空力量的反扑,以及进入 2007 年下半年以来,美国次贷危机的爆发并最终于 2008 年 9 月演化成影响全球的金融危机,客观上导致企业经营环境的恶化和业绩增长的不可持续,加上证券市场内的资金抽离转向房地产市场投资,内外因素的综合作用最终酿就了 A 股市场持续下跌的势头。[1]

2008 年 4 月 15 日,证监会在其网站发文称,为确实保护投资者利益,维护市场稳定和安全运行,各地证监局正部署维护股市稳定工作;证监会更在之后的监管工作中不断提及维护股市稳定事宜;2008 年 4 月 24 日,经国务院批准,财政部、国家税务总局决定即日起将股票交易印花税税率重新调回 1‰;2008 年 7 月,当上证指数跌破 3000 点重要关口之后,新华社于 7 月 1 日发表了《关于中国股市的通信》,对当前的宏观经济和股市进行了积极的解读[2];7 月 14 日,人民日报以《全力维护资本市场稳定运行》为主旨,用一个整版篇幅探讨维护资本市场稳定的问题。[3] 2010 年 5 月份,面对股市跌跌不休的状况,人民日报一个月内连发七篇有关股市的重要文章,指出中国经济增长率和上市公司业绩增幅领先全球,股市却屡创全球跌幅之最,已成为名副其实的反向指标或反向"晴雨

---

[1] 上证指数于 2008 年 10 月 28 日下探到 1664.93 的新阶段历史低点,这之后股市进入了漫漫长熊期,从 2008 年至 2014 年年底,上证指数未突破 2009 年 8 月 4 日的 3478.01 的点位,始终在 2000—3000 点之间徘徊;及至进入 2015 年之后,在人造牛市的政策推动下,上证指数重新走出一波上涨行情,最高到达 2015 年 6 月 12 日的 5178.19 历史新高点,但很快因 2015 年 6—7 月的股灾归于平静。从那时起至今,上证指数开始了新一轮下跌,在 2016 年 1 月初的两次市场熔断之后于 2016 年 1 月 27 日创出 2638.30 的历史低点,此后上证指数虽有所上升,但长期盘旋在 3000 点上下,再难重现五六千点的牛市盛况。
[2] 《新华视点:关于中国股市的通信》,2008 年 7 月 1 日,资料来源:新华网,http://news.xinhuanet.com/newscenter/2008-07/01/content_8471347.htm,最后访问时间 2016 年 12 月 20 日。
[3] 《人民日报专题报道全力维护资本市场稳定运行》,2008 年 7 月 15 日,资料来源:人民网,http://finance.people.com.cn/GB/1045/7514537.html,最后访问时间 2016 年 12 月 20 日。

表",并指出股市下跌只是短暂回调,这些内容被业内解读为意在传递"管理层的维稳意图"[1],但5月份上证指数仍以下跌9.7%收官。诸如上述,由监管者发出的种种旨在传递利好,维护股市稳定的举措,并未像之前屡试不爽的社论引导那样,实质性地扭转A股向下的格局,这种依靠行政力量干预股市走向效果的变化,无疑给监管者敲响了一记警钟。当证券市场的发展逐步从行政主导向市场主导转型,打开了市场化的发展窗口之后,监管者可能需要调整其惯常的监管思路与举措,更契合市场发展规律地履行其监管证券市场的职责,否则行为的结果可能适得其反或者收效甚微。

（3）全国多层次资本市场建设的探索

在这个阶段,证券市场的发展突破了原来只有沪深两个主板市场,单一股票现货交易的局限,开始展开关于多种类的证券品种、多元化的交易方式以及多层次的资本市场的探索,为我国证券市场的纵深发展拓展空间。2005年进行重大修订的《证券法》为这一多层次资本市场的建设提供了坚实的法律保障,例如将证券法的调整范围从股票债券拓展到证券衍生品、国务院依法认定的其他证券;通过"国家另有规定的除外"这一例外条款,对分业经营中出现的混业经营给予法律支持;规定证券不仅可以在依法设立的证券交易所上市交易,还可以在国务院批准的其他证券交易场所转让;规定在证券交易所的交易方式为公开的集中交易方式或者国务院证券监督管理机构批准的其他方式;规定证券交易可以以现货和国务院规定的其他方式进行;修改限制性条款,拓宽合法资金入市渠道,规定国有企业或国有控股企业买卖上市交易的股票的守则;等等。在《证券法》提供的法律保障之下,证监会开始了我国多层次资本市场建设的探索。2006年1月16日,经证监会同意,证券业协会发布《证券公司代办股份转让系统中关村科技园区非上市股份有限公司股份报价转让试点办法（暂行）》等8份文件,开始筹备代办股份转让系统（"新三板"）;同日,证券业协会授予中信证券等11家公司报价转让业务资格,发布股份转让备案公告,由申银万国证券推荐的两家公司正式在这个系统挂牌交易;2006年3月,第十届全国人大第四次会议通过的"十一五"规划提出"建立多层

---

[1]《人民日报连发七文维稳 口头维稳难改下跌趋势》,2010年6月3日,资料来源:凤凰网,http://finance.ifeng.com/stock/jshq/20100603/2270044.shtml,最后访问时间2016年12月20日。

次市场体系,完善市场功能",2007年年初证监会牵头与相关部委成立资本市场改革发展工作小组,随后起草并报国务院同意了《推进多层次资本市场总体方案》,创业板筹备进入最后阶段。2009年3月31日,证监会发布《首次公开发行股票并在创业板上市管理暂行办法》,7月1日,证监会发布实施《创业板市场投资者适当性管理暂行规定》,投资者可从7月15日起办理创业板投资资格,10月23日,创业板举行开板启动仪式,10月30日创业板正式推出,至此,由证监会主导的多层次资本市场建设取得初步成效,形成了包括主板、中小板、创业板以及中关村股转系统在内的多层次资本市场。而在交易品种上,证监会也进行了一系列推进工作。2007年8月14日,证监会发布实施《公司债券发行试点办法》,9月24日,长江电力股份公司依据该法发行了第一次公司债券,从此为公司开辟了不同于国家发展改革委员会主导的企业债券的融资途径,成为日后重要的直接融资市场。2008年10月5日,证监会宣布启动融资融券试点,并为此开展了各项准备工作;2010年1月8日,国务院原则上同意开展融资融券业务试点,这项业务进入实质性启动阶段;同年3月30日,沪深交易所正式推出融资融券业务,之后作为转融通主体的中国证券金融公司于2011年10月28日成立,融资融券的运作模式和配套系统最终完成。而在股指期货方面,中国金融期货交易所于2006年9月8日正式揭牌,在经过多年的筹备和论证之后,于2010年4月16日推出首只交易品种——沪深300股指期货,为市场管理风险提供了更丰富的工具。

(4) 证券监管分权的探索与证监会管理机制的调整

如上所述,随着证券市场的发展,各种违法违规行为的发生也日益增多,在2001年年底以来的股市下行过程中,这种现象更加突出,作为证券市场监管者的证监会,受制于1998年制定的《证券法》赋予的职权和有限的执法手段,在查处违法违规行为时显得捉襟见肘;而在随后的处置证券公司挪用客户保证金风险,对证券公司进行综合治理的过程中,这种因执法手段不足带来的问题更加突出。也因此,2005年修订的《证券法》一个重要的任务就是肯定监管机构的职权并赋予其新的强有力的执法手段。在这次修法中,证监会获得了更丰富的执法权限(2005年《证券法》第180条),例如进入涉嫌违法行为场所调查取证;查阅、复制与被调查事件有关的财产权登记、通讯记录等资料;经证监会主要负责人批准,可以冻结或查封涉案财产或重要证据[1],而不必再申请司法机关进行;经证监会主要负责人批准,可以在一定期限内限制被调查案件当事人的证券买卖等。与此同时,2005年《证券法》第185条还规定了证监会应当与国务院其他金融监督管理机构建立监督管理信息共享机制,要求证监会依法履行职责,进行监督检查或调查时,有关部门应当予以配合,从法律上给予了必要的保障,有利于其更好地履行证券监管职责。

随着证券市场的纵深发展,证监会在执法工作上的投入随即增多,为更好地履行职责,证监会对其执法体制进行了重大调整。2006年10月26日,新一届行政处罚委员会成立,专门负责行政违法违规案件的审理,2007年4月18日,证监会发布《行政处罚听证规则》,逐步建立规范的行政处罚机制[2];2007年3月8日,证监会下发《关于组建第四届行政复议委员会的通知》,进一步改革行政复议委员会制度,吸收市场人士担任委员,实行委员决议制;在2002年的"查审分离"制度的基础上,进一步调整行政执法队伍。2007年11月,证监会将稽查一局、稽查二局合并为稽查局(首席稽查办公室),成立稽查总队,核定编制为170名,另外增加派出机构稽查编制110名,最终总稽查人员编制达到600名左右,大大增强了执法力量。2009年1月8日,证监会发布《关于稽查工作分工协作的指导意见》,要求按照"统一指挥、科学分工、切协同、三位一体、快速反应"的原则开展稽查执法工作,坚决打击违法违规行为。2010年10月,证监会决定在上海、广东、深圳证监局开展派出机构行政处罚试点,将辖区内案情简单、规则明确、影响较小、能够快速结案的自立案件,由试点单位负责调查和审理处罚。[3] 由此,形成稽查局(首席稽查办公室)、稽查总队和派出机构稽查力量分工协作,行政处罚委专司审理的执法架构。

在调整证券执法权限,进行更合理分工的同时,面对证券市场规模扩大、层次丰富而带来的更多证券监管需求,证监会也开始探索相关监管职权的分工协作。在2005年《证券法》修改之际,其实早已体现出这种监管分权的思路和法律规范。例如将原本由证监会核准的证券上市交易、暂

---

[1] 2005年12月30日,证监会发布《中国证券监督管理委员会冻结、查封实施办法》,并自2006年1月1日起实施。
[2] 2008年1月20日,证监会聘请首批30位专家担任行政处罚咨询专家,为行政处罚工作提供专业咨询意见。
[3] 为此,证监会于2010年10月26日发布了《中国证券监督管理委员会派出机构行政处罚试点工作规定》。

停上市交易、终止上市交易的权责交回给证券交易所,表明在制度上我国的证券监管体制正开始向成熟市场经济国家的资本市场监管体系演进。[1] 在监管实务中,除了上述的证券执法分权外,证监会逐步将一些审核权限授权派出机构行使,充分调动其积极性,建立多层次的监管机制。例如,2008年8月19日,证监会发布公告,授权各派出机构于9月1日起审核辖区内期货公司董事长、监事会主席、独立董事、总经理、副总经理任职资格;同年12月19日,证监会发布公告,授权各派出机构自2009年1月1日起审核基金管理公司在该辖区内设立分支机构事宜;2011年3月1日,证监会再次授权各派出机构审核变更公司章程重要条款等5项证券公司行政许可事项;等等。

经过证券公司综合治理的淬炼和2007年股市登顶之后的多年持续下跌的冲击,如何更好地保护投资者合法权益,维护其对资本市场的信心,避免发生系统性风险,逐渐成为证监会监管工作的重要目标之一。除了上述的在证券公司综合治理过程中建立了证券投资者保护基金,证监会于2007年12月26日正式开通了中国证券投资者保护网[2],担负起投资者教育的职责;2011年,证监会取法海外治理金融危机的经验,建立投资者保护局,专门负责监管层面的投资者保护相关事宜。

此外,在这个阶段,证监会作为负责证券监管的行政职能部门,回应中共中央、国务院于2008年3月3日发布的《关于深化行政管理体制改革的意见》等行政管理体制改革的内容,强化了其内部治理,并进一步规范其职权行使和信息透明度,逐步向更为现代和先进的证券监管机构迈进。例如,2008年4月28日,证监会对外推出了其关于2007年工作的首份年报,此后定期对外公布年报成为常规事项,成为外界了解和评价证监会工作的有力媒介;2009年3月10日,证监会发布《证券期货规章草案公开征求意见试行规则》,规范其立法行为;同年8月10日,证监会发布《中国证监会工作人员行为准则》,约束其工作人员的行为;2009年12月16日,证监会发布《中国证券监督管理委员会行政许可实施程序规定》,2010年1月5日,证监会首次在官方网站上公示证券机构行政许可申请

---

[1] 参见2005年《证券法》第48、55、56、60、61条等。由于股票发行并上市交易的联动,以及因壳资源的宝贵,长期未实施真正的退市,这些规定的推出并未如法律规定的那样得到严格和最终的实施,这种状况在下一阶段的证券市场发展和监管改革中有所改善。

[2] 2016年5月26日,"中国证券投资者保护网"正式更名为"中国证券投资者保护基金有限责任公司",网站域名为www.sipf.com.cn。

受理及审核情况,这些措施进一步规范了证监会行政许可职权的行使及其透明度,有助于对证券监管权形成必要的法律约束并提升申请人的预期,对证券市场的良性发展提供有力的保障,是证券市场监管上的极大进步。

5. 全国多层次资本市场的形成和证券监管分权与协作机制的发展(2012至今)

(1) 股票发行制度的新一轮改革

在这个阶段,证券市场在短短几年时间内迎来了三位证监会主席,分别为郭树清(2011.10—2013.3)、肖钢(2013.3—2016.2)、刘士余(2016.2至今),其执政各有侧重并对证券市场的发展产生了重要影响。

股票发行制度改革始终是关系证券市场发展的重头戏,也因此成为证券监管的首推事项。2012年4月28日,证监会发布《关于进一步深化新股发行体制改革的指导意见》,启动新一轮股票发行制度改革,但由于随后的市场调整冲击,证监会于2012年11月16日至2013年12月30日暂停IPO审核,由此积压了一批拟申请上市融资的企业。2013年11月30日,证监会制定并发布《关于进一步推进新股发行体制改革的意见》,开始解冻IPO审核,但为遏制市场炒新行为,证监会于2014年1月12日紧急发布《关于加强新股发行监管的措施》,造成了之后发行人为保股票发行申请顺利过会,有意将股票市盈率锁定于23倍之下的操作,客观上反而更助长了"打新"热潮和二级市场的炒作,证监会的调控未取得预期效果。自2009年以来股市的持续低迷很大程度上损害了投资者的利益并挫伤了他们对资本市场的信心,而股票发行制度改革屡次难见积极成效,既阻碍了企业的融资需求,也使市场因这一体制性问题而难有良好气象,为此需要政府和监管者共同努力,寻求有效对策。

2013年10月30日,《证券法》修订被列入第十二届全国人大常委会的第一类立法规,启动了自1999年以来最重要的一次修改。2013年11月15日,十八届三中全会在《中共中央关于全面深化改革若干重大问题的决定》中提出"健全多层次资本市场体系,推进股票发行注册制改革,多渠道推动股权融资,发展并规范债券市场,提高直接融资比重",指明了未来资本市场的发展方向。2013年12月25日,国务院办公厅发布了《关于进一步加强资本市场中小投资者权益保护工作的意见》,强调了保护中小投资者权益的重要性与工作要点;2014年5月8日,国务院发布《关于进一步促进资本市场健康发展的若干意见》,规划了"发展多层次股票市场""规范发展债券市场""培育私募市场""推进期货市场建设""提高证券期货服务业务竞争力""扩大资本市场开发""防范和化解金融风险""营造资本市场良好发展环境"九大方面的资本市场发展思路,这一"新国九条"被誉为资本市场的又一发展纲领,成为证监会部署监管工作的重要指导。随着国家大政方针对股票发行注册制改革的首肯,这一改革内容迅速成为2014年、2015年政府工作报告的重点工作部署,由此也成为证监会的工作重点。在2015年1月15—16日召开的全国证券期货监管工作会议上,时任证监会主席肖钢表示,"积极稳妥地推进股票发行注册制改革",其总的目标是"建立市场主导、责任到位、披露为本、预期明确、监管有力的股票发行上市制度",同时"加快监管转型,强化事中事后监管"。[1] 2015年3月,《证券法》修改草案进行一读,股票发行注册制改革的条款被写入其中,引起各方热议;而为推动股票发行注册制改革,证监会及沪深交易所也为此做了人员招募、操作机制设计等多方面的准备。[2] 这项彰显简政放权,强调市场主导并将带来监管从事先向事中事后转型的重大改革已然启动。然而,2015年6月A股市场发生巨大动荡,上证指数在短短20日之内从5100点下跌至3800点左右,引发恐慌与股灾。在证监会及相关部门动用各种力量救治这次股灾时,为稳定市场,证监会于2015年7月4日至11月6日止再次暂停IPO审核,股票发行注册制改革暂告一段落,但因这种改革影响而造成的IPO堰塞湖现象却日益严重。[3] 建立契合国情和符合市场发展阶段的股票发行制度,尽快恢复市场融资功能,成为摆在证监会面前的重大课题。为此,证监会于2015年11月6日重启新股发行改革工作,但因尚未有上位法的授权,改革采用在原来的核准制监管框架下进行,并修订了《首次公开发行股票并上市管理办法》等相关规则,于2016年1月1日起施行。值得注意的是,2015年

---

[1] 《聚焦监管转型提高监管效能——肖钢同志在2015年全国证券期货监管工作会议上的讲话》,2015年1月15日,资料来源:证监会官网,http://www.csrc.gov.cn/pub/newsite/zjhxwfb/xwdd/201501/t20150116_266708.html,最后访问时间2016年12月20日。
[2] 参见《上交所疯狂招人剑指注册制》,2015年2月11日,资料来源:凤凰财经,http://finance.ifeng.com/a/20150211/13498453_0.shtml,最后访问时间2016年12月20日。
[3] 据统计,截至2015年8月2日,证监会IPO受理首发企业高达806家,而在此IPO排队企业数量达到近800家的,则要追溯到2012年11月了。从2012年以来的不断进行的新股发行改革和时有中断的IPO审核,已使证券市场的融资功能受到重大影响,并使申请企业承担了巨大的财务和时间成本。

12月27日,第十二届全国人大常委会第十八次会议通过了《关于授权国务院在实施股票发行注册制改革中调整适用证券法有关规定的决定》,其实施期限为二年,自2016年3月1日起施行。这一决定的通过为国务院授权证监会推进股票发行注册制改革提供了法律依据,证监会似乎由此可大力推进这一改革的落地。然而,2016年1月初A股市场短期内两次熔断与千股跌停的股市暴跌局面,让监管者意识到国内证券市场环境的不成熟和维护股市稳定的重要性,也因此,尽管未予明确否定,但2016年1月13日证监会新闻发言人邓舸答记者问时已指出,"实施注册制改革将坚持循序渐进,稳步实施的原则,处理好改革的节奏、力度与市场可承受度的关系;坚持统筹协调,守住底线的原则,及时防范和化解市场风险。注册制改革是一个循序渐进的过程,不会一步到位,对新股发行节奏和价格不会一下子放开,不会造成新股大规模扩容"[1],暗含着股票发行注册制不会立即推出。随着2016年3月5两会期间的政府工作报告不再像往年那样写入"股票发行注册制",而是代之以"推进股票、债券市场改革和法治化建设,促进多层次资本市场健康发展,提高直接融资比重"以及3月12日,刚上任不久的证监会主席刘士余在十二届全国人大四次会议记者会上表示,今后中国资本市场的制度建设要借鉴国际上的成功做法和经验,但每一项改革必须牢牢立足中国国情。作为资本市场顶层设计,股票发行注册制要搞,但这需要一个较长的时间,注册制改革不能"单兵突进"[2],被认为将会带给证券市场监管重大变革的股票发行注册制改革渐渐归于沉寂。证监会随后采用严格核查IPO申请企业的财务状况等发行条件[3]和加快IPO审核步伐的做法,一定程度上来缓解股票发行

---

[1]《证监会新闻发言人邓舸答记者问》,2016年1月13日,资料来源:http://www.csrc.gov.cn/pub/newsite/zjhxwfb/xwdd/201601/t20160113_289881.html,最后访问时间2016年12月20日。

[2] 参见《刘士余:资本市场改革必须立足国情》,中国证券报2016年3月14日,资料来源:证监会官网,http://www.csrc.gov.cn/pub/guangdong/ztzl/mtbd/201603/t20160314_294200.htm,最后访问时间2016年12月20日。

[3] 参见《证监会集中公布17家终止审查首发企业情况》,2016年6月17日,资料来源:证监会官网,http://www.csrc.gov.cn/pub/newsite/zjhxwfb/xwdd/201606/t20160617_299005.html;"证监会集中公布56家终止审查首发企业情况",2016年11月4日,资料来源:证监会官网,http://www.csrc.gov.cn/pub/newsite/zjhxwfb/xwdd/201611/t20161104_305454.html,最后访问时间2016年12月20日。

申请的"堰塞湖"问题。[1] 尽管证券市场融资的功能正在逐步恢复中,但未来如何摆正监管者与市场的关系,构建市场主导的股票发行机制,建立以事中事后监管为主的证券监管体制,仍是中国证券市场发展的核心课题。

(2)证券公司的创新发展与多层次资本市场的最终形成

经过2004—2007年的综合治理,证监会治下的证券公司逐步走上规范的道路,2010年7月14日,证监会首次公开披露证券公司分类评价结果,建立起了一定的激励约束机制。然而,随着运作的规范化,这类传统上靠保荐和经纪业务赚取收入的金融中介,由于IPO审核的时有暂停和股市多年的低迷,面临着发展的困境。为此,在规范运作的基础上,证监会启动了鼓励证券公司创新发展的工作。2012年5月,刚上任不久的证监会主席郭树清主持召开证券公司创新大会,通过了《关于推进证券公司改革开放、创新发展的思考与措施》,在其中提出了鼓励证券公司创新发展的11项措施。在这个会议精神的指引下,证监会推出多项证券公司业务创新举措,由此拓展了证券公司的业务范围和盈利空间,主要有:2012年8月31日,证监会发布《关于规范证券公司参与区域性股权交易市场的指导意见(试行)》;2012年10月19日,证监会发布新的《证券公司客户资产管理业务管理办法》及其配套实施细则,证券业协会同日发布《证券公司客户资产管理业务规范》,以向证券业协会的备案制取代之前的证监会审批制,大大促进了证券公司资产管理业务的发展;2012年12月,证券公司柜台交易启动;2013年2月28日,在融资融券业务推出近三年之后,转融券业务启动;2014年5月15日,证监会发布《关于进一步推进证券经营机构创新发展的意见》,同年9月16日发布《关于进一步推进期货经营机构创新发展的意见》等。这些积极的举措为证券公司做大做强提供了强大的法律支持和良好的发展环境,更好地激发了其作为金融中介服务于证券市场的健康发展。

伴随着证券市场改革和发展的逐步深入,多层次资本市场的建设在这个阶段得到更大的推进,股票之外的其他新金融产品与服务也随之出现,为企业和投资者提供了更好的资金融通工具。(1)在股票市场方面,除了上述的股票发行制度改革之外,证监会于2013年11月30日发布

---

[1] 参见《刘士余:用两三年时间解决IPO堰塞湖》,2017年2月10日,资料来源:财新网,http://finance.caixin.com/2017-02-10/101053900.html,最后访问时间2017年2月20日。

《关于在借壳上市审核中严格执行首次公开发行股票上市标准的通知》,逐步统一借壳上市与 IPO 的标准,避免制度套利。而面对 2011 年以来陆续查处的胜景山河、绿大地、万福生科、海联讯、欣泰电气等 IPO 欺诈发行案件,证监会加大了证券公司失职履行保荐职责的处罚,并探索建立了其在虚假陈述案件中承诺先行赔付的安排,以更好地保护投资者的合法权益;面对多年来公司上市有进无退,导致爆炒壳资源,市场无法发挥优胜劣汰作用的状况,证监会于 2014 年 11 月 16 日开始实施《关于改革完善并严格实施上市公司退市制度的若干意见》,沪深交易所随之出台了配套规则。2016 年 7 月 8 日证监会完成对欣泰电气欺诈上市的行政处罚之后,随之启动对它的强制退市程序[1],成为第一起根据新规被强制退市的案例。(2) 拓展证券市场其他融资途径。如上所述,股票发行制度改革不畅加上 IPO 审核时有暂停,影响了证券市场的融资功能。为更好地满足企业的融资需求,证监会一方面鼓励企业到境外资本市场上市[2],另一方面积极拓展国内证券市场的其他融资渠道:例如证监会在国务院于 2013 年 11 月 30 日发布《关于开展优先股试点的指导意见》之后,于 2014 年 3 月 21 日发布实施《优先股试点管理办法》,为市场提供了股债之外的新融资工具;证监会于 2015 年 1 月 15 日发布实施新的《公司债券发行与交易管理办法》,降低了公司债券的发行难度并创设了面向合格投资者的债券公开发行制度("小公募"),由于采用由证券交易所初审并简化债券核准程序,债券的市场规模得到迅猛发展并成为在股票 IPO 暂停时期企业最重要的直接融资工具。(3) 推动发展各类新金融工具/业务,扩大资本市场开放,进一步丰富市场选择。例如,2014 年 7 月 4 日,证监会发布通知批准中国金融期货交易所开展国债期货交易,9 月 6 日,阔别 18 年的国债期货交易正式重启;2014 年 11 月 19 日,证监会发布实施《证券公司及基金管理公司子公司资产证券化业务管理规定》及其相关规则,由于进一步明确资产证券化各方的权利义务并采用由证券投资基金业协会备案管理的方式取代之前的证监会审批制,大大提高了市场

---

[1] 参见《欣泰电气欺诈发行正式作出处罚启动强制退市程序》,2016 年 7 月 8 日,资料来源:证监会官网,http://www.csrc.gov.cn/pub/newsite/zjhxwfb/xwdd/201607/t20160708_300469.html,最后访问时间 2016 年 12 月 20 日。
[2] 参见《中国证监会大力改革境外发行上市制度并公开审核要点和审核进度》,2015 年 5 月 22 日,资料来源:证监会官网,http://www.csrc.gov.cn/pub/newsite/zjhxwfb/xwdd/201505/t20150522_277657.html,最后访问时间 2016 年 12 月 20 日。

运用的积极性;2015年1月9日,证监会发布《股票期权交易试点管理办法》并批准上海证券交易所开展股票期权交易所试点,2月9日上证50ETF期权正式上市交易;2014年11月17日,证监会正式启动了"沪港通",经过一年多的准备,证监会于2016年12月5日推出了"深港通";等等。(4)推动多层次资本市场建设的初步完成。这一方面最引人注目的是全国中小企业股份转让系统("新三板")的创设与发展。2012年8月,中关村股转系统经国务院批准,扩大非上市股份公司股份转让试点从中关村园区增至上海张江高新技术产业开发区、武汉东湖新技术产业开发区和天津滨海高新区。同年9月,在中关村股转系统的基础上成立了全国中小企业股份转让系统并设立了负责管理的全国中小企业股转系统公司。2013年1月16日,全国中小企业股份转让系统正式揭牌运营。2013年12月13日,国务院发布《关于全国中小企业股份转让系统有关问题的决定》,明确全国中小企业股份转让系统是经国务院批准的全国性证券交易场所,其主要为创新型、创业型、成长型中小微企业发展服务。2013年12月26日,证监会发布新修订的《非上市公众公司监督管理办法》,随后全国中小企业股份转让系统挂牌企业从试点区域拓展到全国;2016年5月27日,全国中小企业股转系统公司发布《全国中小企业股份转让系统挂牌公司分层管理办法(试行)》,并从6月27日起对挂牌公司实施创新层、基础层的分层管理。截至2016年年底,在全国中小企业股份转让系统的挂牌公司已达10163家,其中创新层公司952家,基础层公司9211家,总市值约4.06万亿元,3939家挂牌公司完成5894次股票发行,融资2749.17亿元[1],成为中小微企业重要的挂牌交易场所。至此,我国完成了多层次资本市场的构建,包括主板、中小板、创业板、全国中小企业股转系统、由地方政府批准设立的区域性股权交易市场以及各类产权交易所。[2]

---

[1] 资料来源:全国中小企业股份转让系统官网,http://www.neeq.com.cn/node/141.html,最后访问时间2017年1月20日。
[2] 2015年6月11日,国务院在其发布的《关于大力推进大众创业万众创新若干政策措施的意见》中提出"推动在上海证券交易所建立战略新兴产业板",旨在为高科技产业提供新的融资平台和为中概股提供一个回归通道,上海证券交易所为此展开了积极的准备。然而,由于2015年6月发生的股灾导致证券市场表现不佳,监管层随后转入救市和违法违规行为的查处,加上"战略新兴板"建设未能如预期地写入"十三五"规划纲要,这一市场的筹建最终胎死腹中。

(3) 2015年的股灾及其对证券监管的挑战

2015年3月,"大众创业、万众创新"被写入了当年的政府工作报告,成为中央政府借以推动中国经济继续前行的"引擎"。同年6月11日,国务院发布《关于大力推进大众创业万众创新若干政策措施的意见》,部署落实"大众创业、万众创新"的各项举措。在这一阶段,证监会积极对外传递监管层对市场未来的积极看法,肯定市场改革和创新取得的成绩,加大放松管制的力度,营造了"改革牛""政策牛"的市场氛围。在监管层的积极推动和利好政策的引导下,已在3000点左右徘徊多年的国内股市一路攀升,在短短的半年多时间内走出5100点的高位,再现全民炒股的空前景象,许多股票遭到爆炒,价格屡创新高,严重背离经济基本面,市场风险节节攀升。从2015年6月15日,A股市场陷入大跌,短短三周时间其市值大跌15万亿元,上证指数下跌30%,形成不折不扣的大股灾。由于许多入市资金系经由各种配置加高倍杠杆而来,股市再下跌的后果将导致颠覆性的系统性风险,证监会与中国人民银行等相关部委随后展开了"救市"行动。实践中为解决股灾救助资金来源、稳定投资者对市场信心的问题,采用了由主要证券公司出资联合救市,以及由中国人民银行向中国证券金融公司提供无限流动性支持的做法。这种有别于传统金融危机救治方式的做法,凸显出作为证券市场监管者的证监会缺乏寻求央行资金最终支持,以有效处置金融危机的法律依据或制度安排的重大缺陷,也暴露了证监会未能建立与其他部委之间有效的信息共享机制,及早发现和预警金融风险并通过法律授权对属于证券业务的活动给予有效规制的分业经营监管的缺陷。这种监管制度上的重大缺陷在2016年的"宝万之争"中关于保险资金投资范围与上市公司治理等问题上都有重现。如何在经济生活中混业经营日益普遍的环境中建立更有效的证券监管机制,是未来横亘在证监会面前的一大主题,这一问题的有效解决,将关系证券市场的安全与稳定,已刻不容缓。

在郭树清、肖钢任职证监会主席期间,放松管制,还权市场,围绕股票发行注册制改革,调整证监会监管方式,从注重事前监管转向事中事后监管是主要的工作重点。为此,证监会展开了一系列下放和分享权限的工作,由行业协会承担起比之前更多的证券监管职责。例如,将小公募公司债券的发行上市申请资料初审权下放给证券交易所行使;将企业资产证券化和私募股权基金的备案交给证券投资基金业协会履行,等等。而随着2015年股灾的发生、部分参与救市的证券机构及其人员利用这一机会谋取暴利等违法违规行为的曝光,以及2016年年初两次股市非理性熔断带来的冲击,证监会尽管在总体上仍遵循中央政府关于行政体制改革的大政方针,于2016年10月14日发布《关于贯彻执行〈法治政府建设实施纲要(2015—2020年)〉的实施意见》,继续保持简政放权的证券监管改革方向,但进入2016年2月之后,随着肖钢的去职和新任主席刘士余的到来,证监会的工作重点转向执法领域,在短短的一年时间里,不仅部署了多次专项执法行动,查处了50多起大案要案,而且于2016年10月13日与中国人民银行、国家发改委等15个部门联合发布《股权众筹风险专项整治工作实施方案》,加强了对互联网金融中违法违规行为的查处,以至于2016年被形容为"监管年""执法年"。而根据2017年2月召开的全国证券期货监管工作会议的内容,深化依法全面从严监管依然是其工作重心[1],未来国内的证券市场如何在这种常态化的从严监管背景下进行发展,是一个值得关注的问题。

(4) 证监会监管治理的重大推进

就证监会本身而言,其监管治理也有了进一步的发展。除了上述的顺应放松管制潮流,下放部分监管权限至证券业协会、证券投资基金业协会、证券交易所等自律组织和各地证券监管局进行行使,取消一些与法无据的行政许可[2]并公开透明仍由证监会行使的行政许可事项的内容与程序要求外,证监会也进一步完善了其监管治理:a. 采取必要措施,避免部门/岗位利益固化或以权谋私等违规行为发生。自2011年10月郭树清到任之后,就开始推动干部轮岗,2012年4月第一批轮岗交流的涉及具有行政许可职能及配套启动的其他部门及单位共19个,干部40名已陆续到位,这种轮岗制度未来将有计划进行,形成制度。[3] 2014年3月28日,证监会发布了《中国证监会行政许可和监管执法事项不当说情备案规定(试行)》;2015年11月24日,证监会为落实《关于进一步规范发

---

[1] 参见《2017年全国证券期货监管工作会议在京召开》,2017年2月10日,资料来源:证监会官网,http://www.csrc.gov.cn/pub/newsite/zjhxwfb/xwdd/201702/t20170210_310621.html,最后访问时间2017年2月20日。

[2] 例如,实施多年的证券保荐代表人审批于2014年10月被取消,但相关的保荐代表人资格考试仍由中国证券业协会组织进行。

[3] 参见《证监会首批轮岗涉及19个部门40人干部已陆续到位》,2012年4月23日,资料来源:和讯网,http://stock.hexun.com/2012-04-23/140680496.html,最后访问时间2016年12月20日。

行审核权力运行的若干意见》,发布实施了《关于加强发行审核工作人员履职回避管理的规定》和《关于加强发审委委员履职回避管理的规定》,2017年1月14日证监会对这两个规定根据实践情况的反馈进行了修订,进一步完善履职回避情形,增强了制度的覆盖面和有效性;2015年12月11日,证监会发布实施《中国证监会稽查办案十项禁令》,为证券执法活动的公正高效保驾护航。b. 为推进监管转型,强化执法在证券监管中的重大作用,证监会不断充实执法力量,完善其执法机制。2012年12月27日,证监会批准稽查总队设立第六、第七支队,规模问各50人,分驻上海和深圳,在稽查总队集中统一办案的体制框架内,负责查处上海、深圳及周边区域的证券期货违法违规案件。2013年8月,时任证监会主席肖钢在《求是》杂志发表署名文章《监管执法:资本市场健康发展的基石》,高度肯定了执法在证券监管中的重要性并提出建立"主动型""高效型""制约型"和"紧密型"执法机制的构想。2013年8月24日,证监会发布《中国证监会关于进一步加强稽查执法工作的意见》,进一步完善了稽查执法工作。2014年12月12日,证监会发布《中国证监会委托上海、深圳证券交易所实施案件调查试点工作规定》,通过专项委托和一事一委托的方式,委托上海证券交易所、深圳交易所负责部分案件的调查取证,既能缓解执法任务加重与执法力量相对不足的突出矛盾,又能充分发挥证券交易所作为一线监管者的优势,取得更好的执法效果。2015年2月27日,证监会发布《行政和解试点实施办法》并从3月29日起实施,探索行政执法的新方式,以便在有限的执法资源约束下更好地发挥保护投资者的作用。2017年3月31日,证监会在行政执法机制改革创新方面又迈出重要一步,决定在上海、深圳证券交易所设立巡回审理办公室,派驻执法人员对两大证券交易所上市公司的相关违法违规案件开展行政处罚审理工作。[1] c. 顺应政府机构改革潮流,调整其内部机构和职能配置,建立更合理完善的组织机构。2014年2月21日,中央编办批复了证监会内设机构调整方案。同年4月11日,证监会对外通报了发行监管部等9个涉及机构和职能调整部门的情况,包括合并原来的发行监管部和创业板发行监管部,成立发行监管部;合并原来的机构监管部和基金监管部,成立

---

[1] 参见《证监会决定在沪深交易所设立巡回审理办公室进一步提升监管执法效能》,2017年3月31日,资料来源:证监会官网,http://www.csrc.gov.cn/pub/newsite/zjhxwfb/xwdd/201703/t20170331_314507.html,最后访问时间2017年4月3日。

证券基金机构监管部;合并原来的上市公司监管一部、监管二部,成立上市公司监管部;合并原来的期货监管一部、监管二部,成立期货监管部;新设公司债券监管部、创新业务监管部、私募基金监管部、打击非法证券期货活动局(清理整顿各类交易场所办公室)和非上市公众公司监管部。[1]其改革思路是按照功能监管和一事一管要求,整合部门及适应新监管形势要求设立新部门,并调整部分部门职责,总体保持证监会机关编制总数不变、内设部门总数不变,与相关部门的关系不变,主要通过证监会内部深挖潜力的方式来实现资源整合。d. 改革证监会的工作方式,增进与市场的及时沟通并提升相关工作的透明度,以树立更好的监管形象并博取信任。除了上述的证监会自 2008 年起开始每年公布年报之外,在肖钢上任之后,证监会逐步加强市场的联系和互动。证监会设立新闻办公室和专职新闻发言人,从 2013 年 6 月 21 日开始每周五下午召开例行新闻发布会,由发言人向媒体发布证监会最新动态并回答媒体针对资本市场的热点提问。同时,证监会更新官网,使内容更为清晰和检索更为便利;开通官网微博、微信,借以及时发布监管信息并与公众互动交流;于 2013 年 9 月 6 日开通"12386"中国证监会热线,集中受理证券期货市场投资者投诉、咨询、建议等,并随之对外平台的增多,注意协调保障各个平台间信息的同步、联通和互补。

在投资者保护专项工作方面,随着国务院于 2013 年 12 月 27 日发布《关于进一步加强资本市场中小投资者权益保护工作的意见》,证监会在监管工作中也逐渐加强了对中小投资者的保护,以维护市场信心,避免发生系统性风险和影响社会稳定。除了上述的推进保荐机构承诺在虚假陈述案件中先行赔付和设立行政和解制度,为投资者提供更有效的救济之外,值得注意的是 2014 年 12 月 5 日,证监会在原来的投资者服务中心的基础上,批复设立了中证中小投资者服务中心有限责任公司,其定位为公益性投资者保护专门机构,主要工作职责之一是公益性地持有证券等品种,以股东身份行权,借以帮助中小投资者维权。随着证券市场监管改革的推进,投资者保护机制正在进一步完善,但 2015 年的股灾、随后的救市活动中部分金融中介及其工作人员违法违规行为的爆发、2016 年

---

[1] 参见《关于调整发行监管部等 9 个部门主要职责的情况通报》,2014 年 4 月 11 日,资料来源:证监会官网,http://www.csrc.gov.cn/pub/newsite/zjhxwfb/xwdd/201404/t20140411_246797.html,最后访问时间 2016 年 12 月 20 日。

年初的两次非理性市场熔断,以及随着证券市场纵深发展日益复杂违法违规行为的出现,都预示着投资者保护工作对于证监会而言,仍然任重道远。

(二)证券监管推动下的证券市场特征

我国资本市场从无到有,在短短的三十几年时间内从计划经济向市场经济转型,初步建成一个法律体系基本完整的多层次资本市场,为社会提供了传统银行体系之外的直接投融资途径,其在短时间内达到的发展速度与市场规模,超越了海外国家通过一两百年市场自然演化取得的历史成果,可谓成绩斐然,引人注目。这种成就的取得,很大程度上应归功于政府对资本市场的高度重视和积极推进。换言之,不同于依靠市场自发力量完成的"诱致性"制度变迁,我国证券市场的发展具有更多的"强制性"制度变迁特色,由此也形塑了我国证券市场的特征和金融监管的特色。具体而言:

在证券市场发展的推动力上。我国并未采用依靠市场自然演化推动证券市场发展的做法,而是发挥"后发优势",由政府主导证券市场的建设与发展,通过形成"顶层设计"共识,制订大政方针确定基调,并经由作为监管者的证券监管部门予以执行来推动证券市场各项事业的快速发展。总体上,证券市场的发展与国家政策走向保持着高度一致,市场发展的政策导向和"政策性"明显,监管者的一举一动对市场发展有着举足轻重的影响。在推动方式上,受制于过去计划经济管理方式的影响和路径依赖惯性,监管者在很长时间内牢牢把握了证券市场资源的分配权,诸多市场准入方面的"审批制""核准制"成为监管者规划市场发展前景,掌控市场发展节奏的有力工具,但也因这种"自上而下"的监管主导性和强力介入,证券市场的发展始终难以摆脱"政策市"的声名并存在着"一放就乱,一管就死"的问题。

在证券监管与市场力量的关系上。新中国成立以后长期的计划经济形态,形成了我国以国家力量统筹分配经济资源的做法,随着20世纪80年代"对内改革、对外开放"基本国策的推行,我国逐步从计划经济向市场经济转型,由此也推动了证券市场的探索与建设。这种摆脱计划思维与管理方法影响,逐步培育市场机制的过程,既奠定了我国证券市场"新兴+转型"的时代特征,也使得监管者被赋予发展市场的重任,成为更被倚重的力量。与市场力量相比,在发展证券市场时,监管力量长期处于"优位"并基于"公益"和"全能"的假设,在证券市场各项事务的推进上被赋予更多职能,从市场准入,到交易规范、秩序整顿,再到市场退出及危机救治,监管力量要比市场力量更多更快地发挥着相应的作用。随着"九五"计划的完成,进入2000年之后,我国社会主义市场经济体系初步建成,而近年来,随着政府行政改革的深入和市场作为一种有生力量,从"对资源配置发挥基础性作用"上升到"在资源配置中起决定性作用"[1],监管与市场作为证券市场发展的两股力量也随之发生变化。一方面,监管者贯彻国家大政方针,逐步践行放松管制、简政放权,为证券市场提供更多的金融创新与业务发展空间,市场力量在未来推动证券市场发展上将越来越多地发挥积极作用;另一方面,监管者从注重审批的事前监管开始转向维护秩序和违法制裁的事中事后监管,带来监管改革与转型,客观上为市场力量发挥主导作用提供了可能性,也将弥补可能的"市场失灵"的不足。在这种改革趋势下,监管与市场力量并非简单的此消彼长关系,二者更为明确合理的职能区分和功能互补将有助于我国建立一个更加公开、透明、公正的证券市场。

在证券市场的功能上。一国之所以发展证券市场,在于这一市场具有筹集资本、配置资源、价格发现和风险管理的基本功能;而监管者的目标按照IOSCO发布的《证券监管的目标与原则》的宣示,也被总结为保护投资者,确保市场公平、有效和透明,以及减少系统性风险。监管者需要通过践行这些目标确保证券市场的健康发展,才能更好地发挥其积极的经济功能。结合我国证券市场的发展史来看,国有企业一股独大的经济结构和确保国有资产保价增值的经济与政治目标,使得我国的证券市场从一开始就成为大中型国有企业筹集资金、提升价值的重要场所,监管者理所当然地像大多数发展中国家的监管者那样,担负起发展证券市场,以满足这一需求的职责。"当今,没有不讲政治的金融,也没有不重视金融的政治。交易所和证券经营机构都要提高政治站位,牢固树立'四个意识',成为坚决落实党中央、国务院决策部署的先锋力量,成为身体力行新

---

[1] 从历史来看,党的十五大(1997年)提出"使市场在国家宏观调控下对资源配置起基础性作用",党的十六大(2002年)提出"在更大程度上发挥市场在资源配置中的基础性作用";党的十七大(2007)提出"从制度上更好发挥市场在资源配置中的基础性作用";党的十八大(2012年)提出"更大程度更广范围发挥市场在资源配置中的基础性作用"。党的十八届三中全会(2013年11月)则明确提出"使市场在资源配置中起决定性作用"。

发展理念的关键力量,成为市场各方及投资者最可信赖的依靠力量"[1],讲"政治"的监管成为我国证券监管的一大特色,也决定了我国证券市场长期以来为大中型国有企业服务的基本特色。融资和投资,是证券市场功能的一体两面,不同于目前海外市场以机构投资者为主的投资者结构,作为筹集社会闲散资金服务于经济建设的我国资本市场,一开始就吸引了广大中小投资者的参与并持续至今,形成了散户炒股的证券市场投资特色,投资者结构的"个人化""小额化"和"分散化",使得证券市场的波动与投资者的财富安全密切相关,成为影响社会稳定的重要因素。也因此,保护投资者被纳入监管者在发展证券市场职责之外的另一项监管职责,并呈现出更多地被监管者从维护证券市场稳定和社会稳定的角度予以执行的特色。值得注意的是:一方面,基于维稳而发展起来的投资者保护,由于投资者在监管决策层面缺乏利益保护代言人和重要影响力,如何在政策推动的市场发展条件下,使投资者获得公平的交易条件和有效保护,是未来证券市场具有健康发展的可持续性并赢得投资者信心的关键;另一方面,这种保护底线的暴露可能带来投资者的"道德风险",如何教育投资者识别投资风险,真正地践行风险自负责任,建立市场化的风险处置机制而非运动性的风险排查和"一刀切"的交易暂停,是未来证券市场与国际接轨,具有国际竞争力和繁荣昌盛潜力的核心问题。

二、金融混业经营趋势下的"一行三会"分业监管格局

(一)建立在分业经营基础上的金融体系

1978年改革开放以来,我国的金融事业进入逐步发展阶段,处于市场初级阶段和探索时期的状况,使得实业经济与金融领域并未实行完全地隔离,一些从事生产经营的企业也参与到了金融业务活动之中,而作为主要金融机构的银行,其经营涉及证券投资、债券承销和信托业务等多方面,总体上实行的是一种未加区分、混业经营的状态。例如,1991—1993年前后,我国证券经营机构体系呈现出多元化格局,主要包括:(1)专业的证券公司,1992年底的时候大约有59家;一类是财政部和四大国有商业银行出资设立的三大全国性证券公司——华夏证券、南方证券和国泰

---

[1]《刘士余主席在深圳证券交易所2017年会员大会上的致辞》,2017年4月15日,资料来源:中国证监会网站,http://www.csrc.gov.cn/pub/newsite/zjhxwfb/xwdd/201704/t20170415_315240.html,最后访问时间2017年4月20日。

证券,一类是中国人民银行各地分行或商业银行独资兴办的证券公司,第三类是财政部门创办的主要经营国债业务的财政证券公司。(2) 兼营证券业务的金融机构,主要是综合银行和信托投资公司经营的证券营业部,这类经中国人民银行批准的经营机构到 1992 年底约有 300 余家。(3) 代理证券业务的金融机构,这类机构一般是城乡金融机构,其自身不能从事证券自营买卖,但可受上述两类机构委托办理证券业务。到 1992 年底,这类代理点大约有 1500 个。[1] 进入 20 世纪 90 年代之后,这种实质上混业经营的状况带来了一系列问题,其中包括同时从事证券、信托和银行业务带来的利益冲突与挪用客户保证金等管理混乱问题,以及造成大量银行资金进入证券市场、房地产市场进行炒作,扰乱市场秩序并危害金融安全、破坏社会稳定等问题。也因此,1993 年 11 月 14 日通过的《中共中央关于建立社会主义市场经济体制若干问题的决定》作出了在金融体制改革中将"银行业与证券业分业管理"的重大决策。

1995 年 2 月 23 日爆发"327"国债期货事件之后,中央政府加大了对处于动荡之中的股票市场的整顿,开始注重市场的规范发展问题。同年 3 月 5 日,国务院在第八届全国人大三次会议所做的《政府工作报告》指出要在当年的经济体制改革中,"按照分业管理的原则,规范各类金融机构的业务范围并加强监管,银行不得经营信托投资和证券业务"。1995 年 5 月 10 日通过,同年 7 月 1 日起施行的《商业银行法》,第 43 条明文规定:"商业银行在中华人民共和国境内不得从事信托投资和股票业务,不得投资于非自用不动产。商业银行在中华人民共和国境内不得向非银行金融机构和企业投资。本法施行前,商业银行已向非银行金融机构和企业投资的,由国务院另行规定实施办法",开启了法律层面对商业银行实施分业经营的限制。1995 年 6 月 30 日发布,同年 10 月 1 日施行的《保险法》,第 5 条明文规定"经营商业保险业务,必须是依照本法设立的保险公司。其他单位和个人不得经营商业保险业务",也启动了法律层面对保险业务必须由保险公司专营的法律限制。

1995 年 9 月 28 日,《中共中央关于制定国民经济和社会发展"九五"计划"和 2010 年远景目标的建议》发布;1996 年 3 月 17 日,第八届全国人大第四次会议以此为基础制定发布了《中华人民共和国国民经济和社会发展"九五"计划和 2010 年远景目标纲要》,在这些指导未来经济工作的

---

[1] 参见马庆泉主编:《中国证券史 1978—1998》,中信出版社 2003 年版,第 246 页。

大政方针中,改革开放的主要任务和部署之一就是"对银行、信托、保险和证券业实行分业经营和分业管理","分业经营、分业管理"的监管思路在国家层面达成了最终共识。1997年东南亚金融危机爆发,尽管我国并未因此受到直接影响,但这场横扫亚洲新兴国家,影响后果严重的金融危机却进一步地引发了我国对过早开放金融市场和实行金融混业经营,在金融监管能力无法及时充分应对的情况下,可能诱发严重的金融危机问题的关注和思考,从而在思想观念和法制实践中更坚定了实施分业经营和分业管理的决定。这明显地体现于1998年12月29日通过,1999年7月1日施行的《证券法》上,这部在东南亚金融危机之后出台的,强调稳健经营和金融安全的法律,在总则部分的第6条明确规定"证券业和银行业、信托业、保险业分业经营、分业管理。证券公司与银行、信托、保险业务机构分别设立",最终在法律层面确立了我国金融体系严格的分业经营和分业管理要求。

从内涵上看,金融分业经营包含三个层面的内容:第一是金融业与实业(非金融业)的分开,银行等金融机构被限制向非银行金融机构和企业投资;第二是金融机构的分立,经营不同金融业务的金融机构必须分别设立,独立经营;第三是金融业务的分业,银行业、证券业、保险业、信托业[1]必须分别由不同的金融机构进行经营,不允许同一金融机构经营两种或者两种以上的金融业务。总之,在我国金融市场的发展过程中,由于内因和外因的综合作用,其中既有对国内金融业在发展初期暴露出来的诸多问题的担忧,也有吸收海外过早开放市场和实施金融自由化的惨痛教训,还有对国内监管力量处于构建和统合时期,监管水平与力量有待大力提升的顾虑,种种因素的复合作用,最终促使我国在20世纪90年代逐步确立了"分业经营、分业管理"的原则,并一直沿用至今。

进入2000年以来,与我国深化经济体制改革和扩大对外开放步伐,逐步融入世界经济秩序的进程相适应,金融领域的改革也提上日程并加快了速度。总体上,以法律明文规定为依据的金融业分业经营体制未有实质性的改变,但作出了一些例外性规定。例如,2003年12月27日进行修订的《商业银行法》,将原来的第43条修改为"商业银行在中华人民

---

[1] 严格而言,信托业并非单独的金融子行业,更多的应被视为基于信托财产独立性和受托人受有"信义义务"(Fiduciary Duty)的比较制度优势,更适合用来调整金融机构与投资者之间有关资产管理关系的法律工具。

共和国境内不得从事信托投资和证券经营业务,不得向非自用不动产投资或者向非银行金融机构和企业投资,但国家另有规定的除外",增加了"国家另有规定的除外"内容。2005年10月27日进行修订的《证券法》,也将原来的第6条修改为"证券业和银行业、信托业、保险业实行分业经营、分业管理,证券公司与银行、信托、保险业务机构分别设立。国家另有规定的除外",同样增加了"国家另有规定"的除外内容。2009年2月28日进行修订的《保险法》,一方面将旧法的第5条修改为第6条的"保险业务由依照本法设立的保险公司以及法律、行政法规规定的其他保险组织经营,其他单位和个人不得经营保险业务",将保险业务经营主体从保险公司拓展到其他保险组织,增加了主体的组织形式;另一方面增设第8条,规定"保险业和银行业、证券业、信托业实行分业经营、分业管理,保险公司与银行、证券、信托业务机构分别设立。国家另有规定的除外",也将"国家另有规定"作为新的例外内容。总之,规范金融子行业的《商业银行法》《证券法》和《保险法》纷纷打开原来严格的"分业经营"限制,引入"国家另有规定"的除外条款,从法律层面为一定程度上松绑"分业经营"约束打开了一扇合法性之门,更值得注意的是,不同于"法律另有规定的除外"这样严格的例外条款,"国家另有规定"合法性和灵活性来源更广,意味着既可以通过法律、行政法规为打破分业经营限制提供合法性依据,也可以由金融监管部门通过颁发部门规章来突破分业经营的藩篱,探索金融创新和推动市场发展。这种通过"国家另有规定的除外"的松绑分业经营限制的做法,一直沿用至今,成为当下我国金融体系在分业经营法律限制下开展混业经营,获得合法性的途径。

(二)金融混业经营趋势与分业监管格局

尽管美国在20世纪30年代的经济危机之后,建立了联邦层面的证券监管体制并通过《1933年银行法》实行了分业经营,但半个多世纪以来,为了与欧洲资本市场竞争并提升金融机构的竞争力,美国不断放松对金融机构的管制,逐步推进混业经营进程,并最终于1999年通过《金融服务现代化法》,从法律上废除了分业经营的限制,实行混业经营。[1] 在世界范围内,英国、日本、韩国、我国台湾地区等原先实行分业经营的国家,也先后通过法律改革,实行了混业经营。而一向坚持混业经营的德国、法

---

[1] 参见尚福林主编:《证券市场监管体制比较研究》,中国金融出版社2006年版,第549—550页。

国、瑞士、我国香港地区等,则早已从这种经营模式中获得了规模经济和优势互补等诸多优势。可以说,随着人们对金融危机研究和认识的加深,之前将金融危机爆发主要归因于混业经营的简单认识已被修正,混业经营未必会带来更大的金融风险,而分业经营也未必更能避免金融危机的侵害,混业经营与金融风险防治之间关系的摆正扫清了人们对混业经营的恐惧与排斥,更重要的是在科技和互联网金融时代,金融集团这种更有优势的经济组织形式,以及全金融牌照可能带来的资金、技术、信息、客源、风险管理等多方面的资源共享、效益提高和成本降低,更突显了混业经营的比较优势。也因此不难理解,进入 21 世纪以来,世界主要资本市场所在国家和地区大多践行了对金融机构、金融业务活动更少的管制并大力促进混业经营。相比于分业经营,混业经营已是世界共识并成为各国强化金融竞争力的趋势性做法。这种世界范围内的金融经营模式的变化,随着全球金融市场联系度的增强和我国金融市场对外开放程度的提高,正在逐步加大对我国的影响。

如上所述,进入 21 世纪之后,我国尽管未在法律层面上最终废除有关分业经营的限制,但《商业银行法》《证券法》和《保险法》已纷纷通过修改,在相关限制条款之后增加"国家另有规定的除外"条款,为混业经营松绑并提供适度发展空间。申言之,这种法律条文内容的调整,其实是一种行之有效的立法策略:过去我国对分业经营的限制,走的是一种"自上而下"的路径,在三大金融子行业的法律层面对实施"分业经营"予以权威性规定,之后通过监管部门业务规则的调整建立全面的分业经营金融体系;近来对分业经营的松绑,走的是一种"自下而上"的路径,在保留法律层面权威性规定的条件下,通过例外性规定"开天窗",允许监管部门和行业在实践中探索、试验和推广,等到时机成熟了,再最终废除法律层面上的"分业经营"规定,完成整个混业经营的转型过程。

因此,当法律层面的例外规定确立之后,我国金融子行业的监管部门纷纷通过制定部门规章的方式,逐步推进混业经营的进程。例如,2005年 2 月 20 日,由中国人民银行、中国银监会和中国证监会联合制定的《商业银行设立基金管理公司试点管理办法》公布施行。这一管理办法鼓励商业银行采取股权多元化方式设立基金管理公司,标志着商业银行以间接方式进入了基金行业;银监会陆续发布了《银行与信托公司业务合作指引》(2008 年 12 月 4 日)、《关于进一步规范银行代理保险业务管理的通知》(2009 年 2 月 18 日)、《关于进一步规范银信合作有关事项的通知》

(2009年12月14日)等有关银行与信托公司合作、银行与保险公司合作的一系列规定,加快了我国混业经营的进程。近年来,在金融市场上,证券公司、基金管理公司及其子公司,各类资产管理公司、商业银行和信托公司或独立开发,或通过银证、银信、银证信、银信保等多种形式的合作与"通道"联合,推出了种类繁多的金融理财产品,客观上宣告我国金融市场进入了所谓的"大资产时代",这些资金逐利而行,往往可以跨越几个金融市场进行投资理财,更进一步推动了我国的混业经营。与此同时,我国经济生活中陆续出现了一些以子公司、控股公司或参股公司形式涉及证券业、银行业、保险业等多种业务经营,持有金融子行业多项金融牌照[1]的金融集团或金融控股公司;例如中信集团、光大集团和平安集团这"老三家"金融集团;工商银行、农业银行、中国银行和建设银行中国人寿等银行系、保险系的金融集团;华融、长城、东方、信达四大资产管理公司为代表的金融集团;国家电网、中石油、招商集团等央企为代表的金融集团;以地方国资委整合地方资源而成的金融集团,例如天津泰达控股、上海国际集团、陕西金融控股集团、广州越秀金融控股集团、鲁信集团等;以民营资本为代表的金融控股集团,例如泛海控股、复星集团、海航资本、安邦集团、万向集团等;以及近年来借助互联网巨头涉足金融领域形成的另一类金融集团,例如阿里、腾讯等。这些集团或公司旗下的子公司与机构纷纷涉及多种金融业务,实现了集团客户共享和资源集约化使用的优势,为我国混业经营的推进提供了组织构架的经验借鉴,并以其示范性的良好效应,带动着我国金融混业经营的发展。

与金融逐步从分业经营向混业经营迈进,各项金融子行业呈现形式各样、联系日益紧密的合作与共赢态势不同,我国在金融监管领域仍保留了按机构和行业划分进行监管的做法,目前形成了由中国人民银行、证监会、银监会和保监会组成,被称为"一行三会"的分业监管金融监管格局,

---

[1] 在我国需要取得监管部门审批的金融牌照主要有如下几类:(一)中国人民银行审批的金融牌照:1. 第三方支付牌照;(二)银监会审批的金融牌照:2. 银行牌照;3. 信托牌照;4. 金融租赁牌照;5. 货币经纪牌照;6. 贷款公司牌照;(三)证监会审批的金融牌照:7. 证券公司牌照;8. 公募基金管理公司牌照;9. 基金子公司牌照;10. 期货公司牌照;11. 基金销售牌照;12. 基金销售支付结算牌照;(四)保监会审批的金融牌照:13. 保险公司牌照;14. 保险代理、保险经纪牌照。(五)其他监管部门审批的金融牌照:15. 小额贷款公司牌照。此外还有相关部门审批的,具有金融功能的牌照,例如:16. 典当行牌照;17. 融资租赁公司牌照;18. 融资性担保公司牌照,以及 19. 由中国证券投资基金业协会登记备案的私募基金管理人牌照。

其中中国人民银行主要负责货币政策的依法制定与执行,防范和化解系统性金融风险,维护国家金融稳定,证监会、银监会和保监会三会是主要的业务监管部门,分别负责证券业、银行业和信托业、保险业的监管。尽管历史上,在我国金融行业尚未实行分业经营,还处于与实业未严格区分,各子行业混业经营的时期,中国人民银行曾与其他国家部委一起全面负责金融机构和业务的监管,但随着金融体制改革的推进,中国人民银行中央银行地位的确立以及分业经营、分业监管思路的确定,中国人民银行逐渐将其证券机构监管、保险业监管和银行业监管的具体职能剥离给后续成立的证监会、保监会和银监会行使,这种"一行三会"的监管格局由此奠定,并沿用至今,未随着金融领域混业经营活动的推进而发生变化。

"一行三会"作为我国金融领域的监管部门,其法律地位由全国人大委员会的专门立法所确立,在组织体系上隶属国务院,其职能主要来自于法律的规定和国务院颁布的相关部委的三定(定职能、定机构和定编制)方案。[1] 具体而言,银监会根据《银行业监督管理法》及其三定方案从事银行业的金融监管,证监会根据《证券法》《证券投资基金法》《期货交易管理条例》等法律、行政法规及其三定方案从事证券业和金融期货业的监管,保监会根据《保险法》及其三定方案从事保险业的监管。总的来说,这些金融子行业的监管者都是该行业内全能的业务监管者,同时承担本金融子行业内金融从业机构市场准入及持续性监管、维护本行业市场稳定和有序竞争以及保护本行业投资者(存款人)合法权益[2]等各项职责。中国人民银行在陆续剥离证券业、保险业和银行业等业务监管职能之后,

---

[1] 指国务院机构改革的定职能、定机构和定编制方案,其相关规定也是监管机构职权的来源。

[2] 2011年以来,中国人民银行设立了金融消费者保护局、保监会设立了保险消费者权益保护局、证监会设立了投资者保护局,银监会也设立了银行业金融消费者保护局的工作。如此,一行三会都有了所监管领域内的金融消费者保护局。总体上,这些机构都属于监管部门内设的职能部门,以证监会内设的证券投资者保护局为例,其只享有统筹规划、协调建议、督导促进、组织参与等务虚型权责,而不享有实质性的监管权限,能否真正起到代言投资者,保护投资者合法权益的作用,不得而知。根据证监会网站对证券投资者保护局职能的介绍,中国证监会投资者保护局职能包括:负责投资者保护工作的统筹规划、组织指导、监督检查、考核评估;推动建立健全投资者保护相关法规政策体系;统筹协调各方力量,推动完善投资者保护的体制机制建设;督导促进派出机构、交易所、协会以及市场各经营主体在风险揭示、教育服务、咨询建议、投诉举报等方面,提高服务投资者的水平;推动投资者受侵害权益的依法救济;组织和参与监管机构间投资者保护的国内国际交流与合作。资料来源:中国证监会官网,http://www.csrc.gov.cn/pub/newsite/tzzbhj/tbznjs/,最后访问时间2017年1月20日。

主要根据《中国人民银行法》《反洗钱法》等法律及其三定方案履行制定和执行货币政策,防范和化解金融风险,承担最后贷款人责任,维护金融稳定和反洗钱等职责;当然在具体的业务监管上,还保留着管理汇率和外汇,监督管理银行间同业拆借市场、银行间债券市场、银行间票据市场、银行间外汇市场和黄金市场及上述市场的有关衍生产品交易等各项职责。根据这些金融监管机构的三定方案,其各自的职责如下:

作为我国的中央银行,中国人民银行的主要职责是[1]:(1)拟订金融业改革和发展战略规划,承担综合研究并协调解决金融运行中的重大问题、促进金融业协调健康发展的责任,参与评估重大金融并购活动对国家金融安全的影响并提出政策建议,促进金融业有序开放。(2)起草有关法律和行政法规,完善有关金融机构运行规则,发布与履行职责有关的命令和规章。(3)依法制定和执行货币政策;制定和实施宏观信贷指导政策。(4)完善金融宏观调控体系,负责防范、化解系统性金融风险,维护国家金融稳定与安全。(5)负责制定和实施人民币汇率政策,不断完善汇率形成机制,维护国际收支平衡,实施外汇管理,负责对国际金融市场的跟踪监测和风险预警,监测和管理跨境资本流动,持有、管理和经营国家外汇储备和黄金储备。(6)监督管理银行间同业拆借市场、银行间债券市场、银行间票据市场、银行间外汇市场和黄金市场及上述市场的有关衍生产品交易。(7)负责会同金融监管部门制定金融控股公司的监管规则和交叉性金融业务的标准、规范,负责金融控股公司和交叉性金融工具的监测。(8)承担最后贷款人的责任,负责对因化解金融风险而使用中央银行资金机构的行为进行检查监督。(9)制定和组织实施金融业综合统计制度,负责数据汇总和宏观经济分析与预测,统一编制全国金融统计数据、报表,并按国家有关规定予以公布。(10)组织制定金融业信息化发展规划,负责金融标准化的组织管理协调工作,指导金融业信息安全工作。(11)发行人民币,管理人民币流通。(12)制定全国支付体系发展规划,统筹协调全国支付体系建设,会同有关部门制定支付结算规则,负责全国支付、清算系统的正常运行。(13)经理国库。(14)承担全国反洗钱工作的组织协调和监督管理的责任,负责涉嫌洗钱及恐怖活动的资金监测。(15)管理征信业,推动建立社会信用体系。(16)从事与中国人民银

---

[1] 参见《中国人民银行职能》,资料来源:中国人民银行官网,http://www.pbc.gov.cn/rmyh/105226/105436/index.html,最后访问时间2017年3月20日。

行业务有关的国际金融活动。(17)按照有关规定从事金融业务活动。(18)承办国务院交办的其他事项。

作为我国证券业和期货业的监管机构,证监会负责监管证券公司、基金管理公司、期货公司等金融机构,其主要职责是[1]:(1)研究和拟订证券期货市场的方针政策、发展规划;起草证券期货市场的有关法律、法规,提出制定和修改的建议;制定有关证券期货市场监管的规章、规则和办法。(2)垂直领导全国证券期货监管机构,对证券期货市场实行集中统一监管;管理有关证券公司的领导班子和领导成员。(3)监管股票、可转换债券、证券公司债券和国务院确定由证监会负责的债券及其他证券的发行、上市、交易、托管和结算;监管证券投资基金活动;批准企业债券的上市;监管上市国债和企业债券的交易活动。(4)监管上市公司及其按法律法规必须履行有关义务的股东的证券市场行为。(5)监管境内期货合约的上市、交易和结算;按规定监管境内机构从事境外期货业务。(6)管理证券期货交易所;按规定管理证券期货交易所的高级管理人员;归口管理证券业、期货业协会。(7)监管证券期货经营机构、证券投资基金管理公司、证券登记结算公司、期货结算机构、证券期货投资咨询机构、证券资信评级机构;审批基金托管机构的资格并监管其基金托管业务;制定有关机构高级管理人员任职资格的管理办法并组织实施;指导中国证券业、期货业协会开展证券期货从业人员资格管理工作。(8)监管境内企业直接或间接到境外发行股票、上市以及在境外上市的公司到境外发行可转换债券;监管境内证券、期货经营机构到境外设立证券、期货机构;监管境外机构到境内设立证券、期货机构、从事证券、期货业务。(9)监管证券期货信息传播活动,负责证券期货市场的统计与信息资源管理。(10)会同有关部门审批会计师事务所、资产评估机构及其成员从事证券期货中介业务的资格,并监管律师事务所、律师及有资格的会计师事务所、资产评估机构及其成员从事证券期货相关业务的活动。(11)依法对证券期货违法违规行为进行调查、处罚。(12)归口管理证券期货行业的对外交往和国际合作事务。(13)承办国务院交办的其他事项。

作为我国银行业的监管机构,银监会负责监管商业银行、信托公司、

---

[1] 参见《证监会简介》,资料来源:中国证监会官网,http://www.csrc.gov.cn/pub/newsite/zjhjs/zjhjj/,最后访问时间2017年3月20日。

金融租赁公司、金融消费公司等金融机构,其主要职责是[1]:(1)依照法律、行政法规制定并发布对银行业金融机构及其业务活动监督管理的规章、规则。(2)依照法律、行政法规规定的条件和程序,审查批准银行业金融机构的设立、变更、终止以及业务范围。(3)对银行业金融机构的董事和高级管理人员实行任职资格管理。(4)依照法律、行政法规制定银行业金融机构的审慎经营规则。(5)对银行业金融机构的业务活动及其风险状况进行非现场监管,建立银行业金融机构监督管理信息系统,分析、评价银行业金融机构的风险状况。(6)对银行业金融机构的业务活动及其风险状况进行现场检查,制定现场检查程序,规范现场检查行为。(7)对银行业金融机构实行并表监督管理。(8)会同有关部门建立银行业突发事件处置制度,制定银行业突发事件处置预案,明确处置机构和人员及其职责、处置措施和人员及其职责、处置措施和处置程序,及时、有效地处置银行业突发事件。(9)负责统一编制全国银行业金融机构的统计数据、报表,并按照国家有关规定予以公布;对银行业自律组织的活动进行指导和监督。(10)开展与银行业监督管理有关的国际交流、合作活动。(11)对已经或者可能发生信用危机,严重影响存款人和其他客户合法权益的银行业金融机构实行接管或者促成机构重组。(12)对有违法经营、经营管理不善等情形银行业金融机构予以撤销。(13)对涉嫌金融违法的银行业金融机构及其工作人员以及关联行为人的账户予以查询;对涉嫌转移或者隐匿违法资金的申请司法机构予以冻结。(14)对擅自设立银行业金融机构或非法从事银行业金融机构业务活动予以取缔。(15)负责国有重点银行业金融机构监事会的日常管理工作。(16)承办国务院交办的其他事项。

作为我国保险业的监管机构,保监会负责监管人寿保险公司、财产保险公司、保险中介机构等,其主要职责是[2]:(1)拟定保险业发展的方针政策,制定行业发展战略和规划;起草保险业监管的法律、法规;制定业内规章。(2)审批保险公司及其分支机构、保险集团公司、保险控股公司的设立;会同有关部门审批保险资产管理公司的设立;审批境外保险机构代

---

[1] 参见《银监会主要职责》,资料来源:中国银监会官网,http://www.cbrc.gov.cn/chinese/yjhjj/index.html,最后访问时间2017年3月20日。

[2] 参见《保监会主要职责》,资料来源:中国保监会官网,http://www.circ.gov.cn/web/site0/tab5200/,最后访问时间2017年3月20日。

表处的设立;审批保险代理公司、保险经纪公司、保险公估公司等保险中介机构及其分支机构的设立;审批境内保险机构和非保险机构在境外设立保险机构;审批保险机构的合并、分立、变更、解散,决定接管和指定接受;参与、组织保险公司的破产、清算。(3)审查、认定各类保险机构高级管理人员的任职资格;制定保险从业人员的基本资格标准。(4)审批关系社会公众利益的保险险种、依法实行强制保险的险种和新开发的人寿保险险种等的保险条款和保险费率,对其他保险险种的保险条款和保险费率实施备案管理。(5)依法监管保险公司的偿付能力和市场行为;负责保险保障基金的管理,监管保险保证金;根据法律和国家对保险资金的运用政策,制定有关规章制度,依法对保险公司的资金运用进行监管。(6)对政策性保险和强制保险进行业务监管;对专属自保、相互保险等组织形式和业务活动进行监管。归口管理保险行业协会、保险学会等行业社团组织。(7)依法对保险机构和保险从业人员的不正当竞争等违法、违规行为以及对非保险机构经营或变相经营保险业务进行调查、处罚。(8)依法对境内保险及非保险机构在境外设立的保险机构进行监管。(9)制定保险行业信息化标准;建立保险风险评价、预警和监控体系,跟踪分析、监测、预测保险市场运行状况,负责统一编制全国保险业的数据、报表,并按照国家有关规定予以发布。(10)承办国务院交办的其他事项。

(三)金融监管协调机制的建立与实践

我国这种延续于计划经济时期条块分割管理模式,并在分业经营建立时期进一步巩固的分业监管模式,在我国证券市场发展的初级阶段,有利于监管机构明确部门职责,贯彻执行对应的政策与法律规则,并集中监管资源维护好所辖区域的市场秩序与打击特定的违法违规行为。但随着证券市场向纵深发展,一方面金融创新层出不穷,金融机构业务经营呈现混业经营态势,许多金融产品本身具有跨市场或跨业务特征,市场资金基于逐利性常有在不同监管机构管辖下的金融产品或业务之间转换或并存的情形,很有可能因监管分割带来信息阻断、监管真空与违规操作,给有效监管和维护金融安全带来巨大挑战。例如,被认为是2015年股灾导火线的,通过信托公司、资产管埋公司、P2P平台等搭建各种脱离监管的交易结构形成的场外配资[1],以及 2015 年底延续至 2017 年的宝能收购万科大战中,宝能通过构建各种资管计划引入银行理财资金作为杠杆收购工具,收购万科股票并引发万科公司控制权之争等一系列问题,其中有关保险资金投资范围及运用合规性问题尤为引人注目。[2] 另一方面,不同监管机构同时实施监管,难免存在着监管竞争。尽管这种监管竞争客观上具有促进监管放松过度管制,刺激监管改善服务的积极的"竞争向上"(Race to the Top)效果,但也可能难免存在诱使监管机构过度放松监管,疏于防范风险的负面的"竞争向下"(Race to the Bottom)问题。[3] 对于市场而言,多头监管可能造成重复监管,增加被监管对象的负担,以及可能因对同一性质的金融产品/服务实施不同的监管,造成市场挑选法律规则适用的"监管套利"行为,造成市场畸形发展和风险防范空白,埋下金融安全隐患。近年来,我国金融市场发展迅速,监管机构纷纷出台政策与措施鼓励所辖的金融机构开展金融创新活动,也因此出现了名称不一但金融属性与法律关系大体相同的金融产品却由不同监管机构分别监管的现象,这种多头监管的状况在资产管理(金融理财产品)、企业债券、资产证券化上体现得尤为明显。值得注意的是,近年来,我国债券市场在高速发展的同时也爆发了债券代持、利用包销等进行利益输送,以及债券内幕交易等不当行为,但在进行债券反腐时,却陷入了对在银行间债券市场发行的中期票据(企业债券的一种)的违法违规行为难以借助《证券法》予以有效制裁,以及其主管部门——经中国人民银行授权的银行间债券市场交易商协会,作为自律组织缺乏监管机构一样的行政权力而无法及时制裁的尴尬问题。而在 2015 年股灾救助过程中,也暴露出了作为证券市场监管者的证监会未能及时洞察场外配资信息,掌握杠杆资金来源与规

---

[1] 参见刘燕:《场外配资纠纷处理的司法进路与突破——兼评深圳中院的〈裁判指引〉》,载《法学》2016 年第 4 期,第 132—133 页;《证监会对场外配资中证券违法违规案件作出行政处罚》,2016 年 11 月 25 日,资料来源:中国证监会官网,http://www.csrc.gov.cn/pub/newsite/zjhxwfb/xwdd/201611/t20161125_306638.html,最后访问时间 2017 年 1 月 10 日。

[2] 参见刘燕、楼建波:《企业并购中的资管计划——以 SPV 为中心的法律分析框架》,载《清华法学》2016 年第 6 期,第 64—68 页;《保监会对前海人寿违法违规行为的处罚决定书(保监罚[2017]13 号)》,2017 年 2 月 24 日,资料来源:中国保监会官网,http://www.circ.gov.cn/web/site0/tab5168/info4060453.htm,最后访问时间 2017 年 3 月 20 日。

[3] 参见洪艳蓉:《公司债券的多头监管、路径依赖与未来发展框架》,载《证券市场导报》2010 年第 4 期,第 12—13 页。

模,从而未能有效地予以打击和采取适当的去杠杆措施,防止市场状况进一步恶化,同时作为最后贷款人的中国人民银行在这轮救市过程中缺乏将救市资金注入证券市场的法律途径,只能采用向中国证券金融公司提供无限流动性的间接方式予以执行。上述种种问题都反映了解决混业经营趋势下分业监管问题,建立有效的金融监管协调机制的重要性和迫切性。

追溯历史,这种因分业监管带来的诸多不便及可能隐含的问题,早在世纪之初就引起了监管机构的注意。为充分发挥金融监管部门职能作用,交流监管信息,及时解决分业监管中的政策协调问题,促进金融业健康发展,中国人民银行、证监会、保监会[1]于2000年9月4日首次召开监管联席会议,决定建立三方监管联席会议制度并通过了有关规则。[2] 根据此次会议,联席会议的主要职责是:研究银行、证券、保险监管中的有关重大问题;协调银行、证券、保险业务创新及其监管问题;协调银行、证券、保险对外开放及监管政策;交流有关监管信息等。在工作机制上,联席会议可根据某一监管方的提议不定期召开,三方联席会议成员轮流担任会议召集人。三方监管部门将按照会议议定的事项,协调有关监管政策。[3] "一行两会"监管联席会议的建立,可谓是我国分业监管格局下对金融监管协调机制的首次探索。

尽管有了监管联席会议的共识和规则,但是监管机构之间的工作协调因各种因素的影响并未走上正轨。2003年4月底,新成立的银监会承接从中国人民银行剥离的银行业监管职权之后,三方监管联席会议的央行一方换成了银监会。2003年9月18日,银监会、证监会和保监会召开"三会"首次监管联席会议并讨论通过了《中国银监会、中国证监会、中国保监会在金融监管方面分工合作的备忘录》,约定"三会"建立"联席会议机制",每季度召开一次例会,就重大监管事项和跨行业、跨境监管中的复杂问题进行磋商和协调,并建立定期信息交流制度,此外也在其中首次探

---

[1] 银行业监管的职能及至2003年才从中国人民银行剥离给新设立的银监会行使,因此在2000年参加联席会议的只有"一行两会"。

[2] 参见中国证券监督管理委员会:《中国资本市场二十年》,中信出版社2012年版,第456页。

[3] 参见邓海云:《一行两会建立监管联席会议制度》,2000年9月6日,资料来源:光明网,http://www.gmw.cn/01gmrb/2000-09/06/GB/09%5E18535%5E0%5EGMA4-010.htm,最后访问时间2017年1月20日。

讨了金融控股公司的监管问题。[1] 2003年12月27日《中国人民银行法》进行修订,在其中新增了一条作为第9条,该条规定"国务院建立金融监督管理协调机制,具体办法由国务院规定",似乎意味着监管协调机制的进一步正式化和法定化。可惜,在2003年9月的这次监管联席会议召开之后,第二次例会召开已是2004年3月,此后监管联席会议再也没有召开过。

2008年7月,在新一轮国务院机构改革中,国务院批准了中国人民银行新"三定"方案——《国务院办公厅关于印发中国人民银行主要职责内设机构和人员编制规定的通知》(国办发〔2008〕83号)。这一通知规定"在国务院领导下,中国人民银行会同中国银行业监督管理委员会、中国证券监督管理委员会、中国保险监督管理委员会建立金融监管协调机制,以部际联席会议制度的形式,加强货币政策与监管政策之间以及监管政策、法规之间的协调,建立金融信息共享制度,防范、化解金融风险,维护国家金融安全,重大问题提交国务院决定",被解读为在暂停多年之后,第二次重启金融监管协调机制。这次重启虽然将作为央行的中国人民银行引入到金融监管协调机制中来,但因各部委的意见不统一,未能在其中规定由中国人民银行牵头组织金融监管协调机制,而是表述成"会同"这样更平等的参与关系。这种用来平衡各种监管力量的对等关系表述也体现在对金融控股公司的监管上。根据这个"三定方案"的二(七)条,中国人民银行的职责之一是"负责会同金融监管部门制定金融控股公司的监管规则和交叉性金融业务的标准、规范,负责金融控股公司和交叉性金融工具的监测"。总之,包括央行在内的各方监管机构谁也未获得话语权或者占据主导地位,各监管机构仍然固守原来的监管职责范围,被诟病已久的我国金融业分业监管格局带来的弊端并未得到有效解决,2008年的这次金融监管协调机制重启没有取得比之前更多的实质性进展,所谓的"一行三会"之间的监管协调机制仍是有名无实,停留于规范性文件的相关规定之中。

时间很快进入2013年,我国金融市场混业经营的趋势更为明显,以

---

[1]《中国银监会、中国证监会、中国保监会在金融监管方面分工合作的备忘录》第8条第1款规定:对金融控股公司的监管应坚持分业经营、分业监管的原则,对金融控股公司的集团公司依属其主要业务性质,归属相应的监管机构,对金融控股公司内相关机构、业务的监管,按照业务性质实施分业监管。

"同业业务"为核心的金融创新活动带来的跨业务、跨市场挑战日益突出，与此同时利率市场化等金融改革进入深水区，更需要监管部门协同合作，为顺利进行改革保驾护航，共同维护金融稳定，但长期以来各监管机构各自为战，监管协调机制流于形式的状况已严重阻碍了金融子行业间的信息共享和对边界日益模糊的金融创新业务的有效监管，建立新时期有效的金融监管协调机制已势在必行，从而推动了这一机制的第三次重启。2013年8月15日，国务院发布实施了《关于同意建立金融监管协调部际联席会议制度的批复》（国函[2013]91号），同意建立由人民银行牵头，包括银监会、证监会、保监会和外汇局在内的金融监管协调部际联席会议制度。根据国务院的这一批复，金融监管协调部际联席会议制度的主要职责是：(1)货币政策与金融监管政策之间的协调；(2)金融监管政策、法律法规之间的协调；(3)维护金融稳定和防范化解区域性系统性金融风险的协调；(4)交叉性金融产品、跨市场金融创新的协调；(5)金融信息共享和金融业综合统计体系的协调；(6)国务院交办的其他事项。金融监管协调部际联席会议的组成单位由人民银行牵头，成员单位包括银监会、证监会、保监会、外汇局，必要时可邀请发展改革委、财政部等有关部门参加。在工作规则和要求上，联席会议重点围绕金融监管开展工作，不改变现行金融监管体制，不替代、不削弱有关部门现行职责分工，不替代国务院决策，重大事项按程序报国务院。联席会议通过季度例会或临时会议等方式开展工作，落实国务院交办事项，履行工作职责。联席会议建立简报制度，及时汇报、通报金融监管协调信息和工作进展情况。人民银行要切实发挥好牵头作用，银监会、证监会、保监会、外汇局等成员单位要积极参加，相互支持，加强沟通配合，形成合力，确保联席会议制度有效运转。与此前的几次金融监管协调机制相比，这次金融监管协调机制的设计可谓更为规范具体和责任明确，被认为走上了制度化、规范化和日常化的正轨，也因此被市场寄予了厚望。

从中国人民银行的信息披露来看，这次的金融监管协调机制相比之前的制度安排开展了更多的工作，也取得了一定的成绩。据统计[1]，金

---

[1] 中国人民银行金融稳定分析小组：《中国金融稳定报告2015》，中国金融出版社2015年版，第125页；中国人民银行金融稳定分析小组：《中国金融稳定报告2016》，中国金融出版社2016年版，第126页。《中国金融稳定报告2017》中未披露金融监管协调部际联席会议的召开次数。

融监管协调部际联席会议自2013年8月设立之后,在当年共召开了3次会议,讨论了9项议题;在2014年共召开了5次会议,讨论了26项议题;在2015年共召开3次会议,讨论了13项议题。借助这一金融监管协调机制,"一行三会"推动出台或建立了一些政策和制度安排,主要体现在金融监管信息共享和金融业综合统计建设方面,但在一些跨市场、跨业务,具有交叉性的金融业务的监管上,也取得了一些合作成效。例如,2014年4月24日,"一行三会"和外汇局联合发布《关于规范金融机构同业业务的通知》(银发[2014]127号),对实践生活中体量日益庞大的在金融机构之间开展的以投融资为核心的各项业务进行规范,以有效防范和控制风险,引导资金更多流向实体经济;2015年7月14日,"一行三会"和其他部委共十个部门联合发布《关于促进互联网金融健康发展的指导意见》(银发[2015]221号),对正在兴起的互联网金融表明监管态度,并通过分类指导,明确对互联网支付、网络借贷、股权众筹、互联网基金销售等各种互联网金融业态的监管责任与市场秩序规范事宜,等等。

事实上,自2015年6—7月的股灾及救市之后,分业监管带来的问题日益引发重视,也暴露出了现有的金融监管部际联席会议机制未能助力分业监管者及时洞察跨市场业务风险并实施及时有效的金融风险处置的重大缺陷。也因此,建立适应我国现代金融市场发展的金融监管框架,包括行之有效的金融监管协调机制,已成为从国家大政方针到政府工作报告,再到具体的监管部门的主要工作之一。[1] 当然,未来如何,还有待监管部门之间开启真正的合作与协调,其效果也有待时间检验。

---

[1] 例如,2016年3月16日发布的《中华人民共和国国民经济和社会发展第十三个五年规划纲要》在第十六章"加快金融体制改革"中规定"加强金融宏观审慎管理制度建设,加强统筹协调,改革并完善适应现代金融市场发展的金融监管框架,明确监管职责和风险防范处置责任,构建货币政策与审慎管理相协调的金融管理体制。统筹监管系统重要性金融机构、金融控股公司和重要金融基础设施,统筹金融业综合统计,强化综合监管和功能监管";2016年的政府工作报告提出"加快改革完善现代金融监管体制,提高金融服务实体经济效率,实现金融风险监管全覆盖";2017年2月28日召开的中央财经领导小组第十五次会议指出"防控金融风险,要加快建立监管协调机制,加强宏观审慎监管,强化统筹协调能力,防范和化解系统性风险",资料来源:新华网,http://news.xinhuanet.com/politics/2017-02/28/c_1120545454.htm,最后访问时间2017年3月10日。

中国人民银行于2017年4月26日召开专题会议,强调"高度重视防控金融风险,加强金融监管协调,有序化解处置突出风险点,切实维护国家金融安全"。资料来源:中国人民银行官网,http://www.pbc.gov.cn/goutongjiaoliu/113456/113469/3298301/index.html,最后访问时间2017年5月3日。

三、金融对外开放背景下的证券监管国际合作与协调

(一) 日益开放的证券市场格局

我国证券市场在20世纪90年代建立之初,正是国际资本市场日益开放的时期,但考虑到我国证券市场所处的初级阶段和外汇管理体制改革与人民币国际化进程[1]尚未启动,因此并未真正迈开对外开放的步伐,在较长的时间内,主要通过试点B股[2]引入外国资金,支援国内证券市场建设。作为融入世界经济和参与国际竞争的策略,我国于2011年12月正式加入世界贸易组织(WTO)并递交了入世承诺书,成为其第143个成员。根据WTO协议和入世承诺书的要求,我国金融业承诺了开放市场、准予外国金融资本和金融机构进入国内市场,开展金融活动,与国内金融机构同台竞争的入世义务。[3] 在入世5年过渡期满之时,我国全面超额完成上述入市承诺,而随后的改革大大加快证券市场的对外开放进程,将我国证券市场开放提升到一个新的历史高度。

从证券市场投资的开放来看。在人民币没有完全实现自由兑换、资本项目尚未开放的情况下,我国分别于2002年12月、2007年7月、2011

---

[1] 及至1994年,我国才改变计划分配为主的外汇管理体制,引入市场调节机制进行重大改革,逐步实行人民币经常项目的有条件可兑换;1996年12月1日,我国正式宣布接受《国际货币基金组织协定》第8条,实现人民币经常项目可兑换,但人民币资本项目仍受到管制。2008年8月5日《外汇管理条例》修订之后,我国外汇管制进一步放松并推行藏汇于民的政策。目前,尽管人民币尚未实现资本项目的可自由兑换且实行以市场供求为基础的、有管理的浮动汇率制,但境内企业和居民的用汇额度已有大幅度提升,在购汇、结售汇等方面正在享有越来越多的便利。

2008年之后,我国人民币国际化进程大大加快,其跨境结算功能日益强大,是目前最受欢迎的进出口贸易结算货币和全球第二大贸易融资货币,2016年3月,国际货币基金组织(IMF)将人民币纳入其外汇储备数据库,同年10月,人民币正式纳入特别提款权(SDR)货币篮子,成为人民币国际化的里程碑。参见《回顾人民币国际化历史进程》,资料来源:中国贸易金融网,http://www.sinotf.com/special/trade/rmbguojihua.html,最后访问时间2017年3月10日。

[2] B股的正式名称是人民币特种股票(境内上市外资股),它是中国境内注册的股份有限公司发行的,以人民币标明面值,以外币认购和交易,并在上海证券交易所和深圳证券交易所上市交易的外资股。B股市场设立于1992年,在2001年2月19日之前仅限于外国投资者买卖,之后B股市场也对国内投资者开放。

[3] 中国加入WTO时证券业对外开放承诺的主要包括:外国证券机构可以直接(不通过中方中介)从事B股交易;外国证券机构驻华代表处可以成为所有中国证券交易所的特别会员;允许外国服务提供者设立合资公司,从事国内证券投资基金管理业务,外资比例不超过33%;入世后3年内,外资可增加至49%;入世后3年内,允许外国证券公司设立合资公司,外资比例不超过1/3,可直接从事(不通过中方中介)人民币普通股(A股)的承销,外资股(B股、H股)经纪以及政府债券和公司债券的经纪和自营业务。

年12月推出了QFII、QDII、RQFII[1]制度,作为有限度地引入外资和对外投资,逐步开放证券市场的过渡性措施,并在随后的时间里不断简化它们的审批管理要求,提高投资额度和扩大投资范围等,取得了丰硕的成果。据统计,截至2016年末,共有278家QFII机构获批873.09亿美元额度,177家RQFII机构获批5284.75亿元人民币额度[2];共有132家金融机构获批899.93亿美元QDII额度[3],截至2016年共设立了121只QDII基金,其管理的基金份额1090.41亿份,基金净值1023.96亿元人民币[4]。

从2002年11月起,我国已允许外国投资者对上市公司进行战略投资,受让上市公司国有股和法人股权。2006年1月31日起实施的《外国投资者对上市公司战略投资管理办法》(2015年10月最新修订),允许外国投资者对已完成股权分置改革的上市公司和股权分置改革后新上市公

---

[1] QFII是"Qualified Foreign Institutional Investors"的简称,中文名称为"合格境外机构投资者",是符合一定条件,经证监会批准投资于中国证券市场,并取得国家外汇管理局批准的投资额度的境外资产管理机构、保险公司、证券公司、商业银行以及其他机构投资者。根据《合格境外机构投资者境内证券投资管理办法》等的规定,QFII可以投资在证券交易所交易或转让的股票、债券和权证,在银行间债券市场交易的固定收益产品,证券投资基金,股指期货,以及证监会允许的其他人民币金融工具。

QDII是"Qualified Domestic Institutional Investor"的简称,中文名称为"合格境内机构投资者",是符合一定条件,经证监会批准在境内募集资金,用所募集的部分或全部资金以资产组合方式进行境外证券投资管理的境内基金管理公司和证券公司等证券经营机构。QDII的行为受《合格境内机构投资者境外证券投资管理试行办法》等的调整,其在境外的证券投资,应当遵守当地监管机构、交易所的有关法律法规规定。

RQFII是"RMB Qualified Foreign Institutional Investors"的简称,中文名称为"人民币合格境外机构投资者",是符合一定条件,经证监会批准,并取得国家外汇管理局批准的投资额度,运用来自境外的人民币资金进行境内证券投资的境外法人。RQFII的行为受《人民币合格境外机构投资者境内证券投资试点办法》《中国人民银行、国家外汇管理局关于人民币合格境外机构投资者境内证券投资管理有关问题的通知》等的调整。2013年,我国将RQFII的试点范围从中国香港地区扩大到中国台湾地区、新加坡、伦敦等地,同时取消了投资时的股债资产配置限制,由RQFII自主决定产品类型,并进一步扩大其投资范围到股指期货、中小企业私募债等投资产品上。

[2] 参见国家外汇管理局:《国家外汇管理局年报(2016)》,2017年5月3日发布,第31页,资料来源:国家外汇管理局官网,http://www.safe.gov.cn/wps/portal/sy/cbw_whglnb,最后访问时间2017年5月10日。

[3] 参见《合格境内机构投资者(QDII)投资额度审批情况表(截至2017年5月26日)》,2017年5月27日发布,资料来源:国家外汇管理局官网,http://www.safe.gov.cn/wps/portal/sy/glxx_jnjgmd,最后访问时间2017年5月29日。

[4] 参见《证券期货经营机构资产管理业务统计数据(2016年四季度)》,2017年2月6日发布,资料来源:中国证券投资基金业协会官网,http://www.amac.org.cn/tjsj/xysj/zqqhjyjgzcglywtjsj/391715.shtml,最后访问时间2017年5月10日。

司进行中长期战略性并购投资,但该项投资取得的上市公司 A 股股份 3 年内不得转让。

从 2001 年 5 月起,证监会根据《国有企业境外期货套期保值业务管理办法》的规定,对企业从事境外期货交易所上市标准化合约交易进行套期保值实行许可证制度,但仅限于国有企业,其他企业、单位和个人不能参与。目前证监会正在研究制定"境内企业从事境外期货交易试行办法"和"期货公司境外期货经纪业务试行办法",以更好地便利国内企业和个人利用境外期货工具管理风险。

在对内对外逐步开放证券市场投资的同时,证券市场融资的开放也在有条不紊地进行着。证监会于 2001 年 10 月 8 日发布《关于上市公司涉及外商投资有关问题的若干意见》,允许符合条件的外商投资股份有限公司在中国境内发行股票(A 股与 B 股),且外资股占总股本的比例不低于 10%;同时也允许符合条件的外商投资企业在境外发行股票。自 2005 年 10 月,国际金融公司(IFC)和亚洲开发银行(ADB)分别获准在中国银行间债券市场分别发行 11.3 亿元人民币债券和 10 亿元人民币债券以来,这种境外发行人在中国资本市场发行的以人民币计价,被称为"熊猫债"的金融工具,成为我国金融市场对外开放的又一窗口。近年来,随着国内债券发行成本的降低和银行间债券市场开放程度的提高,"熊猫债"的发行量高涨,成为被看好的人民币融资渠道。在开放股票融资之后,证监会也适时启动了境外企业发行人民币债券试点。截至 2015 年底,共有 2 家境外企业在上海证券交易所完成非公开发行人民币公司债券,融资 15 亿元。[1]

相比于开放国内证券市场融资,境内企业到境外上市融资的步伐迈得更早。1993 年 7 月,青岛啤酒股份有限公司到香港联合交易所上市,正式开启了我国境内企业境外上市的历程,证监会在二十多年的监管历程中,逐步调整监管政策与规则,推动这一上市融资途径的发展。例如,证监会于 2012 年 12 月 20 日发布《关于股份有限公司境外发行股票和上市申报文件及审核程序的监管指引》,取消境外上市关于企业规模、盈利及筹资额度等方面的条件限制,进一步明确和简化境外上市的申请和审核程序,提高审核效率;2015 年,证监会全面取消财务审核,提高审批效率;取消 A/H 股定价限制,便利企业在 A/H 股存在估值差异时能够自主利用境外资本市场。据统计,截至 2015 年底,累计 233 家境内股份有

---

[1] 参见中国证券监督管理委员会编著:《中国证券监督管理委员会年报 2015》,中国财政经济出版社 2016 年版,第 45 页。

限公司到境外上市,融资总额高达2905亿美元,其中在香港联合交易所主板上市207家,在香港联合交易所创业板上市24家,在新加坡交易所上市2家。[1] 与此同时,证监会也积极支持发行B股的境内上市公司将其B股以介绍方式在香港联合交易所上市。2012年12月,经证监会批准,香港联合交易所聆训通过,中国国际海运集装箱(集团)股份有限公司作为首家B股转H股试点企业,成功实现在港交所挂牌上市。这以后,又有多家B股上市公司实施了同样的操作。2014年3月21日,证监会在发布《优先股试点管理办法》并于国内实施优先股之后,也启动了支持境内企业境外发行人民币优先股股票的工作。2014年11月,证监会核准工商银行在境外发行人民币计价优先股,融资120亿元人民币,这一做法既丰富了境内企业的海外融资途径,又进一步推动了人民币的国际化进程。

从证券业的开放来看。从1999年起,我国就已允许符合条件的投资银行、商人银行、证券公司等证券经营机构设立驻华代表机构,从事咨询、联络、市场调查等非经营活动。在加入WTO的五年过渡期中也全面地履行了入世的证券业开放承诺。2008年,证监会恢复审批设立合资证券公司,允许其新增证券经纪和证券投资咨询业务,之后允许合资证券公司在持续经营满两年以上且符合有关条件的情况下,申请扩大业务范围。2007年7月1日起施行《境外证券交易所驻华代表机构管理办法》,证监会据此允许符合条件的境外证券交易所设立驻华代表处。[2] 2013年9月23日,中国(上海)自由贸易试验区正式挂牌,证监会于同年9月29日发布《资本市场支持促进中国(上海)自由贸易试验区若干政策措施》,出台五项措施[3]支持自贸区建设,进一步扩大对外开放和深化资本市场改革。随后,证监会批准了上海期货交易所在自贸区设立国际化的原油期货交易平台,批准华安基金等2家基金管理公司、海通期货等5家期货公司在自贸区内设立专业子公司,同时支持证券期货经营机构在上海自贸

---

[1] 参见中国证券监督管理委员会编著:《中国证券监督管理委员会年报2015》,中国财政经济出版社2016年版,第44页。
[2] 根据2015年5月10日发布实施的《国务院关于取消非行政许可审批事项的决定》(国发[2015]27号)的规定,境外证券交易所驻华代表处需经证监会审批的要求已经取消。
[3] 根据《资本市场支持促进中国(上海)自由贸易试验区若干政策措施》,五项措施包括:(1)拟同意上海期货交易所在自贸区内筹建上海国际能源交易中心股份有限公司,具体承担推进国际原油期货平台筹建工作。依托这一平台,全面引入境外投资者参与境内期货交易;(2)支持自贸区内符合一定条件的单位和个人按照规定双向投资于境内外证券期货市场;(3)区内企业的境外母公司可按规定在境内市场发行人民币债券;(4)支持证券期货经营机构在区内注册成立专业子公司;(5)支持区内证期货经营机构开展面向境内客户的大宗商品和金融衍生品的柜台交易。

区内注册设立专业子公司和分支机构。在"引进来"的同时,"走出去"的步伐也已迈开。不少证券公司在取得证监会的批准之后,纷纷在境外,尤其是中国香港地区设立、收购或者参股证券经营机构,成为拓展公司海外业务的有力帮手。[1] 2015年5月,上海交易所、中国金融期货交易所与德意志交易所集团合作在欧洲建立离岸人民币证券产品交易平台,并合资成立中欧国际交易所股份有限公司。2015年10月,中欧国际交易所正式成立并于11月开始运行,这是推进中国资本市场双向开放、扩大人民币跨境使用的重要探索,被视为境内交易所实施国际化发展战略的新尝试。

港澳台资金和市场一向是我国证券市场开放的重要参与角色,除了在上述证券市场投融资开放和证券业开放方面有着举足轻重的贡献之外,近年来在内地与香港地区、澳门地区《关于建立更紧密经贸关系的安排》(Closer Economic Partnership Arrangement,简称CEPA)及其补充协议,以及内地与台湾地区签署的《海峡两岸经济合作框架协议》(Economic Cooperation Framework Agreement,简称ECFA)及其后续商谈等的推动下,内地和港澳台地区的经贸往来和市场开放进一步加快,尤其是证监会联合财政部、国家税务总局等部委分别于2014年11月17日和2016年12月5日正式启动"沪港通"(全称为"沪港股票市场交易互联互通机制")和"深港通"(全称为"深港股票市场交易互联互通机制")[2],构

---

[1] "国内券商拓展海外版图主要通过在港或新加坡设立子公司、在亚太地区合资成立证券公司,以及收购欧洲的投资银行等形式",参见梁雪:《2015年国内券商集体"出海",海外业务熊掌OR鸡肋?》,2015年9月28日,资料来源:和讯网,http://stock.hexun.com/2015-09-28/179535995.html,最后访问时间2017年1月10日。

[2] 根据2016年9月30日发布实施的《内地与香港股票市场交易互联互通机制若干规定》(证监会令第128号),内地与香港股票市场交易互联互通机制指上海证券交易所、深圳证券交易所分别和香港联合交易所建立技术连接,使内地和香港投资者可以通过当地证券公司或经纪商买卖规定范围内的对方交易所上市的股票,包括"沪港通"和"深港通"。

其中,"沪港通"又包括"沪股通"和"沪港通"下的"港股通"。"沪股通",是指投资者委托香港经纪商,经由香港联合交易所在上海设立的证券交易服务公司,向上海证券交易所进行申报(买卖盘传递),买卖"沪港通"规定范围内的上海证券交易所上市的股票。"沪港通"下的"港股通",是指投资者委托内地证券公司,经由上海证券交易所在香港设立的证券交易服务公司,向香港联合交易所进行申报(买卖盘传递),买卖"沪港通"规定范围内的香港联合交易所上市的股票。

"深港通"包括"深股通"和"深港通"下的"港股通"。"深股通",是指投资者委托香港经纪商,经由香港联合交易所在深圳设立的证券交易服务公司,向深圳证券交易所进行申报(头卖盘传递),买卖"深港通"规定范围内的深圳证券交易所上市的股票。"深港通"下的"港股通",是指投资者委托内地证券公司,经由深圳证券交易所在香港设立的证券交易服务公司,向香港联合交易所进行申报(买卖盘传递),买卖"深港通"规定范围内的香港联合交易所上市的股票。

"沪港通"下的"港股通"和"深港通"下的"港股通"统称"港股通"。

建了内地与香港地区两地股市交易互联互通机制,开启了跨境证券投资的一种新模式,被视为我国证券市场对外开放的一项重大制度创新。根据香港联合交易所的统计数据,截至2016年末,沪港通下"沪股通"累计净买入金额1326亿元人民币,深港通下"深股通"累计净买入金额152亿元人民币。[1]在推动内地与香港证券市场股票投资的同时,证监会也推进了内地与香港公开募集证券投资基金互认(简称"基金互认")工作。根据2015年7月1日施行的《中国证券监督管理委员会、香港证券及期货事务监察委员会联合公告——关于内地与香港公开募集证券投资基金互认工作的公告》规定,通过"基金互认",中国证监会、香港证监会将允许符合一定条件的内地与香港基金按照简易程序活动认可或许可在对方市场向公众投资者进行销售,也即开启了内地与香港公募基金跨境发行销售机制,被视为继"沪港通"之后两地资本市场融合和内地资本市场进一步对外开放的又一制度创新。据统计,截至2016年末,内地基金香港发行销售资金累计净汇入9626万元人民币。[2]

(二)逐步融入世界金融秩序的证券监管机制

我国证券市场的一个显著特征是由政府作为主导力量推动市场发展,在证券市场的对外开放上,仍然遵循了这一做法。自证券市场建立并逐步打开对外开放的大门之后,背负市场发展职责的证监会通过借鉴海外市场的成熟经验,结合国内市场发展状况和开放程度推出了诸如上述的QDII、允许企业境外上市、内地与香港股票市场交易互联互通等制度,探索利用境外资金支持国内证券市场建设的途径,逐步使我国融入世界金融秩序,与其他境外证券市场建立更密切的联系。

为应对证券市场日益对外开放带来的挑战和问题,更好地促进证券市场的健康发展和对外开放事业,证监会在保有其内部职能部门——国际合作部(港澳台事务办公室)的基础上,于2004年6月经国务院批准,设立了由境内外前任金融监管官员、金融机构知名人士及专家学者组成的国际顾问委员会,目前设有主席、副主席各一人,委员22人,现任主席为英国金融服务局前主席霍华德·戴维斯(Howard Davies),副主席为香

---

[1] 参见国家外汇管理局:《国家外汇管理局年报(2016)》,2017年5月3日发布,第32页,资料来源:国家外汇管理局官网,http://www.safe.gov.cn/wps/portal/sy/cbw_whglnb,最后访问时间2017年5月10日。

[2] 同上。

港证监会前副主席史美伦(Laura M. Cha)、美国证监会前主席威廉·唐纳德森(William Donaldson)、IOSCO 前执委员会和技术委员会主席米歇尔·普拉达(Michel Prada)、淡马锡执行董事兼首席执行官何晶(Ching Ho)、高盛集团前总裁兼联合首席运营官约翰·桑顿(John L. Thornton)以及麻省理工学院斯隆管理学院金融学教授王江、中国证监会前首席会计师张为国等人都是其委员。作为证监会的专家咨询机构,国际顾问委员会并非常设专家委员会,而是采取每年召开一次会议的方式,针对中国证券期货市场的发展情况,介绍国际市场的最新动态和监管经验,为证监会提供咨询意见和建议。

除了设置咨询机构提供有益的对外开放建议之外,证监会也采取积极加入国际金融组织和积极参与国际金融组织、国际经济组织活动的方式[1]来增进海外对中国证券市场及监管机制的了解与信任,逐步建立与国际接轨的监管规则以及监管对话和合作机制。例如,IOSCO 是目前证券监管领域最为重要的国际金融组织之一,是国际证券监管规则、主要证券监管议题的倡导者、制定者、研究者之一。证监会自 1995 年起成为 IOSCO 的正式会员,并于 2012 年成为其理事会会员,至今证监会已加入了包括 8 个重要的 IOSCO 专业委员会在内的多个工作机构,并担任第五委员会(投资管理委员会)的副主席。2012 年,证监会还在北京承办了 IOSCO 的第 37 届年会,进一步加强了与 IOSCO 成员的交流,也深化了 IOSCO 对中国证券市场发展和监管成效的认识,提升了证监会在国际证券监管领域的话语权。值得一提的是,为了给成员机构调查处理跨境证券类案件提供便利,IOSCO 于 2002 年 5 月制定了《关于磋商、合作及信息交流多边谅解备忘录》(Multilateral Memorandum of Understanding Concerning Consultation and Cooperation and the Exchange of Information,以下简称《多边备忘录》),2007 年 4 月,证监会正式成为这一《多边备忘录》的签署方,并自 2012 年 5 月起担任《多边备忘录》监督小组副主席,2015 年证监会成功申请加入负责制定跨国执法国际标准的 IOSCO

---

[1] 证监会参与的国际金融治理与合作活动,还有参与在 20 国集团(G20)、金融稳定理事会(FSB)、国际货币基金组织(IMF)、世界银行(WB)、世界贸易组织(WTO)、经济合作与发展组织(OECD)、亚太经合组织(APEC)、亚洲开发银行(ADB)等多边框架下的合作,等等。参见中国证券监督管理委员会编著:《中国证券监督管理委员会年报 2015》,中国财政经济出版社 2016 年版,第 47 页。

多边备忘录遴选小组。总之,通过多年的持续活动参与,证监会已较全面的参与到 IOSCO 的证券监管标准制定、评估研究等方面的工作中,IOSCO 成为中国监管机构对外传递声音,引入国际监管规则和建立良好国际监管沟通协调机制的重要窗口。

除了参与多边对话与合作机制外,证监会在双边合作,尤其是与有关国家(或地区)签署双边监管合作谅解备忘录上进行了更多的探索与努力,这既是加强国际监管合作,有效推进跨境执法的重要手段,也是境外金融机构进入中国证券市场,参与证券投融资等业务的必备条件之一。例如,证监会推出的多项证券市场开放事项,例如 QFII、"沪港通""深港通"以及内地与香港的"基金互认",无不以存在双边监管合作谅解备忘录为前提或者业务开展的基础条件。据统计,截至 2016 年,证监会共与 58 个国家(或地区)的证券期货监管机构签署了 63 个监管合作谅解备忘录。[1] 例如,早在 1993 年 6 月 19 日,证监会、沪深交易所、香港证监会、香港联合交易所几方就已签署了证券事务方面的《监管合作备忘录》;1994 年 4 月 28 日,证监会与美国证券交易委员会(SEC)也签署了《关于合作、磋商及技术协助的谅解备忘录》;2009 年 11 月 16 日,证监会与台湾地区金融监督管理机构代表签署了《海峡两岸证券及期货监督管理合作谅解备忘录》,并于 2010 年 1 月 16 日生效,标志着两岸证券及期货监管合作机制的建立,奠定了两岸证券期货市场合作的基础;2013 年 5 月 7 日,证监会与美国公众公司会计监察委员会(PCAOB)签署了《中美审计跨境执法合作备忘录》,正式开展中美会计审计跨境执法合作,打开了这一领域的新局面;2014 年 10 月 17 日,为了给"沪港通"保驾护航,证监会与香港证监会共同签署了《沪港通项目下加强监管执法合作备忘录》,建立了涵盖线索与调查信息通报、协助调查、联合调查、文书送达、协助执行、投资者权益损害赔偿、执法信息发布等各个执法环节的全方位合作关系。2016 年 11 月,证监会成功查处了一起利用"沪港通"交易机制跨境实施操纵市场的典型案件。此案是 2014 年 11 月"沪港通"开通两年来查

---

[1] 参见《中国证监会与俄罗斯中央银行签署〈证券期货监管合作谅解备忘录〉》,2016 年 6 月 27 日,资料来源:证监会官网,http://www.csrc.gov.cn/pub/newsite/zjhxwfb/xwdd/201606/t20160627_299717.html,最后访问时间 2017 年 3 月 10 日。这之后至 2016 年底,证监会官网未见再签订新的双边监管合作谅解备忘录的报道,因此得出上述结论。

处的首例跨境操纵市场案件[1],其成功查处不仅实战检验了内地与香港证券执法合作机制的制度安排,也显示了上述合作备忘录对打击跨境违法违规行为,共同维护两地市场秩序,平等保护两地投资者合法权益的重要作用,再次证明了签署与履行双边及多边监管合作谅解备忘录对保障我国证券市场对外开放事业顺利进行的不可或缺的作用。

四、简政放权潮流下的证券监管架构演化与改革

作为证券市场的监管者,证监会的监管职能和内部组织架构等与证券市场的发展密不可分,其设计往往需要因应证券市场的服务需求而进行适当调整,才能充分发挥证券监管的效用,为证券市场的健康发展保驾护航。目前,正是我国实施国民经济和社会发展第十三个五年规划(2016—2020年)的重要时期。经过二十多年的改革开放,到 21 世纪初我国已初步建立了社会主义市场经济体系[2],当下正处于继续完善社会主义市场经济体制的阶段,政府与市场二者的关系在 2013 年 11 月召开的党的十八届三中全会中被明确为"使市场在资源配置中起决定性作用",并进一步被写入十三五规划,成为今后指导社会主义市场经济建设的大政方针。我国经济经过十几年的高速发展之后步入平稳发展的经济"新常态"时期,改革开放事业进入了"深水区",在这种全新的经济背景下,注意到我国证券市场刚刚经历了 2015 年股灾和 2016 年年初两次熔断的动荡,新股发行机制改革还处于新一轮探索之中,而违法违规类型随着证券市场的发展正变得更为复杂多变,种种因素的叠加对证监会履行好监管职责,发挥监管作用提出了新的挑战和要求。

与此同时,证券监管属于政府监管职能的一个重要组成部分,证监会本身也是国务院体系内的一个监管机构。伴随着 2008 年 3 月 3 日中共中央、国务院发布《关于深化行政管理体制改革的意见》(中发[2008]5号),推进政府机构改革,加快转变政府职能成为我国行政管理体制改革

---

[1] 参见《证监会成功查处首例沪港通跨境操纵案件》,2016 年 11 月 18 日,资料来源:证监会官网,http://www.csrc.gov.cn/pub/newsite/zjhxwfb/xwdd/201611/t20161118_306145.html,最后访问时间 2017 年 3 月 10 日。

[2] "社会主义市场经济体制初步建立,公有制为主体、多种所有制经济共同发展的基本经济制度已经确立,全方位、宽领域、多层次的对外开放格局基本形成。"参见 2003 年 10 月 14 日通过的《中共中央关于完善社会主义市场经济体制若干问题的决定》。

的大方向。2013年3月14日十二届全国人大一次会议表决通过《关于国务院机构改革和职能转变方案的决定》，国务院办公厅随后于3月26日发布了《关于实施〈国务院机构改革和职能转变方案〉任务分工的通知》，行政管理体制改革成为政治体制改革的重要内容和先导安排。近年来，政府职能转变在最近一次的国务院机构改革（2013年）基础上被大大加快了，"必须深化简政放权、放管结合、优化服务改革。全面实行清单管理，制定国务院部门权力和责任清单，加快扩大市场准入负面清单试点，减少政府的自由裁量权，增加市场的自主选择权"[1]成为推进政府职能转变的主旋律。这种行政管理体制改革的方向和力度无疑也深深影响了证监会的监管架构和职能安排。[2]

（一）证监会的地位、职权与经费保障

1. 证监会的法律属性与地位

自1998年9月28日国务院办公厅印发《中国证券监督管理委员会职能配置内设机构和人员编制规定》之后，中国证券监督管理委员会接收原国务院证券委员会的职能和中国人民银行履行的证券业监管职能正式成立，改变其原来作为国务院证券委员会监管执行机构的身份，被定位为全国证券期货市场的主管部门，不过仍保留原来的事业单位属性，被确定为国务院直属正部级事业单位。

1998年12月29日，《证券法》获得第九届全国人大常委会第六次会议通过并定于1999年7月1日起施行。这部被称为"资本市场基本法"的法律设置了"证券监督管理机构"专章（第十章），并在第166条规定"国务院证券监督管理机构依法对证券市场实行监督管理，维护证券市场秩序，保障其合法运行"，确立了"国务院证券监督管理机构"的证券市场监管机构[3]地位及其具体职责，但没有像《中国人民银行法》等监管机构立法一样采用"直呼其名"的做法，使用当时已设立的"中国证券监督管理委

---

[1] 参见国务院于2017年3月22日发布的《国务院关于落实〈政府工作报告〉重点工作部门分工的意见》（国发[2017]22号）。
[2] 以下有关证监会的分析内容，主要参考证监会历年年报及官方网站内容。
[3] 与之前采用计划经济色彩浓厚的表述"主管部门""主管机构"不同，《证券法》采取了更"中立"的表述，将其界定为"监管机构"，这无疑是一种迈向市场化的进步。

员会"这一机构的名称。[1] 尽管这种立法方式和可能产生的歧义多被诟病[2],但目前通常认为《证券法》中的"国务院证券监督管理机构"指向的即是"中国证券监督管理委员会"。[3]

2. 证监会的职权及其保障措施

证监会的职权(职责)在其设立之初来源于国务院批准的"三定方案",在《证券法》颁布之后,其职权获得了法律确认和补充,而之后国务院批准的新三定方案又不断丰富和补充着证券会的职权。此外,根据《证券投资基金法》和《期货交易管理条例》等法律法规的授权,证监会的职权得到了进一步的丰富。

根据1998年9月28日国务院办公厅印发的《中国证券监督管理委员会职能配置内设机构和人员编制规定》,证监会的主要职责是:(1)研究和拟定证券期货市场的方针政策、发展规划;起草证券期货市场的有关法律、法规;制定证券期货市场的有关规章。(2)统一管理证券期货市场,按规定对证券期货监管机构实行垂直领导。(3)监管股票、可转换债券、证券投资基金的发行、交易、托管和清算;批准企业债券的上市;监管上市国债和企业债券的交易活动。(4)监管境内期货合约的上市、交易和清算;按规定监督境内机构从事境外期货业务。(5)监管上市公司及其有信息披露义务股东的证券市场行为。(6)管理证券期货交易所;按规定管理证券期货交易所的高级管理人员;归口管理证券业协会。(7)监管证券期货经营机构、证券投资基金管理公司、证券登记清算公司、期货清算机构、证券期货投资咨询机构;与中国人民银行共同审批基金托管机构的资格并监管其基金托管业务;制定上述机构高级管理人员任职资格的管理办法并组织实施;负责证券期货从业人员的资格管理。(8)监管境内企业直接或间接到境外发行股票、上市;监管境内机构到境外设立证券机构;监管境外机构到境内设立证券机构、从事证券业务。(9)监管证券

---

[1] 有立法者解释说,之所以采用这样笼统的名称,原因主要是:一方面遵循经济立法规范主管部门的惯例,绝大部分只作原则性规定;另一方面是因我国处于政治经济体制改革时期,具体部门名称或者具体职能可能经常变动,作原则性规定更能适应时常变动的状况。参见《证券法》起草小组编:《中华人民共和国证券法条文释义》,改革出版社1999年版,第47页。
[2] 参见董炯、彭冰:《公法视野下中国证券营制体制的演进》,载罗豪才主编:《行政法论丛》(第5卷),法律出版社2002年版,第38—39页。
[3] 参见王建文:《中国证监会的主体属性与职能定位:解读与反思》,载《法学杂志》2009年第12期;李东方:《证券监管机构及其监管权的独立性研究——兼论中国证券监管机构的法律变革》,载《政法论坛》2007年第1期。

期货信息传播活动,负责证券期货市场的统计与信息资源管理。(10)会同有关部门审批律师事务所、会计师事务所、资产评估机构及其成员从事证券期货中介业务的资格并监督其相关的业务活动。(11)依法对证券期货违法违规行为进行调查、处罚。(12)归口管理证券期货行业的对外交往和国际合作事务。(13)国务院交办的其他事项。2014年2月,国务院中编办批复了证监会内设机构和职能调整方案,从证监会据此调整之后的情况通报来看[1],主要涉及证监会内设机构之间的合并和新设,以及因此需要进行的一些部门职责和人员配备等的调整,除了增加一些有关部际协调、对自律组织和会管机构的指导,以及牵头负责证券市场出现重大问题及风险处置的相关工作之外,总体上并未改变或增加证监会的证券市场监管职能。

2014年8月31日最新修订的《证券法》在第十章"证券监督管理机构"的第179条规定,国务院证券监督管理机构在对证券市场实施监督管理中履行下列职责:(1)依法制定有关证券市场监督管理的规章、规则,并依法行使审批或者核准权;(2)依法对证券的发行、上市、交易、登记、存管、结算,进行监督管理;(3)依法对证券发行人、上市公司、证券公司、证券投资基金管理公司、证券服务机构、证券交易所、证券登记结算机构的证券业务活动,进行监督管理;(4)依法制定从事证券业务人员的资格标准和行为准则,并监督实施;(5)依法监督检查证券发行、上市和交易的信息公开情况;(6)依法对证券业协会的活动进行指导和监督;(7)依法对违反证券市场监督管理法律、行政法规的行为进行查处;(8)法律、行政法规规定的其他职责。国务院证券监督管理机构可以和其他国家或者地区的证券监督管理机构建立监督管理合作机制,实施跨境监督管理。与上述"三定方案"下的证监会职责相比,有所差异和交叉,但大体上涵盖了证监会的行业立规权、行业监督权(包含市场准入、日常监督、行政执法和危机管理)以及对外合作、协调权等主要内容。

根据"三定方案"的授权和《证券法》《证券投资基金法》《期货交易管理条例》等法律法规的规定,证监会在官方网站公布了如下主要职责,从

---

[1] 参见《中央编办批复证监会内设机构调整方案》,2014年2月21日,资料来源:证监会官网,http://www.csrc.gov.cn/pub/newsite/zjhxwfb/xwdd/201402/t20140221_244163.html;《关于调整发行监管部等9个部门主要职责的情况通报》,2014年4月11日,资料来源:证监会官网,http://www.csrc.gov.cn/pub/newsite/zjhxwfb/xwdd/201404/t20140411_246797.html,最后访问时间2017年3月10日。

内容看更多地偏向"三定方案"的内容[1]:(1)研究和拟订证券期货市场的方针政策、发展规划;起草证券期货市场的有关法律、法规,提出制定和修改的建议;制定有关证券期货市场监管的规章、规则和办法。(2)垂直领导全国证券期货监管机构,对证券期货市场实行集中统一监管;管理有关证券公司的领导班子和领导成员。(3)监管股票、可转换债券、证券公司债券和国务院确定由证监会负责的债券及其他证券的发行、上市、交易、托管和结算;监管证券投资基金活动;批准企业债券的上市;监管上市国债和企业债券的交易活动。(4)监管上市公司及其按法律法规必须履行有关义务的股东的证券市场行为。(5)监管境内期货合约的上市、交易和结算;按规定监管境内机构从事境外期货业务。(6)管理证券期货交易所;按规定管理证券期货交易所的高级管理人员;归口管理证券业、期货业协会。(7)监管证券期货经营机构、证券投资基金管理公司、证券登记结算公司、期货结算机构、证券期货投资咨询机构、证券资信评级机构;审批基金托管机构的资格并监管其基金托管业务;制定有关机构高级管理人员任职资格的管理办法并组织实施;指导中国证券业、期货业协会开展证券期货从业人员资格管理工作。(8)监管境内企业直接或间接到境外发行股票、上市以及在境外上市的公司到境外发行可转换债券;监管境内证券、期货经营机构到境外设立证券、期货机构;监管境外机构到境内设立证券、期货机构、从事证券、期货业务。(9)监管证券期货信息传播活动,负责证券期货市场的统计与信息资源管理。(10)会同有关部门审批会计师事务所、资产评估机构及其成员从事证券期货中介业务的资格,并监管律师事务所、律师及有资格的会计师事务所、资产评估机构及其成员从事证券期货相关业务的活动。(11)依法对证券期货违法违规行为进行调查、处罚。(12)归口管理证券期货行业的对外交往和国际合作事务。(13)承办国务院交办的其他事项。值得注意的是,作为证监会对外信息披露主要内容的历年证监会年报,并没有一项内容专门披露证监会的监管职责,只是每次在介绍证监会的监管架构时用不足三四百字的内容披露证监会及其派出机构的职责,这种简略程度令人费解。

为便于证监会履行监管职责,发挥监管作用,1998年《证券法》在第168条规定了证监会在履职时有权采取的措施,这些举措经过2005年修

---

[1] 参见《证监会简介》,资料来源:中国证监会官网,http://www.csrc.gov.cn/pub/newsite/zjhjs/zjhjj/,最后访问时间2017年3月20日。

订的《证券法》的补充完善,体现为该法的第 180 条,并沿用至今。根据 2014 年最新修订的《证券法》第 180 条,证监会依法履行职责,有权采取下列措施:(1) 对证券发行人、上市公司、证券公司、证券投资基金管理公司、证券服务机构、证券交易所、证券登记结算机构进行现场检查;(2) 进入涉嫌违法行为发生场所调查取证;(3) 询问当事人和与被调查事件有关的单位和个人,要求其对与被调查事件有关的事项作出说明;(4) 查阅、复制与被调查事件有关的财产权登记、通讯记录等资料;(5) 查阅、复制当事人和与被调查事件有关的单位和个人的证券交易记录、登记过户记录、财务会计资料及其他相关文件和资料;对可能被转移、隐匿或者毁损的文件和资料,可以予以封存;(6) 查询当事人和与被调查事件有关的单位和个人的资金账户、证券账户和银行账户;对有证据证明已经或者可能转移或者隐匿违法资金、证券等涉案财产或者隐匿、伪造、毁损重要证据的,经国务院证券监督管理机构主要负责人批准,可以冻结或者查封;(7) 在调查操纵证券市场、内幕交易等重大证券违法行为时,经国务院证券监督管理机构主要负责人批准,可以限制被调查事件当事人的证券买卖,但限制的期限不得超过十五个交易日;案情复杂的,可以延长十五个交易日。此外,根据《证券投资基金法》《行政处罚法》《期货交易管理条例》等法律法规的规定,证监会在履行监管职责过程中也可以采取其他相应的执法措施。

3. 证监会的经费来源与保障

根据证监会年报披露的"经费来源"信息,证监会的经费收支全部纳入国家财政预算内管理,尽管证监会有权依法向沪深证券交易所、上海期货交易所、郑州商品交易所、大连商品交易所、中国金融期货交易所、在中国境内登记注册的证券公司、基金管理公司、期货经纪公司等被监管对象收取一定的证券期货市场监管费,但这些收费应全额缴入中央国库,纳入中央财政预算管理。[1] 证监会开展证券、期货业监管工作所需经费,由财政部通过部门预算统筹安排,也即证监会的经费支出完全由预算内拨款。实务中,证监会定期每年在其官网上公布上一年度的部门结算和下一年度的部门预算,以提高证监会经费使用的透明度,增强社会公众对证

---

[1] 参见 2015 年 1 月 27 日财政部、国家发展改革委的《关于重新发布中国证券监督管理委员会行政事业性收费项目的通知》(财税[2015]20 号)、2016 年 1 月 4 日国家发展改革委、财政部发布的《关于重新核发银监会证监会保监会监管费等收费标准的通知》(发改价格[2016]14 号)。

券监管部门经费来源及其使用的监督。

（二）证监会与自律组织的监管分权

证券市场下的自律监管组织，主要有两类：一类是居于一线监管地位，具有专业和信息优势的证券交易所；一类是基于业务或成员关系建立，具有内部管理和沟通协调优势的行业协会或会员组织。近年来，证监会顺应政府职能转变和行政管理体制改革趋势，不断减政放权，取消行政审批，将一些业务管理及相关监管权限下放给自律组织行使，建立起了多层次的监管模式。

1. 证监会与证券期货交易场所之间的监管分权

证监会监管下的证券期货交易场所主要有上海证券交易所、深圳证券交易所、中国金融期货交易所，以及被定位为全国性证交易场所的全国股份转让系统（简称"新三板"）。下文以沪深交易所为例，解说这种监管分权。

证券交易所既为证券集中交易提供场所和设施，也是证券交易的组织者，具有发挥一线监管的便利和优势，也因此《证券法》作出如下监管分权安排：(1) 区分证券发行与上市环节，在保留证监会对证券发行核准权的基础上，将证券能否上市交易的决定权交由证券交易所来行使，同时考虑到上市与退市的对应性和一体性，将证券暂停上市交易、终止上市交易（俗称"退市"）的决定权也授权给证券交易所决定。[1] (2) 授权证券交易所对证券交易实行实时监控（2014年《证券法》第115条），在特定情况下可以采取技术性停牌或临时停市的措施（第114条），并对违反证券交易所有关交易规则的，予以纪律处分等（第121条）。

除了《证券法》上的法定分权与授权之外，近年来证监会逐渐将自己的一些监管职权下放给证券交易所行使，比较突出的有：(1) 根据《公司债券发行与交易管理办法》第18条，在公司债券仅面向合格投资者公开

---

[1] 2014年《证券法》第48条第1款规定："申请证券上市交易，应当向证券交易所提出申请，由证券交易所依法审核同意，并由双方签订上市协议"；第55条、第56条分别规定了证券交易所决定暂停股票上市交易、退市交易的情形，第60条、第61条分别规定了证券交易所决定暂行公司债券上市交易、退市交易的情形。

需要说明的是，这些授权证券交易所分享监管权的规定始于2005年《证券法》的修订并沿用至今，但长期以来我国实行股票发行上市联动，证券交易所常被诟病为证监会的附庸而未能发挥其决定上市的作用，以及因核准制下上市"壳资源"的宝贵而长期未有真正严格意义上的退市。但随着市场化进程和证券监管转型改革的推进，特别是2014年11月16日证监会《关于改革完善并严格实施上市公司退市制度的若干意见》（证监会令第107号）的发布，证券交易所在证券上市交易和退市上的监管功能正在增强。

发行的所谓"小公募"核准上,证监会采取简化核准程序。申言之,证监会将"小公募"公司债券的公开发行并上市申请资料的预审授权沪深交易所进行,交易所预审通过并出具无异议函后,发行人再正式向证监会提交债券发行行政许可申请资料,由证监会以交易所的审核意见为基础简化核准程序。[1] (2) 2014 年 12 月 12 日,证监会发布《中国证监会委托上海、深圳证券交易所实施案件调查试点工作规定》,将证监会及其派出机构所负责的证券期货市场违法案件的调查工作,主要是针对部分涉嫌欺诈发行、内幕交易、操纵市场、虚假陈述等违法行为,委托证券交易所实施调查取证;同时,针对涉嫌重大、新型、跨市场等特定违法行为,采用一事一委托的方式,委托交易所实施调查取证。证券交易所在证监会委托的范围内,应当以证监会的名义依法实施案件调查。调查终结后,证券交易所将证据等案件材料移交证监会稽查执法部门或其指定的派出机构复核后,由证监会或其授权的派出机构依照法定程序对调查结果进行审查、作出决定。

2. 证监会与行业协会之间的监管分权

近年来,随着证监会减政放权工作的推进和对自律监管作用认识的提升,证券市场自律组织在分担证监会监管证券市场职能上的表现越来越突出,特别是证监会因行政管理体制改革,逐步取消和限缩一些行政许可审批项目之后,对于这部分仍有行政管理需要的对象更适宜也更多地授权给自律组织进行监督管理。这种变革体现出晚近以来行政监管者"转向一种把政策制定(掌舵)同服务提供(划桨)分开的体制"[2],担纲起决策和制定规则的主要责任,更多地提供各种保护投资者的制度和机制,并将执行保护的具体工作分工给市场自律组织来行使[3]的趋势,以达到事半功倍的效果。这种监管模式和职责分工的调整,客观上也使得证监会能够集中有限的监管资源,投身于更注重监管执法的监管职能转型之中。

就我国而言,已成立了中国证券业协会、中国期货业协会、中国证券投

---

[1] 参见《中国证监会公开发行公司债券审核工作流程》,资料来源:证监会官网,http://www.csrc.gov.cn/pub/newsite/gszqjgb/xzxkgszq/zqbxkfwdt/201603/t20160329_294897.html,最后访问时间 2017 年 3 月 10 日;2015 年 5 月 20 日发布的《上海证券交易所公司债券上市预审核工作流程》《深圳证券交易所公司债券上市预审核工作流程》等。
[2] 〔美〕戴维·奥斯本、特德·盖布勒:《改革政府:企业家精神如何改革着公共部门》,周敦仁等译,上海译文出版社 2006 年版,第 11—12 页。
[3] 参见洪艳蓉:《公共管理视野下的证券投资者保护》,载《厦门大学学报(哲社版)》2015 年第 3 期。

资基金业协会等多个自律组织,它们在各自管理的领域承接证监会的一部分监管职能,对被监管对象进行自律管理,起到了分享监管职能的功用。近年来,中国证券投资基金业协会这一方面的表现为市场所关注,下文以它为例进行说明。2003年的《证券投资基金法》于2012年进行重大修订时,新增了"基金行业协会"第十二章,并沿用至今。据此,中国证券投资基金业协会于2012年6月6日正式成立。近年来,随着国务院要求取消和调整一些行政审批项目决定、取消"非行政许可审批"一类的审批[1]的实施,以及证监会落实行政管理体制改革、简政放权工作的推进,一些原本由证监会审批的事项被取消审批要求之后,证监会适时地调整监管方式,移交给证券投资基金业协会进行自律管理,例如:(1)尽管证监会对设立私募基金管理机构和发行私募基金不设行政审批,但根据2014年8月21日证监会颁布实施的《私募投资基金监督管理暂行办法》和证券投资基金业协会制定的《私募投资基金管理人登记和基金备案办法(试行)》(中基协发[2014]1号)等规则,私募基金管理人应当向证券投资基金协会办理私募基金管理人的登记手续,在私募基金募集完毕之后,应向其办理私募基金备案手续。[2] (2)根据2014年11月19日证监会发布实施的《证券公司及基金管理公司子公司资产证券化业务管理规定》,证监会取消了对资产证券化业务的审批,但要求管理人应当自专项计划成立日起5个工作日内将设立情况报告证券投资基金业协会(第36条),根据授权,证券投资基金业协会还对可证券化的基础资产范围可以实施负面清单管理,并根

---

[1] 参见2002年11月1日发布实施的《国务院关于取消第一批行政审批项目的决定》(国发[2001]33号)、2003年2月27日发布实施的《国务院关于取消第二批行政审批项目和改变一批行政审批项目管理方式的决定》(国发[2003]5号)、2004年5月19日发布实施的《国务院关于第三批取消和调整行政审批项目的决定》(国发[2004]16号)、2007年10月9日发布实施的《国务院关于第四批取消和调整行政审批项目的决定》(国发[2007]33号)、2010年7月10日发布实施的《国务院关于第五批取消和下放管理层级行政审批项目的决定》(国发[2010]21号)、2012年9月23日发布实施的《国务院第六批取消和调整行政审批项目的决定》(国发[2012]177号)、2014年1月28日发布实施的《国务院关于取消和下放一批行政审批项目的决定》(国发[2014]5号)、2015年2月24日发布实施的《国务院关于取消和调整一批行政审批项目等事项的决定》(国发[2015]11号)、2015年5月10日发布实施的《国务院关于取消非行政许可审批事项的决定》(国发[2015]27号),等等。

[2] 根据2017年4月11日证监会北京监管局2017(2)号行政处罚决定书(盛世嘉和投资基金管理(北京)、金奎、杨洪宇、夏小红、宋梁山),证监会北京监管局对盛世嘉和投资者基金管理(北京)作出行政处罚(要求整改并缴纳罚款),其处罚认定的依据之一是该公司管理的"嘉和汇金(有限合伙)——福建明明医疗辅助器具有限公司产品"未按规定向证券投资基金业协会办理基金备案手续。

据市场变化和实践情况予以适时调整(第37条)。据此,证券投资基金业协会于2014年12月24日发布实施了《资产支持专项计划备案管理办法》及《资产证券化业务基础资产负面清单指引》等配套规则,成为资产支持证券业务备案和自律监管者。

(三)证监会的内部治理机制

1. 管理层的选任与决策机制

尽管国务院办公厅印发的《中国证券监督管理委员会职能配置内设机构和人员编制规定》和《证券法》的相关章节规定了证监会的职责,却未对管理层的选任及其决策机制作出明确规定;证监会的官方网站及其对外披露的年报中,也没有关于二者的详细说明,只是在其中披露了证监会管理层由1位主席、1位中央纪委驻证监会纪检组组长、4位副主席和2位主席助理组成。

从证监会的发展历史来看。当1992年10月证监会作为国务院证券委的执行机构设立时,时任国务院总理的朱镕基钦点当时担任国家经济体制改革委员会副主任的刘鸿儒出任第一届证监会主席,并最终通过1992年10月12日《国务院办公厅关于成立国务院证券委员会的通知》(国办发〔1992〕54号)这一规范性文件的方式,由国务院任命刘鸿儒任第一届证监会主席。自此之后,包括1998年证监会吸收证券委职能,成为证券市场主管机构之后的历届证监会主席[1]都由国务院进行任免。此外,根据证监会官网披露的信息[2],主席之外包括副主席、主席助理在内的其他管理层也由国务院进行任免。从证监会管理层人员的教育和工作背景来看,具有证券专业知识及其在证券业的工作经历未必是任职的必要条件,但大多有在商业银行、政府机关工作的经历。就管理层的任期来

---

[1] 自1992年10月设立之后,证监会的历届主席及其任期如下:第一届主席刘鸿儒(1992.10—1995.3),第二届主席周道炯(1995.3—1997.6),第三届主席周正庆(1997.6—2000.2),第四届主席周小川(2000.2—2002.12),第五届主席尚福林(2002.12—2011.10),第六届主席郭树清(2011.10—2013.3),第七届主席肖钢(2013.3—2016.2),第八届主席刘士余(2016.2—)。

[2] 例如:《国务院"关于刘新华、姜洋任职的通知"(国人字〔2006〕68号)》,2006年7月25日,资料来源:证监会官网,http://www.csrc.gov.cn/pub/newsite/rjb/rsrms/200701/t20070122_79722.html;《国务院任命证监会有关负责人》,2015年3月2日,资料来源:证监会官网,http://www.csrc.gov.cn/pub/newsite/zjhxwfb/xwdd/201503/t20150302_269299.html;《国务院任免证监会有关负责人》,2015年9月18日,资料来源:证监会官网,http://www.csrc.gov.cn/pub/newsite/zjhxwfb/xwdd/201509/t20150918_284095.html;等等。最后访问时间2017年3月10日。

看,没有明确的时间限制,目前任职最长的一届证监会主席尚福林在职将近九年,而最短的一届证监会主席郭树清在职还不到三年;有的管理层则直接担任证监会副主席直至退休[1],再任命新的副主席;部分管理层因个人在任职期内被查出涉嫌严重违纪,不再符合担任领导干部的条件而被免职。[2]

　　证监会的中文全称为"中国证券监督管理委员会",使用了"委员会"一词,其英文版官网也对应使用了"COMMISSION"一词。从词义本身来看,似乎应与海外大部分独立规制机构一样,采用委员会制或称合议制的决策机制,也即组织机构中的决策层由按同一标准产生,地位平等的委员组成,并以讨论表决的方式形成组织机构意见,共同对外负责,其可能不设机构首长,或者首长只是名义上的。与实行独任制的机构由首长一人总揽大权、全权处理、决定机构事务,指挥监督所属单位及相关人员,并最终对机构的行为负责不同,合意制的特点在于集体决议,监管机构"内部决策的作出有赖于委员之间的相互磋商而非简单的命令与服从关系"。[3] 由于证监会目前没有公开其管理层的决策机制,只能根据证监会官网公布的一些资料进行推断。以立规权的行使为例来看,根据《证券期货规章制定程序规定》第25条第1款,规章由主席办公会议审议决定,但无从得知主席办公会议的参加人选[4],以及是在沟通基础上进行合议表决还是主要听取主席意见。一旦规章草案经过修改(如需要)会签起草部门后,则报请主席签署,以中国证监会令的形式公布。[5] 由此,似乎也难以推定证监会的决策机制是合议制,反倒是主席负责制的味道更浓厚些。而有学者经过研究,直接指出证监会目前实行的是主席负责制,未来

---

[1] 例如曾担任证监会副主席的范福春、庄心一、刘新华等到龄正常退休。
[2] 例如曾担任证监会副主席的姚刚、主席助理的张育军。参见《证监会通报中央关于姚刚涉嫌严重违纪接受调查的决定》,2015年11月13日,资料来源:证监会官网,http://www.csrc.gov.cn/pub/newsite/zjhxwfb/xwdd/201511/t20151113_286692.html,最后访问时间2017年3月10日。
[3] 周林军:《美国独立管制机构探析》,资料来源:中国国家发展和改革委员会网站,http://tgs.ndrc.gov.cn/tzbj/200508/t20050812_39348.html,2005年8月12日,最后访问时间2016年11月10日。
[4] 根据《证券期货规章制定程序规定》第25条第2款,主席办公会议审议规章草案时,可以由起草部门或者法律部作起草说明;起草部门作起草说明的,法律部作审查报告。这些做起草说明或审查报告的部门,虽是主席办公会议的参加者,却不是决议者。从中也无法推知主席办公会议的决策机制。
[5] 参见《证券期货规章制定程序规定》第26条。

应落实为委员会负责制,防止出现"一言堂"的专制情形。[1]

2. 部门设置、分支机构与职责分工

(1) 总部机关职能部门设置与职责分工

证监会在组织架构上分设总部机关和地方派出机构两层。[2] 总部机关从1998年10月设立之初的13个职能部门,到历史上的22个职能部门,再到2014年2月一次大范围的内设机构与职能调整,合并和精简相关部门,并根据市场监管需要新设职能部门[3],目前总部机关的职能部门共有20个,分别为:办公厅(党委办公室)、发行监管部、非上市公众公司监管部、市场监管部、证券基金机构监管部、上市公司监管部、期货监管部、稽查局(首席稽查办公室)、法律部(首席律师办公室)、行政处罚委员会办公室、会计部(首席会计师办公室)、国际合作部(港澳台事务办公室)、投资者保护局、公司债券监管部、私募基金监管部、打击非法证券期货活动局(清理整顿各类证券交易场所办公室)、内审部[4]、人事教育部(党委组织部)、党委宣传部(党委群工部)、机关党委(机关纪委)。限于篇幅,上述内设机构的工作职责,可参见证监会官网关于"机构职能"的介绍。[5]

(2) 地方派出机构设置与职责分工

证监会的派出机构脱胎于分散监管时期各地方政府设置的地方证券监管机构。证监会于1998年10月设立之后,相继与地方政府签署"证券监管机构交接备忘录",从后者手中接收地方证券监管机构,使之成为证

---

[1] 参见李东方:《证券监管机构及其监管权的独立性研究——兼论中国证券监管机构的法律变革》,载《政法论坛》2007年第1期,第85页。

[2] 此外,还设有4个直属事业单位,分别为稽查总队、研究中心、信息中心和行政中心。

[3] 根据此次中央编办批复同意证监会内设机构和职能调整方案,发行监管部、创业板发行监管部合并为发行监管部;上市公司监管一部、上市公司监管二部合并为上市公司监管部;期货监管一部、期货监管二部合并为期货监管部;机构监管部、基金监管部合并为证券基金机构监管部。新设立公司债券监管部、创新业务监管部、私募基金监管部、打击非法证券期货活动局(清理整顿各类交易场所办公室)。参见《中央编办批复证监会内设机构调整方案》,2014年2月21日,资料来源:新华网,http://news.xinhuanet.com/fortune/2014-02/21/c_119450465.htm,最后访问时间2017年3月10日。

[4] 值得注意的是,证监会在其通过中国财政经济出版社于2016年8月出版的《中国证券监督管理委员会年报2015》中,已将证监会组织架构中的"创新业务监管部"调整为"内审部",但证监会官网至今未进行调整,披露的仍是"创新业务监管部"的名称及其职能,参见证监会官网,《机构职能》,网址 http://www.csrc.gov.cn/pub/newsite/zjhjs/jgzn/,以及《创新业务监管部职能》,网址 http://www.csrc.gov.cn/pub/newsite/zjhjs/jgzn/,最后访问时间2017年5月31日。

[5] 网址为 http://www.csrc.gov.cn/pub/newsite/zjhjs/jgzn/。

监会的派出机构。也因这种历史沿革,证监会的派出机构主要按省份设立,也有一些早期在证券交易活跃地区设立的地方证券监管机构被接收之后保留了下来。[1] 1999年,当时证监会的36个派出机构正式挂牌,证监会于同年9月发布《派出机构内设机构设置方案及主要职责的通知》对派出机构进行统筹和管理;2004年,证监会根据《关于中国证券监督管理委员会派出机构设置和人员编制的批复》,将各地派出机构统一更名为证监局。目前,证监会的派出机构共有38个,包括36个各地的证监局和2个办事处。[2]

从设立各地派出机构以来,证监会逐步将一些日常、持续、需要大量细致工作的监管职责交由各地派出机构执行,及至后来向派出机构下放的职责也包括了一些行政许可(或取消许可后仍需进行管理的事项)和部分行政执法职责(特别是调查,以及一些行政处罚)。在这一过程中,证监会曾于2000年9月26日颁布实施《关于进一步明确派出机构业务工作职责的通知》(证监发[2000]73号)(现已失效),于2003年12月5日颁布实施《派出机构监管工作职责》(证监发[2003]86号)(已失效)等进行规范和指引。而根据自2015年12月1日起开始施行的《中国证监会派出机构监管职责规定》(中国证券监督管理委员会令第118号)的规定,派出机构的职责更为规范和明确。根据这一规定,派出机构受证监会的垂直领导,依法以自己的名义履行监管职责(第2条);其监管职责的确立和履行,遵循职权法定、依法授权、权责统一、公开透明、公平公正的原则。其权限来源,除法律、行政法规明确规定外,由证监会规章授权(第4条);在定位上,派出机构负责证券期货市场的一线监管工作,目标是切实维护资本市场公开、公平、公正,维护投资者特别是中小投资者合法权益,防范和依法处置辖区市场风险,促进辖区资本市场稳定健康发展(第3条),其监管职责主要:(1)对辖区有关市场主体实施日常监管;(2)防范和处置辖

---

[1] 例如,深圳证监局的前身是成立于1993年4月的"深圳市证券管理办公室",1999年7月成为证监会的派出机构并随后更名;厦门证监局的前身是成立于1993年7月的"厦门市证券监督管理委员会",1999年6月成为证监会的派出机构并随后更名;宁波证监局的前身是成立于1994年的宁波市证券和期货监管办公室,于1998年12月被证监会接收并在之后更名;等等。
[2] 具体为北京、天津、河北、山西、内蒙古、辽宁、吉林、黑龙江、上海、江苏、浙江、安徽、福建、江西、山东、河南、湖北、湖南、广东、广西、海南、云南、西藏、陕西、甘肃、青海、宁夏、新疆、深圳、大连、重庆、四川、贵州、宁波、厦门、青岛证监局,以及上海证券监管专员办事处和深圳证券监管专员办事处。

区有关市场风险;(3)对证券期货违法违规行为实施调查、作出行政处罚;(4)证券期货投资者教育和保护;(5)法律、行政法规规定和中国证监会授权的其他职责(第5条)。

3. 人事制度

尽管证监会隶属国务院,但其作为事业单位的属性决定了在管理上必须按照事业单位的相关规定进行管理。根据我国《事业单位登记管理暂行条例》(2004年修订)第2条第1款的规定,事业单位是国家为了社会公益目的,由国家机关举办或者其他组织利用国有资产举办的,从事教育、科技、文化、卫生等活动的社会服务组织,不同于行使国家行政职权,对国家各项行政事务进行组织、管理、监督的行政机关。但如上所述,证监会虽然是事业单位,却承担着监管证券市场的行政职能,不同于一般的事业单位。为解决适用事业单位的人员聘用、工资福利、升迁、退休等各项制度带来的困扰,更好地给证监会提供吸引人才、激励员工、提高工作效率、稳定监管队伍等方面的制度灵活性,2006年证监会被批准参照《中华人民共和国公务员法》管理。[1] 换言之,除了证监会管理层成员由国务院进行任免之外,证监会其他工作人员在录用、考核、职务升降、惩戒、工资福利保险、辞退辞职、退休、申诉控告、法律责任等方面应按照《公务员法》的相关规定进行管理,而有关事业单位方面的相关改革也不再适用于证监会。[2]

(四)对证监会监管权的制衡机制

总体而言,目前没有专门针对证监会及其所行使监管权的制衡与问责机制,主要的制衡措施依托法律和行政法规对行政机构的一般性规定,并且往往散落在不同法律和行政法规之中。

作为国务院直属正部级事业单位,证监会不用像国务院向全国人大那样每年做《政府工作报告》,也不用像国务院各部委那样直接向国务院汇报工作,其历年履行监管职责的工作表现,主要通过证监会发布的《中国证券监督管理委员会年报》体现。从公开的资料来看,证监会公布年报的举措,始于2008年。当年4月28日,证监会对外公布了其自1992年

---

[1] 参见中国证券监督管理委员会编:《中国证券监督管理委员会年报2012》,中国财政经济出版社2012年版,第3页。

[2] 例如,国务院于2006年6月21日印发的《事业单位工作人员收入分配制度改革实施办法》,其第一(二)条就明确规定"经批准参照公务员法管理的事业单位、各类企业所属的事业单位和事业单位所属独立核算的企业,不列入这次事业单位收入分配改革的范围"。

设立以来的首份年报[1],在其中对证监会 2007 年主要监管工作做了总结并展望了 2008 年监管工作重点,此后证监会每年通过中国财政经济出版社出版中英文的年报并在其官网公布电子版,但每年公布的时间并不固定,有的甚至到第二年快年底才在官网上公布上年的年报。[2]

在立规权的行使要求与监督上。根据《立法法》(2015 年修订)第 80 条的规定,国务院各部、委员会、中国人民银行、审计署和具有行政管理职能的直属机构,可以根据法律和国务院的行政法规、决定、命令,在本部门的权限范围内,制定规章。部门规章规定的事项应当属于执行法律或者国务院的行政法规、决定、命令的事项。没有法律或者国务院的行政法规、决定、命令的依据,部门规章不得设定减损公民、法人和其他组织权利或者增加其义务的规范,不得增加本部门的权力或者减少本部门的法定职责。根据《立法法》第 83 条的要求,国务院制定了《规章制定程序条例》规范规章的制定过程,同时根据《立法法》第 84、85 条的规定,部门规章应当经部务会议或者委员会会议决定,之后由部门首长签署命令予以公布。根据《立法法》第 86 条规定,部门规章签署公布后,应及时在国务院公报或者部门公报和中国政府法制信息网以及在全国范围内发行的报纸上刊载,并应根据《立法法》第 98 条的规定,在公布后的 30 日内报国务院备案(适用《法规规章备案条例》的相关规定)。根据《立法法》第 96 条及第 97 条的规定,部门规章有超越权限、违反上位法、相关规定被认为不适当应当予以改变或撤销的,以及违背法定程序等情形的,国务院有权对这些不适当的部门规章予以改变或撤销。上述规定确立了对证监会行使立规权的基本制衡框架,为更好地回应这些内容,证监会制定了《证券期货规章制定程序规定》,进一步细化立规权的行使与程序约束。此外,为回应公众参与要求,证监会于 2009 年 3 月 30 日发布《证券期货规章草案公开征求意见试行规则》,对证监会制定涉外规范性文件,以及直接涉及公民、法人和其他组织切身利益或者涉及向社会提供公共服务、直接关系到社会公共利益的其他规范性文件的,要求向社会公开征求意见,但排除适用于涉及国家秘密、国家安全或证券期货市场敏感问题的规范性文件。

在行业监督权的行使要求和监督上。尽管证监会的属性是事业单

---

[1] 参见中国证券监督管理委员会:《中国资本市场二十年》,中信出版社 2012 年版,第 505 页。
[2] 例如,2009 年纸质版年报的出版时间虽然为 2010 年 5 月,但及至 2010 年 11 月 5 日,证监会才在其官网公布该年的电子版年报。

位,但作为行使行政管理职能的监管机构,其作出行政许可、采取行政强制措施、作出行政处罚的行为,需要遵守《行政许可法》《行政复议法》《行政处罚法》《行政诉讼法》等有关规范行政权力运作法律制度的约束,对证监会履行行政管理职责的行为,被监管对象在符合条件的情况下,可以申请听证、申请复议或提起行政诉讼。证监会为更好地履行行政管理职责,贯彻正当程序和透明度要求,相应制定了《中国证券监督管理委员会行政许可实施程序规定》《中国证券监督管理委员会行政复议办法》《中国证券监督管理委员会行政处罚听证规则》等具体规则,并在其官网公布了具体的办事指南等内容。与此同时,根据《政府信息公开条例》的要求,证监会制定了《证券期货监督管理信息公开办法(试行)》及证监会信息公开指南等并公布于官网,提高了证监会履行职责的透明度,便利了市场参与者获取信息并对其进行监督。

在对证监会及其工作人员法律责任的约束上。除了根据"党管干部"原则,中纪委及机关党委等各级党组织对担任领导职务的证监会工作人员从党规党纪的高度进行约束外,如上所述,证监会作为参公管理的单位,其工作人员的约束与惩戒,也要遵守《公务员法》《行政机关公务员处分条例》等相关法律行政法规的规定。而作为证券市场的监管者,其监管行为往往牵涉巨大的经济利益,也难免存在以权谋私或利益冲突等情形,为此《证券法》等证券期货市场的法律对此设有一些相关约束。以《证券法》的规定为例,其制约主要有:(1) 根据第43条,证券监督管理机构的工作人员,在任期或者法定限期内,不得直接或者以化名、借他人名义持有、买卖股票,也不得收受他人赠送的股票。任何人在成为证监会工作人员之前已持有的股票,必须依法转让。一旦证券监督管理机构的工作人员作为法律、行政法规规定禁止参与股票交易的人员,直接或者以化名、借他人名义持有、买卖股票的,则可依据《证券法》第199条的规定,责令依法处理非法持有的股票,没收违法所得,并处以买卖股票等值以下的罚款;属于国家工作人员的,还要依法给予行政处分。(2) 根据《证券法》第三章第四节"禁止的交易行为"的规定,证券监督管理机构工作人员不得从事内幕交易、操纵市场等违法违规行为,禁止证券监督管理机构及其工作人员在证券交易活动中作出虚假陈述或者信息误导,否则要按《证券法》及其他法律的规定承担相应的法律责任。(3) 根据第182条规定,国务院证券监督管理机构工作人员必须忠于职守,依法办事,公正廉洁,不得利用职务便利牟取不正当利益,不得泄露所知悉的有关单位和个人的商业秘密。如果证券监督管理机构的工作人员和发行审核委员会的组成人员,不履行《证券法》规定的职责,滥用职权、玩忽职守,利用职务便利牟取不正当利益,或者泄露所知悉的有关单位和个人的商业秘密的,根据《证券法》第228条,可依法追究法律责任。(4)根据第187条规定,国务院证券监督管理机构的人员不得在被监管的机构中任职。(5)根据第227条,国务院证券监督管理机构有下列情形之一的,对直接负责的主管人员和其他直接责任人员,依法给予行政处分:对不符合本法规定的发行证券、设立证券公司等申请予以核准、批准的;违反规定采取《证券法》第180条规定的现场检查、调查取证、查询、冻结或者查封等措施的;违反规定对有关机构和人员实施行政处罚的;其他不依法履行职责的行为;等等。近年来,证监会为强化对其工作人员履职的监督,提高其履行职责的公正性和公信力,在《中国证监会工作人员行为准则》(2009年11月4日发布实施)的基础上制定了一系列更有针对性的约束规则,客观上收获了良好的效果。例如,2014年3月28日,证监会发布《中国证监会行政许可和监管执法事项不当说情备案规定(试行)》;2015年11月24日,证监会为落实《关于进一步规范发行审核权力运行的若干意见》,发布实施《关于加强发行审核工作人员履职回避管理的规定》和《关于加强发审委委员履职回避管理的规定》,2017年1月14日证监会对这两个规定根据实践情况的反馈进行了修订,进一步完善履职回避情形,增强了制度的覆盖面和有效性;2015年12月11日,证监会发布实施《中国证监会稽查办案十项禁令》,为证券执法活动的公正高效保驾护航,等等。

在经费收支的约束上。证监会作为完全由国家财政预算内拨款的单位,需要实行独立的财务预算管理制度,其有关财务收支和会计制度,要执行法律、行政法规和国家统一的财务、会计制度,接受国务院审计机关和财政部门依法分别进行的审计和监督。为用好公共预算拨款,体现"三公经费"[1]等项目的绩效管理目标,证监会制定了《会议费管理办法》《差旅费管理办法》《培训费管理办法》和《因公临时出国经费管理办法》等规定;目前,证监会每年在其官网公布年度预算、年度决算,并对其中一些内容进行简要说明,以便社会公众更了解证监会经费的具体使用情况并展开监督。

---

[1] "三公经费"主要指:因公出国(境)费、公务车购置及运行费、公务招待费。

第二节 问题：从监管效用看中国证券监管的独立性

一、从国际组织的评估结果看我国金融监管治理的问题

(一) 金融部门稳定性评估规划的意义与我国的参与

自1997年亚洲金融危机之后，国际货币基金组织(IMF)、世界银行(WB)等主要国际经济组织增强了对主要经济体金融脆弱性的评估与监测，意识到强化金融监管治理，以尽可能减少金融危机发生的重要性，并于1999年5月联合推出"金融部门稳定性评估规划"(FSAP)，以国际社会所倡导和发布的称为最佳监管实践的一系列规则作为衡量标准[1]，对一国/地区的金融部门进行全面、深入的评估，涵盖金融部门的恢复能力、监管框架的质量、管理和处置金融危机的能力等方面，并基于评估结果提出契合一国情形的微观和宏观审慎方面的建议，进而推广良好的监管治理实践，推动金融市场改革和市场效率的提高并维护金融体系的稳定性。

根据IMF和WB的要求，在金融领域具有系统重要性的国家/地区[2]，接受FSAP进行金融稳定性评估是强制性要求，每5年要进行一次更新评估，而其他国家/地区参加FSAP评估则是自愿性的。[3] 不过，从实践的情况来看，FSAP目前已成为国际流行的金融稳定评估框架，被越来越多的国家所接受和参与实践，其中既有成熟市场所在国家，也有新兴市场所在国家。这种评估不仅保障了世界范围内资本市场及其监管发展的齐头并进，避免因为向下竞争而形成监管洼地，并将风险外部性外溢给其他国家承担；也能在客观上对各国的资本市场竞争力和监管环境形成一个可比的数据库，便于国际资本的流动和形成更有效的资源配置。

---

[1] See key "Standards for Sound Financial Systems", at http://www.financialstabilityboard.org/what-we-do/about-the-compendium-of-standards/key_standards/, last visited May 10, 2017.

[2] 2010年，IMF确认了29个国家/地区在金融领域具有系统重要性，包括：澳大利亚、奥地利、比利时、巴西、加拿大、中国、丹麦、芬兰、法国、德国、中国香港特别行政区、印度、爱尔兰、意大利、日本、韩国、卢森堡、墨西哥、荷兰、挪威、波兰、俄罗斯、新加坡、西班牙、瑞典、瑞士、土耳其、英国、美国。See "Mandatory Financial Stability Assessments Under the FSAP", September 24, 2014, http://www.imf.org/external/np/fsap/mandatoryfsap.htm, last visited May 10, 2017.

[3] "Financial Sector Assessment Program(FSAP)", Last updated: Monday, June 12, 2017, http://www.imf.org/external/np/fsap/fssa.aspx, last visited June 15, 2017.

也因此,各国都对这项评估活动给予高度重视,并力求获得良好的评价。

根据我国在 G20 和 FSB 作出的承诺,我国将每 5 年接受一次 IMF 和 WB 的 FSAP 评估,并在每次 FSAP 评估后的 2~3 年接受 FSB 的国家同行评估。[1] 2009 年 8 月,我国正式宣布启动 FSAP,经过近三年的工作,评估圆满完成并取得丰硕的成果。2011 年 11 月,IMF 公布了对中国金融部门的首次正式评估结果,2012 年 4 月,IMF 公布了以 IOSCO 制定的《证券监管的目标与原则》为评估标准的我国证券业监管的评估结果。[2] FSAP 是国际组织首次对我国金融体系开展的全面、系统的评估,这一活动帮助中国金融监管部门对金融体系和制度框架进行了全面梳理,并就我国金融改革和发展中存在的问题从国际视野角度提出了不少值得借鉴的建议。这一评估活动的参与,既是我国检视金融发展与金融监管问题并借以改进的良机,也是我国金融监管及其治理融入世界潮流,与世界先进经验和发展趋势接轨的一个表现。

随着 2015 年的到来,5 年周期已到,应 IMF 和 WB 的要求,我国于 2015 年 10 月正式启动 FSAP 更新评估工作。据报道,这次 FSAP 的评估范围广泛,我国人民银行、证监会等相关部门与 IMF 和 WB 联合组成的评估团经过充分交流和沟通,最终确定评估范围为:就中国执行《有效银行监管核心原则》《证券监管的目标与原则》和《保险核心原则》三项国际标准与准则的情况开展全面评估;开展银行业压力测试;对金融体系的结构和运行、法律框架、系统性风险管理、金融安全网和危机管理、不良贷款管理、普惠金融/中小企业融资、未来支撑经济再平衡的金融体系架构、金融市场基础设施、反洗钱/反恐融资、政策性金融机构、债券市场等专题开展分析和评估。而在时间安排上,评估团定于 2016 年 12 月、2017 年 2

---

[1] 参见中国人民银行金融稳定分析小组:《中国金融稳定报告 2015》,中国金融出版社 2015 年版,第 117 页。

[2] IMF, "People's Republic of China: Financial System Stability Assessment", IMF Country Report No. 11/321, November 14, 2011, available at http://www.imf.org/en/Publications/CR/Issues/2016/12/31/People-s-Republic-of-China-Financial-System-Stability-Assessment-25350, last visited May 5, 2017; IMF, "People's Republic of China: Detailed Assessment Report: IOSCO Objectives and Principles of Securities Regulation", IMF Country Report No. 12/80, April 2012, available at http://www.imf.org/en/Publications/CR/Issues/2016/12/31/Peoples-Republic-of-China-Detailed-Assessment-Report-IOSCO-Objectives-and-Principles-of-25830, last visited May 5, 2017.

月和 5 月来华开展三次现场评估,全部评估工作预计于 2017 年 10 月结束。[1]

(二)作为问题的中国金融监管治理和独立性

许多国家的监管实践和诸多学者的研究都表明,确保金融监管的独立性从总体上有利于提高金融体系的效率并维护金融体系的稳定性,这主要得益在独立性之下运作的金融监管更为有效,从而能更好地实现立法赋予监管机构的监管目标。

正如上述,金融监管独立性是一个具有相对确定的内涵并主要由监管组织独立性、行业立规权独立性、行业监督权独立性和预算安排独立性四大要素所构成的有机系统,各项要素各有所侧重,而又相互配合,共同发挥作用,能够有效地避免证券监管受到政治因素的干涉或者陷入行业的捕获之中;而让监管机构对其行动负责,或者说问责安排将使公众行使对监管机构的监督,从而促使这些机构遵守较高的治理和绩效标准,并加强其合法性。[2] 可以说,独立性与问责制的配合,共同保障了证券监管机构进行证券监管的有效性。

借用公司治理的理念与方法,近年来治理延伸到政府干预经济生活的领域,形成了当下热门的公共治理理论。公共治理是指公共部门为实现一定的经济和社会目标,通过各种正式和非正式的制度安排,营造行使公共权力、制定和执行政策所依赖的良好制度环境和运行机制,以实现对社会公共事务的有效管理、整合和协调的持续互动过程。[3] 金融监管治理,可以看作是公共治理在金融监管领域的具体表现。

在中国语境下,过去长期实行的计划经济,使得监管者成为调配资源的主导者和经济活动的安排者,其权威地位无可挑战,也不存在对它的监督与制约;而在从计划经济向市场经济转型,乃至逐步建立、完善市场经济体制的过程中,监管机构被赋予发展市场,维护市场秩序和防范金融风险的多项重任,对监管机构的评价更多和直观地建立在其是否贯彻了不同经济发展时期政府的大政方针,是否维护了证券市场的股价稳定和避

---

[1] 参见中国人民银行金融稳定分析小组:《中国金融稳定报告 2016》,中国金融出版社 2016 年版,第 129 页。
[2] See Eva Hüpkes, Marc Quintyn, and Michael W. Taylor, "Accountability Arrangements for Financial Sector Regulators", *IMF Economic Issue*, No. 39, March 2006, Preface.
[3] 参见张晓朴、杜蕾娜:《金融监管治理的定义、要素和评估》,载《中国金融》2005 年第 4 期。

免了因股市动荡引发的社会稳定问题,鲜有深入地探讨监管者是否合法恰当地行使了其监管职权,是否存在监管失职而应对证券市场异常波动担负责任的探讨,换言之,在总体的舆论氛围和制度框架下,缺乏有关监管金融监管者,建立并强化金融监管治理的问题意识和系统的制度安排。也因此,当中国逐步融入世界经济秩序,证券市场对内对外加快开放并与国际接轨时,借助参与 FSAP 的契机势必引发我国对金融监管者监管绩效的关注与思考,从而在理论和实务界提出关于金融监管治理的问题,并通过自我反省与外界评估来为我国金融监管走向更为完善的治理提供可能性,幸莫大焉。

(三)国际组织视角下我国金融监管治理存在的问题

国际货币基金组织和世界银行对我国证券业这一金融部门实行 FSAP 的评估报告,总体上还是给予了比较好的评价,其指出,中国证监会设立二十多年来中国证券市场取得了长足的发展,证监会过去采取的一系列改革措施证明其在实践中是一个免受政治或者商业利益干涉的独立的监管机构,只有在为数不多的地方没有符合国际证监会组织制定的《证券监管的目标与原则》的要求,但如果结合更具体的情况来进行评估,那么还是在一些地方,尤其是有关监管者的独立和负责(原则 2)、监管者应拥有充分权力、适当资源和能力以行使其职权(原则 3)等原则上,只能算是部分实施(partly implemented),而不是完全实施(fully implemented)《证券监管的目标与原则》所规定的要求[1],这些可能影响证监会的独立性并削弱证券监管的有效性,因而在未来有必要进行改进。

启动于 2009 年 8 月的这次 FSAP 评估,于 2011 年底正式结束。从这段时间证监会监管下的证券市场的表现来看,2005 年《证券法》修改之后,中国证券市场迎来制度利好,在良好经济环境的作用下呈现一派繁荣景象,上证指数于 2007 年 10 月 16 日达到 6124 点这一股指的历史最高点。但随着 2007 年美国次贷危机爆发并蔓延成全球的金融与经济危机,国内经济大受影响加上国内因素的综合作用,导致股市发生逆转,从原先 6000 多点的历史高位跌至 2008 年 10 月 28 日 1665 点的历史低点,并在

---

[1] See IMF, "People's Republic of China: Detailed Assessment Report: IOSCO Objectives and Principles of Securities Regulation", IMF Country Report No. 12/80, April 2012, available at http://www.imf.org/en/Publications/CR/Issues/2016/12/31/Peoples-Republic-of-China-Detailed-Assessment-Report-IOSCO-Objectives-and-Principles-of-25830, last visited May 5, 2017, pp. 12—14.

2012年上半年始终徘徊于2000点附近。尽管股市低迷有着受金融危机余波影响、经济周期调整以及经济前景未明等客观因素影响的合理性，但注意到近二十年来中国经济始终保持着8%以上的增长率，而股市表现却明显与这种高速的经济发展相背离，不能算是一种正常现象。对于这种经济基本面不差，但股指持续多年低位徘徊的情况，除了从市场本身去寻求原因之外，也有必要探寻证券监管方面的原因，分析证券监管的有效性可能存在的问题并及时医治。2009年的这次FSAP评估报告尽管没有过多批评我国证券监管存在的弊端，但也指出了当下我国在确保证券监管独立和问责上存在的问题，无疑值得高度重视。

再看5年后开启的这次FSAP更新评估，不同于2009年评估所处的经济金融环境，在当下，尽管世界经济仍未从2008年世界金融危机的影响中完全走出，但泛自由化的金融开放正在为更理性和审慎的改革开放举措所替代，关注金融系统稳定性，提升金融监管治理，建立并强化宏观审慎监管已成为国际趋势，而国内经济在经历高速增长之后进入发展"新常态"，"调结构、转方式、促升级"成为经济发展的新指导方针。2015年，中国证券市场在经历人造牛市之后很快经历了首次股灾，其后的救市行动及金融中介在其中的违规行为，暴露了金融监管协调机制的薄弱与强化监管执法的紧迫性；2016年年初市场两次熔断引发的股指大幅震荡，反映了证监监管经验的不足与面临的新挑战，近年来在金融科技助推下迅猛发展的互联网金融新业态，带来了《证券法》适用的局限与打击场外非法证券活动的必要性。这种宏观和微观环境的变化，势必影响证券监管机构的反应与采取的行动。目前，证券监管总体上处于简政放权的行政管理体制改革大潮下，证券监管机构自身有着从事前审批到事中、事后转型的监管改革需求，而上述市场状况的变化正对证券监管有效性提出越来越高的要求。因背景和压力不同而构筑了差异性的金融体系和监管举措，FSAP这种基于一国国情进行的金融稳定性评估，相应地会反映在如上所述的评估范围的选定上，更会体现在后续的评估结果及所提的改进建议上。显然，2015年10月启动的FSAP更新评估的最终评估结果及报告令人期待。

二、批判视角下我国证券监管独立性的问题与缺陷

以上文所分析的证券监管独立性的内涵、实现机制和问责制度的相关内容为检验标准，可以发现我国证监会实施的证券监管在独立性和问

责性上存在着显著的一些缺失和不足,具体表现为:

(一)名不副实的组织性质及其行政化的治理缺陷

证券监管独立性首先要求监管机构应具有独立性,享有相应的制度保障并能够进行内部事务的自治。证监会虽然与其他国务院机构分署办公,以一个"独立"机构的组织形式出现,但至少在以下几个方面可能难以体现出相应的独立性:

其一,证监会根据国务院办公厅1998年8月发布的《中国证券监督管理委员会职能配置、内设机构和人员编制规定》(1998年《证监会三定方案》)而设立,是国务院直属正部级事业单位,被赋予监管证券市场的职责。而《证券法》在规定"证券监督管理机构"时采用了"国务院证券监督管理机构"的表述,这一名称是否指向的即为1998年设立的证监会,或是可以复指包括证监会在内的多个监管机构,乃至未来可以涵盖更多机构?尽管目前监管证券市场,行使《证券法》规定的"证券"监管权的只有证监会一家,实务中也多将"国务院证券监督管理机构"认同为证监会,但这种显而易见的指代不明无疑模糊了证监会的法律地位。退一步论,如果无法经由《证券法》明确确认证监会作为证券行业监管者的法律地位,那么只能依据《证监会三定方案》进行明确,但一方面三定方案是国务院的规范性文件而非行政法规,能够据此授予证监会职权,使之成为"法律、行政法规授权的组织"本身值得质疑,即使可以成立,也会因三定方案作为规范性文件的低法律位阶而损害证监会作为证券市场监管者的崇高地位和威信。另一方面,如上所述,证监会目前行使的职权不仅仅局限于《证监会三定方案》规定的范围,还有来自《证券法》《证券投资基金法》《期货交易管理条例》等的授权,它们规定的"国务院证券监督管理机构"的职责范围与《证监会三定方案》有所交叉和拓展,不是后者所能全部涵盖的。也因此,如果只是凭借《证监会三定方案》来确立证监会监管市场的法律地位,势必使证监会行使上述立法规定的某些监管职权时失去法律正当性。

其二,证监会是国务院直属事业单位,而不是国务院部委一类的行政机关,但它却同时行使证券市场监管权,除了其工作人员参照公务员法进行管理(包括发放薪酬),经费来源全部靠国家预算内拨款解决外,在许多方面的运作几近似于一个行政机构,可以说证监会的行政和职能与其事业单位的属性不相符[1],这种安排被有的学者认为是中国转轨经济时期的一种独特法律现象。[2] 根据国务院颁布的《事业单位登记管理暂行条例》(2004年修订)第2条的规定,事业单位是指"国家为了社会公益目的,由国家机关或者其他组织利用国有资产举办的,从事教育、科技、文化、卫生等活动的社会服务组织"。显然,事业单位与主要行使公共权力,进行公共事务管理的行政性机关不同,事业单位如果要享有行政管理权,承担行政职能需要通过授权才能实现,而正如上述,《证监会三定方案》并非行政法规,无法使证监会成为法律、行政法规授权的组织。有学者提供了另一个途径来确定证监会的性质,认为如果依据国务院1993年颁布的《股票发行与交易管理暂行条例》规定的第5条[3],似乎可以使证监会当然地成为法律、行政法规授权的组织,但也指出由于证监会目前行使的职权远超出《股票发行与交易管理暂行条例》规定的职权范围,还是无法借此得到圆满的解释。[4] 更进一步地,证监会作为证券市场的监管者,可以通过行使行业立规权制定部门规章及其他规范性文件,超越了不享有规章制定权的事业单位,更显得与一般的行政机构无异。我国《宪法》(2004年修订)第90条第2款规定,"各部、各委员会根据法律和国务院的行政法规、决定、命令,在本部门的权限内,发布命令、指示和规章",可见部门规章制定权只属于国务院各部、各委员会。2000年《立法法》制定时,在第71条[5]将宪法规定的规章制定权主体扩大解释为"国务院各部、委员会、中国人民银行、审计署和具有行政管理职能的直属机构",似乎给作为国务院直属事业单位的证监会提供了确立其合法行使行业立规权的途径。但根据《国务院行政机构设置和编制管理条例》第6条的规定,国务院行政机构根据职能分为国务院办公厅、国务院组成部门、国务院直属机构、国务院办事机构、国务院组成部门管理的国家行政机构和国

---

[1] 参见邓可祝、庾宗利:《我国证监会法律地位研究——兼论我国独立管制机构问题》,载《行政与法》2009年第6期。
[2] 参见彭冰:《中国证券法学》(第二版),高等教育出版社2007年版,第404页。
[3] 《股票发行与交易管理暂行条例》第5条规定:国务院证券委员会("证券委")是全国证券市场的主管机构,依照法律、法规的规定对全国证券市场进行统一管理。中国证券监督管理委员会("证监会")是证券委的监督管理执行机构,依照法律、法规的规定对证券发行与交易的具体活动进行管理和监督。
[4] 参见董炯、彭冰:《公法视野下中国证券管理体制的演变》,载罗豪才主编:《行政法论丛》(第5卷),法律出版社2002年版,第41页。
[5] 2015年《立法法》修订时,已将该条调整为第80条。

务院议事协调机构。其中,国务院直属机构被界定为"主管国务院的某项专门业务,具有独立的行政管理职能"。从历次国务院机构改革发布的《国务院关于机构设置的通知》和目前国务院组织机构来看,"国务院直属机构"与"国务院直属事业单位"是单列的两类机构,似乎无法直接推论出《国务院行政机构设置和编制管理条例》中描述的"国务院直属机构"可以涵盖现实中的"国务院直属事业单位"。如果做肯定性的推论,那么,同列"国务院直属事业单位"的中国科学院、中国社会科学院、国家行政学院等,本身在实践中就是名副其实的事业单位,并不主管某项专业业务并具有独立的行政管理职能,就会产生逻辑混乱和新的问题。也因此,通过扩大解释"国务院直属机构"的外延,将被定位为直属事业单位的证监会纳入其中,使之获得"具有行政管理职能的直属机构"身份,继而通过《立法法》第 80 条的规定,确立其制定部门规章职权合法性的方法,并不可行。此外,在行政复议、行政诉讼、行政处罚等方面,也都处处体现证监会的"行政机构"属性而非"事业单位"性质,这种《证券三定方案》载明的属性与证监会在具体履行职责时"行政机构"性质的差异,不利于证监会彰显其作为证券市场监管者的权威地位和履行职责的正当性。当然,2011 年 7 月 24 日,国务院办公厅在《关于事业单位分类的意见》中,指出"按照社会功能,将现有事业单位划分为承担行政职能、从事生产经营活动和从事公益服务三个类别",表明了立法者已注意到实践中这种组织性质与行为属性不相匹配的状况,也因此尽快纠正这种扭曲,"坚持政事分开、事企分开,以社会功能为依据,合理划分现有事业单位类别"并据以进行相应改革的行动已然开启。[1]

其三,证监会虽名为委员会,却并未实行委员会制或者理事会制,采取合议制的议事制度,而是实行首长负责制[2]的事业单位法人,在证券监管决策和主要举措的制订上,往往由主席进行拍板或唯其马首是瞻。在人事任免上,如上所述,证监会管理层由国务院进行任命,其具体任命

---

[1] 参见 2011 年 7 月 24 日《国务院办公厅关于印发分类推进事业单位改革配套文件的通知》(国办发[2011]37 号)。
[2] 参见高西庆:《论证券监管权——中国证券监管权的依法行使及其机制性制约》,载《中国法学》2002 年第 5 期,第 6 页。2006 年 12 月 20 日,证监会内设了行政处罚委员会,该委员会负责对行政处罚案件提出处罚建议,实行委员主审、委员会合议的工作机制,但因其对行政处罚不具有最后决定权而无法改变证监会的首长负责制。

标准不得而知；证监会的工作人员则参照《公务员法》进行选拔和任免，在管理上与一般行政机构并无太多差异。为了避免利益固化和权力寻租，前证监会主席郭树清在2011年10月走马上任之后曾启动总部机关处级以上干部"核心部门"与"非核心部门"的大范围干部轮岗，以及实行领导岗位竞聘上岗等多项打破僵化行政体制的管理新制度，但在其于2013年3月去职之后，证监会对干部轮岗的重视和加强力度不如之前，对外报道更日渐稀少，相应的干部选拔方式也重回老路。也因此，证监会的"选人用人制度不完善，轮岗交流制度建设滞后，执行不到位"成为受关注和需要整改的问题。[1] 除了重要岗位的干部轮岗问题，其实更突出的在于任职"旋转门"带来的一系列问题。"党管干部"原则的实施和我国金融市场国有资本一股独大的状况相结合，常使得监管机构的管理层和局级部门负责人通过任职"旋转门"的方式到被监管机构担任负责人或者到被监管行业交替任职，这种监管机构负责人与金融机构高管或自律组织负责人交替升迁的路径已经成熟和程序化，被视为理所当然而没有任何障碍。而一般的证监会部门负责人或处级干部在"下海"[2]后也多流向被监管机构担任高管，尽管证监会早就颁布了《中国证监会工作人员行为准则》等与任职回避有关的规则，例如离职后满三年"冷冻期"才能到被监管机构任职等，但实践中并未严格执行，也有的很容易被规避或通过批准被突破，造成主要金融机构的高管很大一部分来自于证监会前重要岗位工作

---

[1] 参见《中央第七巡视组向证监会党委反馈专项巡视情况》，2016年2月4日，资料来源：证监会官网，http://www.csrc.gov.cn/pub/newsite/zjhxwfb/xwdd/201602/t20160204_291193.html，最后访问时间2017年5月10日。

[2] 监管机构工作人员"下海"，除了组织安排之外，很大一部分原因是在监管机构的晋升空间有限以及随着近年来"限薪令"执行，其薪酬待遇与金融机构收入之间的差距过大等原因造成的。

客观而言，证监会从事的是需要专业化知识和经验的证券监管，许多地方和环节需要吸引高级人才参与，尽管证监会目前实行参照公务员管理的薪酬标准，已远较事业单位的工作收入更有保障，但这一薪酬水平还是远低于金融行业的平均标准，并不利于其吸引和留住人才。证监会在薪酬安排方面欠缺必要的灵活性和自由度，可能会使其在招募符合要求的监管人员方面面临巨大压力。同时，证监会完全依靠政府财政拨款的经济来源，有限的监管经费安排已日益不能满足因市场迅速发展及证监会监管活动不断增加的需求，也开始呈现出对证监会监管工作的制约作用。

人员。[1] 由于这种多年的"旋转门"效应,证券市场的监管与被监管常常发生在熟人之间,监管主体与被监管主体往往有着一体的利益链条,许多监管举措难以出台或者惩戒举措无法严格执行,更严重的是因为领导人员的轮岗和交叉任职,往往使证券监管在无形中受到政府和行业力量的巨大影响,其独立性程度难以提高,有人甚至形容我国在这种人事安排下形成的证券监管及其证券市场为"政策市",而标榜为行业自治的自律组织及其管理,也因此带有更多的官方行政色彩[2],并非西方视野下由市场推动形成的"自律"特色。

(二)证券监管目标的政治化与市场发展的政策性波动

尽管根据《证券法》的规定,规范证券发行和交易行为(维护市场秩序)、保护投资者的合法权益,维护社会经济秩序和社会公共利益,促进社会主义市场经济的发展都是证监会的证券监管目标,与流行的国际证券监管目标并无太多差异。但在监管实践中,证监会落实几项监管目标的权重与优先顺序并不一致,更多地体现为监管配合金融宏观调控与全国资金调度,为国企融资脱困和维护国家经济秩序稳定提供服务[3],是一种具有中国特色、"讲政治"的金融监管,保护投资者合法权益更多地从维护社会稳定和处置市场危机的角度予以考虑,反而常常陷于被动和退居二线,未能成为证券监管的头号目标。

从我国证券市场的功能演化来看,其主要经历了 20 世纪 90 年代初期作为市场经济社会必然存在的制度实验范例,到 90 年代中末期利用公司发行股份的机会为国企改革服务,筹集资金,再到 21 世纪初为精英企业做大做强及上市提供滩头阵地的变化。证券市场的基本功能是筹集资

---

[1] 参见《40 位下海基金公司的证监官员们:多任总经理》,2014 年 5 月 19 日,资料来源:新浪网,http://finance.sina.com.cn/stock/y/20140519/181519155507.shtml;《图解:5 年 49 名"一行三会"官员下海年薪翻倍》,2016 年 8 月 26 日,资料来源:新浪网,http://finance.sina.com.cn/china/gncj/2016-08-26/doc-ifxvixer7282708.shtml? qq-pf-to=pcqq.c2c,最后访问时间 2017 年 5 月 10 日。

[2] 带行政色彩的自律管理可能隐含的一个问题是:在简政放权之下,行政许可等审批被取消,自律组织取代监管机构获得管理权,看似对市场是利好,但如果自律组织听命于监管机构,采取行政化的管理,因其"自律"属性而不受类似行政许可的程序与时间等约束,一旦其不予备案或注册,被管理机构反而可能陷入"无可奈何"的境地,而如果罔顾而开展业务,又可能受到违规处罚。这种名为自律的管理,客观上可能起到比行政审批更厉害的管制效果,这是值得警醒,也是要注意避免的。

[3] 参见王建文:《中国证监会的主体属性与职能定位:解读与反思》,载《法学杂志》2009 年第 12 期;沈朝晖:《证券法的权力分配》,北京大学出版社 2016 年版,第 128 页。

金、进行风险定价和资本配置的功能,长期以来,证监会通过设置高门槛的股票公开发行上市条件,控制发行审批(核准)节奏,指导发行股价市盈率,以及严格限制上市公司募集资金用途等,基本完成了按阶段性政策意图引导资金走向的目标;在这一过程中,只进不出,执行不严的退市制度以及很长一段时间以来证监会对市场多见的做庄等违法违规行为的查处不力,导致证券市场借壳、保壳成为常态,短期炒作之风盛行,导致中小投资在股票投资上损失惨重。也因此,证券市场一度被诟病为圈钱的赌场,市场波动幅度过大和过于频繁,与中国经济几十年良好发展的基本面相背离的现象时有发生。在讲政治的监管价值取向下,证券监管者常陷入迎合政策需求,营造人造牛市,引导资金投向产业政策目标的主动监管旋涡中;而一旦市场过热或者出现风险,又往往通过人民日报等公共媒体发出救市舆论,采取紧急刹车金融创新和运动式的风险排查行动,造成市场短期内忽冷忽热的状况不断。在这种环境之下,证券监管的独立性很大程度上有名无实,长此以往形成了市场看证券监管风向行事的"政策市",民众也渐渐形成将证券监管作为股票走势晴雨表的心理定式,反而不利于培育价值投资的观念和交易习惯,更无法促进整个市场形成良好的证券交易环境和文化氛围,最终给证券市场的长期健康稳定发展带来巨大挑战。

近年来,证券市场的市场化改革迈出了实质性步伐,证券监管也在简政放权、转变政府职能的行政管理体制改革下,日益呈现与国际先进经验接轨的态势,其成效有目共睹。然而,长期形成的政治与监管之间的紧密关系并未因此弱化,特别是在严峻的经济环境下,效果立竿见影的行政性、政治化证券监管,更容易被与其他行政机构负责人同样面临政绩考核和升迁竞争压力的证券监管管理层所采用,人为造成市场过度波动和延后市场风险处置,给投资者保护带来更多问题。

例如,为消除美国2007年次贷危机的影响,我国曾一度采取积极的财政政策和宽松的货币政策,证券监管也作出相应回应,放松了资本市场的审慎监管,日后恐怕要为此付出惨重代价。尽管证券监管可能需要保持与宏观经济政策的沟通,却不应是屈从和围绕短期政策目标转,而应保持自己应有的审慎风险监管标准和对投资者的合法权益进行始终如一的保护。在这方面,证监会的作为并不具有足够的独立性可言。另外,如上所述,受我国处于新兴证券市场和经济转轨时期的影响,证监会肩负发展市场与保护投资者的双重目标,但往往虑及市场发展而给予风险更大的容忍度,在扶助市场发展过程中过度放松管制,减弱对不法行为的查处,宽松执行退市标准,营造支持发展的监管舆论,反而可能掩盖了风险的滋生与蔓延,也因此滞后了投资者的相关保护,可能造成的危害和后续不良影响很大。例如,2008年美国金融危机之后,我国实体经济虽然没有受到直接影响,但以外贸为经济发展三驾马车之一的模式却遭到了重创。在国内消费力量不足,政府财政负担过,需要通过调结构,稳增长的宏观调控环境下,更需要发展一个红红火火的资本市场,以帮助国有企业从资本市场融通资金用于技术改造和生产转型,帮助金融创新企业融通资金实现发展,助力经济结构的调整,以及其他一些短期内适应经济宏观调控和发展的设计与政治目标。与此相适应,证监会担负起推动、缔造人造牛市的"使命",不仅加大了对各种金融业务的简政放权,加快新股发行步伐和债券发行核准节奏,更通过新闻发布会暨各种公开论坛或者公开场合,宣称牛市才刚刚开始,成为自2013年下半年以来股市脱离实体经济基本面,连番快速上涨的主要推手,使得这一时期的证券市场空前地呈现人造市、政策市的特征。然而,这种为配合政治短期目标而进行的放松管制,并未建立在坚实的经济良好业绩基本面之上,更没有与这种放松管制相配套建立起可以洞察全市场的风险预警与处置机制。这一人造牛市最终因背离经济发展规律,很快就被刺穿了泡沫,带来股市短期内的急剧下跌,酿就了2015年6月底7月初的"股灾",使广大投资者遭受了巨大损失。这其中,很难说与证监会的上述政治化监管作为没有关系,甚至许多时候应该由证监会为此次股灾承担监管上的责任。

(三)日益膨胀的行业立规权与公众参与的形式化

根据《证券法》的相关规定,证监会有权依法制定有关证券市场监督管理的规章、规则。而证监会根据《规章制定程序条例》等制定了《证券期货规章制定程序规定》,其中规定"规章"指证监会为履行其证券期货市场监管职责,根据法律、行政法规和国务院授权制定并以证监会令的形式公布的规定、办法、规则等,这一规定还对规章的立项、起草、审查、决定、公布、备案、解释、修改、废止、汇编和翻译等内容进行了规定,可以说是建立了证监会行使行业立规权的正当程序要求,特别是其中有关"起草规章不得违反上位法的规定,应当注意与现行规章的衔接"、"对于直接涉及公民、法人和其他组织切身利益或者涉及向社会提供公共服务、直接关系到社会公共利益的规章草案,可以向社会公开征求意见",以及规章应当根据各种情况适时予以修改、废止的规定,更直接体现了依法行政、行政法治的特色。

从证监会行使行业立规权的情况来看,由于法律确保了证监会拥有相对独立的立规权,可以由其在所负责的证券期货行业内自主决定是否立法及如何立法、何时进行修订废止等事宜,但与此同时,对这种立规权的监督并不充分,实践中的执行更难以落到实处。首先,我国不存在一个上位法机构专门负责审查证监会所制定部门规章的合法性,尽管根据《法规规章备案条例》的规定,规章应该报国务院法制机构备案,后者有权对规章的相关事项[1]进行审查,发现问题的可不予备案,或者建议制定机关自行纠正,或者提出意见报国务院决定,但实践中这种备案审查进行得并不严格和及时。尽管《行政复议法》(2009年修订)首开了对行政机关抽象具体行政行为的审查[2],但这一规定的范围却排除了规章的审查;而《行政诉讼法》(2014年修订)则在第13条第(二)项明确规定人民法院不受理公民、法人或者其他组织对"行政法规、规章或行政机关制定、发布的具有普遍约束力的决定、命令",如果被监管对象对证监会行使行业立规权这一抽象的行政行为形成的部门规章提起行政诉讼的话,并不能得到人民法院的受理。因此,证监会实质上享有着至高无上的行业立规权,却未必有与之相应的制衡存在。

通常,监管者通过行使立法权和监督权,可以改变市场权利和义务的享有(负担)对象和形式[3],塑造利己的制度和监管格局,形成所谓的部门利益法制化的"立法腐败"。立规权得以产生的强大而持续的积极效果,有可能促使监管机构在部门利益驱动下尽快和尽量多地出台利己的规章制度,将监管触角向经济资源最集中的行业领域或大型机构延伸,这一点在发行上市、公司债券、资产管理、资产证券化等方面体现得尤为明

---

[1] 根据《法律规章备案条例》第10条的规定,国务院法制机构对报送国务院备案的法规、规章,就下列事项进行审查:(1)是否超越权限;(2)下位法是否违反上位法的规定;(3)地方性法规与部门规章之间或者不同规章之间对同一事项的规定不一致,是否应当改变或者撤销一方的或者双方的规定;(4)规章的规定是否适当;(5)是否违背法定程序。

[2] 《行政复议法》第7条规定,公民、法人或者其他组织认为行政机关的具体行政行为所依据的下列规定不合法,在对具体行政行为申请行政复议时,可以一并向行政复议机关提出对该规定的审查申请:(1)国务院部门的规定;(2)县级以上地方各级人民政府及其工作部门的规定;(3)乡、镇人民政府的规定。以上所列规定不含国务院部、委员会规章和地方人民政府规章。规章的审查依照法律、行政法规办理。

[3] 参见[美]A.艾伦·斯密德:《财产、权利和公共选择——对法和经济学的进一步思考》,黄祖辉等译,上海三联书店、上海人民出版社1999年版,第275页。

显。从证监会的立法实践来看,近年来伴随着证券市场改革和发展的需要,确实需要证监会及时地制定各种证券法律制度予以引导和规范,但从其所制定的规章种类及其内容来看,很大程度上仍体现了证监会自身的部门利益考虑。不少规章及其规范性文件的内容显得规定得过于细致,有直接命令、控制市场之嫌;而越来越多的规则不是采取以证监会令颁布的规章形式,而是通过通知、指引、指导意见、问答等多样的规范性文件形式发布,尽管这种形式变化体现了现代行政合作性监管和软法兴起的特色,具有一定的合理性和积极意义,但以规范性文件出现的监管规则规避了其内容需要受到像规章一样的程序约束和法律监督,无疑赋予了证监会更广阔的立法自由度,而在实施上,由于证监会作为行业监管者的权威和基于维护与监管者的良好关系及避免日后惩戒的考虑,被监管对象通常也会服从、遵守这些规范性文件内容。从数量上看,这一部分规范性文件的制定并不少于规章的数量,并且有日渐扩大的趋势,充分显示了证监会行业立规权的日益膨胀。但值得注意的是,与此同时,一些具有市场诉求,急需立法规范的领域,却迟迟未有相关规范出台,例如内幕交易、操纵市场等违法违规行为的查处规则、有关证券私募发行豁免与管理的规则,有关股权众筹的规则,等等。这种状况的形成,尽管可能存在多种原因,但客观上却反映了证监会在行使行业立规权上存在着某种程度的不作为,只不过现有的法律制度难以对此作出有效的制衡。

另外,注意到晚近以来立法草案向公众征求意见已成为公众参与的有效方式,根据《证券期货规章制定程序规定》第 22 条,"对于直接涉及公民、法人和其他组织切身利益或者涉及向社会提供公共服务、直接关系到社会公共利益的规章草案,可以向社会公开征求意见,但涉及国家秘密、国家安全或者证券期货市场敏感问题的除外",证监会在起草规章时,也对外提供了"向社会公开征求意见"这一公众参与方式并制定了《证券期货规章草案公开征求意见试行规则》,值得肯定。但正如上述,一方面证监会在行使行业立规权的时候,越来越多地使用规范性文件而非规章的形式,减少了履行征求公众意见要求的约束[1];另一方面,《证券期货规章制定程序规定》第 22 条规定的是可以向社会公众征求意见,其是否属

---

[1]《证券期货规章草案公开征求意见试行规则》第 8 条拓展了《证券期货规章制定程序规定》第 22 条规定的内容,将公开征求意见的范围从符合一定条件的规章,拓展到涉外规范性文件和符合同样条件的其他规范性文件,但并非所有的规章和规范性文件。

于"直接涉及公民、法人和其他组织切身利益或者涉及向社会提供公共服务、直接关系到社会公共利益"或者构成"证券期货市场敏感问题",主要基于证监会的主观判断。换言之,是否公开规章草案向社会征求意见,完全取决于证监会,即使其正在制订一项后来被社会公众认为"直接关系切身利益或社会公共利益"的规则草案,社会公众也可能无法提前知情,不享有主动权和决定权,更没有途径参与其中。而且,从实践情况来看,一项规则草案进行了社会公众意见征求之后,往往经过很短的时间就公布了最终的法律规则,到底收到了多少公众意见,主要提出了哪些反馈意见,是否予以吸收及其采纳与否的理由如何,证监会通常并不做相关说明或解释,很容易给社会造成这种"向社会公众征求意见"不过是走走形式的感受,这不仅有损社会公众的参与热情,也严重损害了证券监管部门的诚信。

(四)保障不足的行业监督权与运动式的违法追究

伴随着我国证券市场规模的日益扩大和证券法律制度规定内容的日益丰富和精细化,以及近年来市场违法违规行为方式方法的日益复杂化,实施有效证券监管的呼声高涨,越来越需要证监会拥有充分的监管资源和强大的证券执法能力予以保障。然而,从如上所述的实践状况来看,证监会尽管从2007年底开始整编稽查部门并逐步扩编稽查人员队伍,适时调整内部职能部门设置并深挖其工作潜力,将一些日常监管事务和转变行政管理职能的事项下放给派出机构或授权给自律组织行使,同时国家财政拨款对证监会包括人员和经费在内的各种配置的预算还都有所增加,但总体增加不多,甚至在2010年还出现了减少的情形。[1] 近年来更受到精兵简政、减少"三公费用"等廉政建设的影响,证监会在经费获取和使用上受到的约束越来越多。有学者研究指出,以2015年财政年度为例,美国SEC的预算授权为15亿美元,中国证监会的预算收入则不到10亿元人民币;通过比较可以看出,自1995年以来,美国SEC的预算授权稳步递增,从2012年至2015年,这一增幅明显大于中国证监会预算收入

---

[1] See IMF, "People's Republic of China: Detailed Assessment Report: IOSCO Objectives and Principles of Securities Regulation", IMF Country Report No. 12/80, April 2012, available at http://www.imf.org/en/Publications/CR/Issues/2016/12/31/Peoples-Republic-of-China-Detailed-Assessment-Report-IOSCO-Objectives-and-Principles-of-25830, last visited May 5, 2017, pp. 28—29.

的增幅。[1] 总之,这种并不雄厚,甚至与呈现爆发式增长的证券执法需求相比显得有点微薄的监管资源,正在制约着证监会行业监督权行使的有效实现。

而且,随着近年来证监会逐步加大证券执法力度,对专业人员的需求数量剧增,但证监会受限于编制且欠缺薪酬方面的足够灵活度和自主权,一方面很难获得更多的编制全力支持其执法需求,即使在有编制的情况下,其参照公务员管理,与行业从业人员相比大大偏低的薪酬待遇,也很难为其招聘到合适的执法人员;另一方面过低的薪水和相对有限的晋升渠道,往往也很难吸引优秀的人才长期从事证券监管工作,近年来证监会某些职能部门的高流动性成为一道风景,不仅容易损害证券监督的连续性、稳定性,也容易造成监管系统内部本身的不稳定,无法学习前辈积累的有益经验和传承良好的监管文化。

再以证监会拥有的执法权力和所进行的执法工作为例。其一,政府直接任命证监会主要领导职务人员及存在执法人员离任之后到被监管公司任职的普遍现象[2],证监会在查处违法行为时难免受政策左右或面临重大阻力,独立性很难充分保障。其二,尽管执法权力获得了很大提升,但总体上看证监会享有的执法权力仍然有限。虽然《证券法》在2005年修订时大大丰富了证监会的执法权限,例如增加证监会的调查权、对涉案财产及证据的直接冻结或查封权(第180条)和对证券公司可以采取的强制措施(第150条)等,但受制于成文法国家的传统,尽管法律直接规定了证监会对违法行为可采取的执法措施种类,主要是警告、没收非法所得和罚款,但证监会根据违法具体情形和严重程度选择适当处理措施的裁量权有限,执法效果颇受影响;而调查权、查封、冻结等权力的使用,需要获得证监会主要领导的批准才能实施,手续较为繁琐,有时难以满足紧急情况下的证券执法需要。其三,执法自由裁量权不足或者可存在着可能扩大打击面的问题。2015年3月29日起,我国已发布实施《行政和解试点实施办法》,开始允许证监会就可能存在的违法行为与当事人和解,但实践中证监会受制于有限的人财物力,往往需要借调各派出机构和证券交

---

[1] 参见沈朝晖:《证券法的权力分配》,北京大学出版社2016年版,第29页。
[2] 参见佚名:《23名前证监会官员"下海"》,载《人民文摘》2010年第9期,第18~19页;以及最近的证监会官员下海潮,参见夏欣:《证监官员现第四次"下海潮"》,资料来源:中国经营报,http://www.cb.com.cn/economy/2015_0307/1116181.html,2015年3月7日,最后访问时间2017年5月10日。

易所人员协助办案,造成案件处理周期过长,执法效率不高,如何有效适用和解制度而不是变成纵容违法的一个安全岛,还需实践检验。短期来看,行政和解还无法通过对违规者的宽容和教育,实现促进市场长期协调发展的目标。

当然,另一个与违法违规行为相关的值得警醒的现象是,随着近年来证监会从注重审批监管转向执法监管,证监会动用执法大棒的自由度可能存在着某种不透明和主观任意性,可能造成查处范围、处罚方式与力度等方面人为而非合法性的扩大,给市场落下执法失之有据或者过限的口实。例如,在处理 2013 年 8 月 16 日发生的光大证券错误交易案时,尽管对这一事件予以处理存在一定的正当性,但证监会通过扩大解释《证券法》的相关规定,直接以内幕交易定罪这种新型跨市场交易行为,就引来理论界的诸多非议,有学者径直指出"证监会对光大事件的处理结果无论在法律规则的准确把握还是市场逻辑的理性坚守方面都值得商榷"。[1] 尽管市场对证监会加大查处违法违规行为,整顿市场秩序的执法行动拍手称快,但证监会根据有限的证券法相关规定处理日新月异的违法违规行为的局限性,以及处罚决定书中对裁决理由等过于粗糙的处理,也令市场对执法的正当性和适当性存有疑虑。有学者总结证监会过去的内幕交易执法实践而对这种执法的正当性提出了质疑,并认为"内幕交易执法规范的违法为证券监管者监管中国资本市场的能力蒙上一层很深的阴影,并因此确信可感知的透明度以及信息对称对于维持投资者的信心和参与而言,至关重要"。[2]

(五)监管竞争下金融监管协调功能的有名无实

正如前述,目前我国实行的是分业经营的金融体制,但实践中已逐步出现混业经营的趋势,不过金融监管仍在原来分业监管基础上进行,只是创设了一个由"一行三会"加上外汇局组成的金融监管协调部际联席会议,并没有设立一个集中统一的金融监管机构应对混业经营的冲击。随着我国金融市场混业经营趋势的日益显著,金融改革与创新带来的市场深化,以及在部门利益驱动下分业监管者之间竞争的加剧,这一金融监管

---

[1] 参见陈洁、曾洋:《对"8·16 光大事件"内幕交易定性之质疑》,载《法学评论》2014 年第 1 期;缪因知:《中国证券法律实施机制研究》,北京大学出版社 2017 年版,第 199—208 页。
[2] 〔美〕郝山:《中国过于宽泛的内幕交易执法制度——法定授权和机构实践》,陶永琪、卫绮琪译,沈伟、张晓萌译校,载《交大法学》2014 年第 2 期。

协调机制已呈失调状态,其预设的功能可能有名无实。

第一,按照规定,联席会议不改变现行金融监管体制,不替代国务院决策,重大事项按程序报国务院,也因此联席会议没有明确的议事规则、决策权限与表决规则,以及相关的会议程序保障,这导致联席会议在运作过程中更多地演化成一个信息交流平台(信息交流会),而非真正、实质性的监管协调。过去几年来,"一行三会"确实因联席会议增进了沟通和交流,但取得进步的主要在一些金融监管信息共享和金融业综合统计方面。尽管在沟通协调过程中,"一行三会"曾联合推出了对金融同业业务等的监管规则,但数量不多,特别是在处置风险、维护金融稳定等重大事宜上,最终还需要国务院拍板决定。例如,对于互联网金融的风险整治,2016年4月12日,在国务院办公厅印发《关于互联网金融风险专项整治工作实施方案的通知》(国办发〔2016〕21号)之后,各部委再在职责之下推出相应的监管规则,而非通过联席会议拿出整治方案;而对于牵涉范围广泛的非法集资活动的治理,同样是在国务院发布诸如《关于进一步做好防范和处置非法集资工作的意见》(国发〔2015〕59号)之后,各监管机构再采取对应的举措,仍然未发挥联席会议的主要作用。

第二,联席会议由人民银行牵头,是否意味着央行起主导作用并通过发挥"最后贷款人"作用最终负责不得而知,而联席会议不替代、不削弱有关部门现行职责分工的规定,可能无法破除根深蒂固的部门利益和停止彼此之间的监管业绩争夺战,最终难免使联席会议越开越少,讨论议题日益务虚且无法真正落实。作为新兴国家,我国金融监管机构大多背负着发展市场的政治任务,市场发展的成绩不仅关系着监管人员可掌控的市场资源、未来职业发展机会等各种经济利益,也关系着国务院对监管机构的整体考评(决定其在国家机构体系中的地位)以及监管机构负责人的政治升迁机会,由此形成监管机构大力发展市场的竞争景象,这已充分体现在我国近年来推出的公司债券、资产管理、资产证券化等多项业务上。在这些领域,都存在着多头监管,各自形成一套独立规则体系和封闭市场的"割据"状况,客观上造成了诸多不良影响并埋下了风险隐患。[1] 然而,尽管意识到了市场分割的问题所在,但在具有强大动机的部门利益面前,

---

[1] 有关公司债券的多头监管及其问题的分析,可参见洪艳蓉:《公司债券的实然与应然——兼谈〈证券法〉的修改》,载张育军、徐明主编:《证券法苑》(第五卷),法律出版社2011年版。

仅有简要信息沟通和事务性协调功能的部际联席会议只能徒劳无功。以公司债券市场为例，我国在这种以企业主体信用为融资基础的金融工具上，形成了证监会主管的公司债券、国家发展改革委员会主管的企业债券，以及央行授权的由银行间债券市场交易商协会主管的非金融企业债务融资工具(简称"中期票据")三套监管规则和证券交易所、银行间债券市场两个交易场所的监管格局，多年来这种多头监管竞争已成为公司债券市场发展的一道风景，也因此颇受市场诟病。[1] 为解决多头监管带来的无序竞争和市场分割问题，2012年4月，在国务院批复同意成立公司信用类债券部际协调机制之后，各公司债券监管部门在人民银行的召集下召开了该协调机制成立暨第一次会议，并审议通过了《公司信用类债券部际协调机制议事规则》，准备加强协调合作，推动公司债券市场的健康发展。[2] 然而，自该次会议之后，这一部际协调会议的召开情况及其成效就再也鲜见报道，而实践中各监管部门仍是各行其是，通过放松管制和出台各种利好措施发展所辖的债券市场，多头监管和市场分割现象状况始终未见改善。

第三，联席会议只是笼统地规定监管部门在保有各自职责的条件下进行沟通协调，虽有"职责和任务""工作规则和要求"的规定，但过于概括且缺乏"问责性"的约束，仅仅依靠所谓的"协调"表述，既不能对监管机构形成有效的执行约束，也无法在有协调需求时，真正提供可操作的方式。与此同时，如果再考虑到我国对各监管机构在履行职责时并无其失职的"问责"规定，却对其发展所辖市场有着政绩性考核，也就不难理解为什么屡次重启金融监管协调机制，却难以取得预期的良好效果，实践中看到的往往是各监管部门在发展市场时"三步并两步走"的积极态度，在预警和防范风险时，主要遵从国务院层面的防范系统性区域性风险的指示"走一步看一步"的懒政思想。也因此，在召开金融监管协调部际联席会议时，有关的跨市场、交叉性业务的监管与风险传染问题可能难免陷入懒得沟通、难以落实、流于形式的困境，只要相关风险不蔓延到所辖领域，监管机构既不便"伸手"越界干预，也懒得因此"引火上身"，最后落个"救火无功

---

[1] 参见洪艳蓉：《公司债券的多头监管、路径依赖与未来发展框架》，载《证券市场导报》2010年第4期。

[2] 参见《公司信用类债券部际协调机制成立暨第一次会议召开》，2012年4月6日，资料来源：中国人民银行官网，http://www.pbc.gov.cn/goutongjiaoliu/113456/113469/2879961/index.html，最后访问时间2016年12月20日。

反遭罪"的骂名。2015年6—7月,A股市场爆发的股灾,一方面反映了金融监管协调机制未能充分发挥不同市场之间信息交流和共享的功能,从而导致证监会陷入信息盲区,错失发现市场风险先机且未能及时采取妥当的处置措施;另一方面反映了金融监管协调机制在危机发生时,并不能及时提供有效的处置手段,中国人民银行通过给中国证券金融公司注入无限流动性的做法,以及号召证券公司动用资本金参与救市的种种做法,虽然力挽狂澜,避免了股灾影响的进一步扩大,但因其超常规与法外性而饱受诟病。[1]

第四,金融监管协调部际联席会议顾名思义主要限于"部际"协调,虽然规定了"必要时可以邀请发展改革委、财政部等有关部门参加",但主要解决的仍是中央层面的部委之间的"横向"沟通与协调问题,缺乏"纵向"的监管权限、央地部门之间的协调与合作。如果考察近年来我国金融市场改革带来的变化,不难发现,随着多层次资本市场建设和简政放权改革的推进,不少金融业务或者与投融资相关的活动事实上是在地方层面进行并由地方金融监管部门(例如地方金融办等)进行监督管理的,例如区域性股权市场、典当行、小贷公司、P2P网络借贷,以及其他形式更为多样的民间金融等。这些领域的金融活动由于市场利益驱动和地方融资的需求,往往规模不小且相当活跃,加上近年来各种表外创新、互联网金融业务的兴起,使得这些民间金融与以商业银行、证券公司为主的传统金融之间建立了密切的联系,其业务发展与风险传染与后者已难以严格区分,在金融监管实践中有必要进行信息共享、风险通盘考虑和处置的整体规划。在这一方面,涉及各个层面的互联网金融风险的整治,非法集资行为的治理等,无不是在国务院层面进行整体部署与具体规划,这种安排客观上折射出了金融监管协调部际联席会议设计的原生缺陷,也是其在实务中难以发挥作用并最终被边缘化的原因所在。

(六)滞后的金融风险预警与受限的金融危机处置权

近年来,随着金融创新的深入开展以及金融科技(Fintech)的广泛运用,再加上监管层简政放权,放松管制,推动市场创新发展的支持,我国资本市场总体的金融活动相当活跃,各种跨行业、跨市场、交叉性的业务交易模式与形态层出不穷,呈现良莠不齐的状况。其中,真正促进资源优化配置,提高市场运作效率的金融产品有之;利用监管差异和空白,通过业

---

[1] 参见李曙光:《关于"股灾"与"救市"的法学思考》,载《中国法律评论》2015年第3期,法律出版社2015年版。

务嵌套和通道搭桥,进行监管套利的有之;利用各种互联网金融平台和HOMS(恒生订单管理系统)、伞形信托等配资工具过度加杠杆进行证券投机,谋求暴利甚至触犯违法违规底线的也有之。细究这些占比规模越来越大,已成为市场交易一大类型和趋势的产品,其中往往涉及银行、信托和其他金融机构的理财资金、保险资金、上市公司/国企盈余资金、民间金融等多样化的资金来源,牵涉银行、信托、证券公司、基金公司及其子公司、保险公司、小贷公司、资产管理机构、互联网金融平台等多元的操作主体,在监管层面涉及以"一行三会"及地方金融监管机构等多家监管单位。这些金融新产品、新业务和新业态,金融交易的信用链条长,环节多,私密性强且联动性高,往往随着市场变化而随时进行调整,情况错综复杂。尽管它们可能不为民众所熟知,但其暗流涌动带来的影响却到了无法令人忽视的地步。这已在2015年因清理场外配资引发的股灾,2016年年初的股市熔断,以及2015—2016年之间的"宝万"之争和近来互联网金融的整顿治理等系列事件中洞见其复杂程度和对市场的巨大冲击力。也因此,如果寄望监管者予以监管,防范风险,那么在我国目前实行分业监管的法制环境下,势必要求这一监管者能够跨越分业监管的信息沟壑,掌握各领域的市场信息,才有可能在完全信息的基础上通观全局,及时察觉风险点并发出预警。当然,对于所发现的风险,确有必要进行适时防范和紧急处理的,也需要这一监管者具有调度监管资源的权限和能力,并能及时因地制宜地采取措施,以免错过良机而造成严重后果。如果以此标准来衡量证监会在法律框架下的职权与危机处理能力,那么其结果无疑是令人失望的。

根据《证券法》第179、180条[1]和证监会制定的证券公司业务、资产

---

[1]《证券法》第179条规定:国务院证券监督管理机构在对证券市场实施监督管理中履行下列职责:

(一)依法制定有关证券市场监督管理的规章、规则,并依法行使审批或者核准权;

(二)依法对证券的发行、上市、交易、登记、存管、结算,进行监督管理;

(三)依法对证券发行人、上市公司、证券公司、证券投资基金管理公司、证券服务机构、证券交易所、证券登记结算机构的证券业务活动,进行监督管理;

(四)依法制定从事证券业务人员的资格标准和行为准则,并监督实施;

(五)依法监督检查证券发行、上市和交易的信息公开情况;

(六)依法对证券业协会的活动进行指导和监督;

(七)依法对违反证券市场监督管理法律、行政法规的行为进行查处;

(八)法律、行政法规规定的其他职责。

管理业务等管理规则等的规定,证监会负责监管证券市场,并享有履行监管职责时采取各种监管措施的权限。但仔细考察这些职责和权限可知:(1)由于《证券法》第 2 条将调整范围限定于"在中华人民共和国境内,股票、公司债券和国务院依法认定的其他证券[2]的发行和交易",在分业监管的格局下,证监会的监管范围只能局限于第 2 条的狭窄范围和《证券投资基金法》《期货交易管理条例》等授权的证券投资基金和期货交易,无法跨界监管保监会、银监会,以及央行主管下的银行间债券市场交易商协会自律监管的其他金融产品。对于业务嵌套产品,证监会只能就产品拆分下自己所管辖的领域发声,往往无法直接穿透管辖到属于其他监管者负责的底层资产。如果这些业务嵌套产品中间加入了民间金融或者互联网金融等监管还不成熟或处于模糊地带的环节,那么对整个产品状况或风险传导节点的监管将陷入信息盲点而无法完成。(2)我国为应对分业监管下混业经营的监管问题建立了金融监管协调部际联席会议,但正如上述,这一金融监管协调机制不仅联席会议开得越来越少,而且在会议上讨论的问题趋于务虚,许多原本应该完成的信息共享或情况沟通,因为近年来越演越烈的监管竞争反而未必到位,而在证监会与各地金融监管机构的协调上连名义上的协调监管机制也没有,带来的问题和信息空白更多。这种监管协调缺失或失之有效的状况加剧了证监会全面了解证券市场资金来源与动向的困难,从而也无法对繁荣的业务表面下可能暗涌的风险

国务院证券监督管理机构可以和其他国家或者地区的证券监督管理机构建立监督管理合作机制,实施跨境监督管理。

《证券法》第 180 条规定:国务院证券监督管理机构依法履行职责,有权采取下列措施:

(一)对证券发行人、上市公司、证券公司、证券投资基金管理公司、证券服务机构、证券交易所、证券登记结算机构进行现场检查;

(二)进入涉嫌违法行为发生场所调查取证;

(三)询问当事人和与被调查事件有关的单位和个人,要求其对与被调查事件有关的事项作出说明;

(四)查阅、复制与被调查事件有关的财产权登记、通讯记录等资料;

(五)查阅、复制当事人和与被调查事件有关的单位和个人的证券交易记录、登记过户记录、财务会计资料及其他相关文件和资料;对可能被转移、隐匿或者毁损的文件和资料,可以予以封存;

(六)查询当事人和与被调查事件有关的单位和个人的资金账户、证券账户和银行账户;对有证据证明已经或者可能转移或者隐匿违法资金、证券等涉案财产或者隐匿、伪造、毁损重要证据的,经国务院证券监督管理机构主要负责人批准,可以冻结或者查封;

(七)在调查操纵证券市场、内幕交易等重大证券违法行为时,经国务院证券监督管理机构主要负责人批准,可以限制被调查事件当事人的证券买卖,但限制的期限不得超过十五个交易日;案情复杂的,可以延长十五个交易日。

[2] 国务院至今认定的其他证券只有优先股。

予以识别和提前预警。(3)证监会的上述职责和监管举措大多为日常监管活动所需,往往针对的是个别、个体的违法违规行为的措施,并且这些措施的完善大多是在吸取过去执法教训或经验的基础上提出的,虽然能够比较好地制约已知的违法违规行为,但对群体性的、通过嵌套构成的跨市场、交叉性的复杂业务,以及各种规避监管的创新型业务,当它们出现不法倾向或者情形的时候,却往往无法适用或者难以对症,而通过后续的立法修改尽管能够加以弥补,却已是滞后且往往陷于被动。总之,证监会在分业监管下难以通过现有的监管安排掌握证券市场活动的较充分信息,也因此阻碍了其预警金融风险并采取有效行动。

而在防范系统性风险、处置金融危机方面,证监会的权限则受到更多的压力和挑战。如果说不能掌握完全信息并及时预警风险,有着金融创新隐含的跨市场风险难以捕捉的因素影响,那么证监会在处置金融危机上的问题则更多地源于先天的权限缺陷。虽然根据国际证监会组织(IOSCO)发布的《证券监管的目标与原则》的规定,监管者担负着维护金融系统性安全的监管目标,而从我国《证券法》第1条关于立法目标的规定来看,则是"为了规范证券发行和交易行为,保护投资者的合法权益,维护社会经济秩序和社会公共利益,促进社会主义市场经济的发展",可见负责执行证券法的证监会的主要职责当中并没有必然包含维护金融系统性安全的职能。在监管分工上,这一职能主要是分配给中国人民银行,也即我国的央行来行使[1],证监会充其量起到防范发生区域性系统风险的作用,却对整体的金融系统性安全没有监管职责,更缺乏应对这种风险冲击的手段和资金来源。也因此,当2015年6月底罕见的股灾发生,继而引发我国证券市场的系统性风险时,证监会因缺乏对证券市场整体风险状况的有效信息,也没有调度央行资金及时干预危机,避免风险进一步蔓延的权限而显得"手忙脚乱",而随后在国务院协调下通过中国证券金融公司引入央行的资金救市,以及要求金融机构动用资本金参与稳定市场等各种救市措施,也因部分举措有违《证券法》的规定或背离证监会制定的现有监管规则,抑或根本不存在于《证券法》对证监会的合法、合理授权

---

[1] 《中国人民银行法》(2003年修订)第1条,特别是第2条第2款规定,"中国人民银行在国务院领导下,制定和执行货币政策,防范和化解金融风险,维护金融稳定",中国人民银行据此设立了金融稳定局并定期发布《金融稳定报告》。

之内,而引发各界对种种救市举措合法性和野蛮性的抨击。[1] 尽管 2015 年股灾最终在各方的努力下得以消除危险,但从中却进一步暴露了证监会在混业经营趋势下其监管范围与职权的局限性。

(七)不被重视的金融监管治理与缺位的监管制衡

从金融监管发展史来看,即使是海外成熟市场和建立了合理监管机制的国家,金融监管所关注的也主要是监管者与市场之间的关系,在每次市场动荡或金融危机的反思中,金融监管者往往能够从危机处置中获得监管权力的增强或监管措施的丰富,通过监管资源的配置更强化自己的武装而很少反思危机的发生是否与监管失职或不当相关,更罔论追究金融监管者的责任。这种无论市场发展如何,始终单方利好金融监管者的理念最终在 20 世纪 90 年代被打破,随着金融监管治理于 21 世纪初被提出,经历过 2008 年全球金融危机洗礼,包括美国、英国等在内的发达资本市场国家,开始将改革的目光转向金融监管者本身,认为金融市场的可持续发展离不开金融监管者拥有一个良好的治理架构和健康的监管文化,如果不能提升金融监管者的独立性并对其监管行为进行必要的问责,那么将无法产生有效的监管,也无法通过监管者自身的示范作用,引导市场建立良好的秩序和文化。为此,晚近以来,西方发达资本市场所在国家,纷纷重视监管者自身的治理,并在国际层面上达成共识,将建立良好的金融监管治理作为评价监管有效性的指标,纳入 FSAP 对各国评估的一项重要内容。

反观我国,证券市场的发展才走过短短二三十年时间,监管者担负着重要的市场发展任务,在这种发展阶段更多的是赋予监管者以权威,并由其主导证券市场的建设,总体在观念和必要性上还未达到置评金融监管,要求其建立高标准的金融监管治理的阶段。加上我国金融监管由计划经济下的管制体制演化而来,政府全能和监管优位的观念根深蒂固,在路径依赖下很长一段时间将难以促使监管者反观自身,在金融监管治理水平的提高与证券市场的健康发展之间建立密切联系。也因为更重视监管者对市场的监管和缺乏对监管者自省其身,提高金融监管治理的观念,在《证券法》及证券市场相关规定制定和修改完善的时候,往往是考虑如何赋予证监会更多的监管职权和能够采取更多的监管措施,而很少有对证

---

[1] 参见李曙光:《关于"股灾"与"救市"的法学思考》,载《中国法律评论》2015 年第 3 期,法律出版社 2015 年版,第 201—206 页。

监会运作及其工作人员问责的相关规定,即使有也是规定模糊,需要证监会自身制定配套规则才有可能实行。近年来,证监会在行政管理体制改革的驱动下进行了简政放权,放松管制的一些改革,其中有涉及转变监管职能和服务方式的探讨,在改革中也进行了内部职能部门设置的调整和监管职权的更多下放,但总体来看,其内部的监管治理和总体的监管风格并未发生重大性改变。

在我国,"谁来监管执法者"还是个新鲜的话题,有如上述,我国至今仍未建立系统的证券监管监督与问责机制。如果以证监会的执法活动为例,那么可以看到,尽管近年来通过召开新闻发布会,定期发布执法状况等方式提升了证券执法的透明度,但对它的监督抑或问责,仍然相对薄弱:(1) 我国没有制定专门的证券监管机构组织法,1998最早界定证监会职权的《中国证券监督管理委员会职能配置、内设机构和人员编制规定》和确立其法定监管地位的《证券法》均未涉及证监会的执法监督问题,作为国务院下属的事业单位法人,证监会无须接受全国人大及其常委会的监督,但是否应向国务院汇报工作并如何接受其监督,在中央人民政府和证监会的官方网站上并没有反映出相应的监督内容,证监会官网上"信访专栏"和"廉政评议"并非是专门针对证券监管权的监督举措;(2) 从程序控权看,证监会目前制订了《冻结、查封实施办法》《行政处罚听证规则》《行政复议办法》,但有关行政处罚主要适用《行政处罚法》,欠缺类似银监会制定的,适用于本部门细化的《行政处罚办法》,而对于《证券法》授予的调查权,也未有相应的操作规则,证券执法涉及的主要环节和可能采取的措施,还未有系统化、流程化的全套规则体系;(3) 从法院监督看,我国没有所谓的司法审查制度,主要以行政诉讼方式监督证监会执法活动,但司法实践中因被执法而起诉证监会的案件极少,考虑到未来长期的监管关系加上作为被监管一方并不占据证据等优势,大部分案件以原告撤诉或者证监会的胜诉告终,也因此难以激励被监管对象通过提起诉讼行使监督权;(4) 从证监会执法的绩效考核看,我国长期以来主要强调监管者对市场的监管,而不是对执法者的监督,执法的好坏也主要以执法频率和执法数量来衡量,在缺乏相应监督机制的基础上难以发展出绩效评估监督法。证监会自 2016 年起开展了专项执法行动并不时对外通报执法成果,营造了"执法年"的效果,确实为证券市场的健康发展提供了保驾护航的作用,但在高频率的执法活动之后,可能更需要的是进一步透明化执法标准,公开更详细的执法依据和处罚理由,才能在处罚违法者之后发挥更多的教育、威慑潜在违法者和保护投资者的作用。中央第七巡视组在2015年年底对证监会进行专项巡视时,发现了证监会存在着"对重要权力部门、关键环节和敏感岗位监督制约不够有力""执纪问责的力度不够大,开展责任追究和警示教育较少;防范廉政风险不到位,防止利益冲突机制不健全,存在滋生腐败的隐患"等问题。[1] 通过这种来自党口非常规的监督方式,证监会内部治理的问题首次被重点关注并对外披露,这其实在客观上暴露了制约证监会监管权的外部监督难以深入证监会内部治理,也谈不上对证监会行使监管权构成怎样有力的约束或制衡的突出问题,这种监管监管者机制的缺位,才是应予高度重视的。

三、我国证券监管独立性不足的根源及其危害

证券监管独立性作为金融监管治理的重要内容,并非能够简单地一蹴而就,而相应的,在这一方面存在问题者,也大多有其根源性的症结,只有理清并理性地看待这些问题产生的根源,才能对症下药,找到医治根本的最佳方法。

如上所述,尽管近几年我国有关证券监管独立性的工作受到了包括国际货币基金组织、世界银行等在内的国际组织的肯定,在许多方面有效地推动了以市场化为方向的证券市场改革和开放,但结合更深层的情况和股市的总体发展来看,有关证券监管独立性不足和欠缺必要的问责制度安排的问题还是比较突出。这种状况的出现,从我国由计划经济向市场经济体制转变的过程和证券市场处于新兴国家初级阶段的状况来看,其实并不难理解,但对这些问题产生的深刻根源,仍需要更冷静的思索。总结而言,形成这种独立性不足和问责性欠缺的状况,主要可以归结于以下根源:

其一,在传统行政管理体制和架构下,还未形成对行政权作为公共权力可超出政府部门进行行使,以及对独立监管机构作为一类专业化行使公共事务管理权的新型组织机构的应有认识和尊重。受到传统行政/行政法理论的影响,认为只有人们一直以来熟识的政府行政部门才是行使行政性权力的唯一、正当的主体,既未承认脱离于政府行政系统之外的其

---

[1] 参见《中央第七巡视组向证监会党委反馈专项巡视情况》,2016年2月4日,资料来源:证监会官网,http://www.csrc.gov.cn/pub/newsite/zjhxwfb/xwdd/201602/t20160204_291193.html,最后访问时间2017年5月10日。

他主体具有可行使公共行政权力的资格和能力,也未构建可以独立出政府行政系统之外的,用来分享公共行政权行使的组织体。由于认同政府对这种公共行政的专享权力、政府监管具有代表公共利益的天然属性,以及在某种程度上并不承认特定领域的监管需要更专业的能力,因此在组织架构的安排上,尽管参照海外经验设置了专门的监管组织,却以国务院直属事业单位来定性,参照公务员系统进行人员管理并实行行政机构通行的首长负责者,并且在法律授权上指代不明,导致了证券法、立法法及相关法律制度之间的冲突,也使得证监会以事业单位的身份行使对证券行业的监督管理权,陷入法律地位模糊和职权合法性不够的尴尬地位,从而影响了证券监管的独立性,对于其提高证券市场监管的有效性,无疑是一种本源性的重大损害。

其二,我国处于新兴加转型经济时期的特点,以及国有股一股独大的资本市场特色,导致了在这个领域政府与监管者的身份不分、政府与证监会监管的主要被监管者不分、证监会作为监管者与被监管者不分等几组矛盾关系。由于国家统一任免、调度政府部门、证监会主要管理层,以及国有控股金融机构、国有上市公司领导层之间密切的关系,造成这些机构和单位彼此之间往往存在着千丝万缕的联系,来自政府,或者来自业界的影响,可以以正式和非正式的关系影响证监会的证券监管活动;与此同时,基于政治前途和个人发展等多种方面的考虑,证监会领导层也乐于与政府、业界保持密切的联系,在证券监管过程中更多地体现其对政府政策的支持和对行业发展的扶持,而不是其首当其冲应担当的保护投资者合法权益的监管责任,从而造成监管目标和监管行为的政治化。而且在这种依托计划经济体制建立起来的监管思路指导下,证券监管仍然保留着不少直接干预和管理一切的行为惯性,对于影响稳定或者短期作乱的行为,常常采取直接禁止、堵截的方式予以治理,而不是通过疏通、理顺利益关系和放开市场准入,引入市场竞争,以及通过提供监管水平的方式来得到问题的最终解决。

其三,基于对政府监管优势地位和超然能力的崇拜,没有形成明确的权力制衡观念并为此构建行之有效的制度机制。由于长期计划经济的影响,在向市场经济转变的过程中,政府监管具有优越性和公共利益唯一目标性的认识仍然根深蒂固,并影响了社会和经济生活中诸多制度的设置,其中有关政府掌握一切信息、监管无成本,以及政府监管不会失灵的预设与观念认识,导致实践中主要关注政府与市场的关系,关心政府对市场监管的途径与方法问题,而很少反省自身,思考是否会因为信息阻断、能力不足或者自利动机等因素出现被政治或者行业捕获的情形,关注是否出现尽管政府干预不少,但市场失灵状况仍未减轻的悖论,进而寻求相应的解决方法。即使是对政府权力进行制衡,也只是遵循传统行政/行政法的路径,未能结合新型政府监管机构在特定领域和享有综合性权力之后可能出现的问题及应配置的权力制衡,由此也未能引入与时俱进,具有企业家精神的监管和制衡手段来制约这类独立监管机构的权力滥用和行政低效率。

第三节 出路:中国证券监管治理与独立性完善建议

一、构建证券监管治理中的独立与问责理念

作为一类新型的监管机构,证券监管机构既沿袭了传统行政部门行使行政权力的优势,又复合了为履行监管职责所必需的准立法权和准司法权,这种专门服务于特定领域监管事务的超然地位和享有综合性权力而呈现的强大监管者面貌,需要通过特定的组织制度安排和权能设置,使之能够最大化地发挥功用而又不会因这些优势戕害其他权利主体的合法权益。有基于此,在西方发展出独立监管机构这一组织形式运用于金融、电信等特定行业的监管过程中,逐步形成了指导这类监管机构建立的理念并被证明行之有效,我国在推动证券监管综合治理过程中可以予以借鉴,以进一步完善我国证券监管机制。

从独立监管机构的建制理念来看,独立性是监管机构设计的核心要素,是实现政策一致性、可信度和可问责性的重要途径[1],应首先予以坚持并贯彻始终。如上文所述,所谓独立性是指将证券监管的功能赋予特定的证券监管机构(部门)行使,任何人不得强迫或者干预其违背证券监管目标行事,其包含了监管目标独立性和监管手段独立性,根本目的是为了避免金融监管组织受到政治干预或者行业捕获,能够以监管目标为指导,在法律授权范围内自主行事,取得证券监管效益的最大化。从证券监

---

[1] 参见马英娟:《监管机构与行政组织法的发展——关于监管机构设立根据及建制理念的思考》,载《浙江学科》2007年第2期。

管独立性的根本内容来看,包括了监管机构的独立性、行业立规权的独立性、行业监督权的独立性和预算安排的独立性,四大要素各有所侧重,又存在彼此的联系,相辅相成,应在建制证券监管机构时均衡地予以保障,不宜有所偏废,才能实现真正的证券监管独立性。

有关证券监管机构建制的另一个理念是可问责性,也即要求证券监管组织完全为其行为负责。问责制建立在分权制衡的宪政基础上,只有受到约束的权力才可能是负责任且服务于公共利益的权力。从这个意义上来看,问责性应当与独立性配套,同时进行。如果欠缺必要的问责制,证券监管机构可能滥用其独立性,要么造成监管过严,要么造成监管宽容,要么破坏监管协调效果,其结果都是丧失证券监管的独立性,并可能产生具有严重危害性的后果。对金融监管机构适用问责性,应讲究方式方法,既可以使用传统的基于宪政的制衡机制,也可以使用基于市场安排的监督机制;既可以使用内部、过程中监督的制衡机制,也可以使用外部的、基于事前或者事后进行监督的制衡机制。晚近以来,控权机制的一个发展趋势是逐渐从注重法院的司法实体审查,强调制约权力滥用、保护投资者的合法权益的消极控权,向注重监管组织的正当法律程序,强调更好地运用权力服务与执法目标,提高执法效率的积极控权转变。这种趋势应值得重视并加以有效运用。

以独立性和问责制为建制理念,结合监管机构产生的历史和晚近以来行政法改革对这类机构行使公共行政权的观念更新,还可以进一步明确在构建这类专门监管机构时应遵守的一些基本原则,例如法治原则、专业化原则、代表性原则、公正性原则和效率性原则,限于篇幅和这些问题非主导性内容,在此从略。[1]

二、完善我国证券监管独立性的合理化建议

推动金融体系改革,完善金融监管体制是我国目前的主要工作之一,根据《金融业发展和改革"十二五"规划》(2012年9月发布),其政策着眼点之一即是"着力提升金融机构全面风险管理能力,不断提升金融监管有效性。……深化监管合作,完善监管协调机制,抑制监管套利行为,持续

---

[1] 相关分析可参见马英娟:《政府监管机构研究》,北京大学出版社2007年版,第98—100页。

改进监管工具和方法,进一步提升监管有效性,接受公众监督"。[1] 2016年3月16日发布的《中华人民共和国国民经济和社会发展第十三个五年规划纲要》,在第十六章第三节"改革金融监管框架"中指出,"加强金融宏观审慎管理制度建设,加强统筹协调,改革并完善适应现代金融市场发展的金融监管框架,明确监管职责和风险防范处置责任,构建货币政策与审慎管理相协调的金融管理体制","有效运用和发展金融风险管理工具,健全监测预警、压力测试、评估处置和市场稳定机制,防止发生系统性、区域性金融风险",深化金融监管体制改革。今后,可以以此为方向指导,以上文所述的规制机构金融监管独立性理论为标杆,针对我国证监会在金融监管独立性和问责制方面存在的问题,借目前修改《证券法》的东风和我国实施国民经济和社会发展"十二五""十三五"规划,以及《金融业发展和改革"十二五"规划》的大好时机,进行以下方面的制度改进或者对策完善,具体而言,主要包括:

其一,明确中国证监会的法律地位,强化其内部治理并促使其监管职能去政治化。 为保障证券监管的独立性并对独立性进行必要而有效的制衡,应重点解决证监会事业单位属性与其行使行政监管权的不协调,效仿《中国人民银行法》或《银行业监督管理办法》,明确证监会的定位,树立其专业而权威的金融监管者地位。根据2011年《中共中央、国务院关于分类推进事业单位改革的指导意见》(中发[2011]5号),以及《关于承担行政职能事业单位改革的意见》的内容,对于证监会这类性质上为事业单位,但实质上承担着行政职能的单位,应该使之名至实归,真正作为一个行政机构受到对待,享有相应的权力,并接受行政权力行使的相应约束。明确证监会金融监管目标的优先次序,将投资者保护放在金融监管的首要位置,处理好金融监管与经济宏观调控、短期经济发展目标之间的关系,使之可以避免为迎合政府短期的经济增长目标而降低监管标准,而应始终秉持审慎性的风险管理标准进行金融监管,减少政治性因素对金融监管的过度干预。在将来可借鉴美国的做法,通过进一步落实以投资者保护为证券监管的首要目标、完善证监会领导职务人员任免制度和监管合议机制,严格执行证监会人员聘用及其在到被监管对象任职的管理规

---

[1]《金融业发展和改革"十二五"规划》,资料来源:http://www.csrc.gov.cn/pub/newsite/zjhxwfb/xwdd/201209/t20120917_214954.html,2012年9月17日,最后访问时间2017年5月10日。

定,减轻或避免出现监管"旋转门"效应,依法隔断监管者与被监管对象的利害关系,防范监管宽容和道德风险。

其二,建立比例原则下的行业立规权运作机制。应进一步明确证监会规章制定的正当性程序,规定凡是涉及社会公众重大利益的立法,都应强制地进行向社会公众征求意见,并给予充分的时间,在最终规则颁布之时,应附有关社会公众意见采纳或者处理情况的说明;应将证监会以非规章形式制定监管政策或者规则的行为纳入规范当中,强调非经公开的规则不能得到遵守,并赋予相关当事方以一定的权利制衡;应适时建立对证监会制定部门规章的审查和规范化管理要求,在条件成熟时引入类似美国的"成本—效益"分析方法指导规则的制定,针对证监会可能超出法律保留范围或者违反比例原则的立法,应提供立法审查或者司法审查的救济途径;应有合理的途径和方法督促证监会根据法律授权和市场发展需求及时进行法律制度的修改、废除并在条件成熟时尽快推出相关监管规则,以便更好地维护市场秩序,保护投资者的合法权益。

其三,构建武装到牙齿的行业监督权保障机制,并根据需要授予适当的危机紧急处置权。应在证监会原有执法权的基础上进一步丰富其执法权限,设立在紧急情况下查封、冻结权力的快速行使通道,可以通过建立事后的批准复核机制予以支持;可以授予证监会一定的执法自由裁量权,鼓励其借鉴 SEC 的执法理念和策略,尝试在执法过程中综合运用制裁、和解、公布调查报告及处理结果等多种方式,充分发挥执法的制裁和威慑作用,逐步建立功能类似的公平基金,使投资者从经济上真正受益于证监会的执法;应根据证券市场发展和证券监管需求增加的程度,及时为证监会补充充分的监管资源,包括足够的执法人员,并授予证监会在人员薪酬安排上一定的自由度,以便其制定具有吸引力的薪酬引入高级监管人才,服务于金融监管的需要。基于证监会身处证券业监管的前线且是第一时间能够发现和专业地应对金融系统性风险的监管者,应当授予其在发生这种紧急情况时享有采取一些非常规措施的权限,同时要求其对这些措施的采取说明理由并只适用于特定期限内,应尽量减少其存续的时间和对市场的过度干预。

其四,实施"成本—效益"约束下的预算安排。在根据证券监管要求为证监会提供充足的监管资源的同时,应引入"成本—效益"分析方法,用于评估证监会进行的主要监管活动所取得的绩效,并要求在决算报告或者年度报告中有所体现或做深度分析,而不是像目前决算所列的那样,只限于简单的事项分类,无法窥知具体经费运用的去处和所取得成绩与可能存在的不足。尽管证监会的全部经费来源由财政预算提供保障,但公共资源毕竟无法长期无限增长,因此应充分挖掘目前已经向行业收取的监管费的用途,把它作为证监会补充经费的一个强有力的辅助资源,当然要为此建立一套专款专用、透明和问责的经费使用机制。另外,与预算安排相关的,如上所述,应允许证监会采取更为灵活和与市场、行业水平不至于相差甚距的薪酬水平,以便能够保证监管机构的监管水平和活力。

其五,建立有效互动的金融监管协调机制。应适应混业经营的需要,及时地针对跨市场、交叉性的金融产品、服务等现象,利用既有的金融监管协作机制,及时地进行沟通、信息共享和监管合作,待时机成熟时在国务院层面建立专司协调的职能部门,以常规机构和制度设置取代临时性的部际联席会议安排,而不是基于部门利益,各自为战,通过抢先立法抢占监管地盘,或者忽视风险地降低监管标准,扩大市场占有份额,从而形成恶性监管竞争并为监管套利创造条件;而应通力合作,逐步推进集中统一监管的形成,在目前尚未建立一个大一统的金融监管体制的情况下,应确保相同法律关系的金融产品、行为都能受到统一标准的监管,秉承最低审慎监管标准,鼓励金融创新,形成竞优的良性监管竞争。尤其需要注意的,当发生金融系统性风险时,应有畅通的信息共享途径和能够保证国家公共资金得以引流到证券市场处理危机的有效途径。

其六,完善权力制衡理念下必要的金融监管监督。理性认识权力制衡的必要性和政府失灵的存在可能性,建立独立性与问责制相配套的金融监管体制,除了发挥传统的宪政监管手段对证监会的权力进行监督问责之外,还可以适当借鉴美国对 SEC 的控权方法,建立多样化的监督机制,这其中包括:进一步明确主管机构对证监会的监督;为当事人提供便利的行政诉讼渠道;敦促证监会制订完整的执法程序规则;要求证监会提高执法过程和其他监管活动的透明度、最大限度地履行行政公开义务;适时建立适合国情的执法绩效评估法,促使证监会提高执法效率,等等。

结 语 构建有效的证券监管独立与问责机制

证券监管独立性,是指将证券监管的功能赋予特定的金融监管机构(部门)行使,任何人不得强迫或干预其违背证券监管目标行事。作为监管效用基础的证券监管独立性并不必然存在,晚近以来发生在新兴市场国家和发达资本主义国家的金融危机都揭示了因金融监管欠缺独立性而导致并恶化金融危机的问题。在金融危机过后,重视金融监管独立性议题并加强金融监管独立性的建设,不仅关系着能否以更好的监管能力应对下一次金融危机,也关系着各国金融市场的竞争力。在对各金融子行业的监管上,伴随着资本市场直接融资功用的提升和人们对证券市场发生系统性危机的共识,证券监管治理的必要性日益突出,且堪当金融监管治理样本。

证券监管独立性的研究,需要回答为什么需要独立性,什么是独立性,如何实现独立性,如何制约独立性和如何运用独立性等一系列问题。本书以此为写作思路,层层递进,环环相扣,将证券监管独立性当作一个可以相对独立实现的系统,通过阐述系统的基本要素、框架结构以及运作机制,完成整个论证过程。

一、金融监管治理、监管独立性与监管效用之间的逻辑关系

金融监管是弥补市场失灵,纠正信息不对称的必要措施。晚近以来的监管失败,促使监管者自省其身,提出金融监管治理理念和评估框架,借以改进监管效用,维护金融体系的稳定性,并产生积极的示范效应,以培育资本市场良好的治理文化,凸显一国金融监管竞争力。

监管有效性取决于良好的监管治理,后者又需以监管独立性为前提和基础。动辄受到政治干预和被监管对象捕获的证券监管,只能造成监管宽容并诱发道德风险,在危机发生时容易延误救援时机,造成灾难性后果。1997年东南亚金融危机和2008年美国金融危机佐证了金融监管缺少独立性的危害。

政府代表公权力监管证券市场的历史,经历了从"必要论"到"有效论"的演变,晚近以来证券市场系统性风险的威胁和对证券市场效率的追求,促使提升证券监管有效性成为共识。独立的证券监管具有明确的监管目标,权威的监管机构法律地位、专业化的监管技术、以及监管政策和措施的一致性和连续性,是证券监管得以发挥作用,保障监管有效性的必要条件。

二、证券监管独立性的内涵与基本要素

证券监管独立性,是指将证券监管的功能赋予特定的监管机构(部门)行使,任何人不得强迫或干预其违背证券监管目标行事。证券监管作为公权力必要的经济性规制在证券领域的体现,不能是政治利益或行业利益的代表,而应体现出其公共事务的管理性和服务于公众利益的公益性。

从独立的性质来看,既包括证券监管目标的独立性,也包括为实现证券监管目标而应有的手段独立性。目标独立性并非指监管机构有权自由选择监管目标,而是指通过法律规定明确而独立的监管目标,要求监管机构对此负责,不得背离和随意更改。

从独立的对象来看,一方面包括相对独立于传统的行政体制(政府),免受政治利益集团的干预和政治周期的波动影响,造成监管宽容、监管政策的不稳定和不连续;另一方面包括独立于被监管对象,免于行业利益集团的捕获,成为一个竞争者打压另一个竞争者的工具,造成监管寻租并阻碍金融创新。

就内容而言,证券监管独立性包括四大要素,即(1)独立的监管机构/部门,由具有独立法律地位的组织机构专门从事证券监管事务,而非纳入传统的行政体系,受制于科层结构。(2)独立的行业规则制定权(Regulatory Independence,又称立规独立性),即监管机构享有在授权范围内,为实现监管目标而自主制定"游戏规则"的权力。(3)独立的行业监督权(Supervisory Independence,又称监督独立性),即监管机构在负责的事务领域内,为实施所立规则和实现监管目标,自主发起、组织和实施监督检查和惩戒措施的权力。(4)独立的预算安排,即监管机构根据履行监管职责的需要自主决定预算来源、规模和用途,并获得实现的权力。监管独立性的四大要素相辅相成,相互促进,缺一不可。

监管独立性的内涵随时代发展而不断丰富。基于事务分权而将监管者掌握的部分公权力下放给行业自律组织行使或者外包给专业机构代为履行,不仅不损害监管独立性,反而有利于提高监管效率。基于金融系统稳定性而加强宏观、微观审慎监管的互动,加强证券监管部门与其他经济规制部门的协调,以及与各国金融监管者之间的协调,不仅未侵害监管独立性,反而有助于提高金融系统的安全性。

三、证券监管独立性的实现机制与制度性保障

证券监管独立,是公共事务分权的必然结果,应当也可以通过制度安排保证这种独立性。定型的制度规则有助于形成良好的预期和约束,以最少成本实现尽可能大且持久的效益。

确保监管的组织独立性要求设立专门的机构/部门履行职责,通过法律规定赋予其明确的证券监管目标,明晰其与政府和其他监管机构的关系,使之具有专门负责证券监管崇高而确定的法律地位;监管机构的负责人和高管人员的任免公正,具有广泛而合理的代表性,实行错期替换,避免因政治周期影响监管组织的连续性,监管机构人员依法履行监管职责受到法律保护,非因渎职、失职或者违法行为不能免除其职务;监管机构内部事务相对自治等。

确保立规独立性要求监管机构可以根据法律的明文规定或者授权,自主制定包括市场准入、持续监管、市场退出、信息披露及危机处理等方面的技术性监管规范;监管机构可以根据实现证券监管目标的需要适时调整、修订监管规范,但应保持监管政策的一致性、连贯性和稳定性,体现公平、公正和透明,并适时听取被监管对象及其他利益相关者的反馈意见;监管政策应独立于宏观调控政策,但需要保持应对经济周期的理性和判断,制定有效的审慎监管规则以防治金融风险。

确保监督独立性要求监管机构有权颁发市场准入执照,制裁违法违规行为,进行日常审慎监管并与负责系统稳定性的部门协作处置行业风险/危机;监管机构有权在被监管机构触犯法律时及时采取制裁措施,而不是允许其继续违法或者不采取必要措施,以免造成监管宽容,酿就危机;为使监管机构有效执法,有必要赋予监管机构充分的执法权力,配置各种得当的执法措施/手段,并赋予监管机构一定的执法裁量权,以便取得最佳的执法效果。

确保预算独立性要求监管机构可以根据履行监管职责的需要自主决定预算来源、规模和用途,在"成本—效益"评估方法的约束下合法合理地使用预算经费;可以根据市场发展需要提出预算增加预案并在说明合理性之后迅速获得支持,以确保实施有吸引力的薪酬聘用合格的职员投身监管事业。预算经费采取财政拨款,或者主要向被监管行业收费的方式,并不必然影响证券监管的独立性,关键是要有合理、透明和可问责的预算机制。

四、证券监管独立性的理性制衡与制度设计

证券监管机构享有过大的独立性,可能导致监管机构对被监管行业的过度监管,造成金融压抑并阻碍金融创新,也可能导致监管机构与传统政府部门或者被监管行业共谋,滋生监管寻租和道德风险,造成过度自由化,二者都不利于证券监管效用的发挥。因此,金融监管治理在强调证券监管独立性的同时,也需要辅以制度化的监管问责安排,并严格执行。

对监管独立性进行约束,建立在分权制衡的宪政基础上,有制约的权力才可能是负责任且服务于公共利益的权力。作为对证券监管进行监管的有效举措,一方面是实施以权力制约权力的控权机制,即通过法律保留、行政部门的审计/监察以及法院的司法审查制约监管权力的扩张和滥用;另一方面是实施以权利制约权力的控权机制,即通过建立证券监管的正当法律程序要求(形成规范化、透明化和程序化的监管流程)、监管过程公开以及公众参与等制度制约监管权力的暗箱操作和自主权的滥用。

晚近以来,控权机制的发展趋势是逐渐从注重法院的司法实体审查、强调制约权力滥用、保护投资者合法权益的消极控权,向注重监管组织的正当法律程序,强调更好地运用权力服务于执法目标,提高执法效率和效用的积极控权转变。透明度、责任制和公众参与等外部制衡构成制约的鼎足之势。当然,要求监管机构及其从业人员具有良好的专业素养与职业操守,自负其责,权责利相一致,也应给予足够的重视并贯彻执行。

五、中国证券市场证券监管独立性检讨与完善途径

由政府主导形成的证券市场演进历程和"国有"资本长期一股独大的状况,促成了我国证券监管的"政策市"特征和证券监管者与被监管对象常常混为一体的利益纠葛。监管机构更多地承担了发展证券市场和为国企融资解困的任务,保护投资者合法权益的监管目标被退居其次,证券监管独立性在很大程度上有名无实。2015年6月底7月初发生的股灾,更深刻地揭示了证券监管失利的政治化根源,及时改善我国的金融监管治理,全面提高证券监管独立性并辅以有效的问责机制,已是刻不容缓。当下正在实施的"十二五"及规划中的"十三五"对推进金融监管体制改革的要求,依法行政、简政放权行政改革步伐的加快,我国融入世界经济秩序的愿景和《证券法》的再次修订,都为这一改革创造了有利条件。

在未来,为保障证券监管的独立性并对独立性进行必要而有效的制衡,应重点解决证监会事业单位属性与行使具有公权力干预属性的监管权的失调问题,树立其专业而权威的证券监管者地位;明确证监会肩负的证券监管目标的优先次序,将投资者保护目标放在履行证券监管职责的首要位置,妥善处理微观证券监管与宏观经济调控的关系,加强证券监管与负责金融稳定性的中国人民银行、其他经济规制部门、人民法院等司法部门以及海外主要金融监管机构的协调,实现有效的信息共享和执法协作,提供证券监管效率;强化证监会的内部治理和监管职能的去政治化/利益化,严格执行证监会人员聘用与在被监管对象任职的规定,避免出现监管"旋转门"效应,依法隔断被监管对象对监管者的利益输送,防范监管宽容和道德风险;授予证监会履行职责必需的"准司法权力"及一定的执法自由裁量权,确保可以实施富有吸引力的薪酬吸引专业人员参与证券监管,并为执法人员提供应有的法律保护,以提高监管的效用;逐步建立对证券监管的监督机制,引入"成本—效益"方法考核监管绩效,提高证券监管过程的规范化、程序化和透明度,加强公众参与证券监管规则制订的力度,建立证券监管机构及其从业人员的问责制,合理设计证券监管中的司法介入,在尊重证券监管独立和专业性的同时保持司法对证券监管的必要制约,等等。

待时机成熟之时,可以效仿《银行业监督管理法》出台调整证券业监管的法律规范,通过专门立法的方式确定证券监管独立性的整体框架、具体保障措施和必要的监督制衡机制。

参考文献

(先按出版时间,之后按作者姓氏音序排列)

一、论著

（一）中文著作

厉以宁、吴易风、李懿:《西方福利经济学述评》,商务印书馆 1984 年版。

郑玉波主编:《民法债权论文选辑(下)》,台湾五南图书出版公司 1984 年版。

王名扬:《法国行政法》,中国政法大学出版社 1989 年版。

孙笑侠:《法的现象与观念》,群众出版社 1995 年版。

汪丁丁:《经济发展与制度创新》,上海人民出版社 1995 年版。

编写者:《野兽之美——世界股市重大事件启示录》,学林出版纳社 1996 年版。

李亚平、于海选编:《第三域的兴起——西方志愿工作及志愿工作组织理论论文》,复旦大学出版社 1998 年版。

谢立忠主编:《西方社会学名著提要》,江西人民出版社 1998 年版。

国家行政学院国际合作交流部编译:《西方国家行政改革述评》,国家行政学院出版社 1998 年版。

姜明安主编:《行政法与行政诉讼法》,北京大学出版社、高等教育出版社 1999 年版。

马怀德主编:《中国立法体制、程序与监督》,中国法制出版社 1999 版。

孙笑侠:《法律对行政的控制——现代行政法的法理解释》,山东人民出版社 1999 年版。

洪伟力:《证券监管:理论与实践》,上海财经大学出版社 2000 年版。

屠光绍主编:《市场监管:构架与前景》,上海人民出版社 2000 年版。

于绪刚:《交易所非互助化及其对自律的影响》,北京大学出版社 2001 年版。

张成福、党秀云:《公共管理学》,中国人民大学出版社 2001 年版。

林国全:《证券交易法研究》,中国政法大学出版社 2002 年版。

戚渊:《论立法权》,中国法制出版社 2002 年版。

应松年、薛刚凌:《行政组织法研究》,法律出版社 2002 年版。

曾康霖主著:《金融经济学》,西南财经大学出版社 2002 年版。

陈振明主编:《政治的经济学分析——新政治经济学导论》,中国人民大学出版社 2003 年版。

范建得主编:《电信法制新纪元》,台湾元照出版有限公司 2003 年版。

符启林主编:《中国证券市场十年著名案例评析》,中国政法大学出版社 2003 年版。

刘士余:《银行危机与金融安全网的设计》,经济科学出版社 2003 年版。

马庆泉主编:《中国证券史 1978—1998》,中信出版社 2003 年版。

石佑启:《论公共行政与行政法学范式转换》,北京大学出版社 2003 年版。

王广谦主编:《金融中介学》,高等教育出版社 2003 年版。

吴昊:《中央银行独立性研究——发达国家的经验与中国的改革设想》,中国社会科学出版社 2003 年版。

张荔:《发达国家金融监管比较研究》,中国金融出版社 2003 年版。

姜明安主编:《行政执法研究》,北京大学出版社 2004 年版。

祁光华:《证券监管的行政学分析》,中国大地出版社 2004 版。

杨勇:《金融集团法律问题研究》,北京大学出版社 2004 年版。

张越编著:《英国行政法》,中国政法大学出版社 2004 年版。

郭翠荣:《发达国家金融倾斜研究》,中国金融出版社 2005 年版。

江必新:《行政法制的基本类型》,北京大学出版社 2005 年版。

王名扬:《美国行政法》(上),中国法制出版社 2005 年第 2 版。

叶必丰:《行政法的人文精神》,北京大学出版社 2005 年版。

张红凤:《西方规制经济学的变迁》,经济科学出版社 2005 年版。

张慧莲:《证券监管的经济学分析》,中国金融出版社 2005 年版。

周子衡:《金融管制的确立及其变革》,上海三联书店、上海人民出版社 2005 年版。

钱小安:《金融监管体制、效率与变革》,中国金融出版社 2006 年版。

尚福林主编:《证券市场监管体制比较研究》,中国金融出版社 2006 年版。

应松年、马怀德主编:《当代中国行政法的源流——王名扬教授九十华诞贺寿文集》,中国法制出版社 2006 年版。

彭冰:《中国证券法学》(第二版),高等教育出版社 2007 年版。

马英娟:《政府监管机构研究》,北京大学出版社 2007 年版。

陆一:《闲不住的手——中国股市体制基因演化史》,中信出版社 2008 年版。

何勤华等:《法律名词的起源(上)》,北京大学出版社 2009 年版。

薛刚凌主编:《行政主体的理论与实践——以公共行政改革为视角》,中国方正出版社 2009 年版。

吴浩、李向东编写:《国外规制影响分析制度》,中国法制出版社 2010 年版。

周佑勇主编:《行政法专论》,中国人民大学出版社 2010 年版。

丁煌:《西方行政学理论概要》(第二版),中国人民大学出版社 2011 年版。

任进:《行政组织法教程》,中国人民大学出版社 2011 年版。

汪大海编著:《西方公共管理名著导读》,中国人民大学出版社 2011 年版。

中国证券监督管理委员会:《中国资本市场二十年》,中信出版社 2012 年版。

张康之、张乾友等:《公共行政的概念》,中国社会科学出版社 2013 年版。

章剑生:《现代行政法基本理论》(第二版),法律出版社 2014 年版。

蔡奕等:《证券市场监管执法的前沿问题研究——来自一线监管者的思考》,厦门大学出版社 2015 年版。

中国人民银行金融稳定分析小组:《中国金融稳定报告 2015》,中国金融出版社

2015 年版。

中国人民银行金融稳定分析小组:《中国金融稳定报告 2016》,中国金融出版社 2016 年版。

沈朝晖:《证券法的权力分配》,北京大学出版社 2016 年版。

缪因知:《中国证券法律实施机制研究》,北京大学出版社 2017 年版。

中国人民银行金融稳定分析小组:《中国金融稳定报告 2017》,中国金融出版社 2017 年版。

(二) 中文译著

〔美〕怀特:《行政学概论》,刘世传译,商务印书馆 1947 年版。

〔英〕埃弗尔·詹宁斯:《英国议会》,蓬勃译,商务印书馆 1959 年版。

〔英〕洛克:《政府论》(下),叶启芳、瞿菊农译,商务印书馆 1964 年版。

〔法〕法约尔:《工业管理与一般管理》,周安华译,中国社会科学出版社 1982 年版。

〔美〕伯纳德·施瓦茨:《行政法》,徐炳译,群众出版社 1986 年版。

〔美〕詹姆斯·M. 布坎南:《自由、市场和国家》,平新乔、莫扶民译,北京经济学院出版社 1988 年版。

〔美〕乔治·J. 斯蒂格勒:《产业组织和政府管制》,潘振民译,上海三联书店 1989 年版。

〔美〕斯坦利·费希尔和鲁迪格·唐布什:《经济学》,庄巨忠等译,中国财政经济出版社 1989 年版。

〔美〕伯纳德·施瓦茨:《美国法律史》,王军等译,中国政法大学出版社 1990 年版。

〔美〕米尔顿·弗里德曼:《弗里德曼文萃》,高榕、范恒山译,北京经济学院出版社 1991 年版。

〔日〕植草益:《微观规制经济学》,朱绍文、胡欣欣等译校,中国发展出版社 1992 年版。

〔美〕詹姆斯·M. 伯恩斯等:《美国式民主》,谭久君等译,中国社会科学出版社 1993 年版。

〔法〕C. L. 孟德斯鸠:《论法的精神》(上卷),张雁深译,商务印书馆 1995 年。

〔美〕查尔斯·林德布洛姆:《政治与市场:世界的政治—经济制度》,王逸舟译,上海三联书店 1996 年版。

〔英〕弗里德利希·冯·哈耶克:《自由秩序原理》上册,邓正来译,生活·读书·新知三联书店 1997 年版。

〔美〕约瑟夫·E. 斯蒂格利茨等,〔荷〕阿诺德·赫特杰主编:《政府为什么干预经济——政府在市场经济中的角色》,郑秉文译,中国物资出版社 1998 年版。

〔美〕A. 艾伦·斯密德:《财产、权利和公共选择——对法和经济学的进一步思考》,黄祖辉等译,上海三联书店、上海人民出版社1999年版。

〔美〕丹尼尔·F.史普博:《管制与市场》,余晖、何帆、钱家骏、周维富译,上海三联出版社、上海人民出版社1999年版。

〔日〕盐野宏:《行政法》,杨建顺译,法律出版社1999年版。

〔美〕丹尼尔·耶金、约瑟夫·斯坦尼斯罗:《制高点:重现现代世界的政府与市场之争》,段宏、邢玉春、赵青海译,外文出版社2000年版。

〔美〕特里·L.库珀:《行政伦理学:实现行政责任的途径》(第四版),张秀琴译,音正权校,中国人民大学出版社2001年版。

(印度)阿玛蒂亚·森:《以自由看待发展》,任赜、于真译,中国人民大学出版社2002年版。

〔美〕艾伦·R.帕尔米特:《证券法》(注译本),徐颖、周浩、于猛注,中国方正出版社2003年版。

〔美〕Howell E. Jackson & Edward L. Symons, Jr. :《金融监管》,吴志攀等译,中国政法大学出版社2003年版。

经济合作与发展组织:《分散化的公共治理:代理机构、权力主体和其他政府实体》,国家发展和改革委员会事业单位改革研究课题组译,中信出版社2004年版。

〔美〕乔尔·塞利格曼:《华尔街变迁史——证券交易委员会及现代公司融资制度的演化进程(修订版)》,田风辉译,经济科学出版社2004年版。

〔英〕卡罗尔·哈洛、理查德·罗林斯:《法律与行政》(上、下卷),杨伟东、李凌波、石红心、晏坤译,商务印刷馆2004年版。

〔美〕珍妮特·V.登哈特、罗伯特·B.登哈特:《新公共服务:服务,而不是掌舵》,丁煌译,中国人民大学出版社2004年版。

〔美〕施密特、谢利、巴迪斯:《美国政府与政治》,梅然译,北京大学出版社2005年版。

《金融监管、存款保险与金融稳定》,刘仁伍、吴竞择编译,中国金融出版社2005年版。

〔美〕肯尼思·F.沃伦:《政治体制中的行政法》(第三版),王丛虎、牛文展、任端平、宋凯利等译,中国人民大学出版社2005年版。

〔美〕戴维·奥斯本、特德·盖布勒:《改革政府:企业家精神如何改革着公共部门》,周敦仁等译,上海译文出版社2006年版。

〔美〕罗伯特·E.利坦、迈克尔·波默里诺、V.桑德拉拉加编:《金融部门的治理——公共部门和私营部门的作用》,陆符玲译,中国金融出版社2006年版。

经济合作与发展组织编:《OECD国家的监管政策:从干预主义到监管治理》,陈伟译,高世楫校,法律出版社2006年版。

〔日〕田中英夫、竹内昭夫:《私人在法实现中的作用》,李薇译,法律出版社2006年版。

〔美〕约瑟夫·斯蒂格利茨：《〈斯蒂格利茨经济学文集〉第六卷（下）发展与发展政策》，纪沫、仝冰、海荣译，陈雨露校，中国金融出版社 2007 年版。

〔美〕凯斯·R. 桑斯坦：《权利革命之后：重塑规制国》，钟瑞华译，中国人民大学出版社 2008 年版。

〔美〕史蒂芬·布雷耶：《规制及其改革》，李洪雷、宋华琳、苏苗罕、钟瑞华译，北京大学出版社 2008 年版。

廖岷执行主编：《行为准则及最佳做法建议：金融服务业对 2007—2008 年金融市场动荡的回应》，杨东宁、杨元元译，上海远东出版社 2009 版。

〔英〕霍华德·戴维斯、大卫·格林：《全球金融监管》，中国银行业监督管理委员会国际部译，中国金融出版社 2009 年版。

〔英〕克里斯托弗·胡德、科林·斯科特、奥利弗·詹姆斯、乔治·琼斯、托尼·查沃斯：《监管政府——节俭、优质与廉政体制设置》，陈伟译，高世辑校订，生活·读书·新知三联书店 2009 年版。

〔美〕亨利·保尔森：《峭壁边缘——拯救世界金融之路》，乔江涛、梁卿、谭永乐、王宝泉、李亦敏译，中信出版社 2010 年版。

〔美〕乔纳森·R. 汤普金斯：《公共管理学说史：组织理论与公共管理》，夏镇平译，上海译文出版社 2010 年版。

〔美〕弗兰克·J. 古德诺：《政治与行政——一个对政府的研究》，王元译，复旦大学出版社 2011 年版。

〔美〕卡门·M. 莱因哈特、肯尼斯·罗格夫：《这次不一样：800 年金融荒唐史》，綦相、刘晓峰、刘丽娜译，机械工业出版社 2011 年版。

〔美〕尼古拉斯·亨利：《公共行政与公共事务》（第十版），孙迎春译，中国人民大学出版社 2011 年版。

〔美〕约翰·C. 科菲：《看门人机制：市场中介与公司治理》，黄辉、王长河等译，北京大学出版社 2011 年版。

〔美〕普莱斯·费希拜克等：《美国经济史新论：政府与经济》，张燕、郭晨、白玲等译，李鹏飞校，中信出版社 2013 年版。

世界银行：《金融消费者保护的良好经验》，中国人民银行金融消费者权益保护局译，中国金融出版社 2013 年版。

〔美〕达尔·W. 福赛斯主编：《更好 更快 更省？美国政府的绩效管理》，范春辉译，江苏人民出版社 2014 年版。

〔美〕詹姆斯·R. 巴斯、小杰勒德·卡普里奥、罗斯·列文：《金融守护人：监管机构如何捍卫公众利益》，杨农、钟帅、靳飞等译，生活·读书·新知三联书店 2014 年版。

〔美〕马克·艾伦·艾斯纳：《规制政治的转轨》（第二版），尹灿译，钱俞均校，中国人民大学出版社 2015 年版。

(三)西文著作

David L. Ratner & Thomas Lee Hazen, *Securities Regulation: Cases and Materials*, 4th ed., West Publishing Co., 1991.

William Wade & Christopher Forsyth, *Administrative Law*, Oxford University Press, 2000.

Richard J. Pierce, Jr., *Administrative Law Treatise*, 4th ed., Volume I, Apsen Law & Business 2002.

Louis Loss & Joel Seligman, *Fundamentals of Securities Regulation*, 5th ed., Aspen Publishers, 2004.

Alan R. Palmiter, *Securities Regulation*, 3rd ed., Aspen Publishers 2005.

Andrew T. Guzman & Alan O. Sykes eds., *Handbook of International Economic Law*, Edward Elgar Publishing, 2006.

David H. Rosenbloom, Robert S. Kravchuck, Richard M. Clerkin, *Public Administration: Understanding Management, Politics, and Law in the Public Sector*, 中国人民大学出版社2013年影印版。

二、论文

(一)中文论文

文建东:《政治经济周期理论的研究进展》,载《经济学动态》1998年第10期。

李昕:《中外行政主体理论之比较分析》,载《行政法学研究》1999年第1期。

白宏宇、张荔:《百年来的金融监管:理论演化、实践变迁及前景展望》,载《国际金融研究》2000年第1、2期。

陈淮:《关于虚拟经济的若干断想》,载《金融研究》2000年第2期。

曾康霖:《虚拟企业、虚拟经济辨析》,载《经济学动态》2000年第2期。

沈岿:《重构行政主体范式的尝试》,载《法律科学》2000年第6期。

郭道晖:《权力的多元化与社会化》,载《法学研究》2001年第1期。

王君:《金融监管机构设置问题的研究——兼论中央银行在金融监管中的作用》,载《经济社会体制比较研究》2001年第1期。

应松年、薛刚凌:《论行政权》,载《政法论坛(中国政法大学学报)》2001年第4期。

王爱俭:《关于虚拟经济几个重要问题的探讨》,载《财贸经济》2001年第5期。

北京大学中国经济研究中心宏观组:《金融不是虚拟经济》,载《经济社会体制比较》2002年第1期。

董炯、彭冰:《公法视野下中国证券管理体制的演变》,载罗豪才主编:《行政法论丛》(第5卷),法律出版社2002年版。

高西庆:《论证券监管权——中国证券监管权的依法行使及其机制性制约》,载《中国法学》2002年第5期。

黎军：《行政分权与行政主体多元化》，载《深圳大学学报（人文社科版）》2002年第19卷。

吴风云、赵静梅：《统一监管与多边监管的悖论：金融监管组织结构理论初探》，载《金融研究》2002年第9期。

王乐夫：《论公共行政与公共管理的区别与互动》，载《管理世界》2002年第12期。

周佑勇：《西方两大法系行政法基本原则之比较》，载《环球法律评论》2002年冬季号。

朱芒：《论行政规定的性质——从行政规范体系角度的定位》，载《中国法学》2003年第1期。

谢平、陆磊：《利益共同体的胁迫与共谋行为：论金融监管腐败的一般特征与部门特征》，载《金融研究》2003年第7期。

石佑启：《论公共行政之发展与行政主体多元化》，载《法学评论》2003年第4期。

王锡锌：《规则、合意与治理——行政过程中ADR适用的可能性与妥当性研究》，载《法商研究》2003年第5期。

方红星：《制度竞争、路径依赖与财务报告架构的演化》，载《会计研究》2004年第1期。

王曙光：《金融自由化中的政府金融监管和法律框架》，载《北京大学学报（哲学社会科学版）》2004年第1期。

常云昆：《新自由主义的兴起与华盛顿共识的终结》，载《人文杂志》2004年第5期。

彭冰：《建立补偿投资者的证券行政责任机制：针对内幕交易和操纵市场行为》，载《中外法学》2004年第5期。

郭竞成：《西方金融转型研究的研讨与综合》，载《经济社会体制比较》2005年第1期。

邓正来：《中国法学向何处去（中）——建构"中国法律理想图景"时代的论纲》，载《政法论坛》2005年第2期。

王丛虎：《论公共管理者的行宪能力》，载《法商研究》2005年第3期。

张会恒：《论政府规制机构形式的选择》，载《经济社会体制比较》2005年第3期。

江春、许立成：《金融监管与金融发展：理论框架与实证研究》，载《金融研究》2005年第4期。

张晓朴、杜蕾娜：《金融监管治理的定义、要素和评估》，载《中国金融》2005年第4期。

张千帆：《"公共利益"的构成——对行政法的目标以及"平衡"的意义之探讨》，载《比较法研究》2005年第5期。

刘大洪、李华振：《政府失灵语境下的第三部门研究》，载《法学评论》2005年第6期。

张红凤:《规制经济学的变迁》,载《经济学动态》2005年第8期。

马江河、马志刚:《美国SEC行政执法机制研究》,载《证券市场导报》2005年第10期。

朱焕强:《"证券化"社会》,载《法人》2005年第10期。

杜传忠:《政府规制俘获理论的最新发展》,载《经济学动态》2005年第11期。

杨建顺:《行政裁量的运作及其监督》,载法苑精粹编辑委员会编:《中国行政法学精粹(2005年卷)》,高等教育出版社2005年版。

曹国安、田旭:《政府管制的历史研究述评》,载《经济学动态》2006年第1期。

王成兰、郭春甫:《中西"政治—经济周期"理论发展历程与比较分析》,载《世界经济与政治论坛》2006年第1期。

马英娟:《监管机构与行政组织法的发展——关于监管机构设立根据及建制理念的思考》,载《浙江学科》2007年第2期。

中国人民银行金融研究所《货币政策有效性研究》课题组:《战后西方国家货币政策目标比较》,载《金融研究》2007年第6期。

程样国、黄晓军:《行政问责制的主体及其保障机制》,载《江西社会科学》2007年第9期。

廖凡:《竞争、冲突与协调——金融混业监管模式的选择》,载《北京大学学报(哲学社会科学版)》2008年第3期。

邢鸿飞、徐金梅:《论独立规制机构:制度成因与法理要件》,载《行政法学研究》2008年第3期。

郭雳:《美国证券执法中的行政法官制度》,载《行政法学研究》2008年第4期。

王锡锌:《公众参与和中国法治变革的动力模式》,载《法学家》2008年第6期。

吴志攀:《华尔街金融危机中的法律问题》,载《法学》2008年第12期。

洪艳蓉:《美国证券交易委员会行政执法机制研究:"独立"、"高效"与"负责"》,载《比较法研究》2009年第1期。

洪艳蓉:《危机之辨:次贷证券化与金融监管》,载陈安主编:《国际经济法学刊》第16卷第2期(2009),北京大学出版社2009年版。

邓可祝、庚宗利:《我国证监会法律地位研究——兼论我国独立管制机构问题》,载《行政与法》2009年第6期。

李文泓:《关于宏观审慎监管框架下逆周期政策的探讨》,载《金融研究》2009年第7期。

李妍:《宏观审慎监管与金融稳定》,载《金融研究》2009年第8期。

宣晓影、全先银:《日本金融监管体制对全球金融危机的反应及原因》,载《中国金融》2009年第17期。

赵静梅、吴风云:《大部委制下金融监管的独立性与制衡机制》,载《宏观经济研究》2009年第10期。

马勇、杨栋、陈雨露:《信贷扩张、监管错配与金融危机:跨国实证》,载《经济研究》2009 年第 12 期。

王建文:《中国证监会的主体属性与职能定位:解读与反思》,载《法学杂志》2009 年第 12 期。

张子学:《美国证监会监管失败的教训与启示》,载张育军、徐明主编:《证券法苑》(2009)第 1 卷,法律出版社 2009 年版。

李仁真、刘真:《金融稳定论坛机制及其重构的法律透视》,载《法学评论》2010 年第 2 期。

洪艳蓉:《公司债券的多头监管、路径依赖与未来发展框架》,载《证券市场导报》2010 年第 4 期。

陈斌彬:《危机后美国金融监管体制改革述评——多边监管抑或统一监管》,载《法商研究》2010 年第 3 期。

焦莉莉、高飞、曹颖琦:《欧盟金融监管改革有效性的微观基础——监管架构与治理结构趋同性分析》,载《上海金融》2010 年第 11 期。

刘火雄:《美国高官的"西点军校"——高盛帝国》,载《文史参考》2010 年第 10 期。

马勇:《监管独立性、金融稳定性与金融效率》,载《国际金融研究》2010 年第 11 期。

宋华琳:《美国行政法上的独立规制机构》,载《清华法学》2010 年总第 14 卷第 6 期。

高秦伟:《美国行政法上的非立法性规则及其启示》,载《法商研究》2011 年第 2 期。

龚明华、刘鹏飞:《监管监管者的理论基础及主要机制研究》,载《国际金融研究》2011 年第 3 期。

刘蕾、汪雁:《西方政治经济周期理论的演进及新进展》,载《经济理论与经济管理》2011 年第 10 期。

陈儒丹:《证券监管机构行政执法权行使的理论剖析——以证券市场的现实为背景》,载张育军、徐明主编:《证券法苑(第五卷)》,法律出版社 2011 年版。

洪艳蓉:《公司债券制度的实然与应然——兼谈〈证券法〉的修改》,载张育军、徐明主编:《证券法苑(第五卷)》,法律出版社 2011 年 11 月版。

李靖:《我国台湾地区金融消费者保护制度的最新发展及启示》,载《政治与法律》2011 年第 12 期。

江曙霞、郑亚伍:《金融监管治理的激励机制研究》,载《厦门大学学报(哲学社会科学版)》2012 年第 3 期。

廖凡:《金融消费者的概念和范围:一个比较法的视角》,载《环球法律评论》2012 年第 4 期。

张晓红:《银行证券保险业监管比较》,载《山西高等学校社会科学学报》2012 年第 9 期。

王国刚：《中国货币政策目标的实现机理分析：2001—2010》，载《经济研究》2012 年第 12 期。

杨东：《日本金融 ADR 制度的创新及其对我国的借鉴》，载《法律科学》2013 年第 3 期。

陈洁、曾洋：《对"8.16 光大事件"内幕交易定性之质疑》，载《法学评论》2014 年第 1 期。

董翔：《成本效益分析方法在美国证券规则制定中的应用及其启示——从美国证券交易委员会三次败诉说起》，载黄红元、徐明主编：《证券法苑（第十卷）》，法律出版社 2014 年版。

王擎、李云亮：《证券业逆周期监管实证研究》，载《宏观经济研究》2014 年第 6 期。

杨光：《后金融危机时代域外金融金融监管体制的变革及启示》，载《国际经济合作》2014 年第 6 期。

洪艳蓉：《公共管理视野下的证券投资者保护》，载《厦门大学学报（哲社版）》2015 年第 3 期。

李曙光：《关于"股灾"与救市的法学思考》，载《中国法律评论》2015 年第 3 期。

刘燕：《场外配资纠纷处理的司法进路与突破——兼评深圳中院的〈裁判指引〉》，载《法学》2016 年第 4 期。

刘燕、楼建波：《企业并购中的资管计划——以 SPV 为中心的法律分析框架》，载《清华法学》2016 年第 6 期。

李东方：《证券监管机构及其监管权的独立性研究——兼论中国证券监管机构的法律变革》，载《政法论坛》2017 年第 1 期。

（二）中文译文

〔美〕戴维·S.鲁德尔：《美国证券交易委员会在证券法律发展进程中的作用》，侯凤坤、楼家抗、张华薇、林丽霞、杨涛编译，载《经济社会体制比较》2001 第 3 期

〔美〕理查德·吉尔伯特：《产业监管的范式及其政治经济学》，载吴敬琏主编：《比较》第 13 辑，中信出版社 2004 年版。

〔美〕威廉·安德森：《美国政府监管程序的宪法基础》，任东来译，载《南京大学学报（哲学、人文科学、社会科学版）》2005 年第 4 期。

〔英〕约瑟夫·J.诺顿：《全球金融改革视角下的单一监管者模式：对英国 FSA 经验的评判性重估》，廖凡译，载《北大法律评论》第 7 卷第 2 辑，北京大学出版社 2006 年版。

〔美〕郝山：《中国过于宽泛的内幕交易执法制度——法定授权和机构实践》，陶永琪、卫绮琪译，沈伟、张晓萌译校，载《交大法学》2014 年第 2 期。

卡罗琳·杰克逊：《结构独立和行为独立：阐述隐私权领域中机构独立性的含义》，王宇颖译，张敏、沈桂花审校，载《国际行政科学评论》2014 年第 2 期。

〔德〕卡塔琳娜·皮斯托:《金融监管的理论基础》,载吴敬琏主编:《比较》总第75辑,2014年第6期,中信出版社2014年版。

(三) 西文论文

R. W. Lishman, "Independence in the Independent Regulatory Agencies", *Administrative Law Review*, Vol.13, 1960—1961.

George J. Stigler, "Public regulation of Securities Market", *Journal of Business of the University of Chicago*, Vol.37, No.2, April 1964.

G. J. Stigler, "The Theory of Economic Regulation", *Bell Journal of Economics and Management Science*, Vol.2, No.1, 1971

Robert L. Katz, "Skill of an effective Administrator", *Harvard Business Review*, September-October, 1974.

Walter Werner, "The SEC as a Market Regulator", *Virginia Law Review*, Vol.70, May, 1984.

William H. Hardie III, "The Independent Agency after Bowsher V. Synar—Alive And Kicking", *Vanderbilt Law Review*, Vol.40, May 1987.

Alan B. Morrison, "How Independent are Independent Regulatory Agencies", *Duke Law Journal*, April 1988.

Aulana L. Peters, "Independent Agencies: Government's Scourge or Salvation", *Duke Law Journal*, April, 1988.

Paul R. Verkuil, "The Purposes and Limits of Independent Agencies", *Duke Law Journal*, April 1988.

Susan Bartlett Foote, "Independent Agencies under Attack: A Skeptical View of the Importance of the Debate", *Duke Law Journal*, April, 1988.

American Bar Association, "Independent Agencies-Independent from Who", *Administrative Law Review*, Vol.41, 1989.

Harvey L. Pitt & Karen L. Shapiro, "Securities Regulation by Enforcement: a Look Ahead at the Next Decade", *Yale Journal on Regulation*, Winter, 1990.

John Sturc & Gerald Lins, "Congress Gets Tough on Securities Violations", *Legal Times*, October, 1990.

James H. Schropp, "Resolving SEC Enforcement Matters through Alternative Means of Dispute Resolution", *Insights*, February, 1991.

Edward H. Fleischman, "Toward Neutral Principles: the SEC's Discharge of Its Tri-Functional Adminiatrative Responsibilities", *Catholic University Law Review*, Winter, 1993.

Brian Levy & Pablo Spiller, "The Institutional Foundations of Regulatory Commitment: A Comparative Analysis of Telecommunications Regulation", *Journal of Law, Economics and Organization*, Vol. 10, No. 2, 1994.

Gibson H. & E. Tsakalotos, "The Scope and Limits of Liberalization in Developing Countries: a Critical Survey", *Journal of Developing Studies*, Vol. 30, 1994.

Paul Starobin, "Wall Street's No-nonsense Patrolman", *National Journal*, Vol. 26, Iss. 22, May 28, 1994.

Christopher Hood and Colin Scott, "Bureaucratic Regulation and New Public Management in the United Kingdom: Mirror-Image Developments?", *Journal of Law and Society*, Vol. 23, No. 3, September, 1996.

William R. McLucas, J. LynnTaylor & Susan A. Mathews, "A Practitioner's Guide to the SEC's Investigative and Enforcement Process", *Temple Law Review*, Vol. 70, Spring, 1997.

Stuart Banner, "What Causes New Securities Regulation? 300 Years of Evidence", *Washington University Law Quarterly*, Vol. 75, Summer, 1997.

Marshall J. Breger, Gary J. Edles, "Established by Practice: The Theory and Operation of Independent Federal Agencies", *Administrative Law Review*, 52: 4, 2000.

Bernard S. Black, "The Legal and Institutional Preconditions for Strong Securities Markets", *UCLA Law Review*, Vol. 48, 2001.

Lynn A. Stout, "The Investor Confidence Game", *Brooklyn Law Review*, Vol. 68, Winter, 2002.

Thad A. Davis, "A New Model of Securities Law Enforcement", *Cumberland Law Review*, Vol. 32, 2001/2002.

Tamar Frankel, "Regulation and Investors' Trust in the Securities Markets", *Brooklyn Law Review*, Vol. 68, Winter, 2002.

John C. Coffee, Jr., "The Attorney as Gatekeeper: an Agenda for the SEC", *Columbia Law Review*, Vol. 103, June 2003.

Michael Hantke-Domas, "The Public Interest Theory of Regulation: Not-Existence or Misinterpretation?", *European Journal of Law and Economics*, Vol. 15, No. 2, 2003.

James D. Cox & Randall S. Thomas with the Assistance of Dana Kiku, "SEC Enforcement Heuristics: An Empirical Inquiry", *Duke Law Journal*, November, 2003.

Christopher G. Reddick, "IRCs versus DRAs: Budgetary Support for Economic and Social Regulation", *Public Budgeting & Finance*, Volume 23, Issue 4, December 2003.

Robert W. Hahn, Anne Layne-Farrar, and Peter Passell, "Federalism and Regulation: An Overview", *Regulation*, 2003—2004.

Elizabeth F. Brown, "Why the United States Needs a Single Financial Services Agency", *University of Miami Business Law Review*, Vol. 14, 2005.

Domnique Custos, "Rulemaking Power of Independent Regulatory Agencies", *American Journal of Comparative Law*, Vol. 54, 2006.

Steven L. Schwarcz, "Systemic Risk", *Georgement Law Journal*, Vol. 97, November, 2008.

Kevin M. Stack, "Obama's Equivocal Defense of Agency Independence", *Constitutional Commentary*, Vol. 26, 2009—2010.

Lisa Schultz Bressman and Robert B. Thompson, "The Future of Agency Independence", *Vanderbilt Law Review*, Vol. 63, No. 3, 2010.

Kevin M Stack, "Agency Independence after PCAOB", *Cardozo Law Review*, Vol. 32, 2010—2011.

Joel Seligman, "Key Implications of the Dodd-Frank Act for Independent Regulatory Agencies", *Washington University Law Review*, Vol. 89, November 1, 2011.

Kirti Datla and Richard L. Revesz, "Deconstructing Independent Agencies (and Executive Agencies)", *Cornell Law Review*, Vol. 98, May 2013.

Stavros Gadinis, "From Independence to Politics in Financial Regulation", *California Law Review*, Vol. 101, 2013.

Adam J. Levitin, "The Politics of Financial Regulation and the Regulation of Financial Politics: a Review Essay", *Harvard Law Review*, Vol. 127, 2013—2014.

Miroslava Scholten, "Accountability vs. Independence: Proving the Negative Correlation", *Maastricht Journal of European and Comparative Law*, Vol. 21, 2014.

三、研究报告、工作论文

Timothy Frey and Andrei Shleifer, "The Invisible Hand and the Grabbing Hand", National Bureau of Economic Research (NBER) Working Paper No. 5856, December 1996.

The Technical Committee of the International Organisation of Securities Commissions, "Report on Enforcement Issues Raised by the Increasing Use of Electronic Networks in the Securities and Futures Field", September 1997.

SEC, "Report to the Congress: the Impact of Recent Technological Advances on the Securities Markets", November 1997.

Richard J. Herring, Anthony M. Santomero, "What is Optimal Financial Regulation?", the Wharton Financial Institutions Center working Paper, May 1999.

Larry D. Wall and Robert A. Eisenbeis, "Financial Regulatory Structure and the Resolution of Conflicting Goals", Federal Reserve Bank of Atlantam Working Paper 99-12, September 1999.

Richard K. Abrams & Michael W. Taylor, "Issues in the Unification of Sector Supervision", IMF Working Paper, WP/00/213, December 2000.

Marc Quintyn and Michael W. Taylor, "Regulatory and Supervisory Independence and Financial Stability", IMF Working Paper, WP/02/46, 2002.

U. S. GAO, "SEC Operations: Increased Workload Creates Challenges", March 2002.

Udaibir S. Das and Marc Quintyn, "Crisis Prevention and Crisis Management: The Role of Regulatory Governance", IMF Working Paper, WP/01/163, September 2002.

Anthony Ogus, "Comparing Regulatory Systems: Institutions, Processes and Legal Forms in Industrialised Countries", Centre of Regulation and Competition Working Papers, No. 35, December 2002.

Udaibir S. Das, Marc Quintyn, and Kina Chenard, "Does Regulatory Governance Matter for Financial System Stability? —An Empirical Analysis", IMF Working Paper, WP/04/89, May 2004.

Mark A. Jamison, "Leadership and the Independent Regulator", World Bank Policy Research Working Paper 3620, June 2005.

Eva Hüpkes, Marc Quintyn, and Michael Taylor, "The Accountability of Financial Sector Supervisors: Theory and Practice", IMF Working Paper, WP/05/51, March 2005.

Stéphane Jacobzone, "Independent Regulatory Authorities in OECD Countries: An Overview", in OECD Proceedings of an Expert Meeting in London (Designing Independent And Accountable Regulatory Authorities For High Quality Regulation), United Kingdom, 10—11 January 2005.

Eva Hüpkes, Marc Quintyn, and Michael W. Taylor, "Accountability Arrangements for Financial Sector Regulators", IMF Economic Issue, No. 39, March 2006.

Alain de Serres, Shuji Kobayakawa, Torsten Sløk and Laura Vartia, "Regulation of Financial Systems and Economic Growth", Economics Department Working Papers No. 506, ECO/WKP(2006)34, August 2006.

Martin Cihák & Richard Podpiera, "Is One Watchdog Better Than Three? —International Experience with Integrated Financial Sector Supervision", IMF Working

Paper, WP/06/57, March 2006.

U. S. Chamber of Commerce, "Report on the Current Enforcement Program of the Securities and Exchange Commission", March 2006.

Marc Quintyn, Silvia Ramirez, and Michael W. Taylor, "The Fear of Freedom, Politicians and the Independence and Accountability of Financial Supervisors", IMF Working Paper, WP/07/25, February 2007.

Steven L. Schwarcz, "Markets, Systemic Risk, and the Subprime Mortgage Crisis", DUKE Law School Research Paper No. 190, March 2008.

Donato Masciandaro, Marc Quintyn, and Michael Taylor, "Financial Supervisory Independence and Accountability—Exploring the Determinants", IMF Working Paper, WP/08/147, June 2008.

U. S. GAO, "Financial Regulation: a Framework for Crafting and Assessing Proposals to Modernize the Outdated U. S. Financial Regulatory System", Gao-09-216, January 2009.

Steven Seelig and Alicia Novoa, "Governance Practices at Financial Regulatory and Supervisory Agencies", IMF Working Paper, WP/09/135, July 2009.

GAO, "Financial Regulation: Recent Crisis Reaffirms the Need to Overhaul the U. S. Regulatory System", Gao-09-1049T, September 29, 2009.

The Financial Crisis Inquiry Commission, "Final Report on the Causes of the Financial and Economic Crisis in the United States", January 2011.

IMF, "People's Republic of China: Detailed Assessment Report: IOSCO Objectives and Principles of Securities Regulation", 2011.

US SEC Office of Inspector General, "Follow-Up Review of Cost-Benefit Analyses in Selected SEC Dodd-Frank Act Rulemakings", Report No. 499, January 27, 2012.

IMF, "People's Republic of China: Detailed Assessment Report: IOSCO Objectives and Principles of Securities Regulation", IMF Country Report No. 12/80, April 2012.

Richard Pratt and Alexander Berg, "Governance of Securities Regulators: A Framework", The World Bank Policy Research Working Paper 6800, March 2014.

四、词典

David Miller edited, *The Blackwell Encyclopedia of Political Thought*, Basil Blackwell ltd., 1987.

〔英〕约翰·伊特韦尔、墨里·米尔盖特、彼得·纽曼编:《新帕尔格雷夫经济学大辞典》,陈岱孙主编译,经济科学出版社1992年版。

〔英〕戴维·米勒、韦农·波格丹诺编:《布莱克韦尔政治学百科全书》,邓正来等译,中国政法大学出版社 1992 年版。

〔美〕彼得·G. 伦斯特洛姆编:《美国法律辞典》,贺卫方等译,中国政法大学出版社 1998 年版。

Bryan A. Garner(editor in chief), *Black's Law Dictionary*, 10th Edition, Thomson Reuters 2014.

五、主要网站

中国人民银行 http://www.pbc.gov.cn/
中国证券业监督管理委员会 http://www.cbrc.gov.cn/index.html
国际证监会组织 http://www.iosco.org/
国际货币基金组织 http://www.imf.org/external/index.htm
世界银行 http://www.worldbank.org/
金融稳定委员会 http://www.financialstabilityboard.org/
美国证券交易委员会 http://www.sec.gov/
澳大利亚审慎监管局 http://www.apra.gov.au/Pages/default.aspx
澳大利亚证券与投资委员会 http://www.asic.gov.au/
英国金融服务局 http://www.fsa.gov.uk/
英国审慎监管局 http://www.bankofengland.co.uk/pra/Pages/default.aspx
英国金融行为监管局 http://www.fca.org.uk/
德国联邦金融监督管理局 http://www.bafin.de/EN/Homepage/homepage_node.html
日本金融厅 http://www.fsa.go.jp/en/index.html
韩国金融监督委员会 http://www.fsc.go.kr/eng/index.jsp
韩国金融监督院 http://english.fss.or.kr/fss/en/main.jsp
我国台湾地区"金融监督管理委员会" http://www.fsc.gov.tw/

愿无岁月可回头,且以深情共白首
—— 写在成稿之时

愿无岁月可回头，且以深情共白首　　**429**

　　书稿落定之时，电影院里正热映着《冈仁波齐》。在节奏快如闪电的今天，花费一年光阴跪拜两千多公里的朝圣之举，尽管平淡艰辛，却有力地戳中了世人"短平快"的生活痛点。

　　回首一路走来，终于在京城酷暑全面来袭之前，完成了对"金融监管治理"这一主题的"修行之旅"，且不问结果如何，心情此刻有如转完"神山"一般，满是平安喜乐。

　　书稿的写作，源于 2006 年我中选的一项国家社科基金课题。当年年初，我博士后出站留在北大法学院任教不久，偶然读到供职于国际货币基金组织的马克·奎因（Marc Quintyn）和迈克尔·W. 泰勒（Michael W. Taylor）于 2002 年联合撰写的名为《监管独立性和金融稳定性》（Regulatory and Supervisory Independence and Financial Stability）的工作报告，以及由张晓朴等撰写，于 2004 年 11 月刊登在银监会网站上的《金融监管治理的定义、要素和评估》一文，对金融监管治理这一领域倍感新鲜。正巧那天开学年期末全院大会，我借机向行政法专业的沈岿教授请教该领域的研究状况并请求指点。在得到沈老师的极大鼓励之后，我阅读了一些中外行政治理和金融监管方面的文献，一时想法满档，热血沸腾地以"金融监管独立性"为题申报当年的国家社科基金项目，没想到一举命中，真是小确幸！

　　然而，中选的喜悦一闪而过，真正的研究考验随之而来。金融监管治理于我，完全是一项全新的研究课题。始于反思 1998 年亚洲金融危机的金融部门稳定性评估规划（FSAP）及其中包含的监管者独立性要求，即使在国际层面，也是刚兴起的监管话题，彼时更多的关注点在发展中国家和银行监管领域，国内对应的研究还远未启动。也因此，我最初几年的研究更多的是恶补行政学、行政法、金融学及相关学科的知识，寻求写作的灵感和思路。奈何时间不等人，初就的文稿未录得课题中审的满意结果，反而滋生了我将它束之高阁的慵懒，"理想很丰满，现实很骨感"的失落大抵如此吧！

　　在我对这一研究主题心意阑珊，一度想罢手的时候，实践的发展意外地带来了转机。2008 年美国发生金融危机之后，尽管 SEC 通过《2010 年华尔街改革法》，像历次金融危机处置那样再次强化了它对证券市场的监管权，但随后不久，"高高在上"的 SEC 就在时任主席玛丽·乔·怀特（Mary Jo White）的带领下进行多项改革，以回应市场对 SEC 缺乏独立性和监管效率的指责，而国会层面也始终未允许 SEC 通过自筹经费解决监管问题,保持了对它的一贯制衡。这种同时要求监管者强化自身监管治理的改革,也在一些主要发达资本市场的监管者身上得到推广,构成了当下对金融监管治理主题最好的诠释。这次改革,目光不仅转向证券市场,更聚焦在发达国家身上,令原本用于苛责发展中国家监管不力的金融监管独立性理论有了更深刻的普适价值和国际上一致的价值取向。正当西方国家修正其监管模式之时,国内证券市场爆发了空前的 2015 年股灾,之后的 2016 年两次熔断、宝万之争、注册制改革中止、救市违规行为查处等重大事件更迭,于风云变幻中国内证券市场的动荡发展,令我从时间轴和意识流上对中国特色的"政策市"有了更深刻的本源性认识,也进一步意识到金融监管治理的时代意义和重要性。

由此,思路顿时开阔,信心也得以倍增。在固有研究的基础上,抓住独立监管机构阶段性的功能演进和金融监管独立性构成要素(及其实现)两条主线,我重新梳理了书稿的脉络并架构了与之相应的内容,将现代公共管理理论对行政管理体制的影响和中国语境下证券市场的发展特点嵌入到观点的具体分析中,形成了更接地气的理论框架。几经修改,书稿写作从原来的 20 多万字到定稿时的近 40 万字,竟在半年间一气呵成,不觉劳顿! 提交书稿给出版社之时,正逢意义重大的第五次全国金融工作会议召开,"监管问责"第一次出现在了会议内容的新闻通稿中。我想它不仅包括对市场主体违法违规行为的严格追责,还应涵盖约束监管者依法尽责履职、提高监管效率的时代新理念。金融监管治理成为金融监管改革的重要篇章,已是满月拉弓,正待出发!

中国语境下的金融监管治理,不仅有着与世界潮流趋同的基本内容,更糅杂着"举世罕见"的复杂性和中国特色的严峻挑战。导师吴志攀教授在序中指出,"空谈独立性并没有多大的意义,独立也不可能是绝对的,只能是相对的。这不仅是一个技术问题,还是一个制度问题,更可能是一个历史文化的问题。构建一套制度,不能仅靠抽象的理念,更要在复杂的经济社会文化土壤之上去反复斗争、反复妥协",真是一语中的! 书稿的内容,囿于自己的研究身份和有限的能力与精力,更多的是理论层面上的分析论证,距离可以付诸实践的完美目标,还远远不够。然而"作为法学院的老师,我们的任务,就是要努力去发现和建立'真实世界的法学'",在这一点上,书稿可以说是虔诚地践行了吴老师的教诲,这也将成为我未来学术之路的秉执。

相比学生时代博士论文《资产证券化法律问题研究》的写作,《金融监管治理——关于证券监管独立性的思考》一书的写作,伴随着我经历了从厦门老家到千里之外的京城工作,从青涩懵懂的学生时代到为人师表的教师岗位,从学习效仿到独立思考的学者身份转变的过程。南北生活的场景转换、升降起伏的心态际遇、成家置业的人生大事穿插其间,充溢着酸甜苦辣的生活滋味,也铺陈着匡正曲直的学术形塑之路,是人生中一段难忘而充实的经历!回首从前,未曾想到早年晕车至极的自己会出行千里直至定居北京,昔日寡言的自己成为了学生口中唠叨的导师,懵懂金融法的自己有幸入了吴门并成为讲授金融法的老师……人生中的许多际遇,往往源于偶然,却又在坚守的岁月中成为必然。昔日为回应友人,曾写了一首小词《清平乐·端午梅家坞》,"茶香绕路,十里梅家坞。翠饮龙泉舟止渡,莫待人疏日暮。凭端午系菖蒲,青山没入草庐。阅尽八方风物,平生最喜诗书。"如今,它被爱人请人书写成横匾挂在书房,成为日日得见的爱慕。学无止境,术也无涯,于读写之间获得怡然心境,成为在真实的法学世界里读书、教书和写书之人,或许是最适合自己的寻求内心平静及与世界和谐相处的方式!

感谢吴老师特意为本书作序,尽管百忙难得一闲,吴老师对学生们却几乎是"有求必应"!遥想当年,自己有幸师从吴老师作博士后并最终留任法学院任教,至今仍常常受到教诲。吴老师师承了芮沐先生不争辩、求真务实的为学作风,并把它内化成金融法研究中心的品格,让我等后进之人受益良多。在法学之外,吴老师广涉人文社科,于授课和交流中倡导多角度地理解社会问题并有效地解决争议,创立了接地气的学者风范,每每令学生们眼界大开,受益终生。胡适先生曾教导他人读书要克期完成的方法,同时强调习惯重于方法,勤字为首,贵在坚持。多年来,吴老师身体力行,无论公务多么繁忙,必定每日创作一幅惟妙惟肖的漫画,再配上俊秀的毛笔字或谐趣的诗词,令旁人读来清新爽口,哲理隽永,真是治愈当下急躁症的一剂良方!记得吴老师曾在一首词中写到"天下文章多少卷,春秋。一双纤手慢慢收",这份不着急的笃定,最令人宽慰。回想起来,距离吴老师和白建军老师共同创建金融法研究中心已有近二十五年的光阴。"二十载,埋首躬耕,乐得舌尖拾梅;身体力行,最是会心一笑。任时光匆匆,当还是志在少年;回望来时路,一直有檀香如烟。不忘从前,更为明天。"几年前我为组织中心 20 周年庆典写下的短文,今天读来仍是热血沸腾啊;而我受吴老师之托主理中心期刊《金融法苑》的编辑工作,至今也有十年了,这本凝聚着中心几代人心血的小书,早已开枝散叶,成为影响日益广泛的金融法期刊了！感谢身边诸多默默无闻的执着与坚守,倘若不是对生活与生命有着至臻的热爱和净念,又怎能在浮躁纷繁的世界里坚守呢?

年岁渐长,更念亲恩。感谢亲爱的爸爸妈妈自始至终的理解、支持和关爱。常言道陪伴是最大的孝道,我却无法常常躬身问寒暖！愿你们在厦门健康安乐,这是千里之外我最大的安慰。

岁月清长,感谢爱人相伴扶持。感恩有你宽待我的无理"规矩",纵容我的时常"任性",宽慰我的不明"忧伤",把我的小小成绩当成你莫大的快乐！

京城新地,感谢金融法中心的师长及同门、法学院的同仁、学生及许多新朋旧友,你们的热情友好和真挚关爱,让我在千里之外的北国有了一个并不陌生的第二故乡。

墨墨书香,最难离编辑的一份辛劳,几次出书,都与北大出版社结缘,真是幸运。感谢王晶编辑对本书的细致校订和付出的辛勤汗水！

回望来时路,已无有斑驳岁月可追悔,但明日,明日却有着悠长的时光可共秉烛。以多年前写就的一首小诗与大家共勉吧,愿每个人都可为心中的"冈仁波齐"坚守,明日美好！

飞翔

是什么,让飞翔充满了渴望?
从蹒跚学步的孩童,
　　到鬓发苍苍的老者,
人们的目光,一直
　　追随飞鸟的光芒。
可否告诉我,是飞翔
　　摆脱了地球的引力,
让生灵
　　在无垠的天空鸟瞰大地。

是什么,让飞翔充满了向往?
从远古的神话,
　　到今朝的传奇,

人们的话题,从来
　　　　围绕飞天的轻逸。
可否告诉我,是飞翔
　　　　冲破了躯体的拘役,
让灵魂
　　　　在自由的空间飞舞恣意。

是什么,让飞翔充满了力量?
从薄若蝉纱的羽翅,
　　　　到钢筋铁骨的机翼,
人们的尝试,不曾
　　　　因牺牲做了放弃。
可否告诉我,是飞翔
　　　　跨越了死亡的圈地,
让生命
　　　　在无限轮回中重逢记忆。

是什么,让飞翔充满了激情?
从集腋成裘的有心,
　　　　到一掷千金的豪迈,
人们的付出,早已
　　　　填满三山五域。
可否告诉我,是飞翔
　　　　穿过了尘世的硝烟,
让梦想
　　　　在理想的天堂畅快淋漓。

是什么,让飞翔充满了期待?
从望夫石的磐坚,
　　　　到黄手帕的连续,
人们的等待,任凭
　　　　多少时光刻记。
可否告诉我,是飞翔
　　　　创造了时间的奇迹,

让别离

  在转瞬之间化为涌泪相聚。

是什么，让飞翔充满了希望？
从夸父追日的执着，
  到征服星际的不移，
人们的憧憬，折刹
  几度青春年纪。
可否告诉我，是飞翔
  缔造了生命的意义，
让人生
  在自在自得中繁衍生息。

洪艳蓉

2017 年 7 月 26 日于

北大法学院陈明楼

国际金融法论丛近期书目

证券法的权力分配　　　　　　　　沈朝晖著　2016 年出版

中国证券法律实施机制研究　　　　缪因知著　2017 年出版

投资型众筹的法律逻辑　　　　　　彭　冰著　2017 年出版

金融监管治理——关于证券监管独立性的思考
　　　　　　　　　　　　　　　　洪艳蓉著　2017 年出版